Todos los libros de Linkgua Ediciones cuentan con modelos de Inteligencia Artificial entrenados por hispanistas. Pregúntale al chat de tu libro lo que desees acerca de la obra o su autor/a.

Para ebooks: Accede a nuestro modelo de IA a través de este enlace.

Para libros impresos: Escanea el código QR de la portada con tu dispositivo móvil.

Obtén análisis detallados de nuestros libros, resúmenes, respuestas a tus preguntas y accede a nuestras ediciones críticas generativas para una experiencia de lectura más enriquecedora.
La transparencia y el respeto hacia la autoría de las fuentes utilizadas son distintivos básicos de nuestro proyecto. Por ello, las respuestas ofrecen, mediante un sistema de citas, las fuentes con las que han sido elaboradas.

Fray Bernardino de Sahagún

Historia general de las cosas de la Nueva España

Edición de Juan Carlos Temprano

Tomo I

Créditos

Título original: Historia general de las cosas de la Nueva España.

© 2024, Red ediciones S.L.

e-mail: info@linkgua.com

Diseño de cubierta: Michel Mallard.

ISBN tapa dura: 978-84-1126-571-3.
ISBN rústica: 978-84-9816-716-0.
ISBN ebbok: 978-84-9897-070-8.

Cualquier forma de reproducción, distribución, comunicación pública o transformación de esta obra solo puede ser realizada con la autorización de sus titulares, salvo excepción prevista por la ley. Diríjase a CEDRO (Centro Español de Derechos Reprográficos, www.cedro.org) si necesita fotocopiar, escanear o hacer copias digitales de algún fragmento de esta obra.

Sumario

Créditos _____ 4

Brevísima presentación _____ **19**
   La vida _____ 19
   La Historia general _____ 19

Libro VII. Que trata de la astrología y filosofía natural que alcanzaron estos naturales de esta Nueva España _____ **21**
   Prólogo _____ 21
   Al lector _____ 21
   Capítulo I. Del Sol _____ 22
   Capítulo II. De la Luna _____ 23
   Capítulo III. De las estrellas llamadas Mastelejos _____ 26
   Capítulo IV. De las cometas _____ 27
   Capítulo V. De las nubes _____ 28
   Capítulo VI. De la helada, nieve y granizo _____ 29
   Capítulo VII. De la manera que tenían en contar los años ____ 30
   Capítulo VIII. Del temor que tenían a la hambre cuando andaba la cuenta de los años en Ce Tochtli, y de la provisión que hacían el año antes ____ 31
   Capítulo IX. De la gavilla o atadura de los años, que era después que cada uno de los cuatro caracteres habían regido cada uno trece años, que son cincuenta y dos, y de lo que en este año de cincuenta y dos hacían ____ 32
   Capítulo X. De la orden que guardaban en sacar la lumbre nueva en el año 52, y todas las ceremonias que para sacarla hacían ____ 33
   Capítulo XI. De lo que se hacía después de haber sacado el fuego nuevo ____ 34
   Capítulo XII. De cómo toda la gente, después de haber tomado fuego nuevo, renovaban todos sus vestidos y alhajas. Donde se pone la figura de la cuenta de los años ____ 35

Libro VIII. De los reyes y señores y de la manera que tenían en sus elecciones y en el gobierno de sus reinos _____ **37**
   Prólogo _____ 37

Libro VIII _____ **39**

Capítulo I. De los señores y gobernadores que reinaron en México desde el principio del reino hasta el año de 1560 _____ 39

Capítulo II. De los señores que reinaron en el Tlaltelulco antes que perdiesen el señorío y después que se le tornaron los españoles hasta el año de 1560 _____ 42

Capítulo III. De los señores de Tezcuco _____ 43

Capítulo IV. De los señores de Uexutla _____ 45

Capítulo V. En que suman los años que ha que fue destruida Tula, hasta el año de 1565 _____ 46

Capítulo VI. De las señales y pronósticos que aparecieron antes que los españoles viniesen a esta tierra, ni viniese noticia de ellos _____ 46

Capítulo VII. De las cosas notables que acontecieron después que los españoles vinieron a esta tierra, hacia el año de 30 _____ 48

Capítulo VIII. De los atavíos de los señores _____ 50

Capítulo IX. De los aderezos que los señores usan en sus areítos _____ 51

Capítulo X. De los pasatiempos y recreaciones de los señores _____ 53

Capítulo XI. De los asentamientos de los señores _____ 54

Capítulo XII. De los aderezos que usaban los señores en la guerra _____ 55

Capítulo XIII. De las comidas que usaban los señores _____ 58

Capítulo XIV. De la manera de las casas reales _____ 62

    Párrafo primero: de la audiencia de las causas criminales _____ 62

    Párrafo segundo: audiencia de las causas civiles _____ 63

    Párrafo tercero: audiencia para la gente noble _____ 64

    Párrafo cuarto: consejo de la guerra _____ 64

    Párrafo quinto: de las trojes o alhóndigas _____ 65

    Párrafo 6: de la casa de los mayordomos _____ 65

    Párrafo 7: de la sala de los cantores y de los atavíos del areíto _____ 66

    Párrafo 8: de la casa de los cautivos _____ 67

Capítulo XV. De los atavíos de las señoras _____ 67

Capítulo XVI. De los ejercicios de las señoras _____ 68

Capítulo XVII. De las cosas en que se ejercitaban los señores para regir bien su reino 68

    Párrafo primero: del aparato y orden que usaban para cometer la guerra _____ 68

    Párrafo segundo: de la manera de elegir a los jueces _____ 70

    Párrafo tercero: de la manera de los areítos _____ 71

Párrafo cuarto: de la vigilancia de noche y de día sobre las velas _____71
Párrafo quinto: de los juegos en que el señor se recreaba_____72
Párrafo sexto: de la liberalidad del rey _____73
Capítulo XVIII. De la manera que tenían en elegir los señores _____73
Párrafo primero: de cómo componían a los electos de ornamentos
penitenciales y llevábanlos a la casa de Uitzilopuchtli _____74
Párrafo segundo: de cómo hacían penitencia los electos en el templo sin salir
de él cuatro días_____74
Párrafo tercero: de cómo, acabada la penitencia, llevan al señor a los palacios
reales, y a los otros a sus casas_____75
Párrafo cuarto: de cómo hace el señor un solemnísimo convite _____75
Párrafo quinto: de cómo se aparejaba el señor para dar guerra a alguna provincia 76
Capítulo XIX. De la orden que había en el tiánquez, de la cual el señor tenía
especial cuidado _____76
Capítulo XX. Se trata de la manera que tenían los señores y gente noble en criar
los hijos _____78
Capítulo XXI. De los grados por donde subían hasta hacerse tecutlatos _____81

Libro IX. De los mercaderes, oficiales de oro y piedras preciosas y pluma rica __ 85

Prólogo _____85
Capítulo I. Del principio que tuvieron los mercaderes en México y Tlaltelulco _____85
Capítulo II. De cómo los mercaderes comenzaron a ser tenidos por señores, y
honrados como tales_____87
Capítulo III. De las ceremonias que hacían los mercaderes cuando se partían para
alguna parte a tratar _____91
Capítulo IV. De lo que hacían en llegando a donde iban _____98
Capítulo V. De dónde nació que los mercaderes se llamaron naoaloztoméca_____100
Capítulo VI. De la ceremonia que se hacía a los mercaderes cuando llegaban a su
casa, que se llama lavatoria de pies _____103
Capítulo VII. Del modo que tenían los mercaderes. En hacer banquetes _____107
Capítulo VIII. De las ceremonias que hacía el que hacía el banquete cuando
comenzaban los cantores el areíto, y lo que hacían por toda la noche _____109
Capítulo IX. De las ceremonias que hacían al romper del alba, y lo que hacían en
saliendo el Sol _____111

Capítulo X. De otra manera de banquete que hacían los mercaderes más costoso, en el cual mataban esclavos _____113

Capítulo XI. De lo que pasaba cuando el que hacía el banquete iba a convidar a los otros mercaderes a Tochtépec _____116

Capítulo XII. De lo que pasaba el que hacía el banquete con los mercaderes de su pueblo despues que volvía de convidar _____119

Capítulo XIII. De cómo se comenzaba el banquete o fiesta y de lo que en él pasaba_120

Capítulo XIV. De cómo mataban los esclavos del banquete _____122

Capítulo XV. De los oficiales que labran oro_____126

Capítulo XVI. De la manera de labrar los plateros _____127

Capítulo XVII. De los oficiales que labran las piedras preciosas _____128

Capítulo XVIII. De los oficiales que labran pluma, que hacían plumajes y otras cosas de pluma _____129

Capítulo XIX. De la fiesta que los oficiales de la pluma hacían a sus dioses _____131

Capítulo XX. De los instrumentos con que labran los oficiales de la pluma _____133

Capítulo XXI. De la manera que tienen en hacer su obra estos oficiales _____133

Libro X. De los vicios y virtudes de está gente indiana, y de los miembros de todo el cuerpo, interiores y esteriores, y de las enfermedades y medicinas contrarias, y de las naciones que a está tierra han venido a poblar_____ 135

Prólogo _____135

Capítulo I. De las calidades y condiciones de las personas conjuntas por parentesco 135

Capítulo II. De los grados de afinidad_____139

Capítulo III _____141

Capítulo IV. De los oficios, condiciones y dignidades de personas nobles _____142

Capítulo V. De las personas nobles_____144

Capítulo VI. De los varones fuertes_____146

Capítulo VII. De los oficiales plateros, o oficiales de plumas _____147

Capítulo VIII. De otros oficiales, como son carpinteros y canteros _____148

Capítulo IX. De los hechiceros y trampistas_____150

Capítulo X. De otros oficiales, como son sastres y tejedores _____151

Capítulo XI. De personas viciosas, como son rufianes, alcahuetes _____152

Capítulo XII. De otra manera de oficiales, como son labradores y mercaderes _____153

Capítulo XIII. De las mujeres nobles _____155

Capítulo XIV. De las condiciones y oficios de las mujeres bajas _____158

Capítulo XV. De muchas maneras de malas mujeres _____ 160
Capítulo XVI. De los tratantes _____ 161
Capítulo XVII. De los que venden mantas _____ 163
Capítulo XVIII. De los que venden cacao y maíz y frijoles _____ 164
Capítulo XIX. De los que venden tortillas, tamales y pan de Castilla _____ 166
Capítulo XX. De los que venden mantas delgadas, que llaman áyalt, y de los que venden cactles o cotaras _____ 168
Capítulo XXI. De los que venden colores, tochómil y jícara, etc. _____ 170
Capítulo XXII. De los que venden frutas y otras cosas de comer _____ 171
Capítulo XXIII. De los que hacen loza, ollas y jarros, etc., y de los que hacen chiquihuites y petacas _____ 173
Capítulo XXIV. De los que venden gallinas, huevos, medicinas _____ 174
Capítulo XXV. De los que venden candelas, bolsas, cintas _____ 178
Capítulo XXVI. De los que venden atulli y cacao hecho para beber, y tequíxquitl, salitre _____ 179
Capítulo XXVII. De todos los miembros exteriores e interiores, así del hombre como de la mujer _____ 180
    Párrafo segundo: de la cabeza y sus partes _____ 182
    Párrafo cuarto: de la cara con todos sus adherentes _____ 185
    Párrafo quinto: de los dientes y muelas y colmillos, etc. _____ 186
    Párrafo sexto: de los labios con sus circunstancias _____ 187
    Párrafo séptimo: del pescuezo con sus circunstancias _____ 188
    Párrafo octavo: de los hombros, brazos, manos y dedos _____ 189
    Párrafo nono: del cuerpo con sus adherencias _____ 190
    Capítulo XXVIII. De las enfermedades del cuerpo humano y de las medicinas contra ellas El primero Párrafo es de las enfermedades de la cabeza, ojos, oídos, narices y dientes _____ 191
    Párrafo segundo: de las enfermedades y medicinas del pescuezo y garganta ___ 197
    Párrafo tercero: de las enfermedades y medicinas contrarias de los pechos y costado y espaldas _____ 198
    Párrafo cuarto: de las enfermedades del estómago, vientre y vejiga _____ 201
    Párrafo quinto: de las enfermedades y de las medicinas contrarias. _____ 202
    Párrafo sexto: de las medicinas para heridas y huesos quebrados y desconcertados _____ 204

Capítulo XXIX. En este capítulo XXIX se trata de todas las generaciones que a está tierra han venido a poblar _____ 206

    Párrafo 2: en este Párrafo se pone cuántas maneras de chichimecas ha habido en esta tierra _____ 211

    Párrafo 3 _____ 212

    Párrafo 4 _____ 215

    Párrafo 5: aquí se declara quiénes eran y se decían nahoas _____ 215

    Párrafo 6: aquí se dice quién son los otomíes y su manera de ser y vivir ___ 216

    Párrafo 7: los defectos o faltas de los otomíyes _____ 218

    Párrafo 8: cuacuatas, matlatzincas, toloques _____ 220

    Párrafo 9: de los que se llaman mazaoaques _____ 222

    Párrafo 10: Quiénes son los cuextecas y toueyome y panteca o panotecas ___ 223

    Párrafo 11: tlalhuicas _____ 225

    Párrafo 12: olmecas, huixtoti y mixtecas _____ 226

    Párrafo 13: de los de Michoacán, y por otro nombre cuaochpanme _____ 226

    Párrafo 14: de los mexicanos _____ 228

Libro XI. Que es bosque, jardín, vergel de lengua mexicana _____ **235**

    Prólogo _____ 235

    Al sincero lector _____ 235

Libro XI _____ **237**

    Capítulo I. De los animales _____ 237

        Párrafo primero: de las bestias fieras _____ 237

        Párrafo segundo: de los animales como zorros, lobos y otros animales semejantes _____ 240

        Párrafo tercero: de otros animalejos pequeños, como ardillas y otros semejantes 243

        Párrafo cuarto: de aquel animalejo que se llama tlácuatl, que tiene una bolsa donde mete a sus hijuelos, cuya cola es muy medicinal _____ 244

        Párrafo quinto: de las liebres, conejos, comadrejas, etc. _____ 245

        Párrafo sexto: de los ciervos y de diversas maneras de perros que estos naturales criaban _____ 246

        Párrafo séptimo: de los ratones y otros animalejos semejantes _____ 248

    Capítulo II. De las aves _____ 249

Párrafo primero: de las aves de pluma rica ___249
Párrafo segundo: de los papagayos y zinzones___252
Párrafo tercero: de las aves que viven en el agua o que tienen alguna conversación en el agua ___255
Párrafo cuarto: de las aves de rapiña ___265
Párrafo quinto: de otras aves de diversas maneras ___269
Párrafo sexto: de las codornices ___271
Párrafo séptimo: de los tordos, grajas y urracas y palomas ___271
Párrafo octavo: de los pájaros que cantan bien ___272
Párrafo nono: de los gallos y gallinas de la tierra ___274
Párrafo décimo: de las partes de las aves, así interiores como exteriores___274
Capítulo III. De los animales del agua ___277
Párrafo primero: de algunas aves del agua que siempre moran en ella ___277
Párrafo segundo: de los peces ___277
Párrafo tercero: de los camarones y tortugas___278
Párrafo cuarto: del animal que llaman el armado, y de la iaoana, y de los peces del río o lagunas___279
Párrafo quinto: de los renacuajos y otras sabandijas del agua que comen estos naturales ___280
Capítulo IV. De otros animales del agua que no son comestibles ___282
Párrafo primero: es de los caimanes y otros animales semejantes___282
Párrafo segundo: de un animalejo llamado auítzotl, notablemente monstruoso en su cuerpo y en sus obras, que habita en los manantiales o venas de las fuentes ___282
Párrafo tercero: de una culebra o serpiente del agua, muy monstruosa en ferocidad y obras ___284
Párrafo cuarto: de otras culebras y sabandijas del agua ___285
Capítulo V. De las serpientes y otros animales de tierra de diversas maneras ___285
Párrafo primero: de las serpientes ponzoñosas, del áspide ___285
Párrafo segundo: de otra culebra muy mostruosa y fiera ___286
Párrafo tercero: de la culebra de dos cabezas ___288
Párrafo cuarto: de algunas culebras con cuernos y de su monstruosa propiedad 288
Párrafo quinto: de una culebra mostruosa en grandor y en ponzoña, con otras de su manera ___289

Párrafo sexto: de otras mostruosas culebras en propiedades extrañas ———291

Párrafo séptimo: de otras culebras mostruosas en su ser y en sus propiedades _292

Párrafo octavo: de los alacranes y otras sabandijas semejantes, como arañas ___293

Párrafo nono: de diversas maneras de hormigas ————————————293

Párrafo décimo: de otras sabandijas de la tierra————————————294

Párrafo undécimo: de las abejas que hacen miel, que hay muchas diferencias de ellas, y de las mariposas ————————————————————————295

Párrafo duodécimo: de muchas diferencias de langostas y de otros animalejos semejantes, y de los brugos ————————————————————————296

Párrafo 13: de diversas maneras de gusanos ————————————————297

Párrafo 14: de las luciérnagas que alumbran de noche, que hay muchas diferencias de ellas, y de las moscas y moscardones y mosquitos——————299

Capítulo VI. De los árboles y sus propiedades ————————————————300

Párrafo primero: de las calidades de las montañas————————————300

Párrafo segundo: de los árboles mayores ——————————————————301

Párrafo tercero: de los árboles silvestres medianos ————————————302

Párrafo cuarto: de las partes de cada árbol, como es raíces, ramas, etc. ———305

Párrafo quinto: de los árboles secos que están en pie o caídos en tierra, y de los maderos labrados para edificar ——————————————————————306

Párrafo sexto: de las cosas acidentales a los árboles, y de los árboles ————307

Párrafo séptimo: de las frutas menudas, como son ciruelas, guayabas, cerezas__308

Párrafo octavo: de las diversidades de tunas ————————————————310

Párrafo nono: de las raíces comestibles ——————————————————311

Capítulo VII. En que se trata de todas las hierbas ——————————————312

Párrafo primero: de ciertas hierbas que emborrachan ————————————312

Párrafo segundo: de las getas————————————————————————314

Párrafo tercero: de las hierbas comestibles cocidas ————————————315

Párrafo cuarto: de las hierbas que se comen crudas ————————————317

Párrafo quinto: de las hierbas medicinales ——————————————————320

Párrafo sexto: de las hierbas olorosas————————————————————350

Párrafo séptimo: de las hierbas que ni son comestibles ni medicinales ni ponzoñosas ————————————————————————————————351

Párrafo octavo: de las flores de las hierbas silvestres————————————353

Párrafo nono: de las florestas y árboles que en ellas se crían ————————354

Párrafo décimo: de los arbustos, que ni son bien árboles ni bien hierbas, y de sus flores _____356

Párrafo undécimo: de las flores compuestas por arte de oficiales que hacen flores357

Párrafo duodécimo: de los árboles pequeños que tiran más a árboles que a hierbas _____357

Capítulo VIII. De las piedras preciosas _____357

Párrafo primero: de todas las piedras preciosas en general, cómo se buscan, cómo se hallan _____357

Párrafo segundo: de la esmeralda y otras piedras preciosas de su especie _____359

Párrafo tercero: de las turquesas finas y otras piedras preciosas _____359

Párrafo cuarto: del jaspe y otras piedras de su especie_____360

Párrafo quinto: de las piedras de que se hacen los espejos, y otras piedras bajas 362

Capítulo IX. De los metales_____364

Capítulo X. De otras cosas provechosas que se crían en la tierra, como esmeril, margaxita_____366

Capítulo XI. De las colores, de todas maneras de colores _____367

Párrafo primero: trata de la grana y de otras colores finas_____367

Párrafo segundo: de otro colorado, no tan fino como la grana, y de otras colores no finas_____368

Párrafo tercero: de ciertos materiales de que se hacen colores _____369

Capítulo XII. De las diversidades de las aguas y de diversas calidades de la disposición de la tierra _____370

Párrafo primero: del agua de la mar y de los ríos _____370

Párrafo segundo: de diversos nombres de ríos y fuentes_____371

Párrafo tercero: de diversas calidades de tierra _____373

Párrafo cuarto: de las maneras de ruin tierra, no fructífera _____375

Párrafo quinto: de diversas maneras de tierra para hacer tinajas, ollas, cántaros, etc. _____376

Párrafo sexto: de las alturas, bajuras, llanos y cuestas de la tierra, y de los nombres de los principales montes de esta tierra _____377

Nota_____378

Párrafo séptimo: de las diferencias de piedras _____380

Párrafo octavo: de las diversidades y calidades de los caminos _____381

Párrafo nono: de las diferencias y calidades de los edificios _____384

Párrafo décimo: de las cuevas y cimas, y de sus diferencias _____385
Capítulo XIII. De todos los mantenimientos _____385
Párrafo primero: del maíz_____385
Párrafo segundo: de cómo se siembra y cultiva el maíz _____387
Párrafo tercero: de los frijoles _____388
Párrafo cuarto: de la chían_____388
Párrafo quinto: de los cenizos que comen estos naturales_____388
Párrafo sexto: de las calabazas que comen estos naturales_____388

Libro XII. Trata de cómo los españoles conquistaron a la ciudad de México ___ 389
Al lector _____389

Libro XII. De la conquista de la Nueva España, que es la ciudad de México ___ 391
Capítulo I. De las señales y pronósticos que aparecieron antes que los españoles viniesen a esta tierra ni hubiese noticia de ellos _____391
Capítulo II. De los primeros navíos que aportaron a esta tierra, que según dicen fue Juan de Grijalva_____392
Capítulo III. De lo que Moctezuma proveyó después que oyó la relación de los que vieron los primeros navíos_____394
Capítulo IV. De lo que proveyó Moctezuma cuando supo la segunda vez que los españoles habían vuelto. Este fue don Hernando Cortés _____394
Capítulo V. De lo que pasó cuando los mensajeros de Moctezuma entraron en el navío del capitán don Hernando Cortés _____397
Capítulo VI. De cómo los mensajeros de Moctezuma volvieron a México con la relación de lo que habían visto _____398
Capítulo VII. De la relación que dieron a Moctezuma los mensajeros que volvieron de los navíos _____399
Capítulo VIII. De cómo Moctezuma envió sus encantadores y maléficus para que empeciesen a los españoles _____400
Capítulo IX. Del llanto que hizo Moctezuma y todos los mexicanos desque supieron que los españoles eran tan esforzados _____401
Capítulo X. De cómo los españoles comenzaron a entrar la tierra adentro, y de cómo Moctezuma dejó la casa real y se fue a su casa propia _____402

Capítulo XI. De cómo los españoles llegaron a Tlaxcala, que entonces se llamaba Texcalla ___403

Capítulo XII. De cómo Moctezuma envió a uno muy principal suyo con otros muchos principales que fueron a recibir a los españoles e hicieron un gran presente al capitán en medio de la Sierra Nevada del Volcán ___404

Capítulo XIII. De cómo Moctezuma envió otros hechiceros contra los españoles, y de lo que les aconteció en el camino ___405

Capítulo XIV. De cómo Moctezuma mandó cerrar los caminos porque los españoles no llegasen a México___406

Capítulo XV. De cómo los españoles partieron de Iztapalapan para entrar en México 407

Capítulo XVI. De cómo Moctezuma salió de paz a recibir a los españoles a donde llaman Xoluco, que es el acequia que está cabe las casas de Alvarado o un poco más acá, que llaman ellos Uitzillan ___407

Capítulo XVII. De cómo los españoles con Moctezuma llegaron a las casas reales, y de lo que allí pasó ___409

Capítulo XVIII. De cómo los españoles entraron en las propias casas de Moctezuma, y de lo que allí pasó ___410

Capítulo XIX. De cómo los españoles mandaron a los indios hacer la fiesta de Uitzilopuchtli. Esto fue en absencia del capitán, cuando fue al puerto por la venida de Pánfilo de Nárvaez ___410

Capítulo XX. De cómo los españoles hicieron gran matanza en los indios estando haciendo la fiesta de Uitzilopuchtli en el patio del mismo Uitzilopuchtli ___411

Capítulo XXI. De cómo comenzó la guerra entre los mexicanos y los españoles en México___412

Capítulo XXII. De cómo llegó la nueva de cómo el capitán don Hernando Cortés, habiendo vencido a Pánfilo de Nárvaez, volvía ya para México con otros muchos españoles que de nuevo habían venido ___413

Capítulo XXIII. De cómo Moctezuma y el gobernador del Tlaltelulco fueron echados muertos fuera de la casa donde los españoles estaban fortalecidos ___414

Capítulo XXIV. De cómo los españoles y tlaxcaltecas salieron huyendo de México, de noche ___414

Capítulo XXV. De cómo los de Teucalhuiaca salieron de Paz y con bastimentos a los españoles cuando iban huyendo de México ___416

Capítulo XXVI. De cómo los españoles llegaron al pueblo de Teucalhuiacán y del buen recibimiento que allí los hicieron _____417

Capítulo XXVII. De cómo los mexicanos llegaron a donde estaban los españoles, siguiendo el alcance _____418

Capítulo XXVIII. De la primera fiesta que hicieron los mexicanos después que los españoles salieron de noche de esta ciudad _____419

Capítulo XXIX. De la pestilencia que vino sobre los indios de viruelas después que los españoles salieron de México _____420

Capítulo XXX. De cómo los bergantines que hicieron los españoles en Tetzcuco vinieron sobre México. Estos bergantines se labraron en Tlaxcala, y los indios los trajeron en piezas a cuestas hasta la laguna donde se armaron _____421

Capítulo XXXI. De cómo los de los bergantines, habiendo ojeado las canoas que los salieron por la laguna, llegaron a tierra junto a las casas _____422

Capítulo XXXII. De cómo los mexicanos se rindieron y comenzaron a salirse de la ciudad por miedo de los españoles _____423

Capítulo XXXIII. De cómo los chinanpanecas, que son Xochimilco, Cuitláoac, Iztapalapan, etc., vinieron en ayuda de los mexicanos _____424

Capítulo XXXIV. De cómo los indios mexicanos prendieron quince españoles _____426

Capítulo XXXV. De cómo los mexicanos prendieron otros españoles, más de cincuenta y tres, y muchos tlaxcaltecas, tetzcucanos, chalcas, xuchimilcas, y a todos los mataron delante los ídolos _____427

Capítulo XXXVI. De la primera vez que los españoles entraron en el tiánquez del Tlaltilulco _____428

Capítulo XXXVII. De cómo de noche abrían los caminos del agua que de día los cerraban los españoles _____429

Capítulo XXXVIII. Del trabuco que hicieron los españoles para conquistar a los del Tlaltelulco _____431

Capítulo XXXIX. De cómo los del Tlaltelulco, cuando estaban cercados, vieron venir fuego del cielo sobre sí, de color sangre _____434

Autor _____435

Capítulo XL. De cómo los del Tlaltelulco se dieron a los españoles con los mexicanos, y su señor que con ellos estaba _____435

Capítulo XLI. De la plática que hizo el capitán don Hernando Cortés a los señores de México, Tetzcucu y Tlacupa después de la victoria, procurando por el oro que se había perdido cuando salieron huyendo de México _____437

Libros a la carta_____ **441**

Brevísima presentación

La vida
Bernardino de Sahagún (Sahagún ca. 1499-Ciudad de México, 1590), España. Su nombre original es Bernardino de Rivera. Sahagún escribió en náhuatl y castellano, y su obra es muy valiosa para la reconstrucción de la historia del México anterior a la Conquista.

Hacia 1520 Sahagún estudió en la Universidad de Salamanca. Allí aprendió latín, historia, filosofía y teología. Hacia 1525 entró en la orden franciscana y en 1529 se fue a México en misión con otros frailes, encabezados por fray Antonio, de Ciudad Rodrigo.

En 1536 Bernardino de Sahagún fundó el Imperial Colegio de la Santa Cruz de Tlaltelulco. Desde el comienzo enseñó latín allí. El propósito del Colegio era la instrucción académica y religiosa de jóvenes de la nobleza nahualt.

Bernardino estuvo luego en conventos de Xochimilco, Huejotzingo y Cholula; fue misionero en Puebla, Tula y Tepeapulco (1539-1558); definidor provincial y visitador de la Custodia de Michoacán (1558).

En 1577 sus trabajos fueron confiscados por orden real y sus investigaciones sobre el mundo azteca fueron mal consideradas.

La Historia general
La *Historia general de las cosas de la nueva España* reúne los doce libros editados en México por el monje franciscano Bernardino de Sahagún entre 1540 y 1590 a partir de entrevistas con informantes indígenas en Tlatelolco, Texcoco y Tenochtitlan. A lo largo de los doce libros que integran la obra se abordan distintas cuestiones de la cultura de los nativos, desde las creencias religiosas, la astronomía y la adivinación, las oraciones y las formas retóricas típicas de los discursos tradicionales en lengua náhuatl, hasta los conocimientos sobre el Sol, la Luna y las estrellas, o el comercio, la historia, la sociedad azteca y la conquista española.

Al cabo de casi medio milenio, la obra de Sahagún no solo sigue siendo una de las principales fuentes de información sobre la vida de los aztecas antes del «descubrimiento», sino el primer intento de practicar el complicado ejercicio etnográfico de «ponerse en el lugar del otro» procurando asumir la lógica interna de una mentalidad ajena —y, en parte, extrañándose de la propia— para comprender el mundo donde viven otros hombres.

Libro VII. Que trata de la astrología y filosofía natural que alcanzaron estos naturales de esta Nueva España

Prólogo
Cuán desatinados habían sido en el conocimiento de las criaturas los gentiles, nuestros antecesores, así griegos como latinos, está muy claro por sus mismas escrituras, de las cuales nos consta cuán ridiculosas fábulas inventaron del Sol y de la Luna, y de algunas de las estrellas, y del agua, tierra, fuego y aire, y de las criaturas. Y lo que peor es, les atribuyeron divinidad y adoraron, ofrecieron, sacrificaron y acataron como a dioses. Esto provino, en parte, por la ceguedad en que caímos por el pecado original, y en parte por la malicia y envejecido odio de nuestro adversario Satanás, que siempre procura de abatirnos a cosas viles, ridiculosas y muy culpables. Pues si esto pasó, como sabemos, entre gente de tanta discreción y presunción, no hay por qué nadie se maraville porque se hallen semejantes cosas entre esta gente tan párvula y tan fácil para ser engañada. Pues a propósito que sean curados de sus cegueras, así por medio de los predicadores como de los confesores, se ponen en el presente libro algunas fábulas no menos frías que frívolas que sus antepasados los dejaron del Sol y de la Luna y de las estrellas y de los elementos y cosas elementales.

Al fin del libro se pone la manera de contar los años, y del año del jubileo, que era de cincuenta en cincuenta y dos años, y de las notables ceremonias que entonces hacían.

Al lector
Razón tendrá el lector de disgustarse en la lección de este Séptimo Libro, y mucho mayor la tendrá si entiende la lengua indiana juntamente con la lengua española, porque en lo español el lenguaje va muy bajo, y la materia de que se trata en este Séptimo Libro va tratada muy bajamente. Esto es porque los mismos naturales dieron la relación de las cosas que en este libro se tratan muy bajamente, según que ellos las entienden, y en bajo lenguaje; y así se tradujo en la lengua española, en bajo estilo y en bajo quilate de entendimiento, pretendiendo solamente saber y escribir lo que ellos entendían en esta materia de astrología y filosofía natural, que es muy poco y muy bajo. Otra cosa hay en la lengua que también dará disgusto al que la entendiere, y es de una cosa van

muchos nombres sinónimos, y una manera de decir o una sentencia va dicha de muchas maneras. Esto se hizo aposta, por saber y escribir todos los vocablos de cada cosa y todas las maneras de decir de cada sentencia; y esto no solamente en este libro, pero en toda la obra. Vale.

El séptimo libro trata del Sol y de la Luna y estrellas, y del año del jubileo

Capítulo I. Del Sol

El Sol tiene propiedad de resplandecer y de alumbrar y de echar rayos de sí; es caliente y tuesta; hace sudar; para hosco o loro el cuerpo y la cara de la persona.

Hacían fiesta al Sol una vez cada año en el signo que se llama naui ollin, y antes de la fiesta ayunaban cuatro días, como vigilia de la fiesta. Y en esta fiesta del Sol ofrecían incienso y sangre de las orejas cuatro veces: una en saliendo el Sol, otra al mediodía, y a la hora de vísperas, y cuando se ponía. Y cuando a la mañana salía, decían: «Ya comienza el Sol su obra. ¿Qué será? ¿Qué acontecerá en este día?». Y a la puesta del Sol decían: «Acabó su obra o su tarea el Sol».

A las veces cuando sale el Sol parece color de sangre, y a las veces parece blanquecino, y a las veces sale de color enfermizo por razón de las tinieblas o de las nubes que se le antepone.

Cuando se eclipsa el Sol párase colorado; parece que se desasosiega o se turba el Sol, o se remece o revuelve, y amarillécese mucho. Cuando esto ve la gente, luego se alborota y tómales gran temor, y luego las mujeres lloran a voces, y los hombres dan grita, hiriendo las bocas con la mano, y en todas partes se daban grandes voces y gritos y alaridos. Y luego buscaban hombres de cabellos blancos y caras blancas y los sacrificaban al Sol; y también sacrificaban cautivos y se untaban con la sangre de las orejas; y también agujereaban las orejas con puntas de maguey, y pasaban mimbres o cosa semejante por los agujeros que las puntas habían hecho. Y luego por todos los templos cantaban y tañían, haciendo gran ruido, y decían: «Si del todo se acaba de eclipsar el Sol, nunca más alumbrará. Ponerse han perpetuas tinieblas, y descenderán los demonios. Vendránnos a comer».

Capítulo II. De la Luna

Cuando la Luna nuevamente nace, parece un arquito de alambre delgado; aún no resplandece; poco a poco va creciendo. A los quince días es llena; y cuando ya es llena, sale por el oriente a la puesta del Sol. Parece como una rueda de molino grande, muy redonda y muy colorada; y cuando va subiendo, se para blanca o resplandeciente; parece como un conejo en medio de ella; y si no hay nubes, resplandece casi como el Sol, casi como de día. Y después de llena cumplidamente, poco a poco se va menguando, hasta que se va a hacer como cuando comenzó. Dicen entonces: «Ya se muere la Luna; ya se duerme mucho»; esto es cuando sale ya con el alba. Al tiempo de la conjunción dicen: «Ya es muerta la Luna». La fábula del conejo que está en la Luna es está: dicen que los dioses se burlaron con la Luna y diéronla con un conejo en la cara, y quedóle el conejo señalado en la cara; y con esto le oscurecieron la cara como un cardenal; después de esto salió para alumbrar al mundo.

Decían que antes que hubiese día en el mundo, que se juntaron los dioses en aquel lugar que se llama Teotihuacán, que es el pueblo de San Juan, entre Chicunauhtlan y Otumba. Dijeron los unos a los otros dioses: «¿Quién tendrá cargo de alumbrar al mundo?». Luego a estas palabras respondió un Dios que se llamaba Tecuciztécatl, y dijo: «Yo tomo a cargo de alumbrar al mundo». Luego otra vez hablaron los dioses y dijeron: «¿Quién será otro?». Luego se miraron los unos a los otros, y conferían quién sería el otro, y ninguno de ellos osaba ofrecerse a aquel oficio; todos temían y se escusaban. Uno de los dioses de que no se hacía cuenta y era buboso no hablaba, sino oía lo que los otros dioses decían; y los otros habláronle y dijéronle: «Sé tú el que alumbres, bubosito»; y él de buena voluntad obedeció a lo que le mandaron, y respondió: «En merced recibo lo que me habéis mandado. Sea así».

Y luego los dos comenzaron a hacer penitencia cuatro días. Y luego encedieron fuego en el hogar, el cual era hecho en una peña que ahora llaman Teutexcalli. El Dios llamado Tecuciztécatl todo lo que ofrecía era precioso: en lugar de ramos ofrecía plumas ricas que se llaman quetzalli; y en lugar de pelotas de heno ofrecía pelotas de oro; y en lugar de espinas de maguey ofrecía espinas hechas de coral colorado; y el copal que ofrecía era muy bueno. Y el buboso, que se llamaba Nanaoatzin, en lugar de ramos ofrecía cañas verdes atadas de tres en tres; todas ellas llegaban a nueve; y ofrecía bolas de heno y espinas de maguey, y ensangrentábalas con su misma sangre; y en lugar de copal ofrecía las postillas de las bubas. A cada uno de éstos se les edificó una torre como monte; en los mismos montes hicieron penitencia cuatro noches; ahora se llaman estos montes tzacualli; están ambos cabe el pueblo de San Juan, que se llama Teotihuacán. Desque se acabaron las cuatro noches de su penitencia, luego echaron por ahí los ramos y todo lo demás con que hicieron la penitencia. Esto se hizo al fin o al remante de su penitencia, cuando la noche siguiente, a la medianoche, habían de comenzar a hacer sus oficios.

Y ante un poco de la medianoche diéronles sus aderezos. A aquel que se llama Tecuciztécatl dieron un plumaje llamado actacómitl y una chaqueta de lienzo; y al buboso, que se llama Nanaoatzin, tocáronle la cabeza con papel, que se llama amatzontli, y pusiéronle una estola de papel y un maxtli de papel. Y llegada la medianoche todos los dioses se pusieron en derredor del hogar que se llama teutexcalli; en este lugar ardió el fuego cuatro días. Ordenáronse los dichos dioses en dos rencles, unos de la una parte del fuego, otros de la otra parte, y luego los dos sobredichos se pusieron delante del fuego, las caras hacia el fuego, en medio de los rencles de los dioses, los cuales todos estaban levantados. Y luego hablaron los dioses y dijeron a Tecuciztécatl: «¡Ea, pues, Tecuciztécatl, entra tú en el fuego!». Y él luego acometió para echarse en el fuego. Y como el fuego era grande y estaba muy encendido, como sintió el gran calor del fuego, hubo miedo; no osó echarse en el fuego; volvióse atrás. Otra vez tornó para echarse en el fuego haciéndose fuerza, y llegándose detúvose; no osó echarse; cuatro veces probó, pero nunca se osó echar.

Estaba puesto mandamiento que no probarse más de cuatro veces; desque hubo probado cuatro veces, los dioses luego hablaron a Nanaoatzin y dijéronle: «¡Ea, pues, Nanaoatzin, prueba tú!». Y como le hubieron hablado los dioses, esforzóse y, cerrando los ojos, arremetió y echóse en el fuego; y luego comenzó a rechinar y respender en el fuego, como quien se asa. Y como vio Tecuciztécatl que se había echado en el fuego y ardía, arremetió y echóse en el fuego; y dizque luego una águila entró en el fuego, y también se quemó, y por eso tiene las plumas hoscas o negrestinas. A la postre entró un tigre; no se quemó, sino chamuscóse, y por eso quedó manchado de negro y blanco. De este lugar se tomó la costumbre de llamar a los hombres diestros en la guerra cuauhtlocélotl; y dicen primero cuauhtli, porque el águila primero entró en el fuego; y dícese a la postre océlotl, porque el tigre entró en el fuego a la postre del águila. Después que ambos se hubieron arrojado en el fuego, y después que se hubieron quemado, luego los dioses se sentaron a esperar a qué parte vendría salir el Nanaoa. Después que estuvieron gran rato esperando, comenzóse a parar colorado el cielo, y en toda parte apareció la luz del alba. Y dicen que después de esto los dioses se hincaron de rodillas para esperar a dónde saldría Nanaoa hecho Sol; a todas partes miraban, volviéndose en rededor, nunca acertaron a pensar ni a decir a qué parte saldría; en ninguna cosa se determinaron. Algunos pensaron que saldría de la parte del norte, y paráronse a mirar hacia él; otros, hacia el mediodía; a todas partes sospecharon que había de salir, porque a todas partes había resplandor del alba. Otros se pusieron a mirar hacia el oriente; dijeron: «Aquí, de esta parte, ha de salir el Sol»; el dicho de éstos fue verdadero. Dicen que los que miraron hacia el oriente fueron Quetzalcóal, que también se llama Ecatl, y otro que se llama Tótec, y por otro nombre Anáoatl Itécu, y por otro nombre Tlatláuic Tezcatlipuca; y otros que se llaman mimixcoa, que son innumerables; y cuatro mujeres: la una se llama Tiacapan; la otra, Teicu; la tercera, Tlacoeoa, la cuarta, Xocóyotl.

Y cuando vino a salir el Sol, pareció muy colorado; parecía que se contoneaba de una parte a la otra; nadie lo pudía mirar, porque quitaba la vista de los ojos. Resplandecía y echaba rayos de sí, en gran manera, y sus rayos se derramaron por todas partes. Y después salió la Luna en la misma parte del oriente, a par del Sol; primero salió el Sol, y tras él salió la Luna; por la orden que entraron en el fuego, por la misma salieron hechos Sol y Luna. Y dicen los que cuentan fábulas o hablillas que tenían igual luz con que alumbraban. Y desque vieron los dioses que igualmente resplandecían, habláronse otra vez y dijeron: «¡Oh, dioses! ¿Cómo será esto? ¿Será bien que vayan ambos a la par? ¿Será bien que igualmente alumbren?». Y los dioses dieron sentencia y dijeron: «Sea de esta manera: hágase de esta manera»; y luego uno de ellos fue corriendo y dio con un conejo en la cara a Tecuciztécatl; oscurecióle la cara y ofuscóle el resplandor, y quedó como ahora está su cara.

Después que hubieron salido ambos sobre la tierra, estuvieron quedos sin mudarse de un lugar, el Sol y la Luna; y los dioses otra vez se hablaron y dijeron: «¿Cómo podemos vivir? No se menea el Sol. ¿Hemos de vivir entre los villanos? Muramos todos, y hagámosle que resucite por nuestra muerte». Y luego el aire se encargó de matar a todos los dioses, y matólos. Y dícese que uno, llamado Xólotl, rehusaba la muerte, y dijo a los dioses: «¡Oh, dioses, no muera yo!». Y lloraba en gran manera, de manera que se le hincharon los ojos de llorar; y cuando llegó a él el que mataba, echó a huir, escondióse entre los maizales y volvióse y convertióse en pie de maíz que tiene dos cañas, y los labradores le llaman xólotl. Y fue visto y hallado entre los pies del maíz. Otra vez echó a huir, y se escondió entre los magueyes, y convertióse en maguey que tiene dos cuerpos, que se llama mexólotl. Otra vez fue visto, y echó a huir, y metióse en el agua, e hízose pez, que se llama axólotl; de allá le tomaron y le mataron. Y dicen que aunque fueron muertos los dioses, no por eso se movió el Sol; y luego el viento comenzó a suflar o ventear reciamente. Él le hizo moverse para que anduviese su camino; y después que el Sol comenzó a caminar, la Luna se estuvo queda en el lugar donde estaba. Después del Sol comenzó la Luna a andar; de esta manera se desvíaron el uno del otro, y así salen en diversos tiempos. El Sol dura un día, y la Luna trabaja en la noche o alumbra en la noche.

De aquí parece lo que se dice, que el Tecuciztécatl había de ser Sol si primero se hubiera echado en el fuego, porque él primero fue nombrado y ofreció cosas preciosas en su penitencia.

Cuando la Luna se eclipsa, párase casi oscura; ennegrécese; párase hosca; luego se oscurece la tierra. Cuando esto acontece, las preñadas temían de abortar; tomábales gran temor que lo que tenían en el cuerpo se había de volver ratón. Y para remedio de esto tomaban un pedazo de itztli en la boca, o poníanle en la cintura, sobre el vientre. Y para que los niños que en el vientre estaban no saliesen sin bezos o sin narices, o boquituertos o bizcos, o porque no naciese monstruo.

Los de Jaltocán tenían por Dios a la Luna y le hacían particulares ofrendas y sacrificios.

Capítulo III. De las estrellas llamadas Mastelejos
Hacía esta gente particular reverencia y particulares sacrificios a los Mastelejos del cielo que andan cerca de las Cabrillas, que es en el signo del Toro. Hacían estos sacrificios y ceremonias cuando nuevamente parecían por el oriente, después de la fiesta del Sol. Después de haber ofrecídole incienso, decían: «Ya ha salido Yoaltecutli y Yacauiztli. ¿Qué acontecerá esta noche? o ¿Qué fin habrá la

noche, próspero o adverso?». Tres veces ofrecían incienso, y debe ser porque ellas son tres estrellas: la una vez a prima noche, la otra vez a hora de las tres; la tercera cuando comienza a amanecer.

Llaman a estas estrellas mamalhoactli, y por este mismo nombre llaman a los palos con que sacan lumbre, porque les parece que tienen alguna semejanza con ellas, y que de allí les vino esta manera de sacar fuego. De aquí tomaron por costumbre de hacer unas quemaduras en la muñeca los varones, a honra de aquellas estrellas; decían que el que no fuese señalado de aquellas quemaduras, cuando se muriese, que allá en el infierno habían de sacar el fuego de su muñeca, barrenándola como cuando acá sacan el fuego del palo.

A la estrella de Venus la llamaba esta gente citlálpul, uei citlalin; y decían que cuando sale por el oriente hace cuatro arremetidas, y a las tres luce poco, y vuélvese a esconder, y a la cuarta sale con toda su claridad y procede por su curso; y dicen de su luz que parece a la de la Luna. En la primera arremetida teníanla de mal agüero, diciendo que traía enfermedad consigo, y por esto cerraban las puertas y ventanas, porque no entrase su luz. Y a las veces la tomaban por buen agüero, al principio del tiempo que comenzaba a aparecer por el oriente.

Capítulo IV. De las cometas
Llamaba esta gente a la cometa citlalin popoca, que quiere decir «estrella que humea»; teníanla por pronóstico de la muerte de algún príncipe o rey, o de guerra o de hambre. La gente vulgar decía: «Esta es nuestra hambre».

A la inflamación de la cometa llamaba esta gente citlalin tlamina, que quiere decir «la estrella tira saeta»; y decían que siempre que aquella saeta caía sobre alguna cosa viva, liebre o conejo u otro animal, y donde hería, luego se criaba un gusano, por lo cual aquel animal no era de comer. Por esta causa procuraba esta gente de abrigarse de noche, porque la inflamación de la cometa no cayese sobre ellos.

A las estrellas que están en la boca de la Bocina llama esta gente citlalxunecuilli; píntalas a manera de ese revuelta. Siete estrellas dicen que están por sí apartadas de las otras, y que son resplandecientes; llámanles citlalxunecuilli porque tienen semejanza con cierta manera de pan que hacen a manera de ese, al cual llaman xunecuilli, el cual pan se comía en todas las casas un día del año que se llama xuchílhuitl.

A aquellas estrellas que en algunas partes se llaman El Carro, esta gente las llama Escurpión, porque tienen figura de oscurpión o alacrán; y así se llaman en muchas partes del mundo.

Esta gente atribuía el viento a un Dios que llamaban Quetzalcóatl, bien casi como Dios de los vientos. Sopla el viento de cuatro partes del mundo por mandamiento de este Dios, según ellos decían; de la una parte viene de hacia el oriente, donde ellos dicen estar el paraíso terrenal, al cual llaman Tlalocan. A este viento le llamaban tlalocáyutl; no es viento furioso; cuando él sopla no impide las canoas andar por el agua. El segundo viento sopla de hacia el norte, donde ellos dicen estar el infierno, y así le llaman mictlampaehécatl, que quiere decir «el viento de hacia el infierno». Este viento es furioso, y por eso le temen mucho; cuando él sopla no pueden andar las canoas por el agua, y todos los que andan por el agua se salen por temor cuando él sopla, con toda la prisa que pueden, porque muchas veces peligran con él. El tercero viento sopla de hacia el occidente, donde ellos decían que era la habitación de las diosas que llaman cioapipilti. Llamábanle cioatlampa ehécatl o cioatecáyotl, que quiere decir «viento que sopla de donde habitan las mujeres»; este viento no es furioso, pero es frío, hace temblar de frío; con este viento bien se navega. El cuarto viento sopla de hacia el mediodía, y llámanle uitztlampa ehécatl, que quiere decir «viento que sopla de aquella parte donde fueron los dioses que llaman uitznáoa». Este viento en estas partes es furioso, peligroso para navegar; tanta es su furia algunas veces, que arranca los árboles y trastorna las paredes, y levanta grandes olas en el agua; las canoas que topa en el agua échalas a fondo o las levanta en alto; es tan furioso como el cierzo o norte.

Por diversos nombres nombran al relámpago o rayo. Atribuíanle a los tlaloques o tlamacacques; decían que ellos hacían los rayos y relámpagos y truenos, y ellos herían con ellos a quien querían.

Capítulo V. De las nubes

Las nubes y las pluvías atribuíanlas estos naturales a un Dios que llamaban Tlalocatecutli, el cual tenía muchos otros debajo de su dominio, a los cuales llamaban tlaloques y tlamacacque. Estos pensaban que criaban todas las cosas necesarias para el cuerpo, como maíz y frijoles, etc., y que ellos enviaban las pluvias para que naciesen todas las cosas que se crían en la tierra. Y cuando hacían fiesta a este Dios y a sus sujetos, antes de la fiesta ayunaban cuatro días aquellos que llaman tlamacacque, los cuales moraban en la casa del templo llamada calmécac. Y acabado el ayuno, si algún defectuoso entre ellos había, por honra de aquellos dioses le maltrataban en la laguna, arrastrándole y acozeándole por el cieno y por el agua; y si se quería levantar, tornábanle por fuerza a meter debajo del agua, hasta que casi le ahogaban. A los que en la casa llamada calmécac hacían algún defecto, como es quebrar alguna basija o cosa semejante, los prendían y tenían guardados para castigallos aquel día. Y algunas veces los padres del que así estaba preso daban gallinas o mantas o otras cosas a los tlamacacques, porque lo soltasen y no lo ahogasen. A los que maltrataban de esta manera ni sus padres ni sus parientes osaban favorecellos ni hablar por ellos, si antes no los habían librado, estando presos. Y tanto los maltrataban, hasta que los dejaban casi por muertos, arrojados a la orilla del agua; entonces los tomaban sus padres y los llevaban a sus casas.

En esta fiesta de estos dioses todos los maceoales comían maíz cocido, hecho como arroz, y los tlamacacques andaban bailando y cantando por las calles; en una mano traían una caña de maíz verde, y en otra una olla con asa. Por este modo andaban demandando que les diesen maíz cocido, y todos los maceoales les echaban en las ollas que traían de aquel maíz cocido. Estos dioses decían que hacían las nubes y las lluvias, y el granizo, y la nieve, y los truenos, y los relámpagos, y los rayos.

El arco del cielo es a manera de arco de cantería; tiene apariencia de diversos colores. Cuando aparece es señal de serenidad; y cuando el arco del cielo se pone sobre algún maguey, decían que le haría secar o marchitar; y también decían que cuando espesas veces aparece el arco del cielo, es señal que ya quieren cesar las aguas.

Capítulo VI. De la helada, nieve y granizo

Señalaban cierto tiempo de la helada, diciendo que en término de ciento y veinte días helaba en cada un año, y que comenzaba el hielo desde el mes que llamaban ochpaniztli hasta el mes llamado títitl; porque cuando venía este mes o fiesta, toda la gente vulgar decía que ya era tiempo de beneficiar y labrar la tierra y sembrar maíz y cualquier género de semillas, y así se aparejaban todos para trabajar.

La nieve, cuando cae casi como agua o lluvia llaman ceppayáhuitl, casi hielo blando, como niebla; y cuando así acontecía decían que era pronóstico de la cosecha buena y que el año que venía sería muy fértil. Las nuves espesas, cuando se veían encima de las sierras altas, decían que ya venían los tlaloques, que eran tenidos por dioses de las aguas y de las lluvías.

Esta gente, cuando veía encima de las sierras nuves muy blancas, decían que eran señal de granizos, los cuales venían a destruir las sementeras, y así tenían muy grande miedo. Y para los cazadores era muy gran provecho el granizo, porque mataba infinito número de cualesquier aves y pájaros. Y para que no viniese el dicho daño en los maizales, andaban unos hechiceros que llamaban tecihutlacques, que es casi «estorvadores de granizos», los cuales decían que sabían cierta arte o encantamiento para quitar los granizos o que no empeciesen los maizales, y para enviarlos a las partes desiertas y no sembradas ni cultivadas, o a las lagunas, donde no hay sementeras ningunas.

Capítulo VII. De la manera que tenían en contar los años

Los de México o los de esta Nueva España, en su infidelidad, solían contar los años por cierta rueda con cuatro señales o figuras, conforme a las cuatro partes del mundo, de manera que cada año se contaba con la figura que era de cada una de las dichas cuatro partes. Los nombres que tuvieron puestos a las cuatro partes del mundo son éstos: uitzlampa, que es el mediodía o austro; tlapcopa, que es el oriente; mictlampa, que es el septentrión; cioatlampa, que es el occidente o poniente. Los nombres de las figuras dedicadas a las cuatro partes son éstos: tochtli, que es «conejo» y era dedicada a uitztlampa, que es mediodía o austro; acatl, que es «caña», era dedicada al oriente; técpatl, que es «pedernal», dedicada a septentrión; calli, que es «casa», dedicada al occidente o poniente. Así que el principio de los años era la figura de conejo, de esta manera: Ce Tochtli, «un conejo», y luego ume acatl, que es «dos cañas», y luego ei técpatl, que es «tres pedernales», y luego naui calli, que es «cuatro casas»; y así se van multiplicando los números de cada nombre o figura hasta los trece. Y acabados cincuenta y dos años, tornaba la cuenta a Ce Tochtli.

Acatl, que es «la caña», figura dedicada era al oriente, que llamaban tlapcopa, id est tlauilcopa, casi «hacia la lumbre o al Sol». Técpatl, que es «pedernal», figura era dedicada a mictlampa, casi «hacia el infierno», porque creían que a la parte de septentrión los difuntos se iban, por lo cual en la supersticón que hacían a los difuntos cubiertos con las mantas y atados los cuerpos, hacíanlos asentar vuelta la cara a septentrión o mictlampa. La cuarta figura era «la casa», y era dedicada para occidente o poniente, al cual llamaban cioatlampa, que es casi «hacia la casa de las mujeres», porque tenían opinión que en el poniente viven las mujeres difuntas, que son diosas; y en el oriente viven los hombres. Los hombres santos que viven en la casa del Sol, desde el oriente le van haciendo fiesta al Sol cada día que sale, hasta llegar al mediodía; las mujeres difuntas que llaman cioapipiltin, que las tienen por diosas, parten del occidente y vanle a recibir al mediodía, y llévanle con fiesta hasta el occidente.

Así que cada una de las dichas cuatro figuras por la dicha orden, de trece en trece años, comienzan la cuenta de los años. Y todas las cuatro, multiplicándose, llegan al número treceno, diciendo: Ce Tochtli, ume acatl, ei técpatl, naui calli, 5 tochtli, 6 acatl, 7 técpatl, 8 calli, etc., y con trece veces cuatro concluyen los cincuenta y dos años. Acabados los cincuenta y dos años, según dicho es, tornaba la cuenta otra vez a Ce Tochtli, que era figura a la parte de mediodía, que llamaban uitztlampa. Y cuando se volvía el dicho Ce Tochtli, todos temían de la hambre, porque creían que era señal de grande hambre.

Capítulo VIII. Del temor que tenían a la hambre cuando andaba la cuenta de los años en Ce Tochtli, y de la provisión que hacían el año antes

Antes que llegaba Ce Tochtli, a quien temían mucho por la hambre, todos procuraban de juntar y esconder en sus casa muchos mantenimientos y todos los géneros de semillas que se podrían comer, aunque eran comidas muy bajas, cuales son las que se dicen en este capítulo: Polúcatl es una semilla de unas hierbas que no se come sino con gran necesidad; este popóyotl es maíz aneblado; xilotzontli son los cabellos que las mazorcas tienen colgados cuando están en la caña; miyáoatl son aquellos penachos que tienen las cañas del maíz cuando ya están grandes las mazorcas; este metzolli son las raiduras o raspas del maguey cuando le abren para que mane; nochxochitl es la flor de la tuna;

mexcalli son las pencas de maguey cocidas; necutlatotonilli es la miel reciente que sale del maguey calentada al fuego; oauhtlipolocayo es la semilla de los cenizos sin limpiar, con todas sus inmundicias; los frijoles los guardaban con todas las ramas y hojas y vainas, porque de todo se aprovechaban en tiempo de hambre.

Y cuando acontecía la dicha hambre, entonces se vendían por esclavos muchos pobres hombres y mujeres, y comprábanlos los ricos que tenían muchas provisiones allegadas. Y no solamente los dichos pobres se vendían a sí mismos, sino que también vendían a sus hijos y a sus descendientes, y a todo su linaje, y así eran esclavos perpetuamente, porque decían que esta servidumbre que se cobraba en tal tiempo no tenía remedio para acabarse en algún tiempo, porque sus padres se habían vendido por escapar de la muerte o por librar su vida de la última necesidad. Y decían que por su culpa les acontecía tal desastre, porque ellos, sabiendo, que venía la dicha hambre, se habían descuidado y no habían curado de remedio. Y así decían después que los tales esclavos habían cobrado la dicha servidumbre en el año de Ce Tochtli, y los descendientes que han heredado tal servidumbre de sus antepasados, la cual se decía servidumbre perpetua. Pasado el año de Ce Tochtli, luego volvía la cuenta de los años al ume acatl, que era de la parte de tlapcopa, que es donde nace el Sol.

Capítulo IX. De la gavilla o atadura de los años, que era después que cada uno de los cuatro caracteres habían regido cada uno trece años, que son cincuenta y dos, y de lo que en este año de cincuenta y dos hacían

Acabada la dicha rueda de los años y al principio del nuevo año, que se decía ume acatl, solían hacer los de México y de toda la comarca una fiesta o ceremonia grande que llamaban toximmolpilía, y es casi «atadura de los años». Y esta ceremonia se hacía de cincuenta en cincuenta y dos años; es, a saber, después que cada una de las cuatro señales había regido trece veces a los años. Se decía aquella fiesta toximmolpía; quiere decir «átanse nuestros años», y porque era pricipio de otros cincuenta y dos años. Decían también xiuhtzitzquilo; quiere decir «se toma el año nuevo»; y en señal de esto, cada uno tocaba a las hierbas para dar a entender que ya comenzaba la cuenta de otros cincuenta y dos años, para que se cumplan ciento y cuatro años que hacían un siglo.

Así que entonces sacaban también nueva lumbre. Y cuando ya se acercaba el día señalado para sacar nueva lumbre, cada vecino de México solía echar o arrojar en el agua o en las acequias o lagunas las piedras o palos que tenía por dioses de su casa, y también las piedras que sirvían en los hogares para cocer comida y con que molían ajíes o chiles; y limpiaban muy bien las casas, y al cabo acababan todas las lumbres.

Era señalado cierto lugar donde se sacaba y se hacía la dicha nueva lumbre, y era encima de una sierra que se dice Uixachtlan, que está en los términos de los pueblos Itztapalapa y Colhoaca, dos leguas de México. Y se hacía la dicha lumbre a medianoche; y el palo de do se sacaba el fuego estaba puesto sobre el pecho de un cautivo que fue tomado en la guerra, y el que era más generoso. De manera que sacaban la dicha lumbre de palo bien seco con otro palillo largo y delgado como saeta, y rodeándole entre las palmas muy de presto con entrambas palmas, como torciendo; y cuando acertaban a sacarla y estaba ya hecha, luego, en continente, abrían las entrañas del cautivo y sacaban el corazon, y arrojábanlo en el fuego, atizándole con él; y todo el cuerpo se acababa en el fuego. Y los que tenían oficio, de sacar lumbre nueva eran los sacerdotes solamente, y especialmente el que era del barrio de Copolco tenía el dicho oficio; el mismo sacaba y hacía fuego nuevo.

Capítulo X. De la orden que guardaban en sacar la lumbre nueva en el año 52, y todas las ceremonias que para sacarla hacían
Está arriba declarado que encima de la sierra de Uixachtlan solían hacer fuego nuevo. Y la orden que tenían en ir hacia aquella sierra es ésta: que en la vigilia de la dicha fiesta, ya puesto el Sol, se aparejaban los sacerdotes de los ídolos y se vestían y componían con los ornamentos de sus dioses, es a saber, de Quetzalcóatl o de Tláloc, etc.; así que parecía que los mismos dioses eran. Y al principio de la noche empezaban a caminar poco a poco y muy despacio, y con mucha gravedad y silencio; y por esto decían teunenemi; quiere decir «caminan como dioses». Partíanse de México y allegaban a la dicha sierra ya casi cerca de medianoche; y el dicho sacerdote del barrio de Copolco, cuyo oficio era de sacar lumbre nueva, traía en sus manos los instrumentos con que se sacaba el fuego, y desde México, por todo el camino, iba probando la manera con que fácilmente se pudiese hacer lumbre.

Venida aquella noche en que habían de hacer y tomar lumbre nueva, todos tenían muy grande miedo y estaban esperando con mucho temor lo que acontecería; porque decían y tenían esta fábula o creencia entre sí: que si no se pudiese sacar lumbre, que habría fin el linaje humano, y que aquella noche y aquellas tinieblas serán perpetuas, y que el Sol no tornaría a nacer o salir, y que de arriba vernán y descenderán los tzitzimitles, que eran unas figuras feísimas y terribles, y que comerán a los hombres y mujeres, por lo cual todos se subían a las azoteas, y allí se juntaban todos los que eran de cada casa, y ninguno osaba estar abajo. Y las mujeres preñadas, en su rostro o cara ponían una carátula de penca de maguey, y también encerrábanlas en las trojes, porque temían y decían que si la lumbre no se pudiese hacer, ellas también se volverán fieros animales y que comerán a los hombres y mujeres. Lo mismo hacían con los niños, porque poníanles la dicha carátula de maguey en la cara, y no los dejaban dormir poco ni mucho; y los padres y las madres ponían muy gran solicitud en despertarlos, dándoles a cada rato rempujones y voces; porque decían que si los dejasen a ellos dormir, que se habían de volver y hacer ratones.

De manera que todas las gentes no entendían en otra cosa sino en mirar hacia aquella parte donde se esperaba la lumbre, y con grande cuidado estaban esperando la hora y momento en que había de parecer y se viese el fuego. Y cuando estaba sacada la lumbre, luego se hacía una hoguera muy grande para que se pudiese ver desde lejos. Y todos, vista aquella luz, luego cortaban sus orejas con navajas y tomaban de la sangre que salía, y esparcíanla hacia a aquella parte de donde parecía la lumbre; y todos eran obligados a hacerlo, hasta los niños que estaban en las cunas, porque también les cortaban las orejas, porque decían que de aquella manera todos hacían penitencia o merecían. Y los ministros de los ídolos abrían el pecho y las entrañas del cautivo con un pedernal agudo como un cuchillo, según está dicho arriba.

Capítulo XI. De lo que se hacía después de haber sacado el fuego nuevo
Hecha aquella hoguera grande, según dicho es, de la lumbre nueva, luego los ministros de los ídolos que habían venido de México y de otros pueblos tomaban de aquella lumbre porque allí estaban esperándola, y enviaban por allá los que eran muy ligeros y corredores grandes, y llevábanla en unas teas

de pino hechas a manera de hachas. Corrían todos a gran prisa y a porfía para que muy presto se llevase la lumbre a cualquier pueblo. Los de México, en trayendo aquella lumbre con aquellas teas de pino, luego la llevaban al templo del ídolo de Uitzilopuchtli y poníanla en un candelero hecho de cal y canto, puesto delante del ídolo, y ponían en él mucho incienso de copal. Y de allí tomaban y llevaban al aposento de los sacerdotes que se dicen mexicanos, y después a otros aposentos de los dichos ministros de ídolos, y de allí tomaban y llevaban todos los vecinos de la ciudad. Y era cosa de ver a aquella multitud de gente que venían por la lumbre, y así hacían hogueras grandes y muchas en cada barrio, y hacían muy grandes regocijos.

Lo mismo hacían los otros sacerdotes de otros pueblos, porque llevaban la dicha lumbre muy aprisa y a porfía, porque el que más podía correr que otros, tomaba la tea de pino, y así muy presto, casi en un momento, llegaban a sus pueblos, y luego venían a tomar todos los vecinos de ella. Y era cosa de ver la muchedumbre de los fuegos en todos los pueblos, que parecía ser de día; y primero se hacían lumbres en las casas donde moraban los dichos ministros de los ídolos.

Capítulo XII. De cómo toda la gente, después de haber tomado fuego nuevo, renovaban todos sus vestidos y alhajas. Donde se pone la figura de la cuenta de los años
De la dicha manera, hecha la lumbre nueva, luego los vecinos de cada pueblo en cada casa renovaban sus alhajas, y los hombres y mujeres se vestían de vestidos nuevos y ponían en el suelo nuevos petates. De manera que todas las cosas que eran menester en casa eran nuevas, en señal del año nuevo que se comenzaba, por lo cual todos se alegraban y hacían grandes fiestas, diciendo que ya había pasado la pestilencia y hambre. Y echaban en el fuego mucho encieso, y cortaban cabezas de codornices, y con las cucharas de barro ofrecían a sus dioses incienso a cuatro partes del mundo, estando cada uno en el patio de su casa, y después metían lo ofrecido en la hoguera. Y después comían tzoal, que es comida hecha de bledos con miel, y mandaban a todos a ayunar, y que nadie bebiese agua hasta mediodía; siendo ya mediodía, comenzaban a sacrificar y a matar hombres cautivos o esclavos, y así hacían fiestas y comían y renovaban las hogueras. Y las mujeres preñadas que estuvieron encerradas y

tenidas por animales fieros, si entonces acontecía parir, ponían a sus hijos estos nombres: Molpili o Xíhuitl, etc., en memoria de lo que había acontecido en su tiempo; y a las hijas Xiuhnénetl, etc.

En tiempo de Moctezuma hízose aquella fiesta ya dicha, el cual mandó en todo su reino que trabajasen de tomar algún cautivo que tuviese el dicho nombre, y fue tomado un hombre de Uexocingo muy generoso, el cual se decía Xiuhtlamin; y lo tomó en la guerra un soldado de Tlaltelulco, que había nombre Itzcuin, por lo cual después le llamaban a él Xiuhtlaminmani; quiere decir «tomador de Xiuhtlamin». Y en el pecho del dicho cautivo se hizo la lumbre nueva, y su cuerpo todo quemóse, según era costumbre.

Esta tabla arriba puesta es la cuenta de los años (ver lámina 1), y es cosa antiquísima. Dicen que el inventor de ella fue Quetzalcóatl. Procede de esta manera: que comienzan del oriente, que es donde están las cañas; y según otros del mediodía, donde está el conejo; y dicen Ce Acatl, y de allí van al norte, donde está el pedernal, y dicen ume técpatl; luego van al occidente, donde está la casa, y allí dicen yei calli y luego van al ábrego, que es donde está el conejo, y dicen nahui tochtli; y luego tornan al oriente y dicen macuilli acatl. Y así van dando cuatro vueltas, hasta que llegan a trece, que se acaban a donde comenzó; y luego vuelven a uno, diciendo Ce Tecpatl. Y de esta manera, dando vueltas, dan trece años a cada uno de los caracteres o a cada una de las cuatro partes del mundo. Y entonces se cumplen cincuenta y dos años, que es una gavilla de años, donde se celebra el jubileo y se saca la lumbre nueva en la forma arriba puesta; luego vuelven a contar como de principio. Es de notar que discrepan mucho en diversos lugares del principio del año: en unas partes me dijeron que comenzaba a tantos de enero; en otras, que a primero de febrero; en otras, que a tantos de marzo. En el Tlaltelulco junté muchos viejos, los más diestros que yo pude haber, y juntamente con los más hábiles de los colegiales, se alteró esta materia por muchos días, y todos ellos concluyeron que comenzaba el año segundo día de febrero.

Libro VIII. De los reyes y señores y de la manera que tenían en sus elecciones y en el gobierno de sus reinos

Prólogo

Según que afirman los viejos en cuyo poder estaban las pinturas y memorias de las cosas antiguas, los que primeramente vinieron a poblar a esta tierra de esta Nueva España vinieron de hacia el norte, en demanda del Paraíso Terrenal. Traían por apellido tamoanchan, y es lo que ahora dicen tictemoa tochan, que quiere decir «buscamos nuestra casa natural». Por ventura, inducidos de algún oráculo que alguno de los muy estimados entre ellos había recibido y divulgado, que el Paraíso Terrenal está hacia el Mediodía, como es verdad, según casi todos los que escriben, que está debajo de la línea equinocial. Y poblaban cerca de los más altos montes que hallaban, por tener relación que es un monte altísimo, y es así verdad.

Estos primeros pobladores, según lo manifiestan los antiquísimos edificios que ahora están muy manifiestos, fueron gente robustísima, sapientísima y belicosísima. Entre otras cosas muy notables que hicieron, edificaron una ciudad fortísima, en tierra opulentísima, de cuya felicidad y riquezas aún en los edificios destruidos de ella hay grandes indicios. A esta ciudad llamaron Tullan, que quiere decir «lugar de fertilidad y abundancia», y aún ahora se llama así, y es lugar muy ameno y fértil. En esta ciudad reinó muchos años un rey llamado Quetzalcóatl, gran nigromántico e inventor de la nigromancia, y la dejó a sus descendientes, y hoy día la usan. Fue extremado en las virtudes morales. Está el negocio de este rey entre estos naturales como el del rey Artús entre los ingleses. Fue esta ciudad destruida y este rey ahuyentado. Dicen que caminó hacia el Oriente, que se fue a la ciudad del Sol, llamada Tlapallan, y fue llamado del Sol; y dicen que es vivo y que ha de volver a reinar y a reedificar aquella ciudad que le destruyeron, y así hoy día le esperan. Y cuando vino don Hernando Cortés, pensaron que era él, y por tal le recibieron y tuvieron, hasta que su conversación y la de los otros que con él venían los desengañó. Los que de esta ciudad huyeron edificaron otra muy próspera ciudad, que se llama Cholula, a la cual por su nobleza, edificios y grandeza los españoles, en viéndola, la pusieron nombre: Roma. Parece que el negocio de estas dos ciudades llevaron el camino de Troya y Roma. Después de esto muchos años comenzó a publar la nación mexicana, y en trescientos años pocos más o menos se enseñorearon de la mayor parte de los reinos y señoríos que hay en todo lo que ahora se llama Nueva España, y fundaron la ciudad de México, que es otra Venecia. Los señores de ella fueron emperadores, en especial el último, que fue Moctezuma, varón muy esforzado, muy belicoso y diestro en las armas, magnánimo y de grande habilidad, y magnífico, extremado en las cosas de su policía, pero cruel. En tiempo de éste llegaron los españoles, y él tenía ya muchos pronósticos de que habían de venir en su tiempo. Llegados los españoles, cesó el imperio de los mexicanos y comenzó el de España. Y porque hay muchas cosas notables en el modo de regir que estos infieles tenían, compilé este volumen, que trata de los señores y de todas sus costumbres.

Libro VIII

De los reyes y señores y de la manera que tenían en sus elecciones y en el gobierno de sus reinos

Capítulo I. De los señores y gobernadores que reinaron en México desde el principio del reino hasta el año de 1560

Acamápich fue el primer señor de México de Tenochtitlan, el cual tuvo el señorío de México veintiún años en paz y quietud, y no hubo guerras en su tiempo.

Uitzilíuitl fue el segundo señor de Tenochtitlan, el cual tuvo el señorio de México veintiún años, y él comenzó las guerras y peleó con los de Culhoacán.

Chimalpopoca fue el tercero señor de Tenochtitlan, y lo fue diez años.

Itzcoatzin fue el cuarto señor de Tenochtitlan, y lo fue catorce años, el cual sojuzgó con guerras a los de Accaputzalco y a los de Xochimilco.

Ueue Moctezuma, el primer Moctezuma, fue el quinto señor de Tenochtitlan, el cual gobernó a los de México treinta años. Y él también hizo guerra a la provincia de Chalco y a los de Cuauhnáoac, y a todos los sujetos a la dicha cabecera, y a los de Mazaoacán. Y en su tiempo hubo muy grande hambre por espacio de cuatro años, y se dijo necetochuílloc, por lo cual los de México y los de Tepaneca y los de Aculhoacán se derramaron a otras partes para buscar su vida.

Axayaca fue el sexto señor de México, y señoreó catorce años. Y en su tiempo hubo guerra entre los de Tenochtitlan y los de Tlaltelulco; y los de Tlaltelulco perdieron el señorío por la victoria que tuvieron de ellos los de Tenochtitlan; y por esto los de Tlaltelulco no tuvieron señor por espacio de cuarenta y seis años. Y el que entonces era señor de Tlaltelulco llamóse Moquiuixtli. Y el dicho Axayaca ganó o conquistó estos pueblos o provincias: Tlacotépec, Cozcacuauhtenco, Calimaya, Metépec, Calixtlaoaca, Hecatépec, Teutenanco, Malinaltenanco, Tzinacantépec, Coatépec, Cuitlapilco, Teuxaoalco, Tecualoya, Ocuillan.

Tizocicatzin fue el séptimo señor de Tenochtitlan, y lo fue cuatro años, y no hubo guerra en su tiempo.

Auítzotl fue el octavo señor de Tenochtitlan por tiempo de dieciocho años. Y en su tiempo se anegó la ciudad de México, porque él mandó que se abriesen cinco fuentes que están en los términos de los pueblos de Coyoacán y de Uitzilopuchco. Y las fuentes tienen estos nombres: Acuecuéxatl, Tlílatl, Uitzílatl, Xochcáatl, Coatl. Y esto aconteció cuatro años ante de su muerte del dicho Auítzotl, y veintidós años ante de la venida de los españoles. Y también en su tiempo acaeció muy grande eclipse del Sol, a mediodía, casi por espacio de cinco horas; hubo muy grande oscuridad, porque aparecieron las estrellas; y las gentes tuvieron muy grande miedo, y decían que habían de descender del cielo unos monstruos que se dicen tzitzimis, que habían de comer a los hombres y mujeres. El dicho Auítzotl conquistó estas provincias: Tziuhcóac, Molanco, Tlapan, Chiapan, Xaltépec, Izoatlan, Xochtlan, Amaxtlan, Mapachtépec, Xoconochco, Ayutlan, Mazatlan, Coyoacán.

El noveno rey de México fue Moctezuma, segundo de este nombre. Y reinó diecinueve años. Y en su tiempo hubo muy grande hambre; por espacio de tres años no llovió, por lo cual los de México se derramaron a otras tierras. En su tiempo también aconteció una maravilla en México, en una casa grande donde se juntaban a cantar y a bailar, porque una viga grande que estaba atravesada encima de las paredes cantó como una persona este cantar: ¡Ueya, noqueztepole! Uel xomitotía, atlantiuetztoce; quiere decir: «¡Guay de ti, mi anca! Baila bien, que estarás echada en el agua», lo cual aconteció cuando la fama de los españoles ya sonaba en esta tierra de México. En su tiempo del mismo Moctezuma, el diablo que se nombraba Cioacóatl de noche andaba llorando por las calles de México, y lo oían todos diciendo: «¡Oh, hijos míos! ¡Guay de mí, que yo os dejo a vosotros!». Acaeció otra señal en tiempo de Moctezuma, porque una mujer vecina de México Tenochtitlan murió de una enfermedad y fue enterrada en el patio, y encima de su sepultura pusieron unas piedras, la cual resucitó después de cuatro días de su muerte, de noche, con gran miedo y espanto de los que se hallaron presentes allí, porque se abrió la sepultura, y las piedras derramáronse lejos. Y la dicha mujer que resucitó fue a casa de Moctezuma y le contó todo lo que había visto, y le dijo: «La causa porque soy resucitada es para decirte que en tu tiempo se acabará el señorío de México, y tú eres último señor, porque vienen otras gentes, y ellas tomarán el señorío de la tierra, y poblarán a México». Y la dicha mujer que resucitara, después vivió otros veintiún años, y parió otro hijo. El dicho Moctezuma conquistó estas provincias: Icpatépec, Cuezcomaixtlaoacán, Cozollan, Tecomaixtlaoacán, Zacatépec, Tlachquiauhco, Yolloxonecuillan, Atépec, Mictlan, Tloapan, Nopallan, Iztectlalocan, Cuextlan,

Quetzaltépec, Chichioaltatacalan. En su tiempo también, ocho años antes de la venida de los españoles, veíase y espantábanse las gentes porque de noche se levantaba un grande resplandor como una llama de fuego, y duraba toda la noche, y nacía de la parte de oriente, y desaparecía cuando ya quería salir el Sol. Y esto se vido cuatro años arreo, siempre de noche, y desapareció después cuatro años ante de la venida de los españoles. Y en tiempo de este señor vinieron a estas tierras los españoles que conquistaron a la ciudad de México, donde ellos están al presente, y a toda la Nueva España, la cual conquista fue en el año de 1519 años.

El décimo señor que fue de México se decía Cuitlaoa y tuvo el señorío ochenta días, cuando ya los españoles estaban en México. Y en tiempo de éste acaeció una mortandad o pestilencia de viruelas en toda la tierra, la cual enfermedad nunca había acontecido en México ni en otra tierra de esta Nueva España, según decían los viejos. Y a todos afeó las caras, porque hizo muchos hoyos en ellas, y eran tantos los difuntos que morían de aquella enfermedad, que no había quien los enterrase, por lo cual en México los echaban en las acequias, porque entonces había muy grande copia de aguas; y era muy grande hedor el que salía de los cuerpos muertos.

El onceno señor de Tenochtitlan se dijo Cuauhtémoc, y gobernó a los de México cuatro años, y en su tiempo los españoles conquistaron a la ciudad de México y a toda la comarca. Y también en su tiempo llegaron y vinieron a México los doce frailes de la orden del señor San Francisco que han convertido a los naturales a la santa fe católica, y ellos y los demás ministros han destruido a los ídolos y plantado la fe católica en esta Nueva España.

El doceno gobernador de Tenochtitlan se dijo don Andrés Motélchiuh, y gobernó tres años en tiempo de los españoles, con los cuales se halló en las conquista de las provincias de Cuextlan y de Honduras y Anáhuac. Después fue con Nuño de Guzmán a conquistar a las tierras de Culhoacán, y allí acabó su vida.

El treceno gobernador de Tenochtitlan se dijo don Pablo Xochiquen, y gobernó a los de México tres años.

El catorceno gobernador de Tenochtitlan se llamó don Diego Uánitl, y fue gobernador cuatro años.

El quinceno gobernador de Tenochtitlan se nombró don Diego Teuetzquiti, y gobernó trece años. Y en su tiempo de éste fue la mortandad y pestilencia muy grande en la Nueva España; y salía, como agua de las bocas de los hombres y mujeres naturales, grande copia de sangre, por lo cual moría y morió infinita gente. Y porque en cada casa no había quien tuviese cargo de los enfermos, muchos murieron de hambre, y cada día en cada pueblo se enterraban muchos muertos. Y también en tiempo del dicho don Diego fue la guerra con los chichimecas de Xuchipilla, que hizo don Antonio de Mendoza que fue primero visorrey de esta Nueva España.

El dieciséis gobernador de México se dijo don Cristóval Cecepátic, y gobernó cuatro años.

Capítulo II. De los señores que reinaron en el Tlaltelulco antes que perdiesen el señorío y después que se le tornaron los españoles hasta el año de 1560

El primer señor de Tlaltelulco se dijo Cuacuapitzáoac, y gobernó a los de Tlaltelulco sesenta y dos años. Y conquistó a los de Tenayocan y a los de Coacalco y a los de Jaltocán, y gobernó siendo señores de Tenochtitlan los ya dichos en el primer capítulo, Acamapichtli y Uitzilfuitl.

El segundo señor de Tlaltelulco se dijo Tlacatéutl, y gobernó a los de Tlaltelulco treinta y ocho años. Y en tiempo de éste se conquistaron las tierras de Aculhoacán y de Coyoacán.

El tercero señor de Tlaltelulco se dijo Cuauhtlatoa, y gobernó treinta y ocho años. Y gobernó en tiempo de dos señores de Tenochtitlan arriba nombrados: Itzcóatl y Ueue Moctezuma. Y en tiempo de éste conquistáronse las provincias de Accaputzalco y de Coaixtlaoacán y de Cuetlaxtlan y de Cuauhtinchan y de Xochmilco y de Cuauhnáoac.

El cuarto señor de Tlatlelulco se llamó Moquiuixtli, el cual gobernó nueve años. Y en tiempo de éste se perdió el señorío de los de Tlaltelulco por el odio y enemistad que fue entre él y su cuñado, señor de Tenochtitlan, llamado Axayaca. Y al cabo, siendo vencido y desesperado, el dicho Moquiuixtli subió por las gradas del cu de su ídolos, que era muy alto, y desde la cumbre del dicho cu se despeñó hacia abajo, y así acabó su vida.

Don Pedro Temilo, después en tiempo de los españoles y después de la conquista de México, fue gobernador de los de Tlaltelulco, y así los dichos de Tlaltelulco tornaron a cobrar su señorío. Y éste don Pedro hallóse con los españoles en las conquistas de las provincias de Cuextlan y de Honduras y de Cuauhtimalla.

Don Martín Ecatl fue el segundo gobernador de los de Tlaltelulco después de la conquista de los de México, y fue gobernador tres años. Y en este tiempo de éste, el diablo, que en figura de mujer andaba y aparecía de día y de noche, y se llamaba Cioacóatl, comió un niño que estaba en la cuna en el pueblo de Accaputzalco. Y también en tiempo de éste acaeció una gran maravilla en el dicho pueblo de Tlaltelulco, porque en él estaban dos águilas, cada una por sí, en jaulas, y al cabo de ocho años, estando en las jaulas, pusieron, y cada una de ellas puso dos huevos.

Don Juan Auelíttoc fue el tercero gobernador de Tlaltelulco, y gobernó cuatro años.

Don Juan Cuauicónoc, hijo del dicho, fue el cuarto gobernador de Tlaltelulco, y gobernó siete años, siendo gobernador de Tenochtitlan don Pablo Xuchiquen. Y en tiempo de éste se hizo la representación del Juicio en el dicho pueblo de Tlaltelulco, que fue cosa ver.

Don Alonso Cualmochtli fue el quinto gobernador de Tlaltelulco, y gobernó dos años.

Don Martín Tlacatécatl fue el sexto gobernador de Tlaltelulco, y gobernó seis años. Y en tiempo de éste fue la dicha pestilencia, según fue arriba declarado, y la guerra que tuvo don Antonio de Mendoza con los chichimecas de Nochtlan y Xuchipillan y Tototlan, y los de Cíbola.

Don Diego Uitznaoatlailótlac fue el séptimo gobernador de Tlaltelulco. Y en tiempo de éste fue otra pestilencia de las paperas, con que se murieron muchos, y fue gobernador diez años.

Capítulo III. De los señores de Tezcuco

El primer señor de Tezcuco se llamó Tlaltecatzin, y gobernó a los de Tezcuco ochenta días no más. Y en su tiempo no se hizo cosa digna de memoria. Y se dice señor de los chichimecas.

El segundo señor de Tezcuco se dijo Techotlala Chichimeca, y poseyó el señorío setenta años. No se hizo tampoco en su tiempo cosa digna de memoria.

El tercero señor de Tezcuco o de Aculhoacán llamóse Ixtlilxochitl, y tuvo el señorío sesenta y cinco años. Y en sus días no se hizo cosa digna de memoria.

El cuarto señor de Tezcuco se dijo Nezaoalcoyotzin, y reinó setenta y un años. Y en tiempo de éste se comenzaron las guerras, y tuvo el señorío de Tezcuco, siendo, señor de los de México Itzcoatzin. Y éstos entrambos hicieron guerra a los de Tepaneca o de Accaputzalco, y a otros pueblos o provincias. Y él fue fundador del señorío de Tezcuco o Aculhoacán.

El quinto señor de Tezcuco se llamó Nezaoalpilli, y reinó cincuenta y tres años. Y en tiempo de éste hiciéronse muchas guerras, y se conquistaron muchas tierras y provincias. Y en tiempo, de éste y del otro nombrado ante de éste, los de Tlaxcala y los de Uexocingo tenían guerras con los de México y con los de Tezcuco. Y también en su tiempo comenzó a aparecer la señal que se veía en el cielo, que era un resplandor grande y como llama de fuego, que cada noche resplandecía cuatro años arreo; porque comenzó a verse en la cuenta de los años que se dice chicume técpatl, y cesó en la cuenta de matlactloce técpatl. Y en muchas partes se abrieron y se quebraron muchas sierras y peñas. Y cesó de aparecer el dicho resplandor o señal cuatro años ante de la venida de los españoles; y entonces murió el dicho Nezaoalpilli.

El sexto señor de Tezcuco se llamó Cacamatzin. Reinó cuatro, años. Durante su reino llegaron los españoles a esta tierra.

El sétimo señor de Tezcuco se llamó Coanacochtzin. Reinó cinco años. Fue señor cuando era señor Cuauhtemoctzin aquí en México. En este tiempo se destruyó la ciudad de México.

El octavo señor de Tezcuco se llamó Tecocoltzin. Reinó un año, estando ya los españoles enseñoreados en esta tierra.

El noveno señor de Tezcuco se llamó Ixtlilxochitl. Reinó ocho años. Hallóse éste presente en la conquista de México, ante que fuese señor; y después que lo fue siempre ayudó al marqués, y fue con él a Honduras.

El décimo señor de Tezcuco se llamó Yoyontzin, y reinó un año.

El onceno señor de Tezcuco se llamó Tetlaueuetzquiti. Reinó cinco años.

El duodécimo señor de Tezcuco se llamó don Antonio Tlauitoltzin. Reinó seis años.

El tercio décimo señor de Tezcuco se llamó don Hernando Pimentel, y reinó cerca de veinte años.

Todo el tiempo que reinaron los de Tezcuco, hasta que vinieron los españoles, fueron trescientos años, poco más o menos.

Capítulo IV. De los señores de Uexutla

Dicen que los primeros chichimecas que vinieron a la provincia de Tezcuco o Aculhoaca asentaron en el lugar que ahora se llama Uexutla.

El primer señor de Uexutla se llamó Mazatzin Tecutli, y reinó setenta y ocho años.

El segundo señor de Uexutla se llamó Tochin Tecutli, y reinó treinta y ocho años.

El tercero señor se llamó Ayotzin Tecutli, y reinó setenta y cuatro años.

El cuarto señor se llamó Cuatlauice Tecutli, y reinó cincuenta y cinco años.

El quinto señor se llamó Totomochtzin, y reinó cincuenta y dos años. Estos cincos señores reinaron en Uexutla trescientos años, que nunca echaron tributo. Todos los maceguales eran libres.

El sexto señor se llamó Yaotzin Tecutli, y reinó cincuenta y tres años. Este echó tributo a los que se llaman Tepanoayan tláca. Este fue el primer tributo.

El séptimo señor se llamó Xilotzi Tecutli. Reinó veintiocho años.

El octavo señor se llamó Itlacauhtzin. Reinó veintiocho años.

El noveno señor se llamó Tlazulyaotzin. Reinó cincuenta y tres años. En tiempo de éste fue elegido por señor en Texcuco Nezaoalcoyotzin, y reinaron ambos juntos algún tiempo, el uno en Uexulta y el otro en Tezcuco.

El décimo señor se llamó Tzontemoctzin, y reinó quince años.

El onceno señor se llamó Cuitlaoatzin, y reinó cuarenta y un años.

El duodécimo señor se llamó Tzapocuetzin. Reinó trece años.

El tercio décimo señor se llamó también Cuitlaoatzin el menor, y reinó trece años. Todos estos señores de Uexutla reinaron cuatrocientos y ochenta años, pocos menos.

Capítulo V. En que suman los años que ha que fue destruida Tula, hasta el año de 1565

La ciudad de Tula fue una grande población, y muy famosa. En ella habitaron hombres muy fuertes y sabios. De esto se dirá a la larga en el Libro III y en el Libro X, capítulo XXIX; y también se dirá cómo fue destruida. En este capítulo solamente se trata del tiempo que ha que fue destruida. Hállase que desde la destrucción de Tula hasta este año de 1571 han corrido mil y ochocientos y noventa años, muy poco menos. Veintidós años después de la destrucción de Tula vinieron los chichimecas a poblar la provincia de Tezcuco. Y el primer señor que tuvieron fue elegido el año de nacimiento de nuestro señor Jesucristo de 1246. Y el primer señor de los de Accaputzalco, el cual se llamó Tezozomoctli, fue elegido el año de nacimiento de Nuestro Redentor de 1348. Y el primer señor de México, se llamó Acamapichtli, fue electo en el año de 1384. Y el primer señor de Tlacupa, que se llamó Chimalpupuca, fue electo en el año de 1489.

Capítulo VI. De las señales y pronósticos que aparecieron antes que los españoles viniesen a esta tierra, ni viniese noticia de ellos

Diez años ante que llegasen los españoles a esta tierra, y según otros once o doce años, apareció una gran cometa en el cielo, en la parte de oriente, que parecía como una gran llama de fuego muy resplandeciente, y que echaba de sí centellas de fuego. Era esta cometa de forma piramidal, ancha de abajo, e íbase ahusando hacia arriba, hasta acabarse en un punto; parecía en medio del oriente. Comenzaba a aparecer un poco después de la medianoche, y llegaba hasta la mañana; la luz del Sol la encubría, de manera que saliendo el Sol, no parecía más. Según algunos, viose un año entero, y según otros, cuatro años arreo. Cuando aparecía de noche esta cometa todos los indios daban grandísimos alaridos y se espantaban, esperando que algún mal había de venir.

Otro mal agüero aconteció aquí en México: que el cu de Uitzilopuchtli se encendió sin haber razón ninguna humana para ello. Parece que milagrosamente se encendió, y salían las llamas de dentro los maderos hacia fuera, y de presto se quemó. Dieron voces los sátrapas para que trajesen agua para matarlo, y cuanto más agua echaban, tanto más ardía; del todo se quemó.

El tercero mal agüero aconteció que cayó un rayo casi sin propósito y sin trunido sobre el cu del Dios del fuego, llamado Xiuhtecutli. Este cu tenía un capitel de paja, y sobre él cayó el rayo y le encendió, y se quemó. Tuviéronlo por milagro, porque no hubo tronido, bien que lluvía un poco menudo.

El cuarto agüero fue que de día, estando el Sol muy claro, vino de hacia el occidente de México una cometa, y corrió hacia el oriente. Iba echando de sí como brasa o grandes centellas; llevaba una cola muy larga. Y luego toda la gente comenzaron a dar alaridos juntamente, que parecía cosa de espanto, y por tal le tuvieron.

El quinto fue que la laguna de México, sin hacer viento ninguno, se levantó. Parecía que hervía y saltaba en alto el agua. E hízose gran tempestad en la laguna, y las olas batieron en las casas que estaban cerca y derrocaron muchas de ellas. Tuviéronlo por milagro, porque ningún viento corría.

El sexto agüero fue que en aquellos días oyeron voces en el aire como de una mujer que andaba llorando y decía de esta manera: «¡Oh, hijos míos! Ya estamos a punto de perdernos». Otras veces decía: «¡Oh, hijos míos! ¿A dónde os llevaré?». El séptimo agüero fue que los pescadores o cazadores del agua tomaron en sus redes un ave del tamaño y color de una grulla, la cual tenía en medio de la cabeza un espejo; esta ave fue nunca vista, y así lo tuvieron por milagro. Y luego la llevaron a Moctezuma, que estaba en su palacio, en una sala que llaman Tlillan Calmécac. Esto era después de mediodía. Y Moctezuma miró al ave y miró al espejo que tenía en la cabeza, el cual era redondo y muy pulido, y mirando en él vio las estrellas del cielo, los Mastelejos que ellos llaman mamalhoactli. Y Moctezuma espantóse de esto, y apartó la vista, haciendo semblante de espantado; y tornando a mirar al espejo que estaba en la cabeza del ave, vio en él gente de a caballo, que venían todos juntos en gran tropel, todos armados; y viendo esto se espantó más. Y luego envió a llamar a los adivinos y astrólogos y a los sabios en cosa de agüeros, y preguntólos: «¿Qué es esto que aquí me ha parecido? ¿Qué quiere decir?». Y estando así todos espantados, desapareció el ave, y todos quedaron espantados y no supieron decir nada.

El octavo agüero fue que aparecieron en muchos lugares hombres con dos cabezas; tenían no más de un cuerpo y dos cabezas. Llevábanlos a que los viese Moctezuma a su palacio, y en viéndolos luego desaparecían sin decir nada.

Capítulo VII. De las cosas notables que acontecieron después que los españoles vinieron a esta tierra, hacia el año de 30
El año de 1519 llegó el capitán don Hernando Cortés a esta tierra con muchos españoles y muchos navíos. Supo esto Moctezuma por relación de las guarniciones que tenía a la orilla de la mar, que luego le enviaron mensajeros. En sabiendo Moctezuma que eran venidos aquellos navíos y gente, luego envió personas muy principales para que los viesen y hablasen, y llevaron un presente de mucho valor, porque pensaron que venía Quetzalcóatl, al cual ellos estaban esperando muchos años había. Porque fue señor de esta tierra, y fuese diciendo que volvería y nunca más pareció, y hasta hoy le esperan. Tomó don Hernando Cortés el presente que llevaban los mensajeros de Moctezuma.

Después de haber pasado muchas cosas a la orilla de la mar, comenzaron los españoles a entrar la tierra adentro. Saliéronlos a recibir de guerra gran muchedumbre de gente de Tlaxcala, a los cuales llamaban otomíes, por ser valientes en la guerra, que son como los tudescos que mueren y no huyen. Comenzaron a pelear con los españoles, y como no sabían el modo de pelear de los españoles, murieron casi todos, y algunos pocos huyeron. Espantáronse de este negocio mucho los de Tlaxcala, y luego despacharon sus mensajeros, gente muy principal, con mucha comida y con todas las cosas necesarias para la recreación de los españoles. Y fueron luego los españoles hacia Tlaxcala, donde fueron recibidos de paz; y allí descansaron algunos días, y se informaron de las cosas de México y del señor de ella, Moctezuma. Y de ahí se partieron los españoles para Cholula; y llegados, hicieron gran matanza en los de Cholula. Como oyó estas cosas Moctezuma y los mexicanos, hubieron gran temor. Y luego Moctezuma envió sus mensajeros al capitán don Hernando Cotés; los que fueron fue gente muy principal, y llevaron un presente de oro. Encontráronse con ellos en el medio de la Sierra Nevada y del Volcán, donde ellos llaman Itoalco. En este lugar dieron al capitán el presente que llevaban y le hablaron de parte de Moctezuma, lo que él les mandó Vinieron los españoles camino derecho hasta México, por sus jornadas. Entraron en México todos aparejados a punto de guerra. Cuando llegaron cerca de las casas de México, salió Moctezuma a recibir al capitán y a todos los españoles de paz. Juntáronse en un lugar que llaman Xoloco, un poco más acá, que es cerca de donde está ahora el hospital de la Concepción, y fue 8 de diciembre del dicho año. Después de haber recibido al capitán como ellos suelen, con flores y otros presentes, y después de haber hecho una plática el dicho Moctezuma al capitán, luego se fueron todos juntos a las casas reales de México, donde se aposentaron todos los españoles y estuvieron muchos días muy servidos; y dende a pocos días que llegaron, echaron preso a Moctezuma.

En este tiempo vino nueva cómo habían llegado otros españoles al puerto. Y el capitán don Hernando Cortés fuelos al encuentro con muchos españoles, dejando acá por capitán a don Pedro de Alvarado con los demás españoles; tenían las casas reales por fortaleza. Estando ausente don Hernando Cortés, don Pedro de Alvarado en la ciudad de México con parte de los españoles, vino la fiesta de Uitzilopuchtli, y haciendo esta fiesta los indios con gran solemnidad, como siempre la solían hacer, determinó don Pedro de Alvarado y los españoles que con él estaban de dar en ellos en el mismo patio del cu de Uitzilopuchtli, donde estaban en gran areíto, y salieron de guerra. Unos se pusieron a las puertas del patio, y otros entraron a caballo y a pie, y mataron gran número de principales y de la otra gente. De aquí se comenzó la guerra entre los españoles y mexicanos.

Desque volvió el marqués del puerto, habiendo vencido a Pánfilo de Narváyez, trajo consigo todos los españoles que con él venían, y vino a México, y halló que estaban todos puestos en guerra.

En el año de 1520 murió Moctezuma en poder de los españoles, de una pedrada que le dieron sus mismos vasallos. En este mismo año, después de haber peleado muchos días los indios y los españoles, saliéronse los españoles de México huyendo de noche, donde mataron los más de ellos y a todos sus amigos indios e indias, y les tomaron todo el fardage. Escapóse el capitán con algunos españoles y fuéronse huyendo a Tlaxcala.

En el año de 1521 vinieron los españoles otra vez contra México, y aposentáronse en Tezcuco. Y comenzaron a dar guerra a los mexicanos por agua y por tierra, y venciéronlos en el mes de augusto de este dicho año, el día de San Hipólito; de esto se trata a la larga en el Doceno Libro.

En el año de 1522 los mexicanos que se habían huido de la ciudad por amor de la guerra, tornáronse a la ciudad.

El año de 1524 vinieron a esta ciudad de México doce frailes de San Francisco, enviados para la conversión de los indios de esta Nueva España.

Capítulo VIII. De los atavíos de los señores

En este capítulo se ponen cincuenta y seis maneras de mantas que usaban los señores para su vestir.

1.ª Usaban los señores una manera de mantas muy ricas que se llamaban coaxayacayo tilmatli. Era toda la manta leonada, y tenía una cara de monstruo o de diablo dentro de un círculo plateado, en un campo colorado. Estaba toda ella llena de estos círculos y caras, y tenía una franja todo alrededor. De la parte dentro tenía la franja un labor de unas eses contrapuestas en unos campos cuadrados, y de estos campos unos van ocupados y otros vacíos; de la parte de fuera esta franja tenía unas esférulas macizas, no muy juntas. Estas mantas usaban los señores, y dábanla por librea a las personas notables y señaladas de guerra.

2.ª Usaban también otras mantas que se llamaban tecucizyo tilmatli. Llamábanse de esta manera porque tenían tejidos dibujos de caracoles mariscos de tochómitl colorado, y el campo era uno de unos remolinos de agua azules claros. Tenía un cuadro que la cercaba toda de azul, la mitad oscuro y la mitad claro, y otro cuadro después de éste, de pluma blanca, y luego una franja de tochómitl colorado, no deshilada, sino tejida y almenada.

3.ª Otra manera de mantas usaban los señores, que se llaman temalacayo tilmatli tenixyo. Esta manera de mantas era leonado oscuro todo el campo, y en este campo estaban tejidas unas figuras de rueda de molino. En la circunferencia tienen un círculo negro, y dentro de éste otro círculo blanco, más ancho, y el centro era un círculo pequeño leonado, rodeado con un círculo negro. Estas figuras eran doce, de tres en tres, en cuadro. Tenía esta manta una franja por todo alrededor, llena de ojos, en campo negro, y por eso se llaman tenixyo, porque tiene ojos por toda la orilla.

4.ª Usaban también otras mantas que se llamaban itzcoayo tilmatli, que tenían seis sierras como hierros de aserrar, dos en el un lado y otras dos en el otro, y otras dos en el medio, todas contrapuestas en un campo leonado. Entre cada dos estaban unas eses sembradas con unas oes entrepuestas. Tenían dos bandas del campo leonado más desocupadas que lo demás; tenía una franja por todo el rededor, con unos lazos de pluma en unos campos negros.

5.ª Usaban también otras mantas que se llamaban ume tochtecomayo tilmatli. Estaban sembrados de unas jícaras muy hermosas que tenían tres pies y dos alas como de mariposa. El vaso era redondo, colorado y negro. Las alas verdes, bordadas de amarillo, con tres esférulas amarillas en cada una. El cuello de esta jícara era hecho con una marquesota de camisa, con cuatro cañas que salían arriba, labradas de pluma azul y colorado. Estaban sembradas estas jícaras en un campo blanco; tenían en las dos orillas delanteras dos bandas de colorado con unas bandas atravesadas de blanco, de dos en dos.

No se explican más mantas que las dichas, porque comúnmente las demás las usan todos. Pero es de notar la habilidad de las mujeres que las tejen, porque ellas pintan los labores en la tela cuando la van tejiendo y ordenan los colores en la misma tela conforme al dibujo. Y así la tejen, como primero la han pintado, diferenciando colores de hilos, como lo demanda la pintura.

6.ª Usaban otras mantas que se llamaban papaloyo tilmatli tenixo. Tiene el campo leonado, y en él sembradas unas mariposas tejidas de pluma blanca con un ojo de persona en el medio de cada una. Estaban ordenadas en rencle de esquina en esquina; tiene esta manta una flocadura de ojos por todo al rededor, en campo negro, y después una franja colorada, almenada.

7.ª Usaban también otras mantas de leonado, sembradas de unas flores que llaman ecacózcatl, puestas de tres en tres por todo el campo, y en medio de cada dos, dos trocitos de pluma blanca tejidos. Tiene una franja de pluma por todo el rededor, y después una flocadura de ojos por todo el rededor, y esta manta se llamaba xahualcuauhyo tilmatli tenixyo.

8.ª Usaban otras mantas que llamaban ocelotentlapalli ític ícac ocelotl. Estaba en el medio pintada como cuero de tigre, y tenía por flocadura de una parte y de otra unas fajas coloradas con unos trozos de pluma blanca hacia la orilla.

Todas estas mantas arriba dichas son sospechosas; la manta que se llamaba ixnextlacuilolli, y otra manta que se llamaba ollin, que tenía pintada la figura del Sol con diversos colores y labores.

Capítulo IX. De los aderezos que los señores usan en sus areítos
Uno de los aderezos y el primero que usaban los señores en los areítos se llamaba quetzallalpiloni, y eran dos borlas hechas de plumas ricas guarnecidas con oro, muy curiosas. Y traíanlas atadas a los cabellos de la coronilla de la cabeza, que colgaban hasta el pescuezo por la parte de las sienes; y traían un plumaje rico a cuestas, que se llamaba tlauhquecholtzontli, muy curioso.

Llevaban también en los brazos unas ajorcas de oro; todavía las usan. Y unas orejeras de oro; ya no las usan. Traían también atada a las muñecas una correa gruesa negra, sobada con bálsamo, y en ella una cuenta gruesa de chalchíhuitl o otra piedra preciosa. También traían un barbote de chalchíhuitl engastonado en oro, metido en la barba; ya tampoco usan éste. También traían estos barbotes hechos de cristal, largos, y dentro de ellos unas plumas azules metidas que les hacen parecer safiro.

Otras muchas maneras de piedras preciosas traían por barbotes. Traían el bezo agujereado, y por allí las traían colgadas, como que salían de dentro de la carne. Traían también unas medias lunas de oro colgadas de los bezotes. Traían también agujereadas las narices los grande señores, y en los agujeros metidas unas turquesas muy finas o otras piedras preciosas, una de la una parte de la nariz y otra de la otra parte. Traían también unos sartales de piedras preciosas al cuello. Traían una medalla colgada de un collar de oro, y en el medio de ella una piedra preciosa llana, y por la circunferencia colgaban unos pinjantes de perlas. Usaban también unos brazaletes de mosaico, hechos de turquesas, con unas plumas ricas que salían de ellos, que eran más altas que la cabeza, y bordados con plumas ricas y con oro, y con unas bandas de oro que subían con las plumas. Usaban también traer en las piernas, de la rodilla abajo, grebas de oro muy delgado. Usaban también traer en la mano derecha una banderilla de oro, y en lo alto un remate de plumas ricas. Usaban también traer por guirnaldas un ave de plumas ricas hecha, que traía la cabeza y el pico hacia la frente y la cola hacia el cogote, con unas plumas muy ricas y largas, y las alas de esta ave venían hacia las sienes, como cuernos, hechas de plumas ricas. También usaban traer unos moscaderos en la mano, que llamaban quetzalecaceoaliztli, y con unas bandas de oro que subían con las plumas. Usaban también traer en la mano izquierda unos braceletes de turquesas muy buenas, sin plumaje ninguno. Traían un collar de oro, hecho de cuentas de oro, y entrepuestos unos caracolitos mariscos, entre cada dos cuentas uno. También usaban traer collares de oro, hechos a manera de eslabones de bívoras. También usaban los señores en el areíto traer flores en la mano, juntamente con una caña de humo que iban chupando. Tenían también un espejo en que se miraba cuando se componían, y después de compuesto mirábase bien al espejo, y luego le daba a un paje que le guardase. Traían también unas cotaras, los calcañas de las cuales eran de cuero de tigre, y las suelas de cuero de ciervo hecho muchos doblezes y cosido, con pinturas. Usaban de atambor y de tamboril; el atambor era alto, como hasta la cinta, de la manera de los de España en la cobertura; era el tamboril de madero hueco, tan grueso como un cuerpo de un hombre, y tan largo como tres palmos, unos poco más y otros poco menos, muy pintados. Este atambor y tamboril ahora lo usan de, la misma manera. Usaban también unas sonajas de oro, y las mismas ahora usan de palo. Y usaban de unas conchas de tortuga hechas de oro, en que iban tañendo; y ahora las usan naturales de la misma tortuga. También usaban de carátulas o máscaras labradas de mosaico, y de cabelleras, como las usan ahora, y unos penachos de oro que salían de las carátulas.

Capítulo X. De los pasatiempos y recreaciones de los señores
Cuando los señores salían de su casa y se iban a recrear, llevaban una cañita en la mano, y movíanla al compás de lo que iban hablando con sus principales. Los principales iban de una parte y de otra del señor; llevábanle en medio, e iban algunos delante apartando la gente, que nadie pasase delante de él, ni cerca de él, y nadie de los que pasaban por el camino osaba mirarle a la cara, sino luego bajaban la cabeza y echaban por otra parte.

Algunas veces, por su pasatiempo, el señor cantaba y deprendía los cantares que suelen decir en los areítos. Otras veces, por darle recreación, algún truhán le decía truhanerías o gracias. Otras veces, por su pasatiempo, jugaba a la pelota, y para esto teníanle sus pelotas de ulli guardadas. Estas pelotas eran tamañas como unas grandes bolas de jugar a los bolos; eran macizas, de una cierta resina o goma que se llama ulli, que es muy liviano y salta como pelota de viento. Y tenía de ellas cargo algún paje. Y también traía consigo buenos jugadores de pelota, que jugaban en su presencia, y por él contra otros principales. Y ganábanse oro o chalchihuites y cuentas de oro y turquesas, y esclavos, y mantas ricas y maxtles ricos, y maizales y casas, y grebas de oro y ajorcas de oro, y brazaletes hechos con plumas ricas, y pellones de pluma, y cargas de cacao. El juego de la pelota se llamaba tlachtli, que eran dos paredes, que había entre la una y la otra como veinte o treinta pies, y serían de largo hasta cuarenta o cincuenta pies. Estaban muy encaladas las paredes y el suelo, y tendrían de alto como estado y medio. Y en el medio del juego estaba una raya que hacía al propósito del juego, y en el medio de las paredes, en la mitad del trecho del juego, estaban dos piedras como muelas de molino, agujereadas por el medio, frontero la una de la otra, y tenían sendos agujeros tan anchos que podía caber la pelota por cada uno de ellos. Y el que metía la pelota por allí ganaba el juego. No jugaban con las manos, sino con las nalgas herían a la pelota. Traían para jugar unos guantes en las manos, y una cincha de cuero en las nalgas, para herir a la pelota.

También los señores, por su pasatiempo, jugaban un juego que se llama patolli, que es como el juego del castro o alcherque, o casi, o como el juego de los dados. Y son cuatro frijoles grandes, y cada uno tiene un agujero; y arrójanlos con la mano sobre una petate, como quien juega los carnicoles, donde está hecha una figura. A este juego solían jugar y ganarse cosas preciosas, como cuentas de oro, piedras preciosas, turquesas muy finas. Y este juego y el de la pelota hanlo dejado por ser sospechoso de algunas supersticiones idolátricas que en ellos hay. También solían jugar a tirar con el arco al blanco, o con los dardos; y a esto también se ganaban cosas preciosas.

También usaban tirar con cebretanas, y traían sus bodoquitos hechos en una brujaquilla de red; y también lo usan ahora, que andan a matar pájaros con esta cebretana. También usan tomar pájaros con red. También, para pasar su pasatiempo, plantaban vergeles o florestas, donde ponían todos los árboles de flores. También usaban de truhanes que les decían chocarrerías para alegrarlos. También el juego del palo jugaban delante de ellos, por darlos recreación. También tenían pages que los acompañaban y servían; y también usaban de enanos y corcobados y otros hombres monstruosos. También criaban bestias fieras, águilas y tigres, osos y gatos cervales, y aves de todas maneras.

Capítulo XI. De los asentamientos de los señores

Usaban los señores de unos asentamientos hechos de juncias y de cañas, con sus espaldares, que llaman tepotzoicpalli, que también los usan ahora, pero en el tiempo pasado, para demostración de su majestad y gravedad, aforrábanlos con pellejos de animales fieros, como son tigres y leones, y onzas y gatos cervales, y osos, y también de ciervos, adobado el cuero. También unos asentaderuelos pequeños cuadrados y de altor de una mano con su pulgada, o un palmo, que llaman tolicpalli, los aforraban con estos mismos pellejos dichos para asentamiento de los señores.

También usaban por estrados sobre que estaban los asentamientos de los mismos pellejos ya dichos tendidos. Usaban también por estrados unos petates muy pintados y muy curiosos, que se llaman alaoacapétlatl. También usaban de llamacas de red para llevarse a donde querían ir, como en litera. También usaban de los icpales arriba dichos, pintados, sin pellejo ninguno.

Capítulo XII. De los aderezos que usaban los señores en la guerra
Usaban los señores en la guerra un casquete de plumas muy coloradas, que se llaman tlauhquéchol, con oro, y alrededor del casquete una corona de plumas ricas, y del medio de la corona salía un manojo de plumas ricas que se llaman quetzal, como penachos. Y colgaba de este plumaje, hacia las espaldas, un atambor pequeñuelo, puesto en una escaleruela como para llevar carga, y todo esto era dorado. Llevaba un cosete de pluma bermeja que le llegaba hasta los medios muslos, todo sembrado de caracolitos de oro, y llevaba unas faldetas de pluma rica. Llevaba una rodela con un círculo de oro por toda la orilla, y el campo de la orilla era de pluma rica colorada, verde o azul, etc., y de la parte de abajo, del medio abajo por la circunferencia, llevaba colgados unos rapacejos hechos de pluma rica con unos botones y unas borlas, todo de pluma. Llevaba un collar de piedras preciosas muy finas, y todas iguales y redondas; eran chalchihuites y turquesas muy finas. Y llevaba unas plumas verdes en lugar de cabellera, con unas bandas de oro entrepuestas, o llevaba un cosete de plumas verdes. Y a cuestas llevaba el atambor, también verde, en un cacaxtli; también el atambor llevaba unas faldetas de plumas ricas y de oro. Y llevaba unos rayos hechos de oro, sembrados por el cosete. Llevaba otra manera de divisas y armas que se llama ocelotótec, que era hecho de cuero de tigre con unos rayos de oro sembrados. Y el atambor que llevaba a cuestas era pintado como cuero de tigre, y las faldetas del atambor eran de plumas ricas, con unas llamas de oro en el remate. Otra manera de rodela, con pluma rica, que se llama xiuhtótotl, y en el medio de ella estaba un cuadro de oro. Llevaba también a cuestas unas plumas verdes, a manera de mariposa, y traía una manera de chamarra hecha de plumas amarillas, que se llaman tocíuitl, porque son de papagayo; y llegaba esta chamarra hasta la rodilla, y con unas llamas de oro sembradas. Usaban otra manera de rodela hecha con plumas ricas, y el centro de ella era de oro, redondo, labrada en ella una mariposa. Otra manera de armas solían traer los

señores, hechas con plumas verdes, que se llama quetzal, a manera de choza, y en toda la orilla tenían unas flocaduras de pluma rica y con oro; llevaba también una chamarra de plumas amarillas. Usaban también los señores en la guerra una manera de capacete de oro y con dos manojos de quetzal, puestos a manera de cuernos, y con este capacete usaban la chamarra que arriba se dijo. Usaban también otra manera de capacete de plata, y también traía otra manera de divisas de pluma rica y de oro. Llevaban también con este capacete una chamarra hecha de la misma pluma ya dicha, y con unas llamas de oro. También solían traer los señores en la guerra una manera de banderilla hecha de quetzal, entrepuestas unas bandas de oro, y en lo alto de la banderilla iba un manojo de quetzal, como penachos; otra manera de banderillas hechas de plata, y en lo alto de la banderilla sus penachos. También usaban otra manera de banderillas, hechas de unas bandas de oro, y en lo alto de ésta sus penachos. También los señores llevaban a cuestas una manera de divisas que se llama itzpapálotl; es esta divisa hecha de manera de figura del diablo, hecha de plumas ricas, y tenía las alas y cola a manera de mariposa, de plumas ricas, y los ojos y uñas y pies y cejas y todo lo demás eran de oro. Y en la cabeza de ésta poníanle dos manojos de quetzal; eran como cuernos. Otra manera de divisas que solían traer a cuestas los señores, que se llama xochiquetzalpapálotl, también hecha a manera de la imagen del diablo, porque la cara y manos, y pies y ojos, y uñas y nariz, eran como del diablo, hechos de oro, y las alas y cola, de la misma pluma ya dicha; el cuerpo era hecho de diversas plumas ricas verdes, azules, etc., y con oro, y tenía sus cuernos de pluma rica, como de mariposa. Usaban también de otra divisa que se llama quetzalpatzactli, con una chamarra hecha de plumas verdes, con una rodela también de pluma verde vestida, con una plancha de oro redonda en el medio. Otras divisas usaban, que se llaman tozcuaxólotl; eran como un cestillo hecho de plumas, y en medio de él un perrillo, el cual tenía un plumaje en la cabeza largo; tenía este perrillo los ojos de oro, y las uñas de oro, etc. Con esto llevaba una chamarra de pluma amarilla, con unas llamas de oro sembradas. Usaban de otra divisa como la de arriba dicha, salvo que la pluma era azul, y llevaba mezclado mucho oro; y también la chamarra era de pluma azul. Usaban de otras divisas de la misma manera de las ya dichas, sino que la pluma era blanca. También usaban otras divisas de la misma manera de las ya dichas, sino que la pluma era colorada. Usaban de otras divisas, que se llamaban zacatzontli, de plumas ricas amarillas, con su chamarra de pluma amarilla. Usaban de otras divisas, que se llamaban toztzitzímitl, hechas de plumas ricas con oro, y el tzitzímitl era como un monstruo hecho de oro que estaba en medio de la divisa; llevaba este tzitzímitl un penacho de pluma rica. Usaban también otra divisa que llamaba xoxouhquitzitzímitl; era un monstruo como demonio, y hecho de plumas verdes, y con oro, y encima de la punta de la cabeza llevaba un penacho de plumas verdes. Usaban también de otra divisa que se llamaba iztactzitzímitl; es como las de arriba dichas, salvo que los plumajes eran blancos. Usaban también de unos capillos que llamaban cúztic cuextécatl, con un penacho que salía de la punta del capillo. Llevaban en este capillo una medalla de oro, atada con un cordón al mismo capillo, como manera de guirnalda. La chamarra que era compañera de esta divisa era de pluma amarilla con unas llamas de oro. Llevaba una media Luna de oro colgada de las narices. Llevaba unas orejeras de oro que colgaban hasta los hombros, hechas a manera de mazorca de maíz. A otra divisa de la manera de la ya dicha llamaban íztac cuextécatl. A otra divisa como las de arriba dichas llamaban chictlapanqui cuextécatl, porque la mitad era verde y la mitad amarillo, así el capillo como la chamarra. A otras divisas de éstas llamaban cúztic teucuitlacopilli, porque el capillo era todo de oro, con un vaso con plumas encima de la punta del capillo. A otras divisas de éstas llamaban íztac teucuitlacopilli; era como la de arriba, sino que era de plata. Usaban también llevar en la guerra unos caracoles mariscos para tocar alarma, y unas trompetas. También usaban banderillas de oro, las cuales, en tocando alarma, las levantaban en las manos para que comenzasen a pelear los soldados. Usaban también estandarte hecho de pluma rica, como una gran rueda de pluma rica; llevaba este estandarte en el medio la imagen del Sol hecha de oro. También usaban otras divisas que llamaban xiloxochípatzactli, hecha a manera de almete con muchos penachos y dos ojos de oro. Usaban también de espadas de madera, y el corte era de piedras de navajas pegadas a la madera, que era en forma de espada roma. Otras divisas usaban también, que llamaban quetzalactatzontli, hechas de plumas y de oro. Usaban de otras divisas que llamaban ocelotlachicómitl, que es un cántaro aforrado con cuero de tigre, del cual sale un clavel lleno de flores, hecho de pluma rica.

Capítulo XIII. De las comidas que usaban los señores

Las tortillas que cada día comían los señores se llaman totonqui tlaxcalli tlacuelpacholli; quiere decir «tortillas blancas y calientes y dobladas», compuestas en un chiquíuitl y cubiertas con un paño blanco. Otras tortillas comían también cada día, que se llamaban ueitlaxcalli; quiere decir «tortillas grandes»; estas son muy blancas y muy delgadas y anchas, y muy blandas. Comían también otras tortillas que se llaman cuauhtlacualli; son muy blancas y grandes, y gruesas y ásperas. Otra manera de tortillas comían, que llamaban tlaxcalpacholli; eran blancas, y otras algo pardillas, de muy buen comer. También comían unos panecillos, no redondos sino largos, que llaman tlaxcalmimilli; son rollizos y blancos, y del largor de un palmo o poco menos. Otra manera de tortillas comían, que llamaban tlacepoalli tlaxcalli, que eran ahojaldrados; eran de delicado comer. Comían también tamales de muchas maneras. Unos de ellos se llaman cuatecuicuilli tamalli; son blancos y a manera de pella, hechos no del todo redondos ni bien cuadrados; tienen en lo alto un caracol que le pintan los frijoles con que está mezclado. Otros tamales comían que llaman íztac tlatzíncuitl; éstos son muy blancos y muy delicados, como digamos pan de bamba o de la Guillena. Otra manera de tamales comían, que llamaban íztac tetamalli, blancos, pero no tan delicados como los de arriba, algo más duros. Otros tamales comían que son colorados y tienen su caracol encima, hácense colorados porque después de hecha la masa la tienen dos días al Sol o al fuego, y la revuelven, y así se para colorada. Otros tamales comían que llaman nexyo tamalli cuatecuicuilli; quiere decir «tamales simples, que ni son muy blancos, sino medianos», y tienen en lo alto un caracol como los de arriba dichos. Otros tamales comían que se llaman tamálatl cuauhnextli. Estos tamales no eran mezclados con cosa ninguna. Comían los señores estas maneras de pan ya dichas con muchas maneras de gallinas asadas y cocidas. Unas de ellas se llaman totolnacaquimilli; quiere decir «empanada en que está una gallina entera». Otra manera de empanadilla, que se llama nacatlaoyo tamalli, quiere decir «empanadilla de carne de gallina o del gallo», y con chilli amarillo. Otra manera de gallina asada comían, que llaman cioatotollaleoatzalli; quiere decir «gallina asada». Otra manera de asada, que se llama zollaleoatzalli, quiere decir «codornices asadas». Usaban también muchas maneras de tortillas para la gente común. Una manera de ellas se llaman tianquiztlacualli; quiere decir «tortilla o tamal que se vende en el tiánquez». Otra manera del tiánquez, que se llama íztac tlaxcalli etica tlaoyo, quiere decir «tortilla muy blanca que tiene de dentro harina de frijoles no cocidos». También comían los señores muchas maneras de cazuelas. Unas de ellas se llaman totolin patzcalmollo; quiere decir «cazuela de gallina hecha a su modo con chilli bermejo y con tomates y pepitas de calabazas molidas», que se llama ahora pipiana. Otra manera de cazuela comían, que se llama chiltecpiyo totolin; quiere decir «cazuela de gallina hecha con chilli que quema mucho», que se llama chiltécpitl. Otra manera de cazuela comían, que se llama chilcuzyo totolin; quiere decir «cazuela de gallina hecha con chilli amarillo». Otras muchas maneras de cazuelas y de aves asadas comían, que están en la letra explicadas. Comían también muchas maneras de potajes. Una manera de ellas se llaman chilcuztlatonilli; quiere decir «potaje hecho con chilli amarillo». Otra manera de chilmule, que se llama chiltecpinmulli, quiere decir «mule hecho de chiltécpitl y tomates». Otra manera de chilmule, que se llama chilcuzmulli xitomayo, quiere decir «mulli de chilli amarillo y con tomates», etc.

Usaban también comer peces en cazuela. Unas de ellas se llaman íztac amílotl chilcuzyo; quiere decir «peces blancos hechos en cazuela con chilli amarillo». Otra manera de cazuela, que se llama tomáoac xouilli patzcallo, quiere decir «cazuela de peces pardos hecho con chilli bermejo y tomates, y con unas pepitas de calabazas molidas», y son muy buenos de comer. Otra manera de cazuela, que llaman cúyatl chilchoyo, quiere decir «cazuela de ranas con chilli verde». Otra manera de cazuela, que llaman axólotl chilcuzyo, quiere decir «cazuela de aquellos peces que se llaman axólotl, con chilli amarillo». Comían también atepócatl chiltecpiyo; quiere decir «cazuela de ranacuajos con chiltécpitl». Comían también michpilli chiltecpio, una manera de pececillos colorados hechos con chiltécpitl. También comían unas hormigas aludas, que se dicen tzicatanatli; quiere decir «cazuela de unas hormigas aludas con chiltécpitl». Comían también unas langostas que se llaman chapolin chichiaoa; quiere decir «cazuela de unas langostas», y es muy sabrosa comida. Comían también unos gusanos que se llaman meocuilti chiltecpin mollo; quiere decir «gusanos que son de maguey y con chiltecpinmolli». Otra cazuela comían, que se dice chacalli patzcallo; quiere decir «cazuela de camarones hechos con chiltécpitl y tomates, y algunas pepitas de calabaza molidas». Otra cazuela comían, que se llama topotli patzcallo; quiere decir «cazuela de una manera de peces, que los llaman topotli, hechos con chiltécpitl», como las de arriba dichas. Otra cazuela comían, que se llaman tlacamichi patzcallo; quiere decir «cazuela de pescados grandes», hecha como las de arriba dichas. Otra cazuela comían, que se llama mazaxocomulli íztac michyo; quiere decir «cazuela de ciruelas no maduras con unos pececillos blanquecillos y con chilli amarillo y tomates».

Usaban también comer los señores muchas maneras de frutas. Una de ellas se llama tlatlauhqui tezontzápotl; quiere decir «tzapotes colorados por de dentro, y por de fuera pardillos y ásperos», Otra manera de fruta se llama mazaxócotl chichíltic, una manera de ciruelas, y son coloradas; cúztic mazaxócotl, otra manera de ciruelas, y son amarillas; tlactaleoáltic mazaxócotl, otra manera de ciruelas, y son bermejas o naranjadas. Usaban también comer muchas maneras de tzapotes. Una de ellas se llama eheyotzápotl; quiere decir «tzapote ceniziento o anonas», que tiene por de dentro unas pepitas como frijoles negros, y es muy sabrosa. Otra se llama xicotzápotl; quiere decir «tzapotes pequeños o parvetanos». Otra fruta se llama atztzápotl, una cierta fruta amarillas por de fuera, y por dentro como yemas de huevos cocidos. Otra fruta se llama cuauhcamotli; son unas raíces de árboles. Camotli, una cierta raíz que se llama batatas. Ooácatl, una cierta fruta. Nochtli, una cierta fruta que se llama tunas. Otras muchas frutas se dejan de decir. Usaban también comer unas semillas que tenían por fruta. Una se llama xílot; quiere decir «mazorcas tiernas», comestibles y cocidas. Otra se llama élotl, también mazorcas ya hechas, tiernas y cocidas. Exotl, quiere decir «frijoles cocidos en sus bainas». Comían también unas ciertas maneras de tamales hechos de los penachos del maíz, que se llaman miyaoatámal, revueltos con unas semillas de bledos y con meollos de cerezas molidos. Comían unas ciertas tortillas hechas de las mazorcas tiernas del maíz, que se llama elotlaxcalli o xantlaxcalli; otra manera de tortillas, hechas de las mazorquillas nuevas de maíz, que se dice xilotlaxcalli. Otra manera de tamales comían hechos de bledos, que se llama oauhquiltamalli, etc.

Usaban también comer unas ciertas maneras de potajes hechas a su modo. Una de ella se llama oauhquilmolli, hecha de bledos cocidos y con chilli amarillo y tomates y pepitas de calabaza, o con chiltécpitl solamente. Otra se llama itzmiquilmolli, y con chilli verde, y es bueno de comer. Otra se llama oauhtzontli tonalchillo, hecha de semilla de bledos verdes, y con chilli verde. También comían unas ciertas yerbas no cocidas, sino verdes. Una se llama tzayanalquílitl, que se hace en la orilla del agua. Otra se llama xonácatl, como digamos cebolletas de esta tierra, etc. Todas estas hierbas que se nombrarán adelante, cada una por sí con sus aderezos. Y éstos: íztac xoxocoyolli, quiere decir «hierba aceda blanca» o «acederas» de esta tierra; xoxocoyoluiuilan, otra manera de hierba aceda; axoxoco, otra hierba también aceda; acuitlacpalli, una cierta hierba; ayoxochquílitl, quiere decir «flor de calabazas»; ayonanácatl o ayonacaquílitl, quiere decir «calabazas tiernas».

Usaban también beber muchas maneras de puchas o mazamorras. Una manera de ellas se llama totonquiatulli, «mazamorra caliente». Otra, necuatulli, «mazamorra con miel caliente». Otra se llama chilnecuatulli, «mazamorra con chilli amarillo y miel». Bebían también otra manera de mazamorra hecha con harina muy espesa y muy blanca, hecha con tequíxquitl, que se llama cuauhnexatolli, etc. Bebían también unas ciertas maneras de puchas, que se llama íztac atulli. La primera de ellas se llama chiantzótzol atulli; quiere decir «puchas de chiantzótzol con chílchotl o con chiltépitl»; la segunda se llama íztac chianatulli chilcuzpani; quiere decir «puchas de chían blanca con chilli amarillo»; otra se llama chianpitzáoac atulli ayooachpani chilo, «puchas de chíen menuda con chilcuztli y con pepitas de calabazas bien molidos»; otra se llama tlacyocuépal atulli chiltecpin pani; otra manera de puchas hecha del migajón de las tortillas o de pan cocido y con chiltécpitl. Todas estas maneras de puchas o de mazamorras ya dichas se usaban hacer en casa de los señores. Y los calpisques tenían cargo de las cosas necesarias para los señores; traían para comer siempre a casa de los señores muchas maneras de comida, hasta número de cient comidas, como tortillas calientes y tamales blancos y su caracol, etc., como arriba se dijo.

Y después que había comido el señor, luego mandaba a sus pajes o servidores que diesen de comer a todos los señores y embajadores que habían venido de algunos pueblos. Y también daban de comer a los que guardaban en palacio, que ellos llaman achcacauhtli, tequioaque, tiachcaoan. También daban de comer a los que criaban los mancebos, que se llaman telpuchtlatoque, y a los sátrapas de los ídolos. Y también daban de comer a los cantores y a los pajes y a todos los del palacio. También daban de comer a los oficiales como los plateros, y los que labran plumas ricas, y los lapidarios, y los que labran de mosaico, y los que hacen cotaras ricas para los señores, y los barveros que trasquilaban a los señores.

Y en acabando de comer, luego se sacaban muchas maneras de cacaos, hechos muy delicadamente, como son éstos: xoxouhqui cacaoacintli, «cacao hecho de mazorca tierna de cacao», y es muy sabrosa de beber; cuauhnecuyo cacáoatl, «cacao hecho con miel de abejas»; xochyo cacáoatl, «cacao hecho con ueinacactli»; xoxouhqui tlilxochyo, «cacao hecho con tlixóchitl tierno»; chichíltic cacáoatl, «cacao hecho colorado»; uitztécul cacáoatl, «cacao hecho bermejo»; xuchípal cacáoatl, «cacao hecho naranjado»; tlític cacáoatl, «cacao hecho negro»; íztac cacáoatl, «cacao hecho blanco». Y dábanlo en unas jícaras con que se bebía, y son de muchas maneras: una de ellas se llama tecontlacuilolli, «jícara pintada con diversas pinturas», y su atapadero muy rico, que se llama atzaccáyotl, y también su cuchara de tortuga para revolver el cacao; otra manera de jícaras se llaman ayotectli tlacuilolli, «jícara negra pintada de negro»; y también su rodeo hecho de cuero de tigre o de venado para sentar o poner esta calabaza que se llama ayaoalli oceloéoatl o cuetlaxayaoalli. Usaban también traer unas redes hechas a manera de brujaca, que se llama chitatli, en que se guardaban otras jícaras ya dichas. Usaban también unas jícaras agujereadas para colar el cacao. Usaban también guardar unas jícaras más grandes en que se alzaba el cacao. Usaban también guardar unas jícaras pintadas, también grandes, para lavar las manos. Usaban también unas grandecillas jícaras que ellos llaman tzooacalli tlayoaloni, quiere decir «jícaras pintadas con ricas pinturas con que se bebía mazamorra». Usaban también guardar unos cestillos que se llaman tlacualchiquíuitl, en que se ponían las tortillas. Usaban también tener unas escudillas que se llaman molcáxitl con que se bebían potajes. Usaban también tener unas salseras que se llaman petzcáxitl. Usaban también tener unas escudillas de madera que se llaman cuauhcáxitl.

Capítulo XIV. De la manera de las casas reales
Párrafo primero: de la audiencia de las causas criminales
El palacio de los señores o casas reales tenía muchas salas. La primera se llamaba tlacxitlan; quiere decir «sala de la judicatura», donde residían el rey y los señores cónsules o oidores y principales nobles, oyendo las cosas criminales, como pleitos y peticiones de la gente popular. Y allí juzgaban o sentenciaban a los criminosos a pena de muerte, ahorcar o apedrear, o achocarlos con palos, de manera que los señores usaban a dar muchas maneras de muerte por jus-

ticia. Y también allí juzgaban a los principales nobles o cónsules cuando caían en algún crimen. Condenábanlos a muerte o a destierro, o a ser trasquilados, o le hacían macegual, o le desterraban perpetuamente del palacio, o echábanlos presos en unas jaulas recias y grandes. También allí los señores libertaban a los esclavos injustamente hechos.

En tiempo de Moctezuma hubo muy gran hambre por espacio de dos años, por lo cual los principales vendieron muchos, así sus hijos como hijas, por no tener qué comer. Y oyendo Moctezuma que los señores vendieron sus hijos e hijas por la hambre, hubo gran misericordia, y mandó a sus vasallos que juntasen todos los esclavos hidalgos que se habían comprado. Y luego el señor mandó dar a sus dueños a cada uno una paga o sus dones, como mantas de cuatro piernas, y delgadas, y cuachtles; son como de Campech. Y también les dieron maíz por los que habían comprado los principales. Y fue la paga doblado del precio que habían dado.

Y en este lugar donde llamaban tlacxitlan los jueces no diferían los pleitos de la gente popular, sino procuraban de determinarlos presto, ni recibían cohechos, ni favorecían al culpado, sino hacían la justicia derechamente.

Párrafo segundo: audiencia de las causas civiles
Otra sala del palacio se llamaba teccalli o teccalco. En este lugar residían los senadores y los ancianos a oír pleitos y peticiones que les ofrecían la gente popular. Y los jueces procuraban de hacer su oficio con mucha prudencia y sagacidad, y presto los despachaban, porque primeramente demandaban la pintura en que estaban escritas o pintadas las causas como hacienda, o casas, o maizales, y después, cuando ya se quería acabar el pleito, buscaban los senadores los testigos para que se afirmasen en lo que habían visto u oído; con esto se acababan los pleitos. Y si oía el señor que los jueces o senadores que tenían de juzgar dilataban mucho sin razón los pleitos de las gentes populares que pudieran acabar presto, los dilataban por muchos días por amor de los cohechos o paga, o por amor de los parentescos, luego el señor mandaba que les echasen presos en unas jaulas grandes hasta que fuesen sentenciados a muerte. Y por esto los senadores o jueces estaban muy recatados o avisados en su oficio.

En el tiempo de Moctezuma echaron presos muchos senadores o jueces en unas jaulas grandes, a cada uno por sí, y después fueron sentenciados a muerte, porque dieron relación a Moctezuma que estos jueces no hacían justicia derecha o justa, sino injustamente la hacían, y por eso fueron muertos. Y eran estos que luego se nombran: el primero se llamaba Mixcoatlailótlac; el segundo, Teicnotlamachtli; el tercero, Tlacuchcálcatl; el cuarto, Iztlacamixcoatlailótlac; el quinto, Umaca; el sexto, Tócual; el séptimo, Uitctlolinqui. Estos eran todos del Tlaltelulco.

Párrafo tercero: audiencia para la gente noble
Otra sala del palacio se llamaba tecpilcalli. En este lugar se juntaban los soldados nobles y hombres de guerra. Y si el señor sabía que alguno de ellos había hecho algún delito criminal, de adulterio, aunque fuese más noble o principal, luego le sentenciaba a muerte; matábanle a pedradas.

En el tiempo de Moctezuma fue sentenciado un gran principal que se llamaba Uitznáoatl Ecamaláotl, el cual había cometido adulterio, y le mataron a pedradas delante de toda la gente.

Párrafo cuarto: consejo de la guerra
Otra sala del palacio se llamaba tequioacacalli, o por otro nombre cuauhcalli. En este lugar se juntaban los capitanes que se nombraban tlatlacochcálca y tlatlacatécca para el consejo de la guerra. Había también otra sala del palacio que se llamaba achcauhcalli. En este lugar se juntaban y residían los achcacauhti que tenían cargo de matar a los que condenaba el señor, los cuales se llamaban cuauhnochtli y atempanécatl y tezcacoácatl; y si no cumplían lo que les mandaba el señor, luego les condenaba a muerte. Había otra sala del palacio, que se llamaha cuicacalli. En este lugar se juntaban los maestros de los mancebos, que se llamaban tiachcaoan y telpuchtlatoque, para aguardar lo que les había de mandar el señor para hacer algunas obras públicas. Y cada día, a la puesta del Sol, tenían por costumbre de ir desnudos a la dicha sala del cuicacalli para cantar y bailar, solamente llevaban cada uno una manta hecha a manera de red, y en la cabeza ataban unos penachos de plumajes con unos cordones hechos de hilo de algodón colorado, que se llamaba tochácatl, con que ataban los cabellos; y en los agujeros de las orejas ponían unas turquesas, y en los agujeros de la barba traían unos barbotes de caracoles mariscos blancos. Y así que todos los mancebos que se criaban en las casas de telpuchcalli iban a bailar

cada noche, y cesaban como a las once. Y luego los sacerdotes y ministros de los ídolos comenzaban a tañer a maitines con unos caracoles mariscos grandes, por razón que era hora de salir a hacer penitencia, según de costumbre. De esta manera, en cesando de bailar, todos los mancebos luego iban a dormir en las casas de telpuchcalli, y nadie se iba a dormir a su casa. Y todos dormían desnudos, sino con aquellas mantillas con que bailaban se cubrían, cada uno por sí. Y así, en durmiendo un poco, luego se levantaban para ir al palacio del señor. Y si el señor sabía que algunos de ellos habían echado algunas derramas de tributo o de comida o bebida que comiesen los maestros de los mancebos, luego el señor los mandaba prender y echarlos en la cárcel de las jaulas grandes, cada uno por sí. O si sabía el señor que alguno de ellos se había emborrachado o amancebado, o había hecho adulterio, mandábale prender y sentenciábale a muerte, o le daban garrote, o le mataban a pedradas, o a palos delante de toda la gente, para que tomasen miedo de no atreverse a hacer cosa semejante.

Párrafo quinto: de las trojes o alhóndigas
Otra sala del palacio de llamaba petlacalco. En este lugar posaba un mayordomo del señor que tenía cargo y cuenta de todas las trojes de los mantenimientos de maíz que se guardaban para proveimiento de la ciudad y república, que cabían a cada uno dos mil fanegas de maíz, en las cuales había maíz de veinte años, sin dañarse. También había otras trojes en que se guardaba mucha cantidad de frijoles. Había también otras trojes en que se guardaban todos los géneros de bledos y semillas que se llaman chía y oauhtli y chiantzótzol. Había otras trojes en que se guardaba la sal gruesa por moler, que la traían por tributo de tierra caliente. También había otras trojes en que se guardaban fardos de chile y pepitas de calabazas de dos géneros, unas medianas y otras mayores que se llaman cuauhayooachtli. En estas alhóndigas estaba también la cárcel de aquellos que hacían algunos delitos por los cuales no merecían muerte.

Párrafo 6: de la casa de los mayordomos
Otra sala se llamaba calpixcalli, o por otro nombre texancalli. En este lugar se juntaban todos los mayordomos del señor, trayendo cada uno la cuenta de los tributos que tenía a su cargo, para dar cuenta y razón de ellos al señor cuando se lo pidiese; y así cada día tenía cada uno aparejado el tributo que era a su

cargo. Y si el señor sabía y tenía averiguado de alguno de los mayordomos que había tomado y aplicado para sí alguna parte del tributo, o si no alcanzaba la cuenta de todo el tributo que era a su cargo, luego mandaba el señor prenderle y echarle en una jaula hecha de viguetas gruesas. Y también mandaba y proveía el señor que todas las mujeres amancebadas con el tal mayordomo, e hijos o hijas o deudos, les echasen fuera de su casa y les desposeyesen de la casa, con toda la hacienda que antes tenía el mayordomo delincuente. Y así la casa, con toda la hacienda, se aplicaba al señor, y luego mandaba cerrarla, y condenábale a muerte.

Había otra sala que se llamaba coacalli. En este lugar se aposentaban todos los señores forasteros que eran amigos o enemigos del señor, los cuales venían por convidados, y dábales muchas joyas ricas, como mantas labradas y maxtles muy curiosos, y unos barbotes de oro que usaban poner en los agujeros de la barba, y las orejeras de oro que ponían en las orejas agujereadas, y otros barbotes de piedras preciosas, de chalchihuites, engastonados en oro, y unas cuentas de chalchihuites y otras cuentas de las mismas piedras para las muñecas, que usaban traerlas. Lo que dice de los enemigos era que con salvoconducto venían a ver la majestad del señor de México y los edificios del templo y la cultura de los dioses, y el servicio y policía que el rey o señor de México tenía en su república.

Párrafo 7: de la sala de los cantores y de los atavíos del areíto
Había otra sala que se llamaba mixcoacalli. En este lugar se juntaban todos los cantores de México y Tlaltelulco, aguardando a lo que les mandase el señor, si quisiese bailar o probar o oír algunos cantares de nuevo compuestos. Y tenían a la mano aparejado todos los atavíos del areíto, atambor y tamboril, con sus instrumentos para tañer el atambor, y unas sonajas que se llaman ayacachtli y tetzilácatl y omichicaoactli y flautas, con todos los maestros tañedores y cantores y bailadores, y los atavíos del areíto para cualquier cantar. Si mandaba el señor que cantasen los cantares de uexotzincáyutl o anaoacáyutl, así los cantaban y bailaban con los atavíos del areíto de uexotzincáyotl o anaoacáyutl. Y si el señor mandaba a los maestros cantores que cantasen y bailasen el cantar que se llama cuextecáyutl, tomaban los atavíos del areíto conforme al cantar, y se componían con cabelleras y máscaras pintadas, con narices agujereadas y

cabellos bermejos, y traían la cabeza ancha y larga, como lo usan los cuextecas. Y traían las mantas tejidas a manera de red, de manera que los cantores tenían muchas y diversas maneras de atavíos de cualquiera areíto para los cantares y bailes.

Párrafo 8: de la casa de los cautivos
Otra sala se llamaba malcalli. En este lugar los mayordomos guardaban los cautivos que se tomaban en la guerra, y tenían gran cargo y cuenta de ellos, y dábanles la comida y bebida y todo lo que se les pedían a los mayordomos. Otra sala se llamaba totocalli, donde estaban unos mayordomos que guardaban todo género de aves, como águilas y otros pajarotes, que se llaman tlauhquéchol y zacuan y papagayos y alome y coxoliti. Y también en este lugar se juntaban todos los oficiales, como plateros o herreros y oficiales de plumajes y pintores y lapidarios que labran chalchihuites y entalladores. Y también en este lugar residían unos mayordomos que tenían cargo de guardar tigres y leones, y onzas y gatos cervales.

Capítulo XV. De los atavíos de las señoras
Usaban las señores vestirse los huipiles labrados y tejidos de muy muchas maneras de labores, como van aquí declarado en la lengua.
Usaban las señoras de poner mudas en la cara con color colorado o amarillo o prieto, hecho de incienso quemado con tinta. Y también untaban los pies con el mismo color prieto, y también usaban traer los cabellos largos hasta la cinta; y otras traían los cabellos hasta las espaldas; y otras traían los cabellos largos en una parte y otra de las sienes y orejas, y toda la cabeza tresquilada; y otras traían los cabellos torcidos con hilo prieto de algodón, y los tocaban a la cabeza, y así lo usan hasta ahora, haciendo de ellos como unos cornezuelos sobre la frente; y otras tienen más largos los cabellos, y cortan igualmente el cabo de los cabellos por hermosearse, y entorcéndolos y atándolos parecen ser todos iguales; y otras tresquilaban toda la cabeza. Usan también las mujeres teñir los cabellos con lodo prieto, o con una hierba verde que se llama xiuhquílitl por hacer relucientes los cabellos a manera de color morado. Y también limpian los dientes con color colorado o grana. Usaban también pintar las manos con todo el cuello y pecho. También las señoras usaban de bañarse y enjabonarse. Y

enseñábanlas a ser vergonzosas y hablar con reverencia y tener acatamiento a todos, y ser diestras y diligentes en las cosas necesarias a la comida y bebida, etc.

Capítulo XVI. De los ejercicios de las señoras
Las señoras usan tener muy muchas maneras de alhajas e instrumentos para sus oficios de hilar y ordir y tejer y labrar y cardar algodones y tener otras cosas necesarias tocantes a los ejercicios de sus labores, como se van aquí declarando en la lengua. Más, son obligadas a hacer y guisar la comida y bebida delicadamente, y tienen amas que las guardan y crían. Más, tienen criadas, corcovadas y cojas y enanas, las cuales por pasatiempo y recreación de las señoras cantan y tañen tamboril pequeño, que se llama uéuetl.

Capítulo XVII. De las cosas en que se ejercitaban los señores para regir bien su reino
Párrafo primero: del aparato y orden que usaban para cometer la guerra
El más principal oficio del señor era el ejercicio de la guerra, así para defenderse de los enemigos como para conquistar provincias ajenas. Y cuando quería acometer guerra contra algún señor o provincia, juntaba a sus soldados y dábales parte de lo que quería hacer. Y luego enviaban espías a aquella tal provincia que querían conquistar para que mirasen la disposición de la tierra y la llanura y asperura de ella, y los pasos peligrosos y los lugares por donde seguramente podrían entrar. Y todo lo traían pintado y lo presentaban al señor para que viese la disposición de la tierra. Visto esto, el señor mandaba llamar a los capitanes principales, que siempre eran dos: uno se llamaba tlacochcálcatl, otro, tlacatécatl; y mostrándoles la pintura, señalábales los caminos que habían de llevar, por donde habían de ir los soldados, y en cuántos días habían de llegar, y dónde habían de asentar los reales, y señalábales los maestros de campo que habían de llevar. Luego mandaba hacer provisiones, así de armas como de viandas, y para esto enviaba a llamar a todos los mayordomos de las provincias, que llamaban calpisques, de las provincias que eran sus sujetas. Y mandábales traer a su presencia todos los tributos, así de mantas como de plumajes, y oro, y armas, y mantenimientos; y desque todo estaba traído y junto, luego el señor repartía

las armas a todos los soldados, y a los capitanes y hombres fuertes y valientes. Habiendo distribuido las armas a todos, mandaba luego a los calpisques que llevasen armas a todos los principales de las provincias que habían de ir a la guerra, para sí y para sus soldados; y entonces lo notificaba a su gentes, y los daban armas. Juntado todo el ejército, comenzaban a caminar por esta orden: iban los sacerdotes de los ídolos delante de todos, con sus ídolos a cuestas —iban un día delante de todos—; tras éstos iban todos los capitanes y hombres valientes, un día más adelante que el otro ejército; tras éstos iban los soldados mexicanos; tras éstos iban los tezcucanos, un día más atrás; tras éstos iban los de Tlacupa, otro día más atrás; tras éstos iban los de las otras provincias, otro día más atrás. Todos iban con gran concierto por el camino; y cuando ya estaban cerca de la provincia a que iban a conquistar, luego los señores del campo trazaban cómo habían de asentar el real, dando sitio a cada uno de las divisiones ya dichas; y el que no quería estar por lo que ordenaban los señores del campo, asíanle luego. Habiéndose todos alojado antes que comenzasen a combatir, esperaban a que los sátrapas hiciesen señal, sacando fuego nuevo, y que tocasen las bocinas. Habiendo hecho esta señal los sátrapas, luego comenzaban a dar grita todos, y luego comenzaban a pelear esa misma noche de su llegada.

Y los primeros cautivos que cautivaban, luego los entregaban a los sátrapas para que los sacrificasen y sacasen los corazones delante de las estatuas de sus dioses que llevaron a cuestas. Después de esto, habiendo hecho la victoria y sujetado a aquella provincia contra que iban, luego contaban los cautivos que habían tomado y los que habían sido muertos de los suyos. Tomada esta minuta, luego iban a dar relación al señor de lo que había pasado; y también daban relación de los que habían muerto, que eran personas de calidad, en sus casas para que les hiciesen las exequias; y también daban relación de los que habían hecho una cosa notable en el combate, para que fuesen remonerados con honra y con dones, en especial si eran de noble linaje. Y en acabando la guerra, luego se hacía inquisición de todo el campo, de los que habían traspasado los mandamientos de los señores del campo; y luego los mataban, aunque fuesen capitanes. Y también los señores del campo averiguaban los pleitos que había entre los soldados, cuando quiera que dos porfiaban sobre cuál de ellos había cautivado a algún cautivo. Oíanlas primeramente, y después daban sentencia por el que mejor probaba su intención; y si el caso no se pudía probar de una parte ni de otra, tomábanlos el cautivo y aplicábanle al cu del barrio de aquéllos, o al cu general, para que fuese sacrificado sin título de cautivador.

Habiendo pacificado la provincia, luego los señores del campo repartían tributos a los que habían sido conquistados para que cada un año los diese al señor que les había conquistado, y el tributo era de lo que en aquella provincia se criaba y se hacía. Y luego elegían gobernadores y oficiales que presidiesen en aquella provincia, no de los naturales de ella, sino de los que la habían conquistado.

Párrafo segundo: de la manera de elegir a los jueces
También los señores tenían cuidado de la pacificación del pueblo y de sentenciar los letigios y pleitos que había en la gente popular. Y para esto elegían jueces, personas nobles y ricos y ejercitados en las cosas de la guerra, experimentados en los trabajos de las conquistas, personas de buenas costumbres, que fueron criados en los monasterios de calmécac, prudentes y sabios, y también criados en el palacio. A estos tales escogía el señor para que fuesen jueces en la república. Mirábase muchos en que estos tales no fuesen borrachos, ni amigos de tomar dádivas, ni fuesen acetadores de personas, ni apasionados. Encargábales mucho el señor que hiciesen justicia en todo lo que a sus manos viniese.

También los señalába el señor las salas donde habían de ejercitar su oficio; señalábales una sala que era debajo de la sala del señor, que llamaban tlacxitlan; en ésta oían y juzgaban las causas de los nobles. Y otra sala los señalaba, que llamaban teccalli; allí oían y juzgaban las causas populares, tomándoles por escrito primeramente por sus pinturas; y averiguado y escrito el negocio, llevábanlo a los de la sala más alta, que se llama tlacxitla, para que allí se sentenciase por los mayores cónsules. Y los casos muy dificultosos y graves, llevábanlos al señor para que los sentenciase juntamente con trece principales muy calificados que con él andaban y residían; estos tales eran los mayores jueces, que ellos llamaban tecuhtlatoque. Estos examinaban con gran diligencia las causas que iban a sus manos; y cuando quiera que en esta audiencia, que era la mayor, sentenciaban alguno a muerte, luego lo entregaban a los ejecutores de la justicia, los cuales, según la sentencia, o los ahogaban, o daban garrote, o los apedreaban, o los despedazaban.

Párrafo tercero: de la manera de los areítos

Lo tercero de que los señores tenían especial cuidado era de los areítos o bailes que usan para regocijar a todo el pueblo. Lo primero, dictaba el cantar que se había de decir, y mandaba a los cantores que le pusiesen en el tono que quería, y que le proveyesen muy bien. También mandaba hacer aquellas macetas de ulli con que tañen el teponactli, y que el teponactli y el atambor fuesen muy buenos. También mandaba los meneos que había de haber en la danza, y los atavíos y divisas con que se habían de componer los que danzaban. También los señalaba los que habían de tañer el atambor y el teponactli, y los que habían de guiar la danza o baile, y señalaba el día del baile para alguna fiesta señalada de los dioses. Para entonces él se componía con los aderezos que se siguen. En la cabeza se ponía unas borlas hechas de pluma y oro, atadas a los cabellos de la coronilla. Poníase un bezote de oro o de piedra preciosa; poníase también unas orejeras de oro en las orejas; poníase al cuello un collar de piedras preciosas de diversos géneros; poníanse en las muñecas unas ajorcas o sartalejos de piedras preciosas, de chalchihuites y turquesas. También se ponía en los brazos, en los morcillos, unas ajorcas de oro y un bracelete con un plumaje que sobrepuja la cabeza, y otro plumaje en la mano. Cubríase de mantas ricas añudadas sobre el hombro. Poníanse unos ceñideros muy ricos, que ellos llaman máxtlatl, que sirve de cinta y de cubrir las partes vergonzosas. De esta misma librea arreaba a todos los principales y hombres de guerra y capitanes, y toda la otra gente que habían de entrar en la danza o baile. Y también a todos daba copiosamente de comer y de beber. Y andando en el baile, si alguno de los cantores hacían falta en el canto, o si los que tañían el teponactli y atambor faltaban en el tañer, o si los que guían erraban en los meneos y contenencias del baile, luego el señor les mandaba prender, y otro día los mandaba matar.

Párrafo cuarto: de la vigilancia de noche y de día sobre las velas

Lo cuarto en que el señor tenía gran diligencia era en poner velas de noche y de día para que velasen, así en la ciudad como en los términos de ella, para que no entrasen los enemigos sin sentirlos y conocerlos. Y por esto tenían sus velas los sátrapas concertadas, por los espacios de la noche, y también otros soldados que llamaban teachcaoan. Y velaba el señor en que estas velas no hiciesen falta, y salía muchas veces disimuladamente para ver si estaban vigilantes en sus estancias, o si dormían o se emborrachaban, y castigábanlos reciamente si dormían o si se emborrachaban. También tenía otras velas de otros principales de más calidad, los cuales velaban de noche y de día en los términos de los enemigos, para ver si los enemigos se aparejaban de guerra, o venían de guerra, o si estaban espías de los enemigos para saber de ellos, si se aparejaban de guerra o qué hacían. Y a estas espías todas las mataban, y también a aquellos en cuya casa se aposentaban. Velaban también los mancebos que se criaban en el telpulchcalli, y cantaban de noche, gran parte de la noche, porque si algunos de los enemigos venían de noche, oyesen de lejos que velaban y no dormían. Y los sátrapas rondaban de noche, tocando sus bocinas, y respondíanlos en todas partes y en todos los de telpuchcalli, tocando las bocinas y teponactli y atambores; esto hacían muchas veces hasta la mañana. También había velas perpetuamente en las casas de los señores, y en toda la noche no se apagaba el fuego, así en los palacios de los señores como en las casas particulares y en los templos, y en el tepuchcalli y en calmécac.

Párrafo quinto: de los juegos en que el señor se recreaba
Tenían los señores sus ejercicios de pasatiempos. El primero era juego de pelota de viento, o semejante a la de viento; era este ejercicio muy usado entre los señores y principales. Tenían un juego de pelota edificado para solo aquel ejercicio: eran dos paredes tan altas como dos estados, distante la una de la otra como de veinte pies. Estaba en medio de cada una de estas paredes una rueda como piedras de molino pequeña que tenía un agujero en el medio, que pudía caber justamente la pelota con que jugaban por él. Estaban tan altas como un estado del suelo; igualmente distaban de los cabos de las paredes. El que jugando metía la pelota por aquellos agujeros de las piedras o ruedas, ganaba todo el juego. Jugaban desnudos y ceñidos a la cintura con unos cintos anchos, y de ellos colgaba un pedazo de cuero de venado labrado que cubría las nalgas; y cuando jugaban no hirían con mano ni con pie sino con la nalga. A este juego perdían y ganaban muchas mantas ricas y joyas de oro, y piedras y esclavos. El segundo pasatiempo que tenía era juego como de dados. Hacían en un petate una cruz pintada, toda llena de cuadros semejantes al juego del alquerque o castro; y puestos sobre el petate, sentados, tomaban tres frijoles grandes, hechos ciertos puntos en ellos, y dejábanlos caer sobre la cruz pin-

tada, y de allí tenían su juego con que perdían y ganaban joyas y otras cosas, como arriba se dijo.

Párrafo sexto: de la liberalidad del rey
Procuraban los señores de ser liberales y tener tal fama. Y así hacían grandes gastos en las guerras y en los areítos. También jugaban cosas muy preciosas; y a la gente baja, así hombres como mujeres, que se atrevían a saludarlos y les decían algunas palabras que les daban contento, dábanle ropa para vestir y para dormir, y comida y bebida. Y si alguno le hacía algún cantar que les daba contento, hacíale dar dones conforme a lo que había hecho y al contento que él había tomado de su obra.

Capítulo XVIII. De la manera que tenían en elegir los señores
Cuando moría el señor o rey, para elegir otro juntábanse los senadores que llamaban tecutlatoque, y también los viejos del pueblo, que llamaban achcacauhti, y también los capitanes, soldados viejos de la guerra, que llamaban yautequioaque, y otros capitanes que eran principales en las cosas de la guerra, y también los sátrapas que llamaban tlenamacaque o papaoaque. Todos éstos se juntaban en las casas reales; allí deliberaban y determinaban quién había de ser señor. Y escogían uno de los más nobles de la línea de los señores antepasados que fuese hombre valiente, ejercitado en las cosas de la guerra, osado y animoso, y que no supiese beber vino, que fuese prudente y sabio, que se ha criado en el calmécac, que supiese bien hablar y fuese entendido y recatado y amoroso. Y cuando todos, o los más, concurrían en uno, luego le nombraban por señor, no se hacía esta elección por escrutinio o por votos, sino todos juntos confiriendo los unos con los otros venían a concertarse en uno. Elegido el señor, luego elegían otros cuatro que eran como senadores que habían siempre de estar al lado del señor y entender todos los negocios graves del reino; estos cuatro tenían en diversos lugares diversos nombres. Y al tiempo de la elección, muchos de los que tenían sospecha que los eligerían, se escondían por no ser electos, por no tomar tan gran carga. Electos los cinco, escogían un día que por la astrología judiciaria fuese bien afortunado, y llegando aquel día, sacábanlos a público; llevábanlos a la casa de Uitzilopuchtli.

Párrafo primero: de cómo componían a los electos de ornamentos penitenciales y llevábanlos a la casa de Uitzilopuchtli
Llegado aquel día señalado que era bien afortunado, los principales sátrapas iban a buscar al señor electo y a los otros electos, y tomábanlos, y desnudos los llevaban al cu de Uitzilopuchtli, y delante del cu vestían al señor de las vestiduras con que los sátrapas solían ofrecer incienso delante los dioses, que era una chaqueta de verde oscuro y pintada de huesos de muertos, que es a manera de uipil de mujer; llamábanle xicolli. Luego le ponían a cuestas colgada de las espaldas una calabazuela llena de pícieltl con unas borlas verdes oscuras, y poníanle delante la cara una manta verde oscura, atada a la cabeza, pintada de huesos de muertos, y poníanle en la mano izquierda una talega con copal o incienso blanco; era también de lienzo verde oscuro y pintado de huesos de muertos. Y calzábanle unas cotaras también verdes oscuras, y poníanle en la mano derecha un incensario de los que ellos usaban, pintado de cabezas de muertos. Y en el cabo del astil llevaba colgado unos papeles como borlas. Luego le tomaban los sátrapas y le subían por las gradas del cu hasta llegar delante de la estatua de Uitzilopuchtli. En llegándole, luego tomaba el incienso y echábalo sobre las brasas que llevaba en el incensario, y comenzaba a incensar a la estatua. Y haciendo esto, tenía la cara cubierta con el velo arriba dicho. Estaba abajo todo el pueblo mirando cómo incensaba el señor nuevo, y los ministros de los ídolos tocaban las cornetas y otros instrumentos cuando el señor incensaba. De la misma manera hacían los otros electos, que los adornaban como arriba se dijo, y los llevaban a incensar después del señor. Los atavíos con que a éstos ataviaban eran negros y pintados de huesos de muertos.

Párrafo segundo: de cómo hacían penitencia los electos en el templo sin salir de él cuatro días
Después que el señor y los electos hubieron incensado delante de la estatua de Uitzilopuchtli, luego los sátrapas los descendían, llevándolos del brazo, por la misma orden que los habían subido, delante el señor, y luego el que era más principal de los otros, así por orden, según la dignidad de su elección. Y llevábanlos a una casa donde habían de hacer la penitencia cuatro días, que se llama tlacochcalco o tlacatecco, que estaba dentro del patio de Uitzilopuchtli. Allí estaban cuatro días sin salir del patio, y ayunaban todos los cuatro días que

no comían sino una vez al mediodía. Y todos los días iban a incensar y a ofrecer sangre al mediodía y a la medianoche delante de la estatua de Uitzilopuchtli. Llevábanlos los sátrapas de brazo con los ornamentos ya dichos, y por la orden ya dicha, y también los volvían por la misma orden a su aposento. Y todos estos cuatro días, a la medianoche, después de haber incensado y ofrecido sangre, se bañaban en un alberque por hacer penitencia como siempre lo hacían los sátrapas todas las mediasnoches.

Párrafo tercero: de cómo, acabada la penitencia, llevan al señor a los palacios reales, y a los otros a sus casas
Acabada la penitencia de los cuatro días, llevaban al señor y a los cuatro senadores a las casas reales. Y también los cuatro senadores de allí se iban a sus casas. Luego el señor consultaba a los adivinos o astrólogos para que le señalasen un día bien afortunado en que hiciese la fiesta de su elección, que llaman motlatocapaca. Y luego mandaba a sus mayordomos o calpisques que se aparejasen todos los plumajes y aderezos del areíto que para entonces eran menester.

Párrafo cuarto: de cómo hace el señor un solemnísimo convite
Después de señalado el día donde habían de hacer la fiesta de la elección, si el electo era el señor de México, enviaba sus embajadores a todos los reinos circunstantes desde Cuauhtimallan hasta Michoacán, y desde mar a mar, y venían los mismos señores, o enviaban sus presidentes para asistir en el convite y fiesta de la elección. Todos los convidados estaban juntos algún día antes de la fiesta. El señor tenía aparejado comida y plumajes y mantas y mastles, y otras joyas para dar a los convidados, a cada uno según su manera de dignidad, para entrar en la fiesta y en el baile. A todos les daba plumajes y joyas y atavíos para el baile; y a su hora, daban comida a todos los convidados, muchos platos y diferencias de guisados, y muchas maneras de tortillas muy delicadas, y muchas maneras de cacao en sus jícaras muy ricas, y a cada uno según su manera. También les presentaban cañas de humo de muchas maneras en sus platos, y muchas maneras de flores muy preciosas. Y después de todo esto, muchas mantas ricas y muchos mastles ricos, a cada uno según su persona, y a cada uno ponían en su aposento muy adornado y muy poblado de sillas que ellos usaban, y de este-

ras, todo nuevo, donde estaba el principal y todos los que habían venido con él para acompañarle. En esta fiesta bailaban de noche y de día con gran pompa y con gran aparato, y con cantares de gran solemnidad. Esto duraba una noche y un día, o dos noches y dos días, o tres noches y tres días, o más. Acabada esta esta solemnidad, despedíanse los convidados e íbanse a sus tierras.

Párrafo quinto: de cómo se aparejaba el señor para dar guerra a alguna provincia
Después de algunos días que el señor había hecho la fiesta de su elección, mandaba luego a pregonar guerra para ir a conquistar alguna provincia. Y luego juntaban sus capitanes y gente de guerra, y les daba armas y divisas. El mismo señor iba con ellos por su capitán general, ordenando su campo como arriba se dijo. Y después que había hecho la victoria de aquella provincia que había ido a conquistar, y después que había hecho lo que arriba se dijo cerca de la pacificación de aquella provincia, volvíase a su ciudad, trayendo gran número de cautivos, los cuales todos mataba, sacrificándolos a Uitzilopuchtli, que es Dios de la guerra, y haciéndole gran fiesta por la victoria que les había dado. Y luego daba dones a todos los soldados nuevos, especialmente a los que habían hecho cosas notables; dábales mantas y mastles labrados, y licencia para que de ahí adelante los usasen; y también les daba licencia para traer barbotes de piedras ricas, y plata y oro, a cada uno como se había señalado en la guerra. Y dábales nombres de nobles y divisas o armas para que fuesen honrados y conocidos por valientes; también les daba licencia para traer borlas de oro y pluma en las cabezas andando en los areítos.

Capítulo XIX. De la orden que había en el tiánquez, de la cual el señor tenía especial cuidado
El señor tenía cuidado del tiánquez y de todas las cosas que en él se vendían, por amor de la gente popular y de toda la gente forastera que allí venía, para que nadie los hiciese fraude o sinrazón en el tiánquez. Por esta razón ordenaban, ponían por orden todas las cosas que se vendían, cada cosa en su lugar. Y elegían por esta causa oficiales que se llamaban tianquizpan tlayacanque, los cuales tenían cargo del tiánquez y de todas las cosas que allí se vendían.

De cada género de mantenimientos o mercaderías tenía uno de éstos cargo para poner los precios de las cosas que se vendían, y para que no hubiese fraude entre los que vendían y compraban. Estaban en una parte del tiáquez los que vendían oro y plata, y piedras preciosas y plumas ricas de todo género, de las cuales se hacían las divisas o armas para la guerra, y también las rodelas, etc. En otra parte se ordenaban los que vendían cacao y especias aromáticas, que ellos llaman ueinacactli, tlilxochitl, mecaxochitl. En otra parte se ordenaban los que vendían mantas grandes, blancas o labradas, y mastles que entonces usaban unos blancos y otros labrados y otros ricos; y también allí mismo se vendían los vistuarios mujeriles labrados y por labrar, medianos y ricos; también las mantas comunes que ellos llaman cuachtli, áyatl. En otra parte estaban por su orden los que vendían las cosas de comer, como son maíz blanco y maíz azul, oscuro o negro, y colorado y amarillo, y frijoles amarillos y blancos y negros y colorados y jaspeados, y unos frijoles negros grandes como habas, y semillas de bledos pardos o cenizientos y colorados y amarillos, y chían blanca y negra, y otra que llaman chiantzótzol. En este mismo lugar se ordenaban los que vendían sal y gallina, y gallos y codornices, y conejos y liebres, carne de venado, y aves de diversas maneras, como son ánades y lavancos, y otras aves del agua; también los que vendían miel de maguey y de abejas. De esta orden eran los que vendían chilli que se llama tonalchilli, y chiltecpin, y texyo chilli, y chilli amarillo, y otras maneras de chilli; los mismos vendían tomates que llaman miltómatl y xitómatl. En otra parte se ordenaban los que vendían fruta, como son cerezas y aguacates, ciruelas silvestres, huayabas, batatas y batatas de raíces, que se llaman cuauhcamutli, y zapotes de diversas maneras. También con éstos se ordenaban los que vendían turrones de chían, castañas de raíces de hierba, raíces como regaliz, erizos, que es una fruta que se come, pepitas de calabaza, pepitas grandes de calabaza. También con éstos se ordenan los que venden peces y ranas, y otros pescadillos que son como lagartillos, y otras sabandijas que se crían en el agua. También con éstos se ordenan los que venden papel que se hace de cortezas de árboles, e incienso blanco, y goma negra que se llama ulli, y cal, y navajas, y leña para quemar, y maderos para techar las casas, unos cuadrados, otros rollizos, y tablas y pandillas, que son tablas delgadas, y coas y palancas, y palas y remos, y varales y tomizas, y nenquén y cuero labrado, y cotaras, y hachas de cobre para cortar maderos, y punzones y escoplos, y otras herramientas para labrar madera. También están por su orden los que venden hierbas para comer, como son cebolletas y otras hierbas que usan de comer, y oauhquílitl, oauhtzontli, etc. También éstos venden xilotes y elotes cocidos, y pan hecho de los penachos del maíz, y pan hecho de elotes, y todas las maneras de pan que se usa, como son tamales y necutamalli, etc. También estaban por su orden los que venden cañas de humo de muchas maneras, que son acacuáuitl y acáyetl, yetlalli. Y también aquí se venden xuchiocótzotl, y los platos para poner las cañas cuando se queman, y otras maneras de vasos de barro, como son apantlecáxitl y tlecuactli, y lebrillos y ollas y tinajas, y tinajas para hacer uctli, etc., y todas las otras maneras de loza.

Y los que tenían cargo de las cosas del tiánquez, si no hacían fielmente sus oficios, privábanlos de ellos y desterrábanlos del pueblo. Y los que vendían algunas cosas hurtadas, como manta rica o piedra preciosa, y cuando se sospechaba que aquello era hurtado, si no daba la persona que se lo había vendido, prendíanle y sentenciábanle a muerte los jueces y señores. Y con esto se ponía temor a la gente para que nadie osase comprar cosa hurtada.

Capítulo XX. Se trata de la manera que tenían los señores y gente noble en criar los hijos

La manera de criar sus hijos que tenían los señores y gente noble es que después que las madres o sus amas los habían criado por espacio de seis años o siete, ya que comenzaban a regocijarse, dábanlos uno o dos o tres pajes para que se regocijasen y borlasen con ellos, a los cuales avisaban la madre que no los consintiesen hacer ninguna fealdad o suciedad o deshonestidad cuando fuesen por el camino o calle. Instruían al niño éstos que andaban con él para que hablase palabras bien criadas y buen lenguaje, y que no hiciese desacato a nadie y reverenciase a todos los que topaba por el camino que eran oficiales de la república, capitanes o hidalgos, aunque no fuesen sino personas bajas, hombres y mujeres, como fuesen ancianos. Y si alguna persona, aunque fuese de baja suerte, lo saludaba, inclinábanse y saludábanlos también, diciendo: «Vais en hora buena, abuelo mío». Y el que oía la salutación tornaba a replicar, diciendo: «Nieto mío, piedra preciosa, pluma rica, hasme hecho gran merced. Ve próspero en tu camino». Y los que oían al niño hablar de la manera dicha holgábanse mucho y decían: «Si viviere este niño, será muy noble, porque es generoso. Por ventura algún gran oficio merecerá tener». Y cuando el niño llegaba a diez o doce o trece años, metíanle en la casa del recogimiento que se llamaba calmécac. Allí le entregaban a los sacerdotes y sátrapas del templo para que allí fuese criado y enseñado y avisado para que viviese bien. Emponíanle que hiciese penitencia de noche, enramando los oratorios de dentro del pueblo, o en los montes, dondequiera que hacían sacrificios de noche o a la medianoche. Y si no le metían en la casa del recogimiento, metíanle en la casa de los cantores, encomendábanle a los principales de ellos, los cuales le emponían en barrer en el templo o en deprender a cantar, y en todas las maneras de penitencia que se usaban. Cuando ya llegaba el mancellino a quince años, entonces comenzaba a deprender las cosas de la guerra; y llegando a veinte años, llevábanle a la guerra. Ante de esto, su padre y parientes convidaban a los capitanes y soldados viejos; hacíanlos un convite y dábanlos mantas y mastles labrados, y rogábanlos que tuviesen mucho cargo de aquel mancebo en la guerra, enseñándole a pelear y amparándole de los enemigos, y luego le llevaban consigo, ofreciéndose alguna guerra. Tenían mucho cuidado de él, enseñándole todas las cosas necesarias, así para su defensión como para la ofensión de los enemigos; y trabándose la batalla, no le perdían de vista, y enseñábanle, mostrándole a los que cautivaban a los enemigos para que así lo hiciese él. Y por ventura en la primera guerra cautivaba a alguno de los enemigos con el favor de los que le llevaban a cargo. Habiendo cautivado a alguno, luego los mensajeros que se llamaban tequipan titlanti venían a dar las nuevas al señor de aquellos que habían cautivado a sus enemigos y de la victoria que habían habido los de su parte. En llegando a las casas reales, entraban a hablar al señor, y saludándole, decian: «Señor nuestro, vive muchos años. Sabe que el Dios de la guerra, Uitzilopuchtli, nos ha favorecido, y que con su ayuda vuestro ejército ha vencido a sus contrarios, y tomaron la provincia sobre que iban. Vencieron los tenochcas y los de Tlaltelulco, y los de Tacupan, y los de tezcocanos, y los otomíes, y los matlatzincas, y los de los chinampas, y los de la tierra seca». El señor los respondía, diciéndoles: «Seáis muy bien venidos. Huélgome de oír esas nuevas. Sentaos y esperad, porque me quiero certificar más de ellas». Y así los mandaba guardar. Y si hallaba que aquellas nuevas eran mentirosas, hacíalos matar.

Después de haber conquistado la provincia contra quien iban, lo primero que hacían era contar los cautivos que se habían cautivado, cuántos habían cautivado los de Tenochtitlan, y cuántos habían cautivado, los de Tlaltelulco, y los de las chinampas, y los de la tierra seca, que son las cercanías de las chinampas. Los que contaban a los cautivos eran los que se llamaban tlacochcalcas y tlatlacatecas. que es como decir capitanes y maestros de campo, y otros oficiales del ejército. Habiendo sabido el número cierto de los cautivos, luego enviaban mensajeros al señor, los mensajeros eran capitanes. Aquéllos llevaban la nueva cierta al señor, dándole noticia de los cautivos que se habían cautivado y quiénes los habían cautivado, para que a cada uno se diese el premio conforme a lo que había trabajado en la guerra. Oídas las nuevas, el señor holgábase mucho porque sus nobles y soldados habían tomado cautivos. Entonces mandaba sacar a los que había mandado encerrar, que habían llevado las primeras nuevas de la guerra, y hacíales mercedes como a los otros. Estos que habían prendido cautivos, si después se trababa guerra con los de Atlixco o Uexotzinco, si allí cautivaban otros, aprehendían otros cautivos, eran estimados en mucho del señor, y les daban suma honra, haciéndolos piles y dándoles nombres de valientes, que ya estaban en grado, de poder ser electos, y sentarse con ellos, y comer con el señor. Y el señor les daba insignias de valientes, como eran bezotes de piedras preciosas de diversas colores, y borlas para ponerse en la cabeza con tiras de oro entrejeridas a las plumas ricas, y con pinjantes de oro, con otras plumas ricas, y orejeras de cuero, y mantas ricas de señores, de diversas divisas, como son itzcooayo, ixnextentlapallo, ihuitica tecomayo. Y les daban mastles preciosos y bien labrados que usaban los señores, y dábanlos divisas que se llamaban quetzalpatzactli o teucuitlapánitl, tozcuaxólotl, teucuitlacuacalalatli, teucuitlacopilli, quetzalpánitl, itzpapálotl, etc. De todas estas cosas pudían usar por toda su vida. Y les daban oficios honrosos, como calpixcáyotl, que es como mayordomo mayor.

Y muriendo el señor, a uno de éstos elegían por señor y rey; también a éstos elegían por senadores, que llaman tlacxitlantlalilo, los cuales determinaban las causas graves de la república. Y los daban estos nombres, que eran muy honrosos, conviene a saber: tlacochcálcatl tecutli, o ticociaoácatl tecutli, o cioacóatl tecutli, o tlillancalqui tecutli.

Capítulo XXI. De los grados por donde subían hasta hacerse tecutlatos

Los grados y trances por donde subían los que habían de llegar a las mayores dignidades eran estos que se siguen. Cuando eran pequeñuelos andaban motilados o atusada la cabeza. Y llegando a diez años dejábanle crecer una bedija de cabellos en el cogote, lo cual ellos llamaban mocuexpaltía. A los quince años tenían ya aquella bedija larga, y llamábanlos cuexpalchicácpul, porque aún ninguna cosa notable había hecho en la guerra; y si en la guerra acontecía que él y otro, o él y otros dos o tres o más cautivaban a alguno de los enemigos, quitábanle la bedija de los cabellos, y aquello era señal de honra. Cuando entre dos o tres o cuatro o más cautivaban a uno de los enemigos, dividíanle de esta manera: que el que más se había señalado en este negocio, tomaba el cuerpo del cautivo, y el muslo y pierna derecha; y el que era segundo tomaba el muslo y pierna izquierda; y el que era tercero tomaba el brazo derecho; y el que era el cuarto tomaba el brazo izquierdo —esto se entiende desde el codo arriba—; el que era quinto tomaba el brazo derecho desde el codo abajo; y el que era sexto tomaba el brazo izquierdo desde el codo abajo. Y cuando le quitaban la bedija del colodrillo, dejábanle una bedija sobre la oreja derecha que le cubría la oreja a solo un lado, que era el derecho, y con esto parecía que tenía otra presencia más honrada, que era señal que en compañía de otros había cautivado a alguno. Y por haber cautivado, con compañeros y haber dejádole la bedija en señal de honra, saludábanle sus abuelos o sus tíos, diciéndole: «Nieto nuestro, hate lavado la cara el Sol y la tierra. Ya tienes otra cara, porque te atreviste y te esforzaste a cautivar en compañía de otros. Mira que te valdría más perderte y que te cautivasen tus enemigos, que no que otra vez cautivases en compañía de otros, porque si esto fuese, pondríante otra bedija de la parte de la otra oreja, que parecieses muchacha. Y más te valdría morir que acontecerte esto». Y el mancebo que aún teniendo bedija en el cogote iba a la guerra dos o tres veces, cuando volvía sin cautivar por sí ni en compañía, llamábanle por afrenta cuexpalchicácpul, que quiere decir «bellaco que tiene bedija en el cogote», que no ha sido para nada en las veces que ha ido a la guerra; y esto era grande afrenta para el tal. Y con esto se esforzaba a arrojarse contra sus enemigos, para siquiera en compañía cautivar a alguno. Y cuando estos tales en compañía de otros cautivaban, quitábanles la bedija y echábanle un casquete de pluma apegado a la cabeza. Y los que no cautivaban ni en compañía ni de otra manera, no los quitaban la bedija, ni los echaban casquete de pluma, sino hacíanlos una corona en medio de la cabeza, que era suma afrenta. Y si éste a quien hicieron la corona por afrenta tenía qué comer, tenía maizales o otra hacienda, vivía de su hacienda y no curaba de la guerra, sino quitábase la bedija; este tal no le era lícito traer manta de algodón ni mastle de algodón, sino manta de ichtli y mastle de ichtli, sin ningún labor. Esto era señal de villano.

 El mancebo la primera vez que entraba en la guerra por sí solo cautivaba a alguno de los enemigos, llamábanle telpuchyaquitlamani, que quiere decir «mancebo guerrero y cautivador», y llevábanle delante del señor a palacio para que fuese conocido por fuerte. Entonces dábale licencia el señor que se pudiese teñir el cuerpo con color amarilla, y la cara con color colorada, toda la cara, y las sienes con color amarilla. Esto hacían la primera vez los mayordomos del señor en señal de honra. Desque este mancebo estaba teñido como arriba se dijo, el señor le daba dones, que era una manta con unas listas labradas de color morado, y otra manta labrada de otros ciertos labores, que se llamaba colotlapalli; y también le daba un mastle labrado de colorado, largo, que estuviese bien colgado, y otro mastle labrado de todas colores. Esto le daban por ensiñias de honra, y de allí adelante tenía licencia de traer mantas y mastles labradas siempre. El que por sí cautivaba dos, también le llevaban delante del señor a la casa real, y dábanle dones como arriba está dicho. Y al que prendía por sí tres, dábanle dones como está dicho, y dábanle también autoridad para tener cargo en la guerra de otros. Y también daban autoridad a estos semejantes para que fuesen elegidos para criar los mancebos en el telpuchcalli. También tenían autoridad para mandar a los mancebos que fuesen a cantar a la casa donde deprendían a cantar de noche. Y a los que por sí prendían cuatro cautivos, mandaba el señor que los cortasen los cabellos como a capitán. Llamábanle capitán, diciendo: el capitán mexícatl, o el capitán tolnaoácatl, o el capitán cioatecpanécatl, o otros nombres que cuadraban a los capitanes. De allí adelante se podían sentar en los estrados que ellos usaban de petates e icpales en la sala donde se asentaban los otros capitanes y otros valientes hombres, como son tlacochcálcatl, tlacatécatl, ticociauácatl, atenpanécatl, los cuales son primeros y principales en los asientos, y tienen barbotes largos, y orejeras de cuero, y borlas en la cabeza, con que están compuestos. Y aquéllos que cautivaban por sí seis o siete o diez de los enemigos, si estos cautivos eran cuextecas o tenimes, no por eso los ponían con los más principales arriba dichos; solamente los llamaban capitanes. Y para subir a la honra de los de arriba dichos era menester que cautivasen de Atlixco o de Uexotzinco o de Tliliuhquitépec. Cualquiera que de estos dichos cautivaban hasta cinco, poníanlos entre los mayores y más honrados capitanes, por valientes y esforzados capitanes que se llamaba cuauhyácatl, que quiere decir «águila que guía». Y el señor a este tal le daba un barbote largo, verde, y borla para ponerse en la cabeza con unas listas de plata entrepuestas en las plumas de la borla. Y también le daba orejeras de cuero, y una manta rica que se llamaba cuechintli; también le daba una manta que llamaban chicoapalnacacminqui; quiere decir «manta teñida de dos colores, la mitad de un color y la mitad de otro, de esquina a esquina»; y una manta con correas colgadas y atadas, sembradas por toda ella. Y si cautivaba dos de Atlixco o de Uexotzinco, era este tal tenido por terrible y valentísimo, y dábanle un barbote largo, de ámbar amarillo, y otro de chalchíuitl verde, y usaba de ambos.

Fin

Libro IX. De los mercaderes, oficiales de oro y piedras preciosas y pluma rica

Prólogo

La orden que se ha tenido en esta historia es que primeramente, en los primeros libros, se trató de los dioses y de sus fiestas, y de sus sacrificios, y de sus templos, y de todo lo concerniente a su servicio, y de esto se escribieron los primeros cinco libros; y de ellos el postrero fue el Libro Quinto, que trata de la arte adivinatoria, que también habla de las cosas sobrenaturales. Todos estos cinco libros se pusieron en un volumen. El Sexto Libro, que hace volumen por sí, trata de la retórica y filosofía moral que estos naturales alcanzaban, donde se pone muchas maneras de oraciones muy elegantes y muy morales, y aun las que tocan a los dioses y sus ceremonias, se pueden decir muy teologales. En este mismo libro se trata de la estimación en que se tenían los retóricos y oradores. Después de esto se trata de las cosas naturales, y esto en el Séptimo Libro. Y luego de los señores, reyes y gobernadores, y principales personas; y luego de los mercaderes que, después de los señores, capitanes y hombres fuertes, son los más tenidos en la república, de los cuales se trata en el Octavo Libro. Y tras ellos los oficiales de pluma y de oro, y de piedras preciosas; de éstos se trata en el Nono Libro. Y las calidades, condiciones y maneras de todos los oficiales y personas se trata en el Libro Décimo, donde también se trata de los miembros corporales y de las enfermedades y medicinas contrarias, y también de las diferencias y diversidades de generaciones de gentes que en esta tierra habitan y de sus condiciones. Estos cuatro libros constituyen el tercero volumen que es éste. En el cuarto volumen se trata de las cosas más bajas, que son animales, aves, hierbas y árboles, que constituye el Undécimo Libro. En el Libro Duodécimo se trata de las guerras cuando esta tierra fue conquistada, como de cosa horrible y enemiga de la naturaleza humana. Todos estos libros constituyen el cuarto y postrero volumen.

Capítulo I. Del principio que tuvieron los mercaderes en México y Tlaltelulco

Síguese la manera que tenían los mercaderes antiguamente en sus mercaderías. Cuando los mercaderes comenzaron en el Tlaltelulco de México a tratar, era señor uno que se llamaba Cuacuapitzáoac, y los principales tratantes eran dos: el uno se llamaba Itzcoatzin, y el otro Tziuhtecatzin. La mercadería de éstos por entonces eran plumas de papagayos, unas coloradas que se llaman cuézal, otras azules que se llaman cuitlatexotli, y otras coloradas, como grana, que se llaman chamulli. Estas tres cosas eran todo su trato.

Después que el señor arriba dicho murió, eligieron otro señor que se llamó Tlacatéutl. Y en el tiempo de éste, los principales de los mercaderes fueron dos: el uno que se llamó Cozmatzin, y el otro Tzompantzin. En tiempo de éstos se comenzaron a vender y comprar las plumas que se llaman quetzalli, y las piedras turquesas que se llaman xíuitl, y las piedras verdes que se llaman chalchíuitl, y también las mantas de algodón y mastles de algodón, porque de antes solamente usaban de mantas y mastles de nequén, y las mujeres usaban de huipiles y naoas también de ichtli.

Muerto este segundo señor eligieron otro que se llamó Cuauhtlatoatzin. En tiempo de éste fueron principales de los mercaderes dos: el uno se llamó Tollamimichtzin, y el otro Micxochtziyautzin. En tiempo de éstos se comenzaon a comprar y vender barbotes de oro y anillos de oro y cuentas de oro y piedras acules, labradas como cuentas, que se llaman teuxíuitl, y grandes chalchihuites, y grandes quetzales, y pellejos labrados de animales fieros, y otras plumas ricas que se llaman zacuan, y otras que se llaman xiuhtótotl, y otras que se llaman teuquéchol.

Muerto el otro señor, eligieron al cuarto que se llamó Moquiuixtzin. En tiempo de éste fueron principales de los mercaderes dos: uno que se llamó Popoyotzin, y otro Tlacochintzin. En tiempo de éstos se comenzaron a comprar y vender las mantas ricas que se llamababan tlapalecacozcayo, y otras que se llamaron xomoihuitilmatli, y otras que se llamaron ihuiticatetecomayo, y también los mastles ricos y labrados hacia las extremidades, como dos o tres palmos en largo y en ancho, y también las naoas ricas y los huipiles ricos, y también las mantas de ocho brazas en largo, tejidas de hilo torcido como terliz. Y también se comenzó a tratar el cacao en este tiempo, y todas las otras mercaderías que arriba se dijeron se comenzaron a tratar en más abundancia que de antes. Este Moquíuix fue el postrero señor de los tlaltelulcanos, porque le mataron los de Tlaltelulco, y de ahí adelante cesaron los señores. Y el regimiento que de ahí adelante usaron los tlaltelulcanos fue por vía de cónsules, que fue su primera manera de regimiento.

Los cónsules que entonces comenzaron a regir: el uno de ellos se llamaba Tlacatecatzintli Tzioacpopocatzin, el otro Tlacochcalcatzintli Itzcuauhtzin; ambos éstos eran muy principales, y también fue el tercero Tlacochcalcatzintli Tezcatzin; el cuarto se llamaba Tlacateccatzintli Totozacatzin; éstos eran muy nobles y valientes, y mexicanos.

Capítulo II. De cómo los mercaderes comenzaron a ser tenidos por señores, y honrados como tales

Los que fueron principales y regían a los mercaderes en el tiempo de los cónsules arriba dichos fue un Cuauhpoyaoaltzin, el segundo Nentlamatitzin, el tercero Uetzcatocatzin, el cuarto Zanatzin, el quinto Ueiozomatzin. En este tiempo era señor en Tenochtitlan, Auitzotzin. En este tiempo los mercaderes entraron a tratar en las provincias de Ayotlan y Anáhuac. Los naturales de aquellas provincias los detuvieron allí como cautivos cuatro años en el pueblo que se llama Cuauhtenanco, en el cual estuvieron cercados de los de Tecuantépec y los de Izoatlan y los de Xochitlan y los de Amastlatécatl y los de Cuauhtzontla y los de Atlan y los de Omitlan y los de Mapachtécatl. Todos estos pueblos dichos eran grandes pueblos. Otros muchos de otros pequeños pueblos eran contra ellos; los tenían cercados y peleaban contra ellos. Los mercaderes se defendían en el pueblo de Cuauhtenanco, que era fuerte; cautivaron los mismos mercaderes a muchos de los naturales, gente principal, y otros muchos de los no principales, los cuales no se contaron. Los principales que se cautivaron traían sus divisas como principales. Unos traían por divisa quetzalpatzactli, otros xiuhtotoéoatl, otros tzinitzcanéoatl, otros xiuhchimalli, otros teucuitlayacapapálotl; otros traían por divisa teucuitlanacactepuztli, por orejeras, con pinjantes que les llegaron hasta los hombros; y traían por banderas quetzalpánitl, zacuanpánitl, y también brazaletes que se llaman machóncotl. Estos se contaron que fueron presos de los mercaderes; algunos cautivaron a veinte, otros a quince. Después que los mercaderes, peleando por espacio de cuatro años, conquistaron la provincia de Anaoácatl, y como todos los de aquella provincia se les rindieron, luego los mercaderes tlaltelulcanos que los conquistaron se juntaron y se hablaron. Tomó la mano el más principal de ellos y dijo: «¡Oh, mercaderes mexicanos! Ya nuestro señor Uitzilopuchtli, Dios de la guerra, ha hecho su oficio en favorecernos, en que habemos conquistado esta provincia. Ya podemos seguramente irnos a nuestra tierra. Conviene que ninguno se ensoberbezca, ni se tenga por valiente por los cautivos que hemos cautivado, que lo que hemos hecho no es más de haber buscado tierra para nuestro señor Dios Uitzilopuchtli. La paga de nuestro trabajo, porque posimus a peligro nuestro cuerpo y nuestras cabezas, y la paga de nuestras vigilias y ayunos, cuando lleguemos a nuestra tierra ha de ser los barbotes de ámbar y las orejeras que se llaman quetzalcoyolnacochtli, y nuestros báculos negros que se llaman xaoactopilli, y los aventaderos y ojeaderos de moscas que se llaman coxolecaceoactli, y las mantas que hemos de traer que se llaman colotlalpilli, y los mastles que se llaman también colotlalpilli. Sólo esto serán nuestra paga y la señal de nuestra valentía, y ninguno otro de los mexicanos y mercaderes usarán de estas preseas, los cuales no se hallaron con nosotros en los trabajos de la conquista».

Y como estos mercaderes estuvieron cuatro años en la conquista de estas tierras y en todos ellos nunca se cortaron los cabellos, cuando llegaron a su tierra traían los cabellos hasta la cinta y mis bajo. Cuando el señor de México, que se llamaba Auitzotzin, oyó la fama de cómo venían estos mercaderes que habían ido a Ayotlan y habían hecho esta hazaña, luego mandó que les fuesen a recibir muy solemnemente. Fueron a recibirlos muchos de los sátrapas y otros ministros de los templos; fueron también muchos de los principales de México que se llaman tetecutin y otros nobles que se llaman achcacauhti. Los sátrapas llevaban incienso y otros perfumes que se usan para incensar; también llevaban caracoles que usan tocar en los templos; llevaban también talegas llenas de estos perfumes. Y los principales y nobles llevaban sus jaquetas vestidas, las cuales usaban para hacer sacrificios en los templos. Iban por el camino como en procesión; dos rencles: una de los sacerdotes y otra de los señores. Fuéronse a juntar con ellos en el pueblo de Acachinanco; y como se juntaron con ellos, comenzaron a quemar incienso y otros perfumes, haciéndoles gran reverencia como antiguamente se usaban. Y como hubieron hecho todas las ceremonias que antiguamente usaban en su recibimiento, vinieron ordenados por todo el camino delante de ellos, y toda la gente comarcana del camino los salían a mirar por gran maravilla. Y como hubieron llegado a México, ninguno se fue a su casa, sino fuéronse derecho a la casa del señor Auitzotzin. Y como entraron en el patio de los palacios, comenzaron a quemar muchos perfumes en los fugones que para esto estaban hechos, para honra de los dioses, donde el señor Auitzotzin los recibió con grande honra. Y los habló de esta manera: «Amados míos, mercaderes y tratantes, seáis muy bien venidos. Reposad y descansad». Y así los llevaron luego a la sala de los más iminentes varones y generosos, donde por su orden estaban sentados, según el merecimiento de las hazañas. Y como se hubo sentado el señor Auitzotzin, luego los mercaderes posieron a sus pies todas las divisas que usaban sus cautivos en la guerra, que unas se llamaban quetzalpatzactli, otras quetzalpánitl, otras zacuanpánitl, otras xiuhtotoéuatl, otras tzinitzcanéuatl, otras machóncotl, otras xiuhchimalli, otras teucuitlayacapapálotl, otras teucuitlanacactepoztli.

Habiendo hecho esto, comenzó uno de ellos a hablar al señor, diciendo así: «Señor nuestro, vive muchos años. Aquí en tu presencia hemos puestos el precio porque tus tíos, los pochtecas, que estamos, pusimos nuestras cabezas y vidas a riesgo y trabajamos de noche y de día, que aunque nos llamamos mercaderes y lo parecemos, somos capitanes y soldados que disimuladamente andarnos a conquistar. Y hemos trabajado y padecido mucho por alcanzar estas cosas que no eran nuestras, sino que por guerra y con muchos trabajos las alcanzamos». Oído esto, el señor respondióles, diciendo: «Tíos míos, muchas cosas habéis padecido, muchos trabajos habéis pasado como valientes hombres. Fue la voluntad de nuestro señor Uitzilopuchtli, Dios de la guerra, que salistes bien con lo que emprendistes, y habéis venido sanos y vivos como ahora os veo, y paréceme, por lo que habéis traído, que son las divisas de los enemigos que conquistastes, por quien posistes a riesgo vuestras vidas y vuestras cabezas. Yo os hago merced de todo ello para que solos vosotros lo uséis, porque lo merecistes». Hecho esto, luego el señor les mandó dar muchas preseas en señal de agradecimiento de su buena obra. Dioles muchas mantas; unas se llamaban amanepanyuhqui tempapaloyo, otras que se llamaban tetecomayo, otras tetemalcayo, otras que se llamaban nochpallaxochyo, de a ocho piernas. También les dio mastles; unos se llaman nochpalmáxtlatl, de cabos largos. Dio también a cada uno una carga de mantas de tochpanecáyotl, y a cada uno dio una fanega de maíz y una fanega de frijoles, y cierta medicina de chían.

Estuvieron los pochtecas en la conquista del pueblo de Ayotlan, donde estuvieron cercados cuatro años. Al cuarto año vencieron y desbarataron toda la gente fuerte y valiente de los enemigos, los cuales traían divisas particulares, los nombres de las cuales se pusieron arriba.

Cuando estaban en esta conquista, oyó el señor de México, Auitzotzin, cómo estaban cercados los mercaderes mexicanos y en guerra contra los naturales. Envió luego en su socorro a Moctezuma, que aún no era señor sino capitán, el cual se llamaba tlacochcálcatl, con mucha gente. Y yendo por el camino con su gente encontró con quien le dijo que ya el pueblo de Ayotlan era vencido; ya le habían tomado los puchtecas. Y también, oyendo los puchtecas cómo iba en su socorro, saliéronle al camino y dijéronle: «Señor tlacochcálcatl, vengáis en hora buena. No es menester que vais más adelante, que ya la tierra está pacífica y no tenemos necesidad de socorro, porque nuestro señor Uitzilopuchtli la tiene en su poder. Ya los mexicanos mercaderes han hecho su hecho». Oído esto, tlacochcálcatl se volvió con ellos. Después de esta conquista ha estado el camino seguro y libre para entrar a la provincia de Anáhuac, sin que nadie impida, ni los tzaputecas, ni los anaoacas.

Y los quetzales o plumas ricas desde entonces se usan por acá. Y primeramente los trajeron los mercaderes de Tlaltelulco, y los usaron, y también el señor de México, Auitzotzin. Los dichos mercaderes del Tlaltelulco se llaman también capitanes y soldados disimulados en hábito de mercaderes, que discurren por diversas partes, que cercan y dan guerra a las provincias y pueblos. Quísolos señalar el señor Auitzotzin con bezotes de oro, que también trajeron de la conquista, que ellos solos usasen y no otros, como mensajeros del rey. Y las otras preseas que les dio, que arriba se dijeron, solos ellos las usasen en las grandes fiestas, como era en la fiesta de tlacaxipeoaliztli y otras semejantes, en las cuales se juntaban en México todas las provincias comarcanas. Entonces sacaban aquellas divisas, que era una o dos veces en el año, cuando ya estaban juntas todas las personas principales de todos los pueblos comarcanos.

En aquellas fiestas acuchillaban los cautivos sobre la muela o piedra redonda, como se dijo en el Segundo Libro. Esto era teatro o espectáculo, que venían todos a ver los cautivos que se mataban. Algunos de aquellos cautivos que acuchillaban deteníanse en la pelea, defendiéndose, y daban qué ver a los que miraban, porque mostraban su fortaleza. Otros, de poco ánimo, dejábanse luego matar. Otros de los cautivos traíanlos sus dueños consigo; en el areíto llevábanlos por los cabellos. Los más principales, compuestos con las divisas arriba dichas, estaban mirando desde las sombras o casas donde estaba aposentados. Estos mercaderes que eran ya como caballeros y tenían divisas particulares por sus hazañas, si se hacía alguna fiesta entre año, no se componían con aquellas divisas sino con mantas de maguey bien tejidas. Pero la gente noble, que se llaman pipilti, en todas las fiestas del año se aderezaban con sus mantas ricas y con todos sus plumajes, pero cuando no era fiesta, sino que alguno en particular hacía fiesta en su casa, los nobles no se aderezaban con mantas ricas y plumajes sino con mantas de ichtli bien tejidas. Y aunque se ponían estas mantas, pero atábanlas de manera que se pareciesen las mantas que debajo llevaban, en demostración de su nobleza por fantasía. Cuando quiera que el señor de México quería enviar a los mercaderes, que eran capitanes y soldados disimulados, a alguna provincia para que la esplorasen o atalayasen, llamábalos a su casa y hablábales cerca delo que quería que se hiciese, y dábales mil y seiscientos tuldillos, que ellos llaman cuachtli, para rescatar. Y como los tomaban, llevábanlos al Tlaltelulco, y allí se juntaban, así los mercaderes de México como los del Tlaltelulco. Y se hablaban cerca del negocio que el rey les había encomendado; hablábanse con toda curiosidad y cortesía.

Después de haberse comunicado, dividían entre sí los toldillos igualmente. Los del Tlaltelulco tomaban ochocientos; daban a los tenochcas otros ochocientos. Con aquellos toldillos compraban mantas ricas, así para hombres como para mujeres, como está en la letra. Como habían empleado los toldillos que el señor les había dado en las ropas dichas, compraban ellos muchas otras alhajas y atavíos para su propio trato y rescate, así atavíos de hombres como de mujeres, así para principales como para comunes, como se cuenta en la letra.

Capítulo III. De las ceremonias que hacían los mercaderes cuando se partían para alguna parte a tratar

Cuando los mercaderes querían partirse de sus casas para ir a sus tratos y mercaderías, primeramente buscaban el signo favorable para su partida, que era Ce Coatl o Ce Cipactli o ce ozomatli o chicume coatl. Habiendo buscado algunos de estos signos para su partida, tomaban el que mejor les parecía para partir. Un día antes de la partida trasquilábanse las cabezas y jabonábanselas en sus casas, para no se lavar más las cabezas hasta la vuelta; y todo el tiempo que tardaban en este camino nunca más se trasquilaban, ni se jabonaban las cabezas; solamente se lavaban los pescuezos cuando querían, pero nunca se bañaban. Todo el tiempo del viaje se abstenían de lavarse ni bañarse, salvo el pescuezo, como esá dicho.

Y llegando a la medianoche de este día en que se habían de partir, cortaban papeles como tenían costumbre para ofrecer al fuego, al cual llamaban Xiuhtecutli o Tlalxictentica. La figura de los papeles que cortaban tenían la figura de bandera, y atábanla a un hasta tiñida de bermellón. Desque habían aparejado estos papeles de noche, pintábanlos con tinta de ulli, el cual ulli derretían espetado en algún punzón largo de cobre. Y como encendían el ulli, comenzaba a gotear; y aquellas gotas echaban sobre el papel por cierta orden. De manera que hacían una cara de persona con su boca y narices y ojos. Decían que esta era la cara del fuego. Después de esto cortaban otro papel para ofrecer a Tlaltecutli, para ceñírsele a los pechos; también le pintaban con ulli una cara como arriba se dijo. Después de esto cortaban otros papeles para ofrecer a Yiacatecutli, que es el Dios de los mercaderes, que también le llaman Cocochímetl y también Yacapitzáoac. Estos papeles ataban a un báculo de caña maciza por todo él; y a este báculo, después de empapelado, le adoraban como Dios. Y cuando se partían los mercaderes a tratar, llevaban sus báculos y llevaban sus papeles pintados con ulli, que era el atavío o ornamento del báculo.

Después de los de arriba dichos, cortaban otros papeles para ofrecer a Ce Coatl Utli Meláoac, que es uno de los veinte caracteres o signos de la arte adivinatoria. Era cortado en cuatro tiras. Pintaban figuras de culebras en los papeles con tinta de ulli, con sus cabezas, ojos, bocas y lenguas y sus pescuezos de culebra. Después de esto cortaban otros papeles para ofrecer a los dioses llamados Zacatzontli y Tlacotzontli, dioses del camino, y eran cortados a manera de mariposas y goteados con gotas de ulli. Después de aparejados todos estos papeles como está dicho, luego a la medianoche ofrecíanlos. Los primeros ofrecían al fuego, poniéndolos delante del hogar, y luego salían al medio del patio de la casa y ponían ordenados los papeles que ofrecían al Dios de la tierra llamado Tlaltecutli; luego ponían ordenados los papeles que eran dedicados a Ce Coatl, Dios del camino, y a Tlacotzontli y Zacatzontli, dioses del camino. Y los papeles que eran dedicados a Yiacateculli, Dios de los mercaderes, cubrían con ellos al báculo de caña maciza; estos papeles nunca los quemaban, porque cobijaban con ellos el báculo.

Después de haber ordenado su ofrenda como está dicho en medio del patio de la casa, luego se entraba dentro de la casa y se ponía delante del fuego en pie, y descabezaba algunas codornices a honra del fuego. Habiendo ofrecido las codornices al fuego, luego se sangraban las orejas con unas lancetas de piedra negra; y algunos sangraban también la lengua. Cuando ya corría la sangre, tornábanla en la mano y decían «Teunappa», y cuatro veces echaba sangre al fuego, y luego goteaba los papeles que allí estaban ofrecidos al fuego. Hecho esto, salía al patio y echaba de su sangre hacia el cielo, poniéndola sobre la uña del dedo de medio y barajustándole hacia arriba, haciendo fuerza en el dedo pulgar. Lo mismo hacía hacia el oriente, que ellos llaman tlapcopa, echando cuatro veces sangre hacia el oriente con el dedo como está dicho. Lo mismo hacía hacia el occidente, que ellos llaman cioatlampa. Luego se volvía hacia el norte, que dicen ser la mano izquierda del mundo, a donde llaman uitznauacatlalpan, y por otro vocablo mictlampa. Hecho esto volvíase hacia el mediodía, que dicen ser la mano derecha del mundo, y llámanla mimixcóa intlalpan; echaba cuatro veces la sangre como arriba se dijo. Allí acababa de echar sangre. Después de acabado de echar la sangre hacia las partes ya dichas, salpicaba los papeles con sangre que estaban ordenados en el patio. Hecho esto, entrábase otra vez dentro de casa delante del fuego y hablábale, diciéndole de esta manera: «Vive muchos años, noble señor Tlalxictenticaé, Nauhyotecatlé» —estos son nombres del fuego que están en vocautivo—. Decía: «Señor, ruégoos que recibáis pacíficamente esta vuestra ofrenda y perdóname si en algo os he ofendido». Dicho esto, ponía los papeles que estaban dedicados al fuego sobre las brasas, y luego echaba copal blanco que se llama tzioaccopalli, muy derecho y muy olorosos y muy blanco y muy puro y limpio, y metíalo debajo del papel para que luego se encediese. Y cuando estaba ardiendo el papel y copal, el ofreciente lo estaba mirando, y si veía que el papel humeaba y no ardía, tomaba mal pronóstico. Comenzaba a temer que algún mal le había de venir; entendía que en el camino había de enfermar. Y si veía que luego se encendía y ardía y respendaba, holgábase, porque de allí tomaba buen pronóstico, y decía: «Hame hecho merced nuestro señor el fuego, que me ha dado a entender que será próspero mi viaje». Habiendo hecho esto, salía al patio, donde estaban ordenadas las otras ofrendas, y tomaba cada una de ellas; y levantaba la primera como ofreciéndola hacia el oriente cuatro veces, y otras cuatro al occidente, y así a las otras partes del mundo. Tomaba primero la ofrenda que estaba dedicada al Dios Tlacotzontli, y luego la que estaba dedicada al Dios Ce Coatl; ésta ponía sobre las otras. Después de hecha la ofrenda a las cuatro partes del mundo con cada uno, como está dicho, y luego las tomaba todas juntas y las ponía en el fuego que había encendido en el patio. Luego hacía un hoyo en medio del patio y allí enterraba las cenizas de los papeles que se habían quemado, así dentro de casa como fuera, y cogía la ceniza del papel de tal manera que no tomaba nada de la otra ceniza del fuego, ni tampoco alguna tierra del suelo.

Esto todo que se ha dicho se hacía a la medianoche, y en amaneciendo, luego enviaba a llamar este que había hecho esta ofrenda, que era común a todos los mercaderes cuando se partían. Envía a llamar a los principales mercaderes, capitanes disimulados y a los otros ricos mercaderes que trataban en comprar y vender esclavos. Y también juntaba a los mancebos, y a las viejas y a las otras mujeres, sus tías. Y después que todos estaban juntos, lavábanse las manos y las bocas. Esto hecho, ponían delante de cada uno comida. Acabando de comer, todos lavábanse otra vez las manos y bocas; y luego les ponían delante sus jícaras de cacao y bebían; y luego les ponían delante las cañas de humo para chupar. Y el que los había convidado luego se sentaba delante de ellos y comenzaba a hablar de esta manera: «Sea mucho en hora buena la venida a esta mi pobre casa. Quiero que oyáis algunas palabras de mi boca, pues que sois mis padres y mis madres, haciéndoos saber mi partida. Y a este propósito os he hecho llamar y convidar, para lavaros las manos y bocas ante que deje este barrio y este pueblo, porque ya tengo compradas las cosas con que tengo de rescatar por los pueblos por donde fuere. Tengo compradas muchas navajas de piedra y muchos cascabeles y muchas agujas y grana y piedra lumbre. Por ventura me dará buena dicha el señor por quien vivimos y que nos gobierna. Esto es con lo que me despido de vuestras maternidades y paternidades». Habiéndoles dicho estas palabras, respondíanle los mercaderes principales de los barrios, que son uno que se llama Pochtlan, otro Aoachtlan, otro Atlauhco, etc., como está en la letra.

Cuando alguno hace convite, que se llama tecuanotzaliztli, ordénanse los convidados en sus asientos de esta manera. Siéntanse todos juntos a las paredes en sus petates e icpales. A la mano derecha se sientan la gente más principal por sus grados y orden de su principalidad, como son entre los mercaderes pochtecatlatoque; y a la otra parte, que es la mano izquierda, se asientan los que no son tan principales por los grados y orden de su principalidad, como es entre los mercaderes de aquellos que llaman naoaloztoméca. Las extremidades de estas dos partes ocupan los mancebos, ordenados por su principalidad. El que primero habla, respondiendo a la plática que hizo el que los convidó, es el principal que está en el primero asiento de la mano derecha, y dice de esta manera: «Está muy bien dicho lo que habéis dicho. En vuestra presencia habemos oído y entendido vuestras palabras. Deseamos los que aquí estamos que vuestro camino, que ahora queréis comenzar, sea próspero y que ninguna cosa adversa se os ofrezca en vuestro viaje. Id en paz y poco a poco, así por los llanos como por las cuestas. Conviene, empero, que vais aparejado para lo que quisiere hacer en vos nuestro señor, que gobierna los cielos y la tierra, aunque sea destruiros del todo, matándoos con enfermedad o de otra manera. Rogamos, empero, nuestro señor, que antes moráis en la prosecución de vuestro viaje que no que volváis atrás, porque más querríamos oír que vuestras mantas y vuestros mastles estuviesen hechos pedazos por esos caminos y derramados vuestros cabellos, para que de esto os quedase honra y fama, que no que, volviendo atrás, diésedes deshonra a vos y a nos. Y si por ventura no permitiere nuestro señor que moráis, sino que hagáis vuestro viaje, tened por honra el comer sin chilli y sin templamiento de sal, y el pan duro de muchos días, y el apinolli mal hecho, y el maíz tostado y remojado. Guárdate, hijo, de ofender a nadie con tus palabras o con tus obras. Sé con todos reverente y bien criado. Mira, hijo, que si te ha dado Dios de los bienes de este mundo, no te altivezcas ni menosprecies a nadie. Cuando te juntares con los que no conoces o con algunos de Tenochtitlan o de Cuautitlan o de Accaputzalco o de Uitzlopuchco, no los desprecies. Háblalos; salúdalos humildemente. Y si Dios te llevare a los pueblos donde vas a tratar, sirve con humildad, yendo por leña y barriendo la casa y haciendo fuego y regando, sacudiendo los petates, dando aguamanos, y haciendo todas las cosas que tocan a los servicios de los dioses, como es hacer penitencia y traer ramos. Sé diligente y curioso en todas las cosas de humildad. Esto has oído y bástete. No quiero decir más».

Los que hacían estos convites, que convidaban los principales mercaderes y los demás barrios, eran personas de caudal y mercaderes que ya tenían costilla para gastar con sus convidados. Empero, los que eran pobres, que aún no tenían caudal, convidaban a solos los mercaderes de su barrio. Pero el que había de ir por capitán de la compañía de los que iban, no solamente convidaba a los de su barrio, pero también a los que habían de ir con él. Y algunos de éstos eran nuevos en el oficio, eran mancebillos que nunca habían ido otro camino; éste era el primer camino que echaban a mercadear. A estos mancebillos, mercaderes nobelos, sus padres y sus madres los encomendaban al capitán, rogándole mucho que mirase por ellos. Decíanle: «Vaya este mozuelo en vuestra compañía porque sepa los caminos de los páramos y de los montes, donde se gana fama y honra, y donde se halla la experiencia y el saber que allá se deprenden los trabajos y fatigas. Allá se hará hombre y avisado en vuestra compañía o muérase. ¿Qué ha de hacer o qué le tengo yo de hacer aquí en casa? ¿Es por ventura mujer que le tengo de enseñar a hilar y a tejer en casa? Vaya a donde sea hombre». Y el padre y la madre del mancebo hablaba a su hijo de esta manera: «Aquí estás, muy amado hijo nuestro; estás angustiado porque te enviamos lejos tierra; pero mira que para eso te ha hecho Dios nuestro señor, para que trabajes como hombre y no estés ocioso en casa. Vete en paz con aquellos con quien te enviamos y deprende de ellos cómo andan por los caminos, y de la manera que tratan, y cómo se ponen las escudillas y chiquihuites delante de los que comen, y cómo se da aguamanos. Y mira bien la orden del servicio que se hace cuando se sientan a comer, y cómo se ordena la comida».

Y cuando ya se quieren partir para ir su camino, primero se juntan todos en la casa del mayoral que va por capitán; también allí se juntan todas las cargas de sus mercaderías y las cosas que llevaban encomendadas para venderlas de los mercaderes viejos, que se llamaban pochtecatlatoque, que ellos no iban en este viaje, sino que encomendaban sus mercaderías para que las vendiesen, y después se partían con ellos la ganancia cuando volvían. También encomendaban algunas mujeres tratantes sus mercaderías para que hiciesen lo mismo. Todos juntos se juntaban en aquella casa y disponían sus cargas, y esperaban allí hasta que partiesen. En su presencia también juntamente juntaban la provisión para el camino, como pinolli y otras cosas, y todo lo juntaban dentro de la casa de noche. Teniendo ya todo junto lo que se había de cargar, hacían sus cargas en los cacaxtles y daban a cada uno de estos que tenían alquilados para que las llevasen a cuestas la carga que había de llevar. Y de tal manera las compasaban, que no eran muy pesadas, y llevaban igual peso. Esto se hacía por la orden que daba el que iba por capitán. A los que nuevamente iban a deprender aquel oficio, que todos eran mancebillos, no los cargaban con cargas, sino mandábanlos que llevasen lo que se había de beber, como pinolli, y las jícaras y los revolvedores, que eran por la mayor parte hechos de conchas de tortuga. Habiendo ya concertado todas las cosas que habían de llevar, a la noche poníanlo todo en la canoa o canoas, una o dos o tres, que eran para esto aparejadas. Habiendo puesto todas las cargas en las canoas, volvíase el capitán a los viejos y viejas que allí estaban esperando su partida. Decíales de esta manera: «Aquí estáis presentes señores y señoras ancianos y honrados, cuya ancianidad es tanta que apenas podéis andar. Quedaos en hora buena. Ya nos vamos, porque ya hemos oído los buenos consejos y avisos que teníades guardados en vuestro pecho para nuestro aviso y doctrina, palabras que con lágrimas las recibimos. Ya con esto contentos y esforzados, dejamos nuestro pueblo y nuestras casas, y a nuestros hijos y mujeres, y a nuestros padres, y amigos y parientes, los cuales creemos que no nos echarán en olvido por estar ausentes». Luego los viejos y viejas le respondían: «Hijos nuestros, está muy bien lo que habéis dicho. Id en paz. Deseamos que ninguna cosa trabajosa se os ofrezca. No os dé pena el cuidado de vuestras casas y de vuestra hacienda, que acá haremos lo que debemos. Ya os habemos dicho lo que os cumple como a hijos con que os habemos esforzado, exhortado y avisado y castigado. Mirad que no echéis en olvido las palabras, consejos y exhortaciones que vuestros padres y madres han puesto en vuestro seno. Mirad, hijos, que esos mozuelos que van con vosotros, que no tienen experiencia aún de los trabajos de los caminos, que los habéis de llevar como por la mano. Serviros heis de ellos para que donde llegáredes os hagan asentaderos de heno, y aparejen los lugares donde habéis de comer y dormir con hero. Y también tened gran cuidado de imponerlos en las cosas del servicio de los dioses, que es el repartimiento de las noches y las vigilias de ella, para que con toda diligencia se ejerciten en ellas. No seáis negligente en imponerlos en toda buena crianza, como conviene a los mancebos». Con esto se despedían de ellos del todo. Y después que habían acabado de hablar los unos y los otros, luego se levantaban todos, y estaba hecha una hoguera de fuego grande, cerca de la cual estaba una jícara grande teñida de verde y llena de copal. Y cada uno de los que se iban su camino tomaba una tajada de copal y lo echaba en el fuego, y luego se entraban de rondón en la canoa. Ninguno entraba entre las mujeres, ni se volvía a mirar atrás, aunque alguna cosa se le hubiese olvidado en casa, ni procuraba por ella, ni hablaba más a los que quedaban. Ni ninguno de los que quedaban, así de los viejos como de las viejas mercaderes, se mudaban para ir hacia a donde iban, ni siquiera un paso. Y si alguno tornaba a mirar atrás de aquellos que iban su camino, tomaban de ello mal agüero; teníanlo por gran pecado. De esta manera ya dicha se partían los mercaderes para ir a tratar a lejas tierras.

Capítulo IV. De lo que hacían en llegando a donde iban
Después que los mercaderes llegaban a la provincia a donde iban, o Anáhuac o a otra, luego sacaban las mantas ricas y naoas ricas y camisas ricas de mujeres que les había dado el señor de México. Estas se les presentaban de parte del señor, saludándole de su parte; y como recibían los señores de aquella provincia estos dones, luego ellos presentaban otros dones de otras maneras, para que fuesen de su parte presentados al señor de México. Eran estos dones plumas ricas que llaman uiacquetzalli, y otras también ricas que llaman totocuitlapíltic quetzalli, y otras que llaman chilchótic quetzalli, y otras plumas ricas de otras maneras que llaman xiuhtótotl, y otras que llaman tzinitzcan.

Entraban en la provincia de Anáhuac no todos, sino aquellos que iban de parte del señor de México, con quien estaban aliados o confederados, que eran los tenochcas, o tlatilulcas, o los de Uitzilopuchco, o los de Accaputzalco, o los de Cuautitlan. Todos iban acompañados los unos con los otros; iban todos juntos hasta el pueblo de Tochtépec. En este pueblo se dividían: unos iban a Anáhuac Ayotlan, otros iban a Anáhuac Xicalanco. Los mercaderes del Tlaltelulco dividíanse en dos partes, y los tenochcas en otras dos, y los que acompafiaban a estas parcialidades o divisiones eran los de Uitzilopuchco y de Accaputzalco y de Cuautitlan. Cuando iban a entrar en aquellas provincias que ya habían pasado de Tochtépec, todos iban a punto de guerra, con sus rodelas y con sus espadas como ellos las usaban, y con sus banderas, porque pasaban por tierra de guerra. En algunas partes recibían daño de los enemigos; en otras partes cautivaban de ellos. Desque llegaban a Xicalanco, daban el presente que llevaban de mantas y naoas y huipiles y mastles, muy labradas y ricas. Dábanlas, como está dicho, a los principales.

Y luego también los mercaderes sacaban las joyas de oro y piedras que sabían que eran preciosas en aquella provincia, una de las cuales se llama tepeyo teucuítlatl, que era como corona de oro, y otra que se llama teucuitlaixcuaámatl, que era una plancha de oro, delgada y flexible, que se ceñían a la frente, y otra que se llamaba teucuitlatlancózcatl, y otra que se llamaba pitzáoac Teucuitlacózcatl. Todas estas joyas eran para los señores. Llevaban también otras para las señoras, una de ellas eran vasitos de oro, donde ponen el huso cuando hilan, otras eran orejeras de oro, otras eran orejeras de cristal. También llevaban para la gente común orejeras de la piedra negra que se llaman itztli, y otras de cobre muy lucias o pulidas. También llevaban navajas de la piedra negra que se llama itztli, para raer los cabellos y pelos, y otras navajitas de punta para sangrar que llaman uitzauhqui. También llevaban cascabeles como ellos los usaban, y agujas como las usaban, y grana de tunas, y piedra lumbre y tochómitl. Llevaban también una cierta yerba muy olorosa que llaman tlacopatli, y otra que llaman xochipatli. Los principales mercaderes, que se llaman tealtiani tecoanime, llevaban esclavos para vender, hombres y mujeres, y muchachos y muchachas, y vendíanlos en aquella provincia de Xicalanco. Y cuando los llevaban por la tierra de enemigos, llevábanlos vestidos con armas defensivas que llaman ichcauipilli, porque no se los matasen los enemigos, que eran los de Tecuantépec y los de Tzaputlan y los de Chiapanécatl, por cuyos términos iban. Y cuando ya iban a entrar a la tierra de los enemigos, enviaban mensajeros a los de la provincia adonde iban, para que supiesen que iban y les saliesen de paz. Y yendo por la tierra de los enemigos, iban de noche y no de día. Como llegaban los mensajeros a dar mandado a Anáhuac, luego los señores salían a recibirlos, y también venían aparejados de guerra con todas sus armas. Y recibíanlos en medio del camino de los enemigos, y de allí los llevaban consigo hasta su tierra, que es Anáhuac Xicalanco. En llegando los mercaderes a la provincia de Anáhuac Xicalanco, luego daban a los señores lo que el señor de México los enviaba: mantas ricas y mastles y huipiles y naoas, y saludábanle de su parte. Y luego los señores o señor de la misma provincia del pueblo de Xicalanco y del pueblo de Cimatécatl y Coatzacualco les daban grandes piedras labradas, verdes, y otros chalchihuites verdes labrados, largos, y otros chalchihuites colorados, y otros que se llaman quetzalchalchíuitl, que son esmeraldas, que ahora se llaman quetzalitztli, y otra esmeraldas que se llaman tlilayótic quetzalitztli, y otras piedras que se llaman xiuhchimalli, otras que se llaman quetzalichpetztli tzalayo. Y también les daban caracoles colorados, y abaneras coloradas y otra abaneras amarillas, y paletas de cacao amarillas, hechas de conchas de tortugas, y otras paletas también de tortugas pintadas como cuero de tigre, blanco y negro. Dábanles plumas ricas: unas que se llaman teuquéchol, otras que se llaman zacuan, otras que se llaman chalchiuhtotolin, y otras plumas de papagayos, y cueros labrados de bestias fieras, como es del tigre que llaman tlatlauhqui océlotl. Todas estas cosas traían los mercaderes de aquella provincia de Xicalanco para el señor de México. Y como volvían y llegaban a México, luego lo presentaban al señor. De esta manera dicha hacían sus viajes los mercaderes de México que llamaban tecunenenque, yendo a aquella tierra de Anáhuac que está cercada de enemigos de los mexicanos. El señor de México quería mucho a estos mercaderes; teníalos como, a hijos, como a personas nobles, y muy avisadas y esforzadas.

Capítulo V. De dónde nació que los mercaderes se llamaron naoaloztoméca

La razón porque cierta parte de los mercaderes se llamó naoaloztoméca es que, antes que se conquistase la provincia de Tzinacantlan, los mercaderes mexicanos entraban a tratar en aquella provincia disimulados. Tomaban el traje y el lenguaje de la misma provincia, y con esto trataban entre ellos, y sin ser conocidos por mexicanos. En esta provincia de Tzinacantlan se hace el ámbar y también plumas muy largas que llaman quetzalli, porque allí hay muchas aves de éstas, que llaman quetzaltotome, especial en el tiempo del verano, que comen allí las bellotas. También hay muchas aves que llaman xiuhtotome, y otras que se llaman chalchiuhtotome, que vienen a comer el fruto de un árbol que llaman itzámatl. Y cuando cazan estas aves que llaman xiuhtótotl no las usan tocar con las manos, sino rozan de presto heno verde para tomarlas, de manera que las manos no lleguen a la pluma. Y si las toman con las manos desnudas, luego la color de la pluma se deslaba y se para como amortiguada de la color azul de claro, deslavado. Hay también en aquella provincia muchos cueros preciosos de animales fieros.

Estos mercaderes que se llamaron naoaloztoméca compraban estas cosas dichas; rescatábanlas con navajas de itztli, y con lancetas de lo mismo, y con agujas y cascabeles, y con grana, y piedra de lumbre, y con almagre, y con unas madejas que se llaman tochíuitl, hechas de pelos de conejos. Todas estas cosas tenían estos mercaderes que se llaman naoaloztoméca con que rescataban el ámbar de que se hacen los bezotes ricos y otros bezotes que llaman tencolli, los cuales usaban los hombres valientes por de muestra de su valentía, que no temían la muerte ni la guerra. Y eran muy diestros en el arte de pelear y de cautivar. Rescataban con lo dicho arriba también plumas ricas como eran quetzales y xiuhtótotl y chalchiuhtótotl. Y si alguna vez los conocían a estos mercaderes mexicanos los naturales, luego les mataban; y así andaban con gran peligro y con gran miedo. Y cuando ya venían y salían de aquella provincia para venir a sus tierras, venían con los mismos trajes que entre aquella gente habían usado. Y en llegando, a Tochtépec, donde eran tenidos en mucho, allí dejaban aquel traje y tomaban el traje mexicano. Y allí los daban bezotes de ámbar y orejeras que se llaman quetzalcoyolnacochtli, y quetzalicháyatl, que son mantas de maguey tejidas como telas de cedazo; y les daban aventaderos o moscaderos que se llaman coxolihecaceuactli, hechos de plumas ricas, y también les daban unos báculos que se llaman xaoaotopilli, adornados con unas borlas de pluma amarilla de papagayos, con que venían por el camino hasta llegar a México. En llegando a México, luego iban a ver a los principales mercaderes, y daban relación de toda la tierra que habían visto estos que se llamaban naoaloztoméca. Habiendo oído los principales mercaderes la relación de lo que pasaba, iban luego a dar noticia al señor de México. Decían: «Señor nuestro, lo que pasa en la provincia de Tzinacantlan y lo que en ella hay es esto que traemos y está en vuestra presencia. Y esto no lo hemos habido de balde, que las vidas de algunos ha costado, algunos naoaloztoméca murieron en la demanda». Habiéndole contado por menudo todo lo que pasó, concluyendo, decian: «De esta manera que habemos dicho han buscado vuestros siervos tierra para nuestro señor Dios Uitzilopuchtli. Primero descubrieron la provincia de Anáhuac y la pasearon, que estaba toda llena de riquezas. Y esto secretamente como espías que eran disimuladas como mercaderes».

Y después que murió el señor de México, que llamaban Auitzotzin, fue elegido por señor Motecuzoma, que era natural de Tenochtitlan. Como fue electo, guardaba las costumbres que tenían los mercaderes y honrábalos; y particularmente honraba a los principales mercaderes y a los que trataban en esclavos;

y los ponía cabe sí, como a los generosos y capitanes de su corte, como lo habían hecho sus antepasados. Y los senadores que regían al Tlaltelulco y los que regían a los mercaderes estuvieron muy conformes y muy amigos y muy a una. Y los señores mercaderes que regían a los otros mercaderes tenían por sí su jurisdición y su judicatura; y si alguno de los mercaderes hacían algún delito, no los llevaban delante de los senadores a que ellos los juzgasen, mas los mercaderes mismos, que eran señores de los otros mereaderes, juzgaban las causas de todos los mercaderes por sí mismos. Y si alguno encorría en pena de muerte, ellos le sentenciaban y mataban, o en la cárcel o en su casa o en otra parte, según que lo tenían de costumbre. Cuando los cónsules se sentaban en el audiencia, aderezábanse con atavíos de gravedad y de autoridad. Poníanse barbotes de oro, o barbotes largos de chalchihuite que llaman tencololli, o otros que llaman apozonaltenzácatl, o otros que llaman apozonaltencololli, que no son largos sino corvos, o otros que llamaban xoxouhqui tencololli. Y los señores que regían a los pochtecas, cuando juzgaban, componíanse con los aderezos arriba dichos, los cuales eran también insignias de que eran valientes, de que habían entrado en la provincia de Anáhuac entre los enemigos. También se componían de estos aderezos en las grandes fiestas. También los señores que regían los mercaderes tenían cuidado de regir el tiánquiz y todos los que en él compraban y vendían, para que ninguno agravíase a otro, ni injuriase a otro. Y a los que delinquían en el tiánquez, ellos los catigaban. Y ponían los precios de todas las cosas que se vendían.

Y cuando, alguna vez el señor de México mandaba a los mercaderes y disimulados exploradores que fuesen a alguna provincia, si allá los prendían o mataban, sin dar buena respuesta o buen recibimiento a los que iban como mensajeros del señor de México, sino que los prendían o mataban, luego el señor de México, hacía gente para ir de guerra sobre aquella provincia. Y en el ejército que iba, los mercaderes eran capitanes y oficiales del ejército, elegidos por los señores que regían a los mercaderes, que se llamaban Cuappayaoaltzin y Nentlamatitzin y Uetzcatocatzin y Zanatzin y Ueyozomatzin. Ellos daban el cargo a los que iban y los instruían de lo que habían de hacer. Elegían también el capitán general a uno de los principales mercaderes que se llamaba Cuappoyaualtzin. Por mandado, de éste se hacía la gente para la guerra en México y en Tezcuco y en Uexotla y en Coatlichan y en Chalco y en Uitzilopuchco y en Accaputzalco y en Cuautitlan y en Otumba. De todos estos lugares dichos se recogía la gente para ir a esta guerra que tocaba a los mercaderes.

Yendo por los caminos al pueblo que llegaban los del Tlaltelulco, todos se aposentaban en una casa y ninguno faltaba. Y si alguno forzaba a alguna mujer, los mismos principales del Tlaltelulco se juntaban y le sentenciaban, y así le mataban. Y si alguno de los pochtecas del Tlaltelulco enfermaba y moría, no le enterraban, sino poníanle en un cacaxtle. Como suelen componer los difuntos, le componían con su barbote y teñíanle de negro los ojos, y teñíanle de colorado, alrededor de la boca, y poníanle unas bandas blancas por el cuerpo, y poníanle unas tiras anchas de papel a manera de estola, como se la pone el diácono, desde el hombro al sobaco. Habiéndole compuesto, poníanle en un cacastle y atábanle en él muy bien, y llevábanle a lo alto de algún monte. Ponían el cacaxtle levantado, arrimado, a algún palo hincado en tierra. Allí se consumía aquel cuerpo, y decían que no moría, sino que se fue al cielo, adonde está el Sol. Lo mismo se decía de todos los que morían en la guerra, que se habían ido adonde está el Sol.

Capítulo VI. De la ceremonia que se hacía a los mercaderes cuando llegaban a su casa, que se llama lavatoria de pies
Cuando los mercaderes venían de otras provincias de mercadear a su casa no entraban de día en el pueblo ni en su casa, sino ya de noche, y aun esperaban el signo próspero como es el signo de Ce Calli o de chicome calli. Tenían por próspero signo este Ce Calli o a «una casa», porque decían que las cosas que traían entraban en casa, de tal manera que allí habían de perseverar por ser cosas de Dios. Y luego la misma noche iba a ver a su principal, debajo de cuyo regimiento estaba. Ivale hacer saber cómo había llegado sano y vivo. Decíale de esta manera: «Singular varón, estáis mucho en hora buena. Sabed que soy venido con salud y vida». Después que había hablado, aquél decíale: «A la mañana iré a ver a nuestros padres y madres, los mercaderes viejos. Irán a beber un poco de cacao a mi pobre casa a donde, hasta que nuestro señor me llame, vivo». El principal le respondía: «Seáis muy bien venido, amigo mío, ya habéis hecho placer a vuestros padres y madres, los mercaderes antiguos. Ellos os hablarán mañana. Idos ahora a descansar». Habiendo este mercader

hablado a su principal y a los otros mercaderes, y habiéndolos convidado la noche precediente al convite, a la medianoche cortaba papeles para ofrecer en agradecimiento, que le habían ayudado los dioses para que fuese su viaje próspero. Cortaba los papeles que eran menester para el fuego y los que eran menester para el Yiacatecutli, Dios de los mercaderes. Habiendo cortado los papeles, ofreciálos a la medianoche a estos dioses, en hacimiento de gracias. Habiendo hecho esto, luego daba orden en la comida que era menester, como eran gallinas, empanadas y pastelejos de gallinas, y también gallina cocida con maíz, que ellos llaman totollaolli. Y procuraba que se hiciese muy buen cacao mezclado con especies, que se llama teunacactli. Y los mercaderes convidados, luego en amaneciendo, iban a la casa del convite —que solían tañer aquella hora los sátrapas, como ahora se tañe a la pelde o a hora de prima—. En habiéndose juntado los mercaderes, así hombres como, mujeres, y los parientes del mismo que hacía el convite, daban luego aguamanos. Lavábanse las manos y las bocas, y luego salía la comida. Salía delante de todo, la ofrenda o comida del Dios Xiuhtecutli, que es el fuego, y poníanla ordenada delante el hogar, que eran cabezas de gallinas en cachetes con su molli. Luego ponían comida delante la imagen de Yiacatecutli, Dios de los mercaderes.

En acabando de dar estas ofrendas a estos dioses, luego daban comida a los convidados. Habiendo comido, tornaban a lavar las manos y las bocas. Luego salían por su orden las jícaras del cacao que llamaban teutecómatl, y luego ponían una jícara delante del Xiuhtecutli, que es el fuego, y otra delante la imagen de Yiacatecutli, Dios de los mercaderes, y daban luego a todos los convidados, a cada uno, su teutecómatl. A la postre daban cañas de humo para chupar. Y en acabando de comer y de beber, todos estaban cada uno en su lugar sentados, esperando lo que les había de dar el que los convidó, que llaman ellos quinueuechiua, que quiere decir «don de viejo venerable». Daban a los principales, a cada uno, dos tecomates que se llaman ayotectli, y a los demás daba a cada uno, uno, y juntamente daba a cada uno doscientas almendras de cacao y cien granos de aquella especie que llaman teunacactli, y a cada uno daban una paleta de tortuga con que se revuelve el cacao. De esta manera hacían todos los mercaderes cuando venían de lejos.

Habiendo ya hecho todo lo que arriba se ha dicho, el mercader que había llegado de provincias lejanas luego se ponía delante de sus convidados y les hablaba de esta manera: «Aquí estáis presentes, señores, sabéis que fui a ejercitar mi oficio de mercader con las cargas y con los báculos y con los cacaxtles, y he vuelto. Hame guardado nuestro señor todopoderoso de la muerte. Por ventura hice algunas ofensas o injurias a mis próximos. Esto algún tiempo lo oiréis y sabréis, porque tengo muchas faltas y pecados. He sido digno de ver otra vez vuestras caras. Como ahora lo veis, he venido otra vez a juntarme con mis parientes y tíos y tías, y sobrinos y sobrinas. Por ventura el señor todopoderoso tendrá por bien de me matar entre ellos mañana o ese otro día. Esto es, señores, lo que habéis oído». Luego los que estaban presentes le respondían de esta manera: «Aquí estás, hijo, en tu presencia hemos comido y bebido el fruto de tus trabajos que has padecido, andando por los montes y por los valles y por los páramos, y el fruto de tus suspiros y lloros que presentaste delante del señor todopoderoso. Hemos aquí recibido lo que has derramado de la misericordia que Dios contigo hizo en darte los bienes temporales que has traído. Aunque nos has dado de comer y de beber, ¿cerrarnos has la boca por ventura? ¿Por ventura por esto te temeremos? ¿Por ventura con esto nos impedirás de hablar, para que no digamos como padres la doctrina que debemos dar a nuestros hijos? Queremos saber de dónde hubiste la comida y bebida que nos diste. ¿Por ventura has robado o hurtado en alguna parte lo que trajiste? ¿O por ventura eres jugador de pelota o de escaques? ¿O por ventura engañaste algunas mujercillas? ¿O por ventura has tornado lo suyo a su dueño? Por ventura la comida y bebida que nos has dado no es ganada limpiamente. Por ventura si tiene revuelta alguna suciedad o polvo o estidreol, no lo sabemos. Ignorámoslo si tal cosa has hecho; haste despeñado y arrojado en alguna grande barranca o te has despeñado de algún muy alto risco. Y si esto así pasa, ningún merecimiento habrás de lo que has hecho. Aquí has recibido la doctrina que los padres deben dar a sus hijos, que son reprehensiones y castigos duros y ásperos que pungen y llagan lo interior del corazón y de las entrañas. Y son estas reprehensiones los azotes y ortigas con que castiga nuestro señor Dios».

Y después de haber dicho estas palabras y reprehensión, que son como pedradas y palos, a la postre le consuelan y le saludan con lágrimas. Y le vedan la soberbía y altivez, y que no se atribuya a sí lo que ganó, sino a la misericordia de Dios que le dio la hacienda que trajo, que son plumas ricas que se llaman quetzalli y otras tzinitzcan, otras que llaman zacuan, otras que se llaman xiuhtótotl, otras que llaman xomohíuitl, y las piedras preciosas, como son chalchíuitl y apozonalli, o coberteras de jícaras ricas, o paletas para revolver el cacao, o pellejos de bestias fieras, o almendras de cacao, o especies que se llaman teunacactli. Con estas palabras los mercaderes viejos provocaban a lágrimas y a humildad a estos tratantes que venían prósperos, para que no menospreciase las mercedes de Dios.

Y aquel que oía estas palabras no se enojaba de oírlas. Antes se humillaba y agradecía aquella buena obra, y respondía con lágrimas: «Señores míos, tengo en gran merced la misericordia que se me ha hecho con esta corrección. Heos dado pena y congoja. ¿Quién soy yo para que se me hayan abierto los tesoros de vuestras entrañas? Por ventura, como soy pobre, olvidaré y perderé estas palabras más divinas que humanas. Quizá no las tendré en aquella estimación que debría, y ellas merecen. Descansad y reposad».

Estas palabras de los viejos y viejas eran tenidas en mucho de los mancebos a quien se decían. Guardábanlas como tesoros en su corazón, sin perder una de ellas. Y ellos, conviene a saber, los viejos y viejas decíanlas a aquellos mercaderes mozos que traían ganado de su trato algún caudal y holgaban de oírlas, y para esto les convidaban y decían a los de su casa: «Señores o señoras, nuestro señor me ha dado de sus bienes. Por ventura por esta ocasión me he ensoberbecido y he menospreciado a mis próximos. Quiero oír las doctrinas y buenos consejos de los viejos. Llámense. Vengan». De esta manera hablaban los mozos bien criados y bien doctrinados. Y para que los viejos diesen estos consejos y doctrinas que arriba se dijeron, convidábanlos y dábanlos a comer y a beber. Y entonces hablaban los consejos y doctrinas arriba dichos. Pagaban muy bien la comida y la bebida con aquellos consejos y doctrinas. Y con esto el oficio de los mercaderes era muy honrado, y ninguno de ellos era vicioso. Tenían en mucho y guardaban mucho las doctrinas y consejos de los viejos.

Y arriba se dijo de la manera que volvían de los largos caminos de sus tratos. Y por los caminos por donde venían no venían sin hacer muchas ofrendas y sacrificios, dondequiera que hallaban cúes o oratorios de los dioses o ídolos hasta llegar al pueblo de Itziucan. Allí paraban y allí miraban el signo próspero para entrar en su tierra. Y llegado el signo que era próspero, o cerca de él, partían deprisa para venir a sus casas, para entrar durante aquel signo. Y no entraban de día sino de noche, y en canoa, y secretamente. Y nadie veía lo que traían porque lo encubrían mucho. Y no iban derechos a sus casas, sino entrábanse en la casa de algún su tío o tía, o de su hermana, o de alguno otro de quien se confiaban que tendría secreto, que era humilde y callado y cuerdo, y que no tomaba lo ajeno. Allí, en aquella casa, los barqueros ponían de presto lo que traían, y se volvían de noche a sus casas. Y desque amanecía, no había rastro ni señal de nada. Y el mercader dueño de aquella hacienda no confesaba, ni decía, que aquella hacienda fuese suya, mas antes decía a los de la casa: «Esta hacienda guardalda, y no penséis que es mía, ni penséis que como cosa mía os lo doy a guardar, que es de los señores mercaderes principales. Ellos me lo encomendaron que lo trajese aquí». Y por los pueblos por donde pasaban, en todo el camino, ahora fuese en Tochtépec o Anáhuac o Xoconochco, en todos los pueblos que entraban no decían que aquella hacienda fuese suya, antes decían: «Esta hacienda que traigo no es mía; es de nuestros padres y madres, que son los mercaderes principales».

De esta manera vivían los mercaderes. No se levantaban a mayores con sus haciendas, mas antes se humillaban y abajaban. No deseaban ser tenidos por ricos, ni que su fama fuese tal, mas antes andaban humildes, inclinados. No deseaban honra ni fama. Andábanse por ahí con una manta rota. Temían mucho a la fama y a la honra, porque, como se dijo arriba, el señor de México quería mucho a los mercaderes y tratantes y que trataban en esclavos, como a sus hijos. Y cuando se altivecían y desvanecían y se malvaban con el favor y honra de las riquezas, el señor entristecíase y perdíalos el amor, y buscábalos algunas ocasiones falsas o aparentes para abatirlos y matarlos, aunque sin culpa, sino por odio de su altivez y soberbía. Y con las haciendas de ellos proveía a los soldados viejos de su corte que se llamaban cuachichicti, y otros otómi, y otros yautachcauan. Y con aquéllos sustentaban su fausto y su pompa.

Capítulo VII. Del modo que tenían los mercaderes. En hacer banquetes

Cuando alguno de los mercaderes y tratantes tenía ya caudal y presumía de ser rico, hacía una fiesta o banquete a todos los mercaderes principales y señores, porque tenía por cosa de menos valor morirse sin hacer algún espléndido gasto para dar lustre a su persona y gracias a los dioses que se lo habían dado, y contento a sus parientes y amigos, en especial a los principales que regían a todos los mercaderes. Con este propósito comenzaba a comprar todo lo necesario que se había de gastar en la fiesta que tenía intento de hacer. Primeramente compraba mucho cacao, y también aquella especie muy olorosa que se llama teunacactli o ueinacactli, la cual molida se bebe con el cacao, y otras especies que molidas se beben con el cacao. Compraba también muchas gallinas y gallos de papada, y mucha loza, toda la que era menester para servicio de la comida, y también chiquihuites de muchas maneras, y jícaras de barro para beber, y palos para revolver el cacao, y mucha leña para guisar la comida, y cañas de maíz o otras cañas que se llaman tlachinolácatl para cocer los tamales. Todo esto lo juntaba en su casa.

Después de haber comprado y juntado todo lo necesario, luego daba noticia de este banquete a sus parientes y amigos, viejos y viejas, para que le ayudasen con sus personas a servir el banquete. También daba noticia y convidaba a los cantores y danzadores del areíto, y buscaba por el arte adivinatoria, preguntando a los maestros de este arte que le dijesen cuál día sería próspero para ejercitar este convite.

De esta manera se disponían y aparejaban antiguamente los que habían de hacer banquete o fiesta. Primeramente escogían personas muy avisadas y cuerdas y prudentes y diligentes y bien criados y bien hablados y recios y bien dispuestos y de buena apariencia, no cobardes ni temerosos, hombres hábiles, de buen entendimiento. No se buscaba gente baja para este negocio sino gente noble y cortesana, los cuales habían de disponer y distribuir y repartir las flores y la comida y la bebida, y habían de recibir y aposentar a todos los convidados.

Y cuando daban las cañas de humo, tomaban la caña en la mano derecha, no por la caña que estaba descubierta, sino por la parte que estaba cubierta con el carbón; y en la mano izquierda llevaban el plato sobre que se había de poner la caña que se llama yiecáxitl. Primeramente daban la caña, y hablaban al que la tomaba, diciéndole: «Señor mío, veis aquí esta caña de perfumes». Y el otro la tomaba y la ponía entre los dedos, y la comenzaba a chupar. Esta cortesía que se hacía, y esta manera de crianza, retraía la manera de tomar y tirar los dardos que usaban tirar en la guerra; con aquel aire y ademán que se usaba en tirar los dardos en la guerra se daba y tomaba la caña de perfumes. Y el plato retraía a la rodela que se traía en la mano izquierda. Llevaban el plato de canto, de la manera que anda la rodela en la mano izquierda. Y así le ponían delante el principal a quien le daban, o ora fuese tlacatéccatl, o ora tlacochcálcatl, o ora atempanécatl, y los demás principales que se llamaban cuauhyacame o pipilti, y todos los demás convidados.

Después de esto, dánseles flores. Lleva la flor en la mano derecha, que se llama chimalxochitl, y en la izquierda otra que se llama cuauhxochitl. Y lleva aquélla en la mano derecha porque el que la ha de tomar tiene frontera su mano izquierda, y tomábala como si fuese rodela en la mano izquierda; y la otra que lleva la mano izquierda viene enfrente de la mano derecha, y tómala como quien toma espada.

Tras esto llevan luego la comida, y llevan en la mano derecha el plato que se llama molcáxitl, en que lleva carne guisada con chilli. No le toma por la orilla, sino llévanle en el medio de la mano; y en la mano izquierda lleva un chiquíuitl lleno de tamales. No le lleva trabado por la orilla sino en medio de la palma. Luego, tras esto, sirven el cacao, que es lo postrero. En la mano derecha lleva la jícara, que se llama ayotectli; no la toca en la orilla sino en la palma. Y el palo para revolver el cacao, y también el rodeo para sentar la jícara, llévalo en la mano izquierda. Esto daban a los principales y señores, pero a los demás sirvíanlos con jícaras de barro.

Capítulo VIII. De las ceremonias que hacía el que hacía el banquete cuando comenzaban los cantores el areíto, y lo que hacían por toda la noche
Al tiempo de comenzar el areíto, ante todas cosas ofrecían flores y otras cosas al Dios Uitzilopuchili en su oratorio, en un plato grande de madero pintado, y después ofrecían en otras capillas de los ídolos. Una se llamaba Uitznáoac, otra Puchtlan, otra Yopico, otra Tlamatzinco. En los altares de estas capillas ponían flores, y a la postre ponían flores en el oratorio del que hacía la fiesta. Y delante del atambor y teponactli, en un estrado de heno, que estaba delante del atambor y teponactli, ponían flores que se llaman xuchicózcati e icpacxochitl, y ponían dos platos en que ponían dos cañas de perfumes ardiendo. Esto era a la medianoche.

Habiendo ya ofrecido flores en las partes ya dichas, comenzaban el cantar. Lo primero era silvar, metiendo el dedo menor doblado en la boca. En oyendo estos silvos los de la casa, luego suspiraban y gustaban la tierra, tocando con el dedo en la tierra y en la boca. Oyendo los silvos, decían: «Sonado ha nuestro señor». Y luego tomaban un incensario como cazo y cogían brasas del fuego con él, y echaban en las brasas copal blanco que se llamaba tzioaccopalli, muy limpio y muy oloroso. Decían que era su suerte. Y luego salía al patio de la casa un sátrapa, y un sacristanejo llevábale unas codornices. Y llegando adonde estaba el atambor, luego ponían el incensario delante de él, y descabezaba luego una codorniz; echábala en el suelo; allí andaba revoleando; y miraba a qué parte iba. Y si iba voIateando hacia el norte, que es la mano derecha de la tierra, tomaba mal agüero, y decía: «Este era el dueño de casa: enfermará o morirá». Y si la codorniz, volateando, iba hacia el occidente o hacia la mano izquierda de la tierra, que es el mediodía, alegrábase, y decía: «Pacífico está Dios; no tiene enojo contra mí». Después de haber hecho esto, tomaba el incensario y poníase frontero del atabar, y levantaba el incensario hacia el oriente. Luego se volvía al occidente e incensaba hacia aquella parte otras cuatro veces, y luego se volvía hacia el mediodía e incensaba otras cuatro veces, luego se volvía hacia el norte e incensaba otras cuatro veces.

    Habiendo hecho esto, echaba las brasas del incensario en el hogar o fogón alto, y luego salían los que habían de hacer el areíto y comenzaban a cantar y a bailar. Salía primero el tlacatéccatl, y tras él todos los soldados que llaman cuacuachicti, y los que llaman otómi, y los que llaman tequiuaque, que son como soldados viejos. Empero, los señores mercaderes ni los otros mercaderes no bailaban, sino estaban en sus aposentos mirando, porque ellos eran los autores del convite. Y los mercaderes viejos recibían a los que venían, y dábanles flores a cada uno, según su manera, con diversas maneras y hechuras de flores. Una se llaman amacázcatl; otra se llaman xiuhtezcayo; otra se llaman ichquequetzalli pepeyocyo metzcuitlatica.

    La primera cosa que se comía en el convite eran unos hunguillos negros que ellos llaman nanácatl; emborrachan y hacen ver visiones, y aun provocan a lujuria. Esto comían ante de amanecer, y también bebían cacao ante de amanecer. Aquellos hunguillos comían con miel. Y cuando ya se comenzaban a escalentar con ellos, comenzaban a bailar; y algunos cantaban, y algunos lloraban, porque ya estaban borrachos con los hunguillos. Y algunos no querían cantar, sino, sentábanse en sus aposentos. Estaban allí como pensativos. Y algunos veían en visión que se morían, y lloraban; otros veían en visión que los comía alguna bestia fiera; otros veían en visión que cautivaban en la guerra; otros veían en visión que habían de ser ricos; otros veían en visión que habían de tener muchos esclavos; otros veían en visión que habían de adulterar, y les habían de hacer tortilla la cabeza por este caso; otros veían en visión que habían de hurtar algo, por lo cual le habían de hacer tortilla la cabeza; otros veían en visión que habían de matar a alguno, y por el caso habían de ser muertos; otros veían en visión que se ahogaban en el agua; otros veían en visión que vivirán y morirán en paz; otros veían en visión que caían de alto y morían de la caída. Todos los acontecimientos desastrados que suelen haberlos, veían en visión. Otros veían que se sumían en el agua en algún remolino. Desque había pasado la borrachera de los hunguillos, hablaban los unos con los otros cerca de las visiones que habían visto. Y también estos que se emborrachaban veían en visión lo que había de acontecer a los que no comían los hunguillos, y decíanselo. Y aun veían los maleficios en que andaban otros. Y también veían los que habían de cautivar en la guerra y a los que habían de hacer capitanes por ello, y los que habían de morir en la guerra, y los que habían de ser ricos y tratantes de esclavos, y valerosos, y los que habían de adulterar, o se habían de ahorcar o morir en el agua, o habían de morir fuera de sus casas. Todo lo veían en aquella borrachera. Cuando llegaba la medianoche, el dueño de la casa que hacía el convite ofrecía papeles goteados con ulli con aquellas ceremonias que arriba se dijo. Y también bebían cacao, andando bailando. Una o dos veces ante que amaneciese hasta la mañana cantaban algunos cantares: unos que se llaman tlamelauhcáyotl; otros que se llaman uexotzincáyotl; otros que se llaman chalcacuícatl. Y la ofrenda que hacía el dueño de la casa con las ceremonias arriba dichas, en acabándola de hacer, enterraba las cenizas y otras cosas en el medio del patio. Y decían cuando las enterraban: «Aquí habemos plantado uitztli y yetl. De aquí nacerá la comida y bebida de nuestros hijos y nietos. No se perderá». Querían decir que por virtud de aquella ofrenda sus hijos y nietos habían de ser prósperos en este mundo.

Capítulo IX. De las ceremonias que hacían al romper del alba, y lo que hacían en saliendo el Sol
Cuando ya quería salir el alba, a la hora que sale el lucero, enterraban las cenizas del sacrificio y las flores y las cañas de perfumes, porque celaban mucho que no

las viese algún inficionado de algún vicio, conviene a saber, algún amancebado, o adúltero, o ladrón, o jugador, o borracho. A todos éstos tenían por polutos, y no querían que viesen enterrar las cenizas del sacrificio. Después que habían enterrado estas cenizas, comenzaban luego a cantar y a bailar con el atambor y con el teponactli, y cantaban algunos cantares que se llaman anauacóyotl o xupancutcati. En saliendo el Sol, luego daban comida a todos los convidados, sin dejar ninguno, en sus aposentos; y luego les daban flores y carlas de perfumes. A la postre daban comida a los populares que tentan convidados, viejos y viejas. Y las mujeres llevaban cada una un chiqutuitl mediano lleno de maíz; llevábanlo puesto en el hombro; éstos eran para tamales.

Entrando en las casas donde suelen juntarse los convidados, que están cercados de un patio, como celdas, poníanse cada uno en su aposento. Estas mujeres, yendo a la casa del convite, iban de cinco en cinco y de seis en seis. Entraban a la casa de las mujeres, donde hacen la comida, y poníanse cabe las puertas, donde hacían el pan. Y tenían allí el maíz que habían traído, y después echábanlo sobre un petate, y luego les daban comida. Después de haber comido, no les daban cacao sino atuffi, que se llama chianpitzdoac. Dábanselo en unas escudillas que se llaman pochtecayocdxitl, pintadas de blanco. Estas mismas mujeres, antes de esto, habían dado cada cual una manta de ichtli al que hacía la fiesta para que comprasen leila para la comida y para ayuda de costa. Esta era costumbre entre todos los que hacían banquetes. Y también a los que morían daban estas mantas. Decían que para envolverlos. Poníanlas encima del cuerpo, como ofrecidas. Cuando comían, cesaba el baile y el canto; y por aquel dia no había más.

Otro día siguiente comían y bebian y daban cañas de humo y flores. A estos que comían el segundo día escogíalos el dueño del convite de los más amigos y más parientes. Y si ninguna cosa sobraba para el segundo día, decían los viejos que era señal de que no había de merecer ningún bien temporal por aquella fiesta, porque había venido cabal para el primero día el gasto, y ninguna cosa sobró para el segundo. Y si había sobrado mucho de flores y de cañas y de comida y de bebida y de chiquihuites y de cachetes y de vasos para beber, en aquello entendían los viejos que había de hacer otros convites, y decían: «Hanos hecho merced nuestro señor Dios en que este nuestro hijo, que nos ha convidado, ha merecido que hará otros banquetes andando el tiempo». Luego le llamaban, y puesto sentado delante de ellos, comenzábanle a hablar, según su costumbre, amonestándole y reprehendiéndole con asperura. Estas reprehensiones decían que era para alargarle la vida. Y después de haberle bien jabonado y humillado, decíanle palabras blandas y amorosas de esta manera: «Aquí estás, hijo nuestro. Hijo, para mientes que nuestro señor Dios ha derramado su hacienda. No la has perdido, cierto, jugando, más hanlo comido y bebido algunos de tus padres y madres, los cuales llamáste a tu presencia, y a tu casa vinieron. Y por esto mira que no te ensoberbezcas ni altivezcas. ¿Encreírte has por esto? O por ventura comenzarás a regalarte en comer y beber y dormir. Para mientes, hijo, que no dejes los trabajos de los caminos y de los tratos, y de traer a cuestas las cargas, como de antes. Mejor te será, hijo, que mueras en alon páramo o en algunas montañas o al pie de un árbol o a par de un risco, y allí estén tus huesos derramados y tus cabellos esparcidos, y tus mantas rasgadas y tu mastle podrido, porque ésta es la pelea y la valentía de nosotros los tratantes, y por esta vía hemos ganado mucha honra y riquezas que Dios nos ha dado a nosotros, que somos tus padres y tus madres. Y si trabajando de esta manera perseveras, aunque vayas muchas veces a lejas partes, volverás próspero, y veremos tu cara con gozo, y frecuentaremos tu casa. Persevera, hijo, en tu oficio de caminar. No tengas miedo a los tropezones del camino, ni a las llagas que hacen en los pies las ramas espinosas que nacen en el camino. Hijo nuestro, nota bien lo que te está dicho. Y con esto satisfacemos a lo que te debemos nosotros, que somos tus padres y tus madres, y tómalo como por una rica manta con que te cobras».

Capítulo X. De otra manera de banquete que hacían los mercaderes más costoso, en el cual mataban esclavos
Los mercaderes hacían un banquete en que daban a comer carne humana. Esto hacían en la fiesta que se llama panquetzaliztli. Para esta fiesta compraban esclavos que se llamaban tlaaltiltin, que quiere decir «lavados», porque los lavaban y regalaban porque engordasen, para que su carne fuese sabrosa cuando los hubiesen de matar y comer. Compraban estos esclavos en Accaputzalco, porque allí había feria de ellos y allí los vendían los que trataban en esclavos. Y para venderlos, aderezábanlos con buenos atavíos. A los hombres, buenas mantas y mastles, y sus cotaras muy buenas; ponían sus bezotes de piedras

preciosas; poníanlos sus orejeras de cuero, hermosas, como pinjantes; y cortábanlos sus cabellos como suelen los capitanes cortárselos; y poníanlos sus sartales de flores y sus rodelas en las manos, de flores, y sus cañas de perfumes que andaban chupando, y andaban bailando o haciendo areíto de esta manera compuestos. Y los que vendían mujeres también las ataviaban; vestíanlas de muy buenos huipiles que se llaman xochimoyáoac o xoxoloyo; poníanlas sus naoas ricas que se llaman chicocuéitl, o otras que se llaman tetenacacco; y cortábanlas los cabellos por debajo de las orejas, una mano o poco más, todo alrededor. El tratante que compraba y vendía los esclavos alquilaba los cantores para que cantasen y tañesen el teponactli para que bailasen y danzasen los esclavos en la plaza donde los vendían. Y cada uno de estos tratantes ponía los suyos para que aparte bailasen. Los que querían comprar los esclavos para sacrificar y para comer, allí iban a mirarlos cuando andaban bailando y estaban compuestos, y al que veía que mejor cantaba y más sentidamente danzaba, conforme al son, y que tenía buen gesto y buena disposición, que no tenía tacha corporal ni era corcobado, ni gordo demasiado, etc., y que era bien proporcionado y bien hecho en su estatura —en la letra se ponen otras particularidades que contienen muy buenos vocablos— como se contentase de alguno, hombre o mujer, luego hablaba al mercader en el precio del esclavo. Los esclavos que ni cantaban, ni danzaban sentidamente, dábanlos por treinta mantas; y los que danzaban y cantaban sentidamente, y tenían buena disposición, dábanlos por cuarenta cuachtles o mantas.

Habiendo dado el precio que valía el esclavo, luego el mercader le quitaba todos los atavíos con que estaban compuestos, conviene a saber, a los hombres las buenas mantas y buenos mastles y cotaras con que estaban ataviados, y a las mujeres quitábanlas los huipiles y naoas labrados y ricos, y también las flores y cañas de humo, y poníanlos otros atavíos medianos, mantas y mastles y cotaras, y así a las mujeres en sus atavíos, lo cual llevaban los que los compraban aparejado, porque sabían que los habían de quitar el atavío con que estaban ataviados. Y llegando a su casa, el que los llevaba comprado echábalos en la cárcel de noche, y de mañana sacábanlos de la cárcel. Y a las mujeres dábanlos recaudo para que hilasen entre tanto que se llegaba el tiempo de matarlas; a los hombres no les mandaban que hiciesen trabajo alguno. El que compraba esclavos hombres ya tenía hechas unas casas nuevas, tres o cuatro, y hacía a los esclavos que bailasen en los tapancos cada día. Y este que había comprado los esclavos para hacer convite con ellos, después de haber allegado todas las cosas necesarias para el convite y de tenerlas guardadas en su casa, así las que se habían de comer como las que se habían de dar en dones a los convidados, como son mantas que se llaman amanepanyuhqui, y otras que se llaman nochpallaxochyo, y otras que se llaman uitztecollaxochyo, y otras que se llaman tlalpiltilmatli, y otras que se llaman tlacctlilotl, y otras que se llaman ilacatziuhqui, y otras que se llaman canaoacaómmatl. Y éstas tenía ochocientas o mil y docientas que se había de gastar en el banquete, y mastles cuatrocientos de los ricos, y que tenían largas y grandes labores, y otros que se llamaban coyoichcamdxtlatl, y otros que se llamaban cuappachmdxtlatl, y otros blancos. Estas mantas y mastles arriba dichos eran para dar a los más esforzados y valientes capitanes que se llaman tlacatéccatl y tlacochehácatl y cuauhnochtli y cuacuachicti y otomíes y mixcoatlailótlac y ezoaoácatl y mazatécatl y tlillancalqui y ticociaoácatl y tezcacouácatl y tocuiltécatl y atempanécatl y tlacochcácatl tecuhtli. Todos éstos eran muy principales. A todos éstos; daban dones el que hacía el banquete.

Habiendo dado dones a los ya dichos, luego daba dones a los principales de los mercaderes que se llamaban puchtecatlailótlac, y a todos los que se llamaban naoaloztomóca y teyaoalouani, y que trataban en esclavos. No a todos los puchtecas se daban dones, sino escogíanse los más ricos y más nobles, a los cuales daban mantas ricas y mastles ricos. Y después de éstos daban dones a los mercaderes principales que habían venido al convite de otros pueblos, que eran doce pueblos. Y éstos eran tratantes en esclavos y escogidos entre muchos. Y después de éstos daban dones a las mujeres mercaderas, tratantes en esclavos. Dábanles naoas: unas que se llaman yollo; otras que se llaman tlatzcdílotl; otras que se llaman ilacatziuhqui. Y también les daban huipiles que se llaman yollouipilli; otros que se llaman poloncapipticac, tendcalicuiliuhqui; otros que se llaman ixcuauhcallo uipilli; otros que se llaman tenmalinqui. Todas estas cosas gastaba en dones el que hacía el banquete, y de todas estas cosas estaba proveído. También se proveía de todo el maíz que se había de gastar y lo ponía en sus trojes, y todos los frijoles que eran menester, y también chían, que se llama chianpitzdoac, y otra que se llama chiantzótzol. Todo esto tenía en trojes, que era provisión para los que habían de servir en el convite, para comer y beber. Y también se proveían de muchas maneras de vasos para dar el atulli que se llamaba ayouachpani, y también se proveían de chilli, muchos fardos de ello, y mucha copia de sal. También se proveía de tomates, comprados por mantas. También se proveía de las gallinas, hasta ochenta o ciento. Y también se proveía de perrillos para comer, hasta veinte o cuarenta. La carne de estos perrillos iba entrepuesta con la carne de las gallinas. Cuando daban la comida ponían debajo la carne de los perrillos; encima la carne de las gallinas, para hacer vulto. Demás de esto se proveía de cacao, veinte cargas, o así. También se proveía de las paletas y palos con que se revolvía el cacao, hasta dos mil o cuatro mil. Y también se proveía de aquellos eaxedílos que tienen tres pies para servicio de la comida. Y también se proveía de chiquihuites y de vasos para beber que se llaman puchtecayo cdxitl. Proveíase también de leña y de carbón, y pagaba a los aguaderos que traían el agua con canoa, tres o cuatro canoas, y valía cada canoa una manta, que se llama cuachtli, o cien canoas. Las mantillas que se llamaban tototkwualtecuachili valían a cien cacaos; y las otras que se llamaban tecuachtli valían a ochenta cacaos; y otras que se llamaban cuachtli, que eran las más bajas, valían a sesenta cacaos. Después que este que hacía el convite había aparejado todas las cosas, como arriba esta dicho, iba luego a Toclitóspec, donde hay gran cantidad de mercaderes y tratantes, y a todos los otros pueblos donde habían mercaderes, los cuales todos tenían sus casas o posadas en México y en el Matilulco, y los de Uexotla, y de Tetzcoco, y de Coatlichan, y de Chalco, y de Xochimilco, y de Uitzilopuchco, y de Mixoac, y de Accaputzalco, y de Cuatilitidan, y de Otumba, los cuales todos son tratantes en las provincias remotas que están hasta Tochtelpec. Los mercaderes de otros pueblos no entraban en la provincia de Andoac; solo los mexicanos y del Tlaltelulco y sus compañeros, que eran los de Uitzilopuchco y de Cuanlititlan, entraban en esta provincia de Andoac. Iba a todos los pueblos a convidar para el banquete.

Capítulo XI. De lo que pasaba cuando el que hacía el banquete iba a convidar a los otros mercaderes a Tochtépec

El que hacía el convite o banquete para convidar a sus convidados, primero iba al pueblo de Tochtdpec. Llevaba consigo tamemes que llevaban las cargas a cuestas, donde iba lo que había de dar a los que había de convidar, que eran los mercaderes tlaltelulcanos que allí vivían. Entrando en el pueblo, primeramente iba a visitar al Dios de los mercaderes, que se llamaba Yiacatecutli, y luego barría su templo y echaba petates delante de la imagen. Luego desenvolvía la carga en que llevaba nuevos ornamentos para Yiacatecutli, y luego desataba el manojo de báculos de mercaderes que llevaba, y ponía delante de aquel Dios tantos báculos cuantos esclavos había de matar. Si ponía dos báculos, que llaman wlatopilli, era señal que había de matar dos personas, un hombre y una mujer; y si ponía tres, era señal que había de matar tres esclavos; y si ponía cuatro, era señal que había de matar cuatro esclavos. Ponía los báculos más escogidos que llevaba; y éstos atados, todos juntos, los ponía junto a la imagen de Yiacatecutli, y luego los componía con papeles que llevaba para esto. Y ponía delante de ellos un petate, y ponía papeles encima del petate, delante de los báculos. Los báculos eran señal del número de los esclavos que había de matar. Si ponía dos, era señal que había de matar un hombre y una mujer; y si ponía cuatro báculos, era señal que había de matar dos hombres y dos mujeres. Y cubría los báculos con mantas, unas que se llaman coyoichcatilmatli tetecomayo, con unas flocaduras de pluma puestas en las orillas. Ponían también mastles de cabos largos que llaman yacautac. Ponían también en el báculo que significaba la mujer unas naoas que se llamaba tetenacacco o chicocuditl, y un uipilli sembrado de flores labradas. Todo esto lo ponían delante la imagen de Yiacatecuth, para que en aquello conociesen que con aquellos atavíos había de ataviar a los esclavos que había de matar. Y con aquello significaba que el convite había de ser muy costoso, y lo que en él se había de dar muy precioso; y esto para provocar a los convidados. Después que el sobredicho hubo hecho la ofrenda delante del Dios Yiacatecutli, luego iba a la casa de los mercaderes tlaltelulcanos que en este pueblo habitaban y luego mandaba a hacer comida y bebida. Y estando todo aprestado, llamaba a los mercaderes ricos y tratantes en esclavos. Llamaba a todos los mercaderes que habitaban en doce pueblos. Los convidados venían a la medianoche a la casa del convite.

    Estando ya todos juntos, dábanlos aguamanos, y luego los servían la comida y comían todos. Acabada la comida, otra vez lavaban las manos y la boca, y luego les ponían la bebida de cacao en sus jícaras delante, y luego cañas de humo. Después de esto les daban mantas y flores y otras cosas. Habiendo hecho esto, el que había de hacer el banquete iba luego al patio de la casa a hacer sacrificio. Algún su criado que iba con él llevaba codornices, tantas en número cuantas esclavos había de matar. Poníase delante del hogar, que para esto estaba aparejado, y descabezaba a cada una y arrojábala en el fuego, y luego ofrecía incienso hacia las cuatro partes del mundo. Después de esto, el que hacía el convite sentábase delante de los que habían comido, y uno de los que sabían bien hablar rogábale que hablase por él a los que estaban presentes, el cual decía lo que se sigue: «Aquí estáis todos juntos, los señores y principales de los mercaderes. Habéis tornado trabajos y fatiga en venir a este lugar, siendo las personas que sois. Tú, que eres fuerte y valiente, que eres acostumbrado a los trabajos de los caminos, por los cuales pones a riesgo tu vida y salud, atreviéndote sin temor a subir y descender riscos y barrancas y montes y páramos con fatigas y trabajos, buscando los regalos y delicadeces de nuestro señor Dios, veis aquí el fruto de los trabajos de pasar sierras y barrancas. Y no es bien que quede sin galardón, y no es bien que pierda el fruto de las cosas ganadas y de sus riquezas nuestro señor Dios. Y porque este que aquí veis quiere hacer algún servicio y mostrar agradecimiento al señor Dios Uitzilopuchtli, matando algunos esclavos en su presencia, por lo cual ha venido, a convidaros. No hay otra cosa que deciros más de lo que habéis oído, señores y principales y mercaderes».

 Habiendo oído esto los mercaderes y principales mexicanos y tlaltelulcanos, que son señores de aquellos doce pueblos, respondían lo que se sigue: «Señores nuestros, mercaderes, que estáis aquí presentes. Ya hemos oído y entendido lo que venís a rogar con lágrimas y lloro. Ya hemos entendido el deseo de vuestros corazones, que lo habéis traido secreto y guardado, desde allá donde venís, que es el fruto de los trabajos de este señor mercader que nos viene a convidar. Esto es merced que recibimos y se nos hace por amor de nuestro señor Dios».

 Habiendo hecho esta diligencia en convidar a todos los mercaderes y señores, este que hacía el banquete despediase de la casa donde posaba, y tomando su báculo ataviado con borlas de pluma rica veníase para, su tierra, México y Tlaltelulco.

Capítulo XII. De lo que pasaba el que hacía el banquete con los mercaderes de su pueblo despues que volvía de convidar

Habiendo reposado el que había de hacer el banquete, comenzaba aparejar todo lo necesario para los principales mercaderes y para los que llamaban naoaloztoméca. Hacíalos saber primeramente a tres principales: el uno se llarnaba Cuappoyaoaltzin, y el segundo Uetzcatocatzin, y el tercero Zanatzin, que eran los principales mercaderes y que regían a los otros mercaderes. A éstos daba comida y bebida, y cañas de humo. Y dábalos mantas conforme a sus merecimientos, mantas que llaman amanepaniuhqui, y mastles de cabos largos que llamaban yacauíac, todo rico. Después de haber hecho lo dicho, sentábase delante de ellos, y decíales: «Señores míos, aunque yo os sea prolijo y pesado, quiéroos decir dos palabras, y es que tengo propósito de ver la cara a nuestro señor Uitzilopuchtli, haciéndole un pequeño servicio. Hame hecho merced nuestro señor de que he allegado un poco de hacienda que él me ha dado. Quiérolo gastar en alguna buena obra de su servicio. Esto hago saber a vuestras mercedes, y no más». Luego ellos le respondían, diciendo: «Honrado mancebo, aquí estás en nuestra presencia. Hemos oído lo que dijiste. Tenémonos por indignos de oír los secretos de nuestro señor Dios Uitzilopuchtli, que con lágrimas y con suspiros nos ha manifestado. Y sabemos que no es de un día ni de dos, ni de un año ni de dos, este tu deseo y esta tu devoción. Y por ser la cosa en que te pones tan pesada, pensamos que has de hacer alguna niñería o muchachería. Mira que no eres suficiente para este negocio, ni saldrás con él. Mira que no nos eches en vergüenza a nos y a todos los mercaderes, que se llaman yiaque y tecoanime y tealtianime. Quizá no has echado bien la cuenta de lo que es menester, ni has aparejado lo que se ha de gastar con tus convidados. Veamos lo que tienes aparejado en tu casa. Pues que somos viejos, conviene que nos lo muestres».

Habiendo dicho esto los viejos, luego el mancebo que había de hacer el convite les daba cuenta de todo lo que había de gastar. Habiéndose satisfecho los principales, decianle: «Mancebo honrado, hemos visto lo que tienes aparejado para la fiesta de nuestro señor. Comienza en buen hora con diligencia y sin pereza ninguna, y con buen ánimo y esfuerzo. Atienta mucho en tus palabras. Témplate mucho en lo que has de decir. No des cuenta a la gente vulgar. Conversa con todos como de antes. Esto es de lo que te avisamos, porque has de dar comida en cuatro partes: la una cuando de nuevo han de llegar tus convidados, y les significares la fiesta que has de hacer; segundariamente cuando hicieres la ceremonia que se llama tlaixnestla, terceramente cuando los esclavos se ataviaren de sus papeles, y se hiciere la ceremonia que se llama teteualtta; lo cuarto cuando sacrificares a los esclavos que han de morir. Mira que para todas estás cosas no tomes a nadie lo suyo. De esto te avisamos».

Habiendo oído esto, el mancebo decía a los viejos y principales: «Mue ilustres señores, habéisme hecho gran merced y gran misericordia en lo que me habéis dicho. No conviene, por cierto, que olvide yo estás palabras. Decidme todo lo que vuestro corazón desea, y sea oída y publicada y notada vuestra doctrina y vuestra ancianidad». Luego decían los viejos aquel mancebo: «Hijo, baste lo dicho. Busquemos entre los que tienen el arte de contar los días un día que sea próspero». Y luego enviaban a llamar a los que usaban de esta arte y ganaban de comer con ella. Luego ellos miraban el día convenible y, hallándole, decían: «Tal día seré convenible para esto, Ce Calli o ume michid o ume ogomatli, etc.». En uno de estos días comenzaba su banquete el que había de hacer esta fiesta. Después que los viejos mercaderes principales habían dicho todo lo que convenía, despedíanse del mozo con estás palabras: «Hijo nuestro, ya hemos visto y entendido tu deseo y lo que pretendes, lo cual con lágrimas nos has significado. Avisámoste que no te ensoberbezcas, ni altivezcas, ni desprecies a nadie. Ten reverencia a los viejos, aunque sean pobres, y a las viejas, aunque sean pobres, y a la otra gente baja y pobre. Haz misericordia con ella. Dales qué vistan y con qué se cubran, aunque sea lo que tú deshechas. Dales de comer y de beber, porque son imágenes de Dios; por esto te acrecentará Dios los días de la vida, si vivieres largos días. Si no hicieres lo que te aconsejamos, cegarás o te tullegrás o te pararás contrecho. Y esto tú mismo te lo buscarás, y Dios te lo dará, porque sus ojos penetran las piedras y los maderos; no te podrás esconder de él. Mira que no desees la mujer ajena ni la hija ajena. Comienza a vivir bien. Con esto que hemos dicho cumplimos contigo, no más».

Capítulo XIII. De cómo se comenzaba el banquete o fiesta y de lo que en él pasaba
Lo primero que hacía el que hacía la fiesta o banquete era proveer que se hicesen muchos tamales en su casa. Y daba el grandor que habían de tener.

También se avenía con los que hacían tamales por los pueblos circunstantes para que trajesen tamales y gallinas a su casa para aquel día. Habiendo ya proveído de todo lo necesario, enviaba a llamar los doce pueblos para que supiesen el día del convite. Y primerarnente ataviaba a los esclavos que habían de morir. Dábalos mantas y mastles a los hombres, y a las mujeres sus huipiles y naoas con cortapisas. Y poniálos sus orejeras de cuero con sus pinjantes y también bezotes corbos, con unos papeles que se llaman amapatlachtli, en las cuales estaban enjertos unos quetzales que se llaman quetzalyacauitztli. Estaban atados los papeles y quetzales con hilos colorados a las orejas. Y poníanlos en las gargantas de los pies unos caracolitos mariscos enjeridos en unas tiras de cuero de tigres, como calzuelas, los cuales caracolillos colgaban de las calzuelas. También les colgaban en las sienes un cuero amarillo, pintado con tiras de oro, y tiras de turquesas entrepuestas las unas a las otras. En las extremidades de este cuero colgaban unas abaneridas coloradas, entrepuestas unas piedras de espejo, y también unos cabellos entrepuestos a las abaneras y a las cuentas de espejo; y por eso se llamaba petzotzocolli. Ataviados de la manera ya dicha, luego les hacían bailar o hacer areíto sin cesar. Siempre traian unos sartales de flores y unas guirnaldas de flores. También traían sus rodelas de flores y sus cañas de humo que andaban oliendo y chupando. De la misma manera ataviaban a la mujeres con sus huipiles y sus naoas, y con sus cotaras nuevas, con sus flores y cañas de humo, y con sartales de flores y guirnaldas. Traían los cabellos atados unos cordones de algodón flojo de muchos colores, colorados, amarillos, azules, negros, blancos, torcidos con pluma blanca. Estando con sus atavíos, a la medianoche poníanlos en sus estrados de petates e icpales. Luego les daban comida y bebida. Honrándolos mucho, poníanlos en el zaguán de la puerta para que los viesen todos los convidados. Esto es lo que se dijo arriba que se publicaba el convite. Toda la noche comían y bebían los que iban y venían en aquella casa. Después de haber comido y bebido y recibido cañas de humo y otros dones, salíanse e íbanse a sus casas. Otro día siguiente hacían lo mismo; y llamaban a este segundo día tlaixnextta. El tercero día comían y bebían y daban dones de la misma manera; llamaban a este día teteualtla, porque entonces ponían a los esclavos que habían de morir unas cabelleras hechas de pluma rica que se llaman xinapállotl. Eran hechas de plumas de muchas colores, de plumas blancas, que colgaban como cabellos. Y poniánlos unas orejeras de palo, pintadas de diversas colores. Colgábanlos de las narices unas piedras negras anchas, hechas a manera de mariposa, y vestíanlos unas chaquetas que llegaban hasta los muslos con unas orillas deshiladas. A esta chaqueta llamaban teuxuicolli. Estaban pintadas con azul claro y con tinta negra, y con colorado. Y las pinturas eran cabezas de muertos, con huesos de muertos, puestos en cuadra. Iban ceñidos con unos ceñideros que se llamaban xiuhtlalpilli. Poníanles en los hombros unas alas de gavilanes que llamaban tlómaitl. Estaban las alas revueltas con papel los cabos de ellas, y asidas a las chaquetas. Estaba pintado aquel papel de diversas colores entrepuestas, colorado y negro, revuelto con marcaxita, y de los codos arriba llevaban unas ajorcas de una parte, en el uno de los brazos, que se llamaban matacaxtli. En la otra mano, que es la izquierda, poníanle en la muñeca uno como manípulo, y dábanles unas cotaras teñidas de negro revuelto con marcaxita que llaman itzcacili. Y también les daban entonces compañía que los guardasen de noche y de día hasta que los mataban. A estás guardas los llamaban inteancauan o inpaoácauh. Otras dos mujeres les daban para que les lavasen las caras, que nunca los dejaban hasta que morían. Daban precio a estos sobredichos, porque los guardaban; su precio era mantas que se llamaba nochpallaxochyo, y también mastles que se llamaba yacaufac, y también sus cotaras. Y a las mujeres que les lavaban las caras dábanlas naoas y huipiles, y componíanlas con plumas coloradas los pies y los brazos y la cara.

Capítulo XIV. De cómo mataban los esclavos del banquete
La cuarta vez que llamaba a sus convidados el que, hacía el banquete o fiesta era cuando habían de matar a los esclavos. Entonces, un rato antes que se posiese el Sol, los llevaban al templo de Uitzilopuchtli adonde los daban a beber un brebaje que se llamaba teuuctli. Y después que lo habían bebido, volvíanlos. Ya iban muy borrachos, como si hubieran bebido mucho pulque. Y no los volvían a la casa del señor del banquete, sino llevábanlos a una de las perrochas que se llamaban Puchtlan o Acxotlan. Allí les hacían velar toda la noche cantando y bailando. Y al tiempo de la medianoche, cuando tañían a maitines, la gente del templo, que se llamaba mocauhqui y tlamacacqui, poníanlos delante del fuego, en un petate que estaba allí tendido. Y luego el señor del banquete se ataviaba con una chaqueta que llamaban teuxicolli, de la manera que los esclavos estaban ataviados. Y también se ataviaba con unos papeles pintados

y con unas cotaras que se llamaban pozolcactli. Habiéndose de está manera ataviado el que hacía la fiesta, luego apagaban el fuego, y ascuras daban a comer a los esclavos unas sopas de una masa que se llama tzoalli, mojadas en miel, a cada uno de ellos cuatro bocados. Cortaban aquellos bocados con un cordel de ichtli. Habiendo comido estos bocados, luego los sacaban los cabellos de la corona de la cabina. Habiendo hecho esto, tocaban un instrumento que se llamaba chichth, que decía «chich». Este instrumento era señal para que los arrancasen los cabellos del medio de la cabeza en tocando el instrumento, y a cada uno de ellos tocaban para cuando le habían de arrancar los cabellos, fuesen muchos o pocos los esclavos. Este que tocaba el instrumento andaba alrededor de los esclavos, como bailando, y traía en la mano un vaso que se llamaba cuauhcdxitl; allí le echaban los cabellos que arrancaban. Y después de haberlos arrancado los cabellos, luego daban grita, dando con la mano en la boca, como suelen. Luego se iba aquel que había recibido los cabellos en la jícara, y luego tomaban el incensario, que se llamaba tlémailt, con sus brasas. El que hacía el banquete incensaba hacía las cuatro partes del mundo en el patio de la casa. En toda está noche los esclavos que habían de morir no dormían. Y en saliendo el alba, dábanlos a comer, y ellos, por bien que los esforzaban a que comiesen, no podían comer. Y estaban muy pensativos y tristes, pensando en la muerte que luego habían de recibir, y esperando por momentos cuándo entraría el mensajero de la muerte: se llamaba Painalton. Este Painalton era un Dios prenuncio de la muerte de los que habían de sacrificar delante los dioses. Primero llegaba corriendo al lugar a donde estaban estos que habían de ser sacrificados. Iba de Tenochtidan al Tlaltelulco, y de allí pasa por el barrio que se Hama Nonoalco y Popotlan; de allí iba al lugar que se llamaba Mazatzintamalco, y de allí a Chapultepec, y de allí a Mazatlan, y de allí iba por el camino que va derecho a Xoloco, que es junto a México, y luego entraba en Tenochtitlan. Y cuando este Painalton iba andando estás estaciones, llevaban a los esclavos que habían de morir al barrio de Coatlan, donde estaba el lugar donde habían de pelear con cierta gente que estaban aparejados para pelear con ellos, que se llamaba tlaamauiaya. Esto era en el patio del templo que se dice Uitzcalco. Como llegaban los esclavos aparejados de guerra, salían también aquellos tla-amauique de guerra contra ellos. Y comenzaban a pelear contra ellos muy de veras los que eran más valientes de aquellos tlaarnahuiques. Y si aquestos cautivaban por fuerza de armas a alguno de los esclavos, en el mismo lugar daban por sentencia el precio que valía el esclavo, y habíalo de pagar el mismo dueño del esclavo, que es el que hacía la fiesta. Y dado el precio, volvíanle su esclavo; y si no tenían con qué pagarle, después de muerto, comianle aquellos que le habían cautivado en el lugar de Uitzcalco. Está pelea pasaba entretanto que el Painalton andaba las estaciones arriba dichas. En llegando Painalton a este lugar de Uitzcalco, luego ponían por su orden a los esclavos que habían de morir delante la imagen de Uitzilopuchtli, en un lugar que se llama apátlac. Luego hacían procesión por alrededor del cu cuatro veces; y acabadas las procesiones, poníanlos otra vez en orden delante de Uitzilopuchtli. Y el Painalton subía al cu. Habiendo subido allá Painalton, luego descendían unos papeles y los ponían en el lugar que se llama apátlac, y también se llama itlacuayan Uiztilopuchtli, y levantábanlos hacía las cuatro partes del mundo, como ofreciéndolos. Y habiéndolos puesto en el apétlac, luego descendía un sátrapa que venía metido dentro de una culebra de papel, el cual la traía como si ella viniera por sí, y traía en la boca unas plumas coloradas que parecían llamas de fuego, que le sallan por la boca. En llegando al apétlac, que es donde se acababan las gradas del cu, que está una mesa de un encalado grande, y de allí hasta el llano del patio hay cuatro o cinco gradas, a está mesa llaman apdtlati o itlacuayan Uitzilopuchtli. Estaba hacía la parte del oriente del cu. Y está culebra, o el que venía en ella, hacía un acatamiento hacía el nacimiento del Sol, y luego hacía las otras tres partes del mundo. Acabado de hacer esto, ponía la culebra sobre el papel que estaba tendido en el apdtiac o mesa. Luego se ardía o quemaba aquella culebra de papel que se llamaba Xiuhcóatl, y el que la traía volvíase a lo alto del cu. Llegando arriba, luego comenzaban a tocar caracoles y trompetas los sátrapas en lo alto del cu. A está hora el patio de este cu estaba lleno de gente que venían a mirar la fiesta. Estaban sentados por todo el patio. Ninguno comía, ni había comido, porque todos ayunaban todo el día. No comían hasta la puesta del Sol. Entonces comían, después de acabadas todas las ceremonias dichas, ante de matar los esclavos. En todo esto el señor estaba junto a una columna, sentado en un sentadero de espaldas, y por estrado tenía un pellejo de tigre. El sentadero estaba aforrado de un pellejo de cuitlachtli. Estaba mirando hacía lo alto del cu de Uitzilopuchtli. Estaba delante del señor un árbol hecho a mano, de cañas y palillos, todo aforrado de plumas, y de lo alto de él salían muchos quetzales, que son plumas ricas. Parecía que brotaban de un pomo de oro que estaba en lo alto del árbol; en lo bajo tenía una flocadura de plumas ricas este árbol. Luego descendía el Painalton y tomaba a todos los esclavos que habían de morir del apátlac, y llevábalos por las gradas del cu arriba, yendo él delante de ellos para matarlos en lo alto del cu de Uitzilopuchili. Y los sátrapas que los habían de matar estaban aparejados, todos vestidos de unas chaquetas y con unas mitras de plumaje, con unos papeles plegados que colgaban de ellas. Tenían almagradas las bocas; esto se decía teutlduitl. Y cortaban los pechos con unos pedernales hechos a manera de hierros de lanzón, muy agudos, enjeridos en unos astiles cortos. Llegando el que había de morir a sus manos, luego le echaban de espaldas sobre un taxón de piedra. Tomábanle cuatro por las manos y por los pies, tirando de él. Estando así tendido el pobre esclavo, venía luego el que tenía el pedernal, o lanzón de pedernal, y metíasele por los pechos, y sacábale por allí el corazón, y poníale en una jícara. Habiéndole sacado el corazón, arrojábale por las gradas abajo. Iba el cuerpo rodando hasta abajo, donde estaba la mesa o apátlac del cu, y el dueño del esclavo o cautivo tomaba el cuerpo de su esclavo del apátlac, él por sí mismo. Nadie osaba tomar el cuerpo del esclavo ajeno. Y llevábale para su casa.

La orden que tenían en matar a estos tristes esclavos y cautivos era que primero subían a los cautivos, y primero los mataban. Decian que era la cama de los otros que iban tras ellos. Luego iban los esclavos, y luego los criados y regalados, que eran tlaaltilti, iban a la postre de todos. El señor de ellos iba guiándolos. Y a todos éstos subían al cu con báculos compuestos con plumas ricas. Y si el señor del banquete o de la fiesta tenía mujer, subía también junto con su marido, delante de los esclavos, al cu; y llebaban sendos báculos compuestos con plumas quetzales. Y si este que hacía la fiesta no tenía mujer, si tenía algún tío, el tío subía con él, y llebaban los báculos como estd dicho. Y si no tenía tío ni padre, si tenía hijo, él subía con él con sus báculos. Y si tenía tía o abuelo, o abuela, o hermano mayor o menor, uno de ellos iba con él a lo alto del cu. Y subiendo, resollaban las manos, y ponían el resuello en las cabezas con las manos. Esto iban haciendo subiendo al cu de Uitzilopuchtli. En llegando a lo alto, hacían procesión alrededor del altar o imagen una vez, y miábanlos todos los que estaban abajo cómo hacían su procesión. Y luego se descendían estos que eran los señores de la fiesta. Y llegando abajo, aquellos que estaban ajornalados de los señores de la fiesta para que los ayudasen tomaban los esclavos ya muertos y llevábanlos a su casa, yéndose con los dichos señores de la fiesta. Y en llegando los mismos, aderezaban el cuerpo que llamaban tlaaltilli, y cocíanle. Primero cocían el mak que habían de dar juntamente con la carne. Y de la carne daban poca, sobre el maíz puesta. Ningún chilli se mezclava con la cocina ni con la carne, solamente sal. Comían está carne los que hacían el banquete y sus parientes.

De está manera dicha hacían banquete los mercaderes en la fiesta de panquetzaliztli. Y estos que hacían este banquete todos los días que vivían guardaban los atavíos de aquellos esclavos que habían muerto, teniéndolos en una petaca guardados para memoria de aquella hazaña. Los atavíos eran las mantas y los mastles y las cotaras de los hombres, y las naoas y huipiles y los demás aderecos de las mujeres. También los cabellos que habían arrancado de la coronilla de la cabeza estaban guardados con lo demás en está divina petaca. Y cuando moría este que hizo el banquete quemaban estás petacas con los atavíos que en ellos estaban a sus exequias.

Capítulo XV. De los oficiales que labran oro

En este capítulo se comienza a tratar de los oficiales que labran oro y plata. Los oficiales que labran oro son de dos maneras. Unos de ellos se llaman martilladores o majadores, porque éstos labran oro de martillo, majando el oro con piedras o con martillos para hacerlo delgado como papel. Otros se llaman tlatlaliani, que quiere decir que «asientan el oro», o alguna cosa en el oro o en la plata. Estos son verdaderos oficiales, que por otro nombre se llaman tultéca. Pero están divididos en dos partes porque labran el oro cada unos de su manera. Tenían por Dios estos oficiales, en tiempo de su idolatría, a un Dios que se llaba Tótec. A este Dios hacían fiesta cada año en el cu que se llamaba Yopico, en el mes que se llama tlacaxipeoalizili. En está fiesta de tlacaxipeoalizili, donde desollaban muchos cautivos, y por cuya causa se llama tlacaxipeoalizili, que quiere decir «desollamiento de personas», uno de los sátrapas vestíase un pellejo de los que habían quitado a los cautivos, y así vestido era imagen de este Dios llamado Tótec. A éste, vestido con el pellejo que habían quitado al otro cautivo que habían sacrificado, llamábanlo Tótec, y ponían sus ornamentos muy preciosos. El uno de ellos era una corona que llamaban iteuquecholtzon o itlauhquecholtzon, «corona hecha muy curiosamente y de plumas preciosas», y las mismas plumas le servían de cabellera. Poníanle en las narices una media Luna de oro encajada en la ternilla que divide la una ventana de la nariz de la otra. Poníanle también unas orejeras de oro. Dábanle en la mano derecha un báculo que estaba hueco de dentro y tenía sonajas, el cual, en moviéndole para andar, luego las sonajas hacían su son. Poníanle en la mano izquierda una rodela de oro, como las usan los de Anáhuac. Poníanle unas cotaras bermejas, como armagradas. Tenía pintado el cuello de la cotara con plumas de codorniz sembradas por todo él. Llevaba por divisa y plumaje a cuestas, atado a las espaldas, tres banderillas de papel que se movían como las daba el viento, haciendo un sonido de papel. Componíanle también con unas naoas que llamaban tzapucuditl, hechas de pluma rica que se llama chilchótic y quetzaluitztli, que huían unas bandas por todas las naoas que parecía como enverdugado. Poníanle al cuello un juel ancho, de oro de martillo, que Llamaban coacózcati. Aparejábanle sentaderos o sillas en que se sentase, que llamaban tzapoicpaili. Estando sentado este Dios o diosa, o por mejor decir diablo o diablesa, ofrecíanle una manera de tortas que llaman uilocpaili de maíz molido, sin cocer, hechas. Ofrecíanle también manojuelos de mazorcas de maíz que apartan para semilla. También le ofrecían las primicias de la fruta y las primeras flores que nacian aquel año. Con estás ofrendas le honraban. Yendo andando, iba haciendo meneos de danza con gran pompa, meneando la rodela y el báculo, haciéndole sonar a propósito del baile que hacía. Después de esto, hacían un ejercicio de guerra con este Tótec.

Todo lo que dice está letra son las ceremonias que se hacían en está fiesta, que se llama tozoztontli. Declárase en su lugar en el Segundo Libro, que trata de las fiestas que se hacían a los dioses. Allí se podrá ver.

Capítulo XVI. De la manera de labrar los plateros

La sentencia de este capítulo no importa mucho, ni para la fe ni para las virtudes, porque es práctica meramente geométrica. Si alguno, para saber vocablos, maneras de decir exquisitas, podrá preguntar a los oficiales que tratan este oficio, que en toda parte los hay.

Capítulo XVII. De los oficiales que labran las piedras preciosas

Los lapidarios que labran piedras preciosas, en tiempo de su idolatría, adoraban cuatro dioses, o por mejor decir diablos. El primero de ellos se llamaba Chicunaui Itzuintli, y por otro nombre Papaloxáoatl, y también se llama Tlappapalo; estos tres nombres tenía este ídolo. El segundo Dios a quien éstos adoraban se llamaba Naoalpilli. El tercero Dios de estos oficiales se llamaba Macuilcalli. El cuarto se llamaba Cinttzuti. A todos estos tres dioses les hacían una fiesta cuando reinaba el signo o carácter que se llama Chicunaui Itzuintli. Este primero Dios de estos oficiales se llama Chicunaui Itzuintli y Papaloxdoatl o Tlappapalo. Es mujer, y por eso la pintan como a mujer. Y a ésta atribuían los afeites de las mujeres. Para significación de esto la pintan en la mano derecha con un báculo que le llaman macpaltopilli, y en la mano izquierda la ponen una rodela, en la cual está pintado un pie. También la ponían orejeras de oro, y en las narices le colgaban de la ternilla una mariposa de oro, y vestíanla con un huipil o camisa mujeril, que era tejida de blanco y colorado, lo mismo las naoas. Poníanle unas cotaras, también coloradas, con unas pinturas que las hacían almenadas. A todos estos cuatro daban sus imágenes o sustitutos para que muriesen a su servicio el día de su fiesta. Al que llamaban Naoalpilli ataviabanle y coruivanle los cabellos como a cuextócati, desiguales y mal cortados, y espelucados y crenchados. Poníanle en la frente una lámina de oro, delgada como papel. Poníanle unos zarcillos de oro en las orejas. Poníanle en la mano un báculo aderezado con plumas ricas, y en la otra mano una rodela como de red hecha, y en cuatro partes tenía plumas ricas, mal puestas. También le vestían una chaqueta tejida de blanco y colorado, con rapacejos en el remate de abajo. Poníanle unas cotaras coloradas.

Al otro que llaman Macuilcalli también le componían como hombre: los cabellos cortados por medio de la cabeza como lomo, que llaman cuachichiquile, y este lomo no era de cabellos sino de plumas ricas. Poníanle en las sienes unas planchas de oro delgado. Poníanle un juel colgado al cuello, de marisco redondo y ancho, que se llamaba cuappayaoaloili. También le ponían en la mano un báculo compuesto con plumas ricas. Poníanle en la otra mano una rodela con unos círculos de colorado, unos dentro de otros, que se llamaban tlauhtemalacayo. Teñíanle el cuerpo con bermellón, y también le ponían unas cotaras del mismo color. Al otro que llamaban Cintéutl también le componían como a varón, con una carátula labrada de mosaico que se llamaba xiuhxayácatl, con unos rayos de lo mismo que salían de la carátula. Poníanle una chaqueta de tela, teñida de azul claro. Poníanle un juel colgado al cuello, que se llama ecacózcatl. Poníanle en un tablado alto, de donde estaba mirando, el cual se llamaba Cincalli, compuesto con cañas de maíz verdes, a manera de jacal. Ponían unas cotaras blancas; las ataduras de ellas eran de algodón flojo.

Dicen que a estos dioses atribulan el artificio de labrar piedras, de hacer barbotes y orejeras de piedra negra, y de cristal, y de ámbar, y otras orejeras blancas. A éstos también atribuían el labrar cuentas y ajorcas y sartalejos que traen en las muñecas, y todo lo labor de piedras y chalchihuites. Y el aguijerear y pulir de todas las piedras decían que éstos lo habían inventado. Y por eso los honraban como dioses; y por esto les huían fiesta los oficiales viejos de este oficio y todos los demás lapidarios. Y de noche decían sus cantares, y hacían velar por su honra a los cautivos que habían de morir, y se holgaban en su fiesta. Esto se hacía en Xochimilco, porque decían que los abuelos y antecesores de los lapidarios habían venido de aquel pueblo, y de allí tienen origen todos estos oficiales.

Siguese la manera que tenían los lapidarios en labrar las piedras preciosas. En está letra se pone la manera que tenían los lapidarios de labrar las piedras. No se pone en romance, porque como es cosa muy usada y siempre se usa en los pueblos principales de está Nueva España, quien quisiere entender los vocablos y está manera de hablar podrálo tomar de los mismos oficiales.

Capítulo XVIII. De los oficiales que labran pluma, que hacían plumajes y otras cosas de pluma
Según que los viejos antiguos dejaron por memoria de la etimología de este vocablo amantéca, es que los primeros pubiadores de está tierra trajeron consigo a un Dios que se llamaba Cóyotl Ináoal. De las partes de donde vinieron lo trajeron consigo y siempre le adoraron. A éstos llamaron econi y tlacapixoani mexiti, que quiere decir los que primero publaron que se llamaron mexiti, de donde vino este vocablo músico. Estos, desque asentaron en está tierra y se comenzaron a multiplicar sus nietos e hijos, hicieron una estatua de madero labrado y edificáronla un cu. Y el barrio donde se edificó llamáronle Amantlan. En este barrio honraban y ofrecían a este Dios que llamaban Cóyotl Indoal. Y

por razón del nombre del barrio, que es Amantlan, tomaron los vecinos de allí este nombre amantéca. Los atavíos y ornamentos con que componían a este Dios en sus fiestas era un pellejo de Cóyotl labrado; componíanle amantecas, vecinos de este barrio de Amantlan. Aquel pellejo teníase la cabeza del Cóyotl con una carátula de persona; y los colmillos teníalos de oro; tenía los dientes muy largos, como ponzones; tenía en la mano un báculo con que se sustentaba, labrado con piedras negras de itztli, y una rodela labrada de cañas macizas, que tenía por la orilla un círculo de azul claro. Tenía a cuestas un cántaro o jarro de cuya boca salían muchos quetzales, a manera de bojas de espadañas. Poníanle en las gargantas de los pies unas calzuelas con muchos caracolillos blancos, a manera de cascabeles. Poníanle unas cotaras tejidas o hechas de hojas de un árbol que llaman fceotl, porque cuando llegaron a está. tierra usaban aquellas cotaras; componíanle siempre con ellas para dar a entender que ellos eran los primeros pobladores chichimecas que habían publado en está tierra de México. Y no solamente adoraban a este Dios en este barrio de Amantlan, pero también a otros siete ídolos. A los cinco de ellos componían como varones, y a los dos como mujeres; pero este Cóyotl Indoal era el principal de todos.

El segundo de él se llamaba Tigaoa; el tercero se llamaba Macuilocglutl; el cuarto se llamaba Macuiltochtli; en el quinto lugar ponían a las dos mujeres: la una se llamaba Xiuhtlati y la otra se llamaba Xilo; el séptimo estaba frontero de los ya dichos, mirando hacía ellos, el cual se llamaba Tepuzdcatl. La manera con que ataviaban estos dioses arriba dichos, los que eran varones todos llevaban a cuestas aquella divisa que llevaba Cóyotl Indoal; solamente el Dios que se llamaba Tizaoa no le componían de pellejo de Cóyotl, solamente llevaba a cuestas el jarro con los quetzales y unas orejeras de concha de mariscos; llevaba también su báculo y su rodela y sus caracolitos en las piernas, y unas cotaras blancas. El Dios que se llamaba Macuilocólutl tenía vestido el pellejo de Cóyotl, con su cabeza metida en la cabeza del cuyotl muerto, como celada, y por la boca veía. Y también llevaba a cuestas el jarro con sus quetzales y su báculo, con su rodela y sus cotaras blancas. De la misma manera componían al Dios Macuiltochtli. De las dos mujeres, la una se llamaba Xiuhtlati; ésta iba ataviada con un huipil aquí, y la otra, que se llamaba Xilo, que era la menor, iba vestida con un huipil colorado, teñido con grana. Estás ambas tenían los huipiles sembrados de plumas ricas de todo género de aves que crían plumas ricas. La orilla del uipilli estaba bordada con plumas de diversas maneras, como arriba se dijo. Tenían éstas en las manos cañas de maíz verdes, por báculos, y llevaban también un aventadero de plumas ricas en la otra mano, y un juel de oro hecho a manera de comal. También llevaban orejeras de oro muy pulidas y muy resplandecientes. Ninguna cosa llevaban a cuestas. Llevaban por cabellos papeles; llevaban las muñecas de ambos brazos adornadas con plumas ricas de todas maneras; también llevaban las piernas de está manera emplumadas, desde las rodillas hasta los tobillos. Tenían también cotaras tejidas de hojas del árbol que se llama iczotl, para dar a entender que eran chichimecas venidas a publar a esta tierra.

Capítulo XIX. De la fiesta que los oficiales de la pluma hacían a sus dioses
Hacían fiesta a estos dioses dos veces cada año: una vez en el mes que se llama panquetzaliztli, y otra vez en el mes que se llama tlaxuchimaco. En el mes de panquetzaliztli mataban a la imagen de Cóyotl Indoal. Si en está fiesta no se ofrecía quién matase algunos esclavos, que se llamaban tlaaltiltin, estos amantecas se juntaban todos y compraban un esclavo para matar a honra de este dios. Comprábanle con mantas que se llamaban cuachtli, que eran allegadas como de tributo. Empero, si alguno de estos amantecas hacía fiesta por sí y mataba algunos esclavos, de éstos mataban uno a honra de este dios Cóyotl Indoal. Componíanle a éste con todos atavíos de aquel dios, como arriba se dijeron. Y si era alguna persona de caudal este que hacía fiesta, mataba dos o tres o mis esclavos que se llamaban tlaltiltin a honra de aquellos dioses. Y si no era persona de caudal, mataba uno a honra de aquel dios que se llama Cóyotl Indoal.

Cuando se hacía la fiesta, todos los viejos amantecas se juntaban en el barrio de Amantlan; allí cantaban y hacían velar a todos los que habían de morir a honra de aquellos dioses. Y tenían costumbre para quitar el miedo a los que habían de morir: para que no temiesen la muerte, dábanles a beber un brebaje que llaman itzpactli. Este brebaje desatinaba o emborrachaba, para que cuando les cortasen los pechos estuviesen sin sentido. Había algunos de estos esclavos alocados que ellos mismos, corriendo, se subían a lo alto del cu, deseando que los matasen de presto, deseando de acabar presto la vida.

La segunda vez cuando hacían fiesta a estos dioses, que se llamaba tlaxuchimaco, no mataban a ningún esclavo. Hacían entonces la fiesta a honra de las dos diosas, que la una se llamaba Xiuhtlatli y la otra Xilo; también está honra la enderezaban a honra de los otros cinco dioses. En está fiesta todas las mujeres amantecas se juntaban en el barrio de Amantlan, y todas se componian de los afeites y atavíos de estás dos diosas, como arriba se dijo; pero los hombres solamente se emplumaban las piernas con pluma colorada. Y entonces ofrecían sus hijos e hijas estos amantecas a estos dioses y diosas. Si era varón el que se ofrecía, prometían de meterle en el calmécac para que allí se criase; y después cuando venían años de discreción, enseñábanle para que deprendiese el oficio de tultecáyotl con la ayuda de aquellos dioses. Y si era mujer la que se ofrecía, demandaban a aquellos dioses que le ayudase para que fuese gran labrandera y buena tinturera de tochómitl en todas las colores, así para pluma como para tochómitl.

El barrio de los amantecas y el barrio de los puchtecas estaban juntos. Y también los dioses de los amantecas y de los puchtecas estaban pareados. El uno se llamaba Yiacatecutli, que es el dios de los mercaderes; y el otro se llamaba Cóyolt Indoal, que es el dios de los amantecas. Por está causa los mercaderes y los oficiales de la pluma honrávanse los unos a los otros. Y cuando se sentaban en los combites, de una parte se sentaban los mercaderes, de la otra parte los oficiales de la pluma. Eran casi iguales en las haciendas y en las hacer de las fiestas o banquetes, porque los mercaderes traian de lejas tierras las plumas ricas, y los amantecas las labraban y componían, y hacían armas y divisas y rodelas de ellas, de que usaban los señores y principales, que eran de muchas maneras y de muchos nombres, como en la letra está explicado.

Y antes que tuviesen noticia de las plumas ricas de que se hacen las divisas y armas arriba dichas, estos toltecas labraban plumajes para bailar, de plumas blancas y negras, de gallinas y de garzotas y de ánades. No sabían entonces aún los primores de este oficio que agora se usan; toscamente componían la pluma y la cortaban con navajas de itztli, enzima de tablas de auéuetl. Las plumas ricas parecieron en tiempo del señor que se llamaba Auítzotl, y truxerónlas los mercaderes que llamaban tecunenenque, cuando conquistaron a las provincias de Anáuhac. Entonces comenzaron los amantecas a labrar cosas primas y delicadas.

Capítulo XX. De los instrumentos con que labran los oficiales de la pluma

En está letra se ponen todos los instrumentos que usaban estos oficiales de la pluma, y también ahora los usan dondequieran que están; por eso no se declara en la lengua española. Quien quisiere verlos y saber sus nombres, de los mismos oficiales lo podrá saber y verlos con sus ojos.

Capítulo XXI. De la manera que tienen en hacer su obra estos oficiales

En está letra se pone la manera de obrar que tienen los oficiales de la pluma, donde se ponen por menudo todas las particularidades de este oficio. Quien quisiere verlas y entenderlas, podrálo ver con sus ojos en las casas de los mismos oficiales, pues que los hay en todas las partes de está Nueva España, y hacen sus oficios.

Libro X. De los vicios y virtudes de está gente indiana, y de los miembros de todo el cuerpo, interiores y esteriores, y de las enfermedades y medicinas contrarias, y de las naciones que a está tierra han venido a poblar

Prólogo
Si bien se considera la predicación evangélica y apostólica, hallarse ha muy claro que la predicación de los católicos predicadores ha de ser vicios y virtudes, persuadiendo lo uno y disuadiendo lo otro. Y lo más continuo ha de ser el persuadirlos las virtudes teologales y disuadirlos los vicios a ellas contrarias. Y de esto hay mucha materia en los seis libros primeros de está historia y en la postilla. sobre las epístolas y evangelios de los domingos de todo el año que hice. Y muy más resolutamente en la doctrina cristiana que los doce primeros predicadores predicaron a está gente indiana, la cual yo como testigo de vista copilé en está lengua mexicana. Y para dar mayor oportunidad y ayuda a los predicadores de está nueva iglesia, en este volumen, he tratado de las virtudes morales según la inteligencia y práctica y lenguaje que la misma gente tiene de ellas. No llevo en este tratado la orden que otros escritores han llevado en tratar está materia, más llevo la orden de las personas, dignidades, y oficio y tratos, que entre está gente hay, poniendo la bondad de cada persona, y luego su maldad con copia de nombres, sustantivos, adjetivos y verbos, donde hay gran abundancia de lenguaje muy propio y muy común entre ellos. Contiénense también por el mismo estilo en este volumen todas las partes del cuerpo, interiores y esteriores, muy por menudo. Y tras esto las más de las enfermedades y las medicinas contrarias, y junto a esto casi todas las generaciones que a está tierra han venido a poblar.

Comienza el décimo libro de la General Historia, en que se trata de los vicios y virtudes, así espirituales como corporales de toda manera de personas

Capítulo I. De las calidades y condiciones de las personas conjuntas por parentesco
El padre es la primera raíz y cepa del parentesco. La propiedad del padre es ser diligente, cuidadoso, que con perseverancia rija su casa y la sustente. El buen

padre cría y mantiene a sus hijos, y dales buena crianza y doctrina, y ríñelos y dales buenos ejemplos y buenos consejos, y hace tesoro para ellos y guarda. Tiene cuenta con el gasto de su casa y regla a sus hijos en el gasto, y provee las cosas de adelante.

La propiedad del mal padre es ser perezoso, descuidado, ocioso. No se cura de nadie; deja por su flojura da hacer lo que es obligado; pierde el tiempo en balde.

La propiedad de la madre es tener hijos y darles leche. La madre virtuosa es vigilante, ligera, no se para, diligente, veladora, solícita, congojosa. Cría a sus hijos; tiene contino cuidado de ellos; tiene vigilancia en que no les falte nada; regálalos. Es como esclava de todos los de su casa; congójase por la necesidad de cada uno; de ninguna cosa necesaria en casa se descuida; es guardadora; es laboriosa o trabajadora.

La madre mala es boba, necia, dormilona, perezosa, desperdiciadora, persona de mal recaudo, descuidada de su casa; deja perder las cosas por pereza o por enojo; no cura de las necesidades de los de su casa; no mira por las cosas de su casa; no corrige las culpas de los de su casa; y por eso cada día se empeora.

Hay entre está gente hijos legítimos e hijos bastardos. hijo bien acondicionado o virtuoso: el hijo bien acondicionado es obediente, humilde, agradecido, reverente; imita a sus padres en las costumbres, y en el cuerpo es semejante a su padre o a su madre.

Hijos viciosos: el mal hijo es travieso, rebelde o desobediente, loco, travieso, no acogido a buen consejo; echa a las espaldas la buena doctrina con desdén; es desasosegado, desbaratado fanfarrón, vanaglorioso, malcriado, bobarrón o tosco; no recibe ninguna buena doctrina; los buenos consejos de su padre y de su madre por una oreja le entran y por otra le salen; aunque le azoten y aunque le apaleen, no por eso se enmienda.

Hija virtuosa. La moza o hija que se cría en casa de su padre estás propiedades buenas tiene: es virgen de verdad, nunca conocida de varón; es obediente, recatada, entendida, hábil, gentil mujer, honrada, acatada, biencriada, doctrinada, enseñada de persona avisada, avisada, guardada.

La hija viciosa. La hija mala o bellaca es mala de su cuerpo, disoluta, lozana, puta, pulida; anda pompeándose; atavíase curiosamente; anda callejeando;

dase al vicio de la carne; Andase a la flor del berro; su vida y su placer es andar a la flor del heno; anda hecha loca.

Hijo o hija regalados. Muchacho o muchacha que sale a los suyos de generación noble o generoso o generosa; hija delicada, regalada, tierna, hermosa.

Hija mayor, primogénita; hija segunda; hija tercera; hija postrera. No se debe ofender el lector prudente en que se ponen solamente vocablos y no sentencias en lo arriba puesto y en otra partes adelante, porque principalmente se pretende en este tratado aplicar el lenguaje castellano al lenguaje indiano, para que se sepan hablar los vocablos propios de está materia de viciis et virtutibus.

Muchacho o muchachas virtuosas. El muchacho o muchacha de buena condición es diligente, vivo y agudo, ligero, y comedido, y discreto y obediente, que hace de buena gana lo que le mandan.

Muchacho vicioso. El muchacho bellaco tiene estás propiedades: es perezoso, pesado, gordinflón, bobo, necio, tosco, indiscreto, que entiende las cosas al revés; hace las cosas al revés, inhábil, sisón, alocado, loco, que siempre anda de casa en casa, de lugar en lugar, bellaco fino, enfermo de todas enfermedades.

Tío. El tío tenían por costumbres estos naturales de dejarle por curador o tutor de sus hijos y de su hacienda y de su mujer y de toda la casa.

El tío fiel tornaba a su cargo la casa de su hermano y mujer como la propia suya.

Tío vil. La propiedad del mal tío es ser desperdiciador, desbaratado; es aborrecedor y despreciador.

Tía. La tía suele ser sustentadora y bandeadora de sus sobrinos. La buena tía es piadosa; favorece a los suyos; tiene contino cuidado de los suyos; tiene real condición; es congojosa en buscar lo necesario para los suyos.

Tía vil. La tía que es mala condicionada es brava, carienojada, rostrituerta; nadie se halla bien con ella; es desapegada; siempre mira con ojeriza; a todos estima en vasura; mira con desdén o menosprecio.

Sobrino o sobrina. De una manera llaman los hombres a su sobrinos y de otra manera los llaman las mujeres. Los hombres dicen al sobrino nómach, y las mujeres dicen al sobrino nopilo, nopilotzin.

La condición del buen sobrino es comedirse a hacer lo que conviene sin que nadie se lo mande. Lo que le mandan una vez no es menester decírselo otra vez.

Las condiciones de sobrino vicioso que se cría sin padre ni madre entre sus tíos y tías que no tienen cuidado de castigarle; entiéndese de todo muchacho vicioso o travieso.

Entre estos naturales un vocablo usan los hombres para decir sobrino, que es machtli, y otro vocablo usan las mujeres, que es tepilo o píloil. El sobrino tiene necesidad de ser doctrinado, enseñado, castigado y azotado. El buen sobrino tiene la condición del buen hijo. Véase allí. Hace los oficios humildes de casa; es paciente cuando lo reprenden.

El sobrino mal acondicionado es huidor, perezoso y dormilón; escóndese, sisa, hurta de lo que le dan a guardar.

Abuelo. El abuelo tiene las propiedades que se siguen. Tiene el cuerpo duro y correoso; tiene los cabellos canos, cabeza blanca; es impotente, inútil o infructuoso; es como niño; está ensaterido o hecho santo. El buen abuelo tiene las propiedades del buen padre.

Véanse allí. De más de esto, es caduco, de poco seso.

Abuela. En está lengua para decir abuela tiene vocablo particular que es citli o teci. La abuela tiene hijos, nietos y tartaranictos. La condición de la buena abuela: reprende a sus hijos y nietos; ríñelos, y doctrínalos y castígalos; enséñalos cómo han de vivir. Las condiciones de la mala abuela son estás: es vieja, boba o tocha, de mal concierto y de mal recaudo, desperdiciadora y de mal ejemplo.

Bisabuelo. El bisabuelo es decrépito, es otra vez niño. Pero bisabuelo que tiene buen seso es hombre de buen ejemplo y de buena doctrina, de buena fama, de buena nombradía; deja obras de buena memoria en vida, en hacienda, en generación, escritas como un libro.

El bisabuelo malo es como muradal, como rincón, como oscuridad, digno de ser menospreciado, digno de ser reprendido o reñido, digno de ser escarnecido, digno que los que viven le murmuren donde está en el infierno. Le escarnecen y escupen todos; da pena o enojo su memoria o su vista.

Bisabuela. La bisabuela es de edad decrépita; es como niña en la condición. La bisabuela buena es digna de ser loada, digna que se le agradezca el bien que hizo a sus descendientes; glórianse los descendientes de nombrarla por su bisabuela. Es principio de generación o linaje. La mala bisabuela es aborrecible;

nadie oye de buena gana su nombre; su presencia o su memoria provoca a náusea o asco; da enojo.

Tatarabuelo. Tatarabuelo, y tatarabuela. Tiémblale la cabeza y el cuerpo; anda siempre tosiendo; anda accadillando de flaqueza; ya está en lo último de vejez. El buen tatarabuelo o tatarabuela es en lugar de padre y madre de sus descendientes; es como preciosa raíz o fundamento. El mal tatarabuelo o tatarabuela es vicio ruin, raíz ruin y desechada; hizo mala vida; deja desabridos a los suyos.

Nieto o nieta. El nieto o nieta es amado, es querido, es estimado; procede de sus antepasados como las espinas en que nascen, o como el ripio de la piedra que se labra, o como los hijos de la mazorca ahijada que se llama cacámatl, mendrugo vivo, preciado como piedra preciosa, como pluma rica, imitador de los suyos en gesto y en obras. El buen nieto sigue los buenos ejemplos de los suyos; es imagen viva de los suyos; da honra a los suyos con su buena vida; brota como flor entre los suyos. El nieto travieso deshonra a los suyos; empulvoriza la honra de los suyos; es disoluto y absoluto; no toma parecer de nadie en lo que ha de decir; rígese a sí mismo como quiere; júzgase como se le antoja; es fino, bellaco y grandísimo.

Capítulo II. De los grados de afinidad
Suegro. El suegro es aquel que tiene yerno o nuera vivos; si son muertos, llámase miccamontatli. El suegro busca la mujer para su hijo y casa a sus hijas, y tiene cuidado de sus nietos. El buen suegro tiene cuidado de dar lo que han menester a su yerno y a su nuera; ponerlos en su casa. El mal suegro siembra odio entre su nuera o su hijo, entre su hija y su yerno; a nadie quiere tener en su casa; es escaso, abariento.

Suegra. La suegra hace de su parte para con sus hijos todo lo que se dijo del suegro. La buena suegra guarda a su nuera y zélala con discreción. La mala suegra huelga que su nuera dé mala cuenta de sí; es desperdiciadora de los suyo y de lo ajeno; es infiel a su nuera, padre del suegro. El padre señor, o padre de suegro, tiene todas las condiciones que se dijeron del suegro. El buen señor es rico; tiene muchas que con su trabajo ha ganado. El ruin padre señor es pobre, es mezquino, es desaprovechado; nunca sale de lazeria.

Madre del suegro o suegra. La madre señora, madre del suegro o suegra, tiene las condiciones de la suegra. La buena madre señora es vieja, honrada, amable, venerable. La ruin madre señora daña y perjudica a sí y a los suyos; deja deudas hechas que después paguen sus sucesores.

Yerno. El yerno es mancebo, casado; es exento de la orden de los tlamacacques y telpuchtles. El buen yerno es honrador, reverenciador y amador de sus suegros. El ruin yerno es desvergonzado, arañador o codicioso; hurta de la casa de su suegro lo que puede; es amancebado.

Nuera. La nuera es pedida, es mujer legítima. La buena nuera no es parlera ni vozinglera; es callada; es sufrida; recibe en paciencia las represiones; ama y regala y alaga a su marido, y apacíguale. La nuera mal acondicionada es respondona y enterriada, corajuda, colérica, brava; es furiosa, envidiosa; enójase, entérriase, embrabézase.

Cuñado. Cuñado debe ser de condición blanda, suave, ganador, trabajador oficial, benigno y llano. Cuñado mal acondicionado es envidioso, rancoroso; encorájase, entérriase.

El cuñado tiene cuñado y cuñada; tiene suegro y suegra; tiene parientes y parientas. El mal cuñado amancébase con la cuñada, y amancébase con su suegra; es importuno para que lo den alguna hacienda.

La cuñada tiene hermano o hermanos mayores; tiene hermano o hermanos menores. La buena cuñada es mansa, benigna; es ayudadora; pone paz entre su hermano y su cuñado. La mala cuñada siembra reñillas o discordias entre su cuñado y su hermano.

La mujer dice a su cuñada nouezui. Es persona que tiene parientes; es hermana mayor o menor; es regalada o generosa. La buena cuñada es agradecida. La mala cuñada sisa y es enteresal.

Hermano mayor. El hermano mayor lleva toda la casa de su padre; doctrina a sus hermanos menores; relévalos del trabajo hasta que sean de edad para trabajar.

Padrasto. El padrasto es que se casa con mujer de otro marido que murió y dejó hijos e hijas, los cuales toma por andados o andadas; es perseverante en los trabajos. El mal padrasto aborrece a sus andados; no los puede ver; desdalos la muerte.

Madrasta. La madrasta es aquella que se casó con algún hombre que tiene hijos de otra mujer. La madrasta de buena condición trata con amor y con gracia a sus andados y regálalos. La madrasta mal acondicionada es brava, rancorosa, mal encarada; siempre mira con ojos irados.

Antenados. Entenado o entenada, o andado o andada, es aquello o aquel que le faltó de su padre o de su madre, y que está en poder de su padrasto o de su madrasta. El buen entenado o entenada es humilde, recogido; tiene acatamiento y reverencia. El entenado travieso y bellaco es atrevido, es presuntuoso; hace de él grave cuando le mandan o achicase; es murmurador y detraedor; a todos menosprecia y tiene en poco.

Capítulo III
Viejos. El viejo es cano; tiene la carne dura; es antiguo de muchos días; es esperto; ha experimentado muchas cosas; ganó muchas cosas por sus trabajos. El buen viejo tiene fama y honra; es persona de buenos consejos y castigos; cuenta las cosas antiguas; persona de buen ejemplo. El mal viejo finge mentiras; es mentiroso, borracho y ladrón; es caduco, fanfarrón; es tocho; miente; finge.

Viejas. La vieja está siempre en casa; es casera; es guarda de la casa. La vieja honrada manda a los de casa lo que han de hacer; es lumbre; es espejo; es dechado. La vieja ruin es como rincón, como oscuridad; engaña y deshonra.

Mancebos. El varón es fuerte, es recio, fornido, esforzado. El buen varón es trabajador, ligero, diligente. El ruin varón es perezoso, pesado, fofo, flujo, pedazo de carne con dos ojos; hurta, esconde, sisa; traidor, robador.

Mujer moza. La mujer de media edad tiene hijos e hijas; tiene marido; es casada. La buena mujer es diestra en la obra de tejer y labrar; es buena maestra de guisar la comida y bebida; labra y trabaja; es diligente y discreta. La ruin mujer es tonta e inútil.

Hombre de perfecta edad. El hombre de perfecta edad es de robusto corazón; es esforzado; es prudente; es entendido; es vivo. El buen varón de perfecta edad es trabajador; es sufrido en los trabajos. El mal varón de perfecta edad es mal mandado; es atronado; es desatinado.

Mujer de perfecta edad. La mujer de perfecta edad es honrada, digna de ser reverenciada, grave, mujer de su casa; nunca reposa; vividora; esfuérzase a trabajar. La mala mujer de perfecta edad es bellaca; es deshonesta; es mala mujer, puta; ataviase curiosamente; es desvergonzada y atrevida y borracha.

Mancebillo. El mancebo de bien es gentil hombre; es bien dispuesto; es ligero, suelto, gracioso en hablar, donoso. El mancebo bien acondicionado es obediente; es pacífico; es cuidadoso y diligente; obedece, trabaja; es casto; vive avisadamente y cuerdamente.

Mozuela. La doncella buena es gentil mujer; es hermosa; es bien dispuesta; es avisada; presume de la honra para guardalla; no consiente que nadie se burle con ella. La doncella virtuosa es esquiva; es escondida y celosa de sí misma; es casta; guárdase; tiene mucho cuidado de su honra y de su fama; no consiente que nadie se burle con ella. La doncella deshonesta hace buen barato de su cuerpo; es desvergonzada; es loca, presuntuosa; tiene mucho cuidado de lavarse y de bañarse; tiene andar deshonesto, requebrado y pomposo.

Muchacho. El muchacho bien afortunado es delicado; tiene madre y padre; es amado de ellos bien como único hijo; tiene hermanos mayores y menores; es docible; es bien mandado. El muchacho bien acondicionado es obediente; es bien mandado; tiene reverencia a los mayores; es humilde. El muchacho bellaco es trabieso; es incorregible, mal inclinado y de mal corazón; es fugitivo; es ladrón; es mentiroso.

Niño o niña. El infante o infanta es delicado, bien dispuesto, sin tacha corporal; es hermoso, bien criado, sin enfermedad ninguna del cuerpo; es generoso; criase delicadamente con mucho cuidado. El infante travieso que no cura de generosidad es feo, desgraciado, mal acondicionado; es enfermo y apasionado de diversas pasiones; manco de los pies o de las manos, y bocquín.

El niño de cinco o seis años, bonito y bien acondicionado, es alegre; es risoeño; es gracioso; es regocijado; salta y corre. El muchacho de está edad mal acondicionado llora y encorájase; es encorajado y emberrecado.

Capítulo IV. De los oficios, condiciones y dignidades de personas nobles
Persona de manera o estado, o generosas. La persona generosa o de gran linaje es de gran estima; es de gran precio; es digna de ser reverenciada; es digna de ser temida; es persona que espanta; es digna de ser obedecida. La persona generosa bien acondicionada es amorosa; es piadosa; es compasiva; es liberal;

imprime reverencia en los que le ven. La persona generosa mal acondicionada es insufible; es temerosa; quiere ser temida y reverenciada; imprime temblor y espanto; es alborotador de los suyos.

Este nombre tlácatl quiere decir persona noble, generosa o magnífica. Y su compuesto, que es atlácatl es contradictorio: significa persona vil y de baja suerte. Y los compuestos de tlácall, que se componen con nombres numerales, significan persona común, como diciendo: cetlácatl, «una persona», hombre o mujer; umetlácatl, «dos personas», hombres o mujeres; y diciendo: cuix tlácati, quiere decir es «persona vil y de baja suerte»; y cuando dicen: cacenca tlácati, quieren decir «es persona muy de bien», «es muy noble o muy generosa».

Las excelencias del señor, rey o emperador, obispo o papa, pónense por vía de metáfora. Ceoallo hecauhyo, quiere decir cosa que «hace sombra», porque el mayor ha de hacer sombra a sus súbditos; malacayo, «cosa que tiene gran circuito en hacer sombra», porque el mayor ha de amparar a todos, chicos y grandes; ptichoti, es un árbol que hace gran sombra y tiene muchas ramas; audued, es de la misma manera porque el señor ha de ser semejante a estos árboles donde todos sus áditos se amparen. El mayor ha de ser reverenciable, espantable, preciado y temido de todos. El mayor que hace bien su oficio ha de llevar a sus súbditos, unos a cuestas, otros en el regazo, otros en brazo; halos de allegar y tener debajo de sus alas como la gallina a los pollos.

El senador tiene estás propiedades, conviene a saber, ser juez y saber bien averiguar los pleitos; ser respetado, grave, severo, espantable, y tener presencia digna de mucha gravedad y reverencia, y ser temido de todos.

El buen senador es recto juez y oye a entrambas partes, y pondera muy bien la causa de los unos y de los otros. Y da a cada uno lo, que es suyo y siempre hace justicia derecha. No es acetador de personas y sin pasión hace justicia.

El mal senador por el contrario es acetador de personas y es apasionado, acuesta a una parte o es parcial; amigo de cohechos y en todo interesal.

La persona noble o de linaje es de buenas entrañas, de real condición y de honesta vida, humilde, avisado, recatado, amado de todos, pacifico, hombre cabal, sosegado, de buena y limpia vida, sabio y prudente.

Por el contrario, la persona que es de buen linaje y mal acondicionado es muy entremetido en todo, inquieto, soberbio, alocado, medio chocarrero, molesto y penoso a todos, burlador, atrevido y determinado.

El verdadero caballero es muy estimado, amado, y de buena condición; a todos quiere bien y tiénelos en mucho, y con todos vive en paz y amor; a todos honra y les muestra benevolencia, y con todos es bien hablado.

Y el caballero mal acondicionado es de bajo quilate, imprudente, tonto, desatentado o atolondrado, precipitado o inconsiderado en todo, y a todos es penoso, fastidioso y enojoso.

El que es ilustre o generoso es como una piedra preciosa y como una joya rica, o como la pluma preciada, y así es digno de ser muy bien tratado y regalado, y tenido por hombre noble, generoso; al fin, de muy esclarecido linaje y de los finos y mejores caballeros. El generoso de buena condición tiene todo lo siguiente, que arna y respeta a todos; no es soberbio; es pacífico, y con gran cordura todo lo hace, y muy curial en lo que habla.

El generoso de mala condición es desasosegado y revoltoso, y con su mala vida y condición a todos es desabrido y degustoso; mal mirado en su habla y tosco en sus costumbres.

Capítulo V. De las personas nobles

El hidalgo tiene padre y madre legítimos, y sale o corresponde a los suyos en gesto o en obras. Y entre los hijos hidalgos hay primogénito, unigénito mayor, e hijo segundo e hijo tercero e hijo postero. Y que hae hijo hidalgo que tiene hermanos abuelos y abuelas. Y hae hidalgos muy queridos, delicados, regalados y servidos.

El buen hidalgo es obediente e imita a sus padres en costumbres, y es recto y justo, pronto y alegre a todas las cosas; figura o traslado de sus antepasados.

El mal hidalgo es alocado, torpe, mal acondicionado, desgraciado, perverso o infernal; deshonra y afrenta de su linaje. El que desciende de personas nobles es gentil hombre, maravilloso en sus cosas.

El que desciende de buen linaje y bien acondicionado es discreto, y curioso en saber y buscar lo que le conviene, y en todo tiene prudencia y consideración.

El que desciende de buen linaje y mal acondicionado es soberbio y codicioso en gran manera, y quiere ser tenido en más que los otros.

La persona noble de buen linaje siempre procura de tomar buenos ejemplos y sacar buenas costumbres de los buenos.

La noble persona de buen natural es docible y remeda a los buenos y es ejemplar.

La persona noble incapac es escandalosa, disimulada, alocada, y muy entonada.

La persona noble de buena ralea es elocuente, o humilde en su habla, blando y afable a todos, bien acondicionado y querido de todos. La tal persona es mansa, pacífica y humilde, y tiene buen bonete. Y la que no es tal, digo la que es mala, es desagradecida, soberbia y loca.

La persona de buen solar es de buena condición, de blanda palabra y de buena vida. La tal persona se conduele o se compadece de los trabajos ajenos; es muy sosegada en el hablar. Y la que es mala, es parlera, dura en hablar, prolija y porfiada; al fin, tal que con sus voces quiere espantar y salir con la suya.

La persona de solar conocido es avisado, bien criado y doctrinado y enseñado. La tal persona amonesta y doctrina a los otros y les da buen ejemplo, y es como regla, espejo y lumbre y guía de todos los de su manera. Y la que es mala, es escandaloso, doblado, revoltoso y sembrador de cizañas, bullicioso y presuntuoso.

La persona de estima tiene modo y medida en todo. La tal persona no se precipita en cosas, sino que las hace con gran tiento; ni es nada necio, antes todo lo inquiere y escudriña y busca los medios convertibles. Y la persona de estima que es mala es indiscreto y habla fuera de propósito, y entremetido en pláticas de otros, sin ser llamado para ello; y tanto habla que no da lugar de hablar a los otros. Al fin, muy curioso de entender lo que se trata entre los otros.

La persona noble que desciende de buenos. La tal persona que es buena es liberal, dadivoso, y mantiene a muchos, y así con su larqueza recrea a muchos. Y la tal persona mal acondicionada es avarienta, escasa, apretada a los suyos; pero por otra parte para sí es gastadora, amiga de golosinas.

La persona que viene de buen tronco. La tal persona, si es buen acondicionada, ensalza, alaba y encarece las cosas de los otros, hablando bien de ellas. La tal persona mal acondicionada se hace muy generosa, diciendo que trae su origen de los mejores caballeros, menospreciando, y aun en nada teniendo, a los otros; gloriándose y jactándose de su linaje.

La persona que viene de limpia sangre es mansa y blanda. Y la tal persona consuela, esfuerza de ánimo a los otros y los alivia de los trabajos. Y la que es mal acondicionada es áspera, y de áspera y dura condición; y que mira a otros con ojeriza, y de envidia huélgase de las adversidades ajenas; y de enojado arroja por ahí lo que se le ofrece a las manos.

La persona que desciende de buena sangre es buen hijo, noble, generoso, descendiente de buenos nobles e hidalgos. Y la que es mal acondicionada es ingrata a los que le hacen y le hicieron bien; no teniendo memoria de ellos, ándase paseando, gastando su vida en placeres y deleites. Y para hacer bien a sus bienhechores está duro más que la piedra dura y el hierro, aunque para la holgura o pasatiempo es como cera.

La persona notable es hombre cabal, hombre sin malicia, constante en los bueno. Y la tal persona ennoblece, honra y afama a los suyos. Y la que es mala, deshonra y apoca y tiene a todos debajo de sus pies; es presuntuoso, y menosprecia a todos, glorándose de su linaje.

Capítulo VI. De los varones fuertes

Entre los hombres hay estás propiedades generalmente: que unos son altos y otros chicos de cuerpo; unos son gordos y otros delgados; unos son bien dispuestos y otros no; unos de mediana estatura y otros no; unos de buena presencia y otros no.

Las propiedades de hombres fuertes son que son amigos de guerras; son de buenas fuerzas y de gran Animo y fuerte corazón. El varón que de verdad es fuerte es esforzado, colérico, varonilmente pelea, y muy determinado para acometer, desbaratar y matar a los enemigos, sin temer a nadie, ni sin volver la cara a nadie. El varón cobarde, por el contrario, por su disimulacón echa a perder a los suyos y los vende, siendo el hombre doblado, malicioso, descuidado para con sus amigos, muy medroso.

El hombre valiente, que se dice tiácauh es de estás condiciones: que es invencible, robusto, recio y fuerte. El cual nunca vuelve allás, ni tiene en nada los fieros. El que de verdad es tal. tiene estás calidades, que con ánimo pelea, vence, cautiva, al fin, asuela a los pueblos, de modo que parece los va barriendo, que no queda señal, y al cabo triunfa de los vencidos. Y el malo y fingido tiácauh, por el contrario, es vanaglorioso y jactancioso, diciendo que él es un águila y león en la guerra por ser muy valiente, siendo él muy medroso.

El hombre y varón fuerte llamado cuáchic tiene estás propiedades: que es amparo y muralla de los suyos, furioso o rabioso contra sus enemigos, valentaco por ser membrudo; al fin, es señalado en la valentía. El que es tal, es dispuesto y hábil para la guerra y socorre a los suyos sin temer la muerte; a todos los desbarata y en todos hace riza, que parece los va barriendo, por lo cual pone gran ánimo y osadía y confianza a los suyos, hiriendo, matando y cautivando a los enemigos, sin perdonar a nadie. Y el que no es tal es afeminado y de nodada se espanta; apto más para huir que para seguir a los enemigos, muy delicado, espantadizo y medroso, que en todo se muestra cobarde y mujeril. El maestre de campo o capitán es de está calidad, que para mostrar su oficio trae coleta de cabellos que cuelga atrás, bezote y orejeras, y trae siempre sus armas consigo. Y el que es tal es diestro y experimentado en la guerra, y suele inventar ardides, busear lugares y caminos contra los enemigos, y poner a todos espanto y miedo, y muy confiado en su valentía. Y el que no es tal es muy dado al sueño, en todo descuidado, y tal que echa a perder a todos por ser medroso y espantadizo y amedrentador de los otros.

El capitán general tiene por oficio mandar en la batalla y dar orden y manera para efectuaba, y concertar los escuadrones, teniéndose por grande águila y león, y presumiendo de ser victorioso por los buenos aderezos con que va adornado a la guerra a manera de águila, y dando a entender que su oficio es morir en la guerra por los suyos. El buen capitán general es vigilante y dispone bien los escuadrones y con su industria y sagacidad inventa ardides para vencer, para lo cual manda hacer proveer a todos de armas y de vituallas, y hace abrir caminos y hállase presente a todo; y hace asentar tiendas y sitiar el tiánquiz del real, y señalar centinelas, y repartir los soldados para desañar, provocar y hacer emboscadas, y para espías. El que no es tal suele ser causa de muchos males y muertes, y poner a los suyos en trabajos y peligros.

Capítulo VII. De los oficiales plateros, o oficiales de plumas
El oficial de cualquier oficio mecánico primero es aprendiz y después es maestro de muchos oficios, y de tantos que de él se puede decir que él es *omnis homo*. El buen oficial mecánico es de estás condiciones: que a él se le entiende bien el oficio, en fabricar e imaginar cualquier obra, la cual hace después con facilidad y sin pesadumbre. Al fin, él es muy apto y diestro para trazar, componer, ordenar,

aplicar cada cosa por sí, a propósito. El mal oficial es inconsiderado, engañador, ladrón, y tal que nunca hace obra perfecta.

El oficial de plumas es único, hábil e ingenioso en el oficio. El tal oficial, si es bueno, suele ser imaginativo, diligente, fiel y convertible, y desempachado para juntar y pegar las plumas y ponerlas en concierto, y con ellas, siendo de diversas colores, hermosear la obra; al fin, muy hábil para aplicarlas a su propósito. El que no es tal es falso y de rudo ingenio, bozal y nada vivo para hacer bien su oficio, sino que cuanto se le encomienda todo lo echa a perder.

El platero es conocedor del buen metal y de él hace cualquier obra sutil y artificiosamente. El buen platero tiene buena mano y todo lo que hace lo hace con medida y compás, y sabe apurar bien cualquier metal, y de lo fundido hacer planchuelas o tejuelos de oro o de plata; también sabe hacer moldes de carbón y echar metal en el fuego para fundillo. El mal platero no sabe acendrar la plata; déjala revuelta con ceniza; astuto para sacar y hurtar algo de la plata o del oro.

El buen herrero es vivo, hábil, de buen juicio y sentido en sus obras, y suele bender con la tajadera, majar o martillar, y usar de fragua y de fuelles y de carbones, y cortar el hierro de presto, como si fuese alguna cera. El mal herrero es mentiroso o burlador, perezoso, descuidado, de pocas fuerzas, y hace mal hechas las obras por hacerlas deprisa, y hace la obra falsa, allende de ser prolijo en su oficio.

El lapidario está bien enseñado y examinado en su oficio, buen conocedor de piedras, las cuales para labrarlas quítales la roca, córtalas y las junta o pega con otras sutilmente con el betún para hacer obra de mosaico. El buen lapidario artificiosamente labra e inventa labores, sutilmente esculpiendo y puliendo muy bien las piedras con sus instrumentos que usa en su oficio. El mal lapidario suele ser torpe o bronco; no sabe pulir, sino que echa a perder las piedras, lavándolas atolondronadas o desiguales, o quebrándolas o haciéndolas pedazos.

Capítulo VIII. De otros oficiales, como son carpinteros y canteros
El carpintero es de su oficio hacer lo siguiente: cortar con hacha, bender las vigas y hacer trocos y aserrar, cortar ramos de árboles y bender con cuilas cualquiera madera. El buen carpintero suele medir y compasar la madera con nivel, y labrarla con la juntera para que va derecha, y acepillar, emparejar y entarugar. y encajar unas tablas con otras, y poner las vigas en concierto sobre

las paredes; al fin, ser diestro en su oficio. El mal carpintero desparpaja lo que está bien acepillado, y es descuidado, tramposo y dañador de la obra que le dan para hacer; y en todo lo que él hace es torpe y en nada curioso.

El cantero tiene fuerzas y es recio, ligero, diestro en labrar y aderezar cualquier piedra. El buen cantero es buen oficial, entendido y hábil en labrar la piedra, en desbastar, esquinar y bender con la cuña, y hacer arcos, esculpir y labrar la piedra atificiosamente. También es su oficio trazar una casa, hacer buenos cimientos y poner esquinas, y hacer bortadas y ventanas bien hechas, y poner tabiques en su lugar. El mal cantero es flojo, labra mal y viesamente, y en el hacer de las paredes no las fragua, hácelas torcidas o acostadas a una parte, y corcobadas.

El albañil tiene por oficio hacer mezcla, mojándola bien, y echar tortas de cal, y emplanarla y brunilla o lucilla bien. El mal albañil, por ser inhábil, lo que encala es atolondrado, ni es liso, sino hoyoso, áspero y tuerto.

El pintor es su oficio saber usar de colores y dibujar o señalar las imágenes con carbón, o hacer buena mezcla de colores y sabellas muy bien moler y mezclar. El buen pintor tiene buena mano y gracia en el pintar, y considera muy bien lo que ha de pintar, y matiza muy bien la pintura, y sabe hacer las sombras y los lejos, y pintar los follajes. El mal pintor es de malo y boto ingenio, y por esto es penoso y enojoso, y no responde a la esperanza del que da la obra, ni da lustre en lo que pinta, y matiza mal; todo va confuso; ni lleva compás o proporción lo que pinta por pintallo deprisa.

De los cantores: el cantor alza la voz y canta claro; levanta y baja la voz, y compone cualquier canto de su ingenio. El buen cantor es de buena, clara y sana voz, de claro ingenio y de buena memoria y canta en teflor, y cantando baja y sube y ablanda o templa la voz, entona a los otros, ocdpase en componer y en enseñar la música, y antes que cante en público primero se ensaya. El mal cantor tiene voz hueca o áspera o ronca; es indocto y bronco; más por otra parte es presuntuoso y jactancioso, y desvergonzado e envidioso, molesto y enojoso a los demás por cantar mal, y muy olvidadizo y abariento en no querer comunicar a los otros lo que sabe del canto, y soberbio y muy loco.

De los sabios: el sabio es como lumbre o hacha grande, y espejo luciente y pulido de ambas partes, y buen dechado de los otros, entendido y leido. También es como camino y guía para otros. El buen sabio, como buen médico, remedia bien las cosas; da buenos consejos y buena doctrina con que alumbra y guía a los demás, por ser él de confianza y de crédito, y por ser cabal y fiel en todo. Y para que se hagan bien las cosas, da orden y concierto, con lo cual satisface y contenta a todos, respondiendo al deseo y esperanza de los que se llegan a él; a todos favorece y ayuda con su saber. El mal sabio es mal médico, tonto y perdido, amigo del nombre de sabio y de vanagloria; y por ser necio es causa de muchos males y de grandes errores, peligroso y despeñador y engañador o embaucador.

De los médicos: el médico suele curar y remediar las enfermedades. El buen médico es entendido, buen conocedor de las propiedades de hierbas, piedras, árboles y raíces, experimentado en las curas, el cual también tiene por oficio saber concertar los huesos, purgar, sangrar y sajar, y dar puntos; al fin, librar de las puertas de la muerte. El mal médico es burlador, y por ser inhábil, en lugar de sanar empeora a los enfermos con el brevaje que les da; y aun a las veces usa hechicerías o supersticiones por dar a entender que hace buenas curas.

Capítulo IX. De los hechiceros y trampistas
El naoalli propiamente se llama brujo, que de noche espanta a los hombres y chupa a los niños. El que es curioso de este oficio bien se le entiende cualquier cosa de hechizos, y para usar de ellos es agudo y astuto; aprovecha y no daña. El que es maléfico y pestífero de este oficio hace daño a los cuerpos con los dichos hechizos, y saca de juicio y aoja; es embaidor o encantador.

El astrologo judiciario o nigromántico tiene cuenta con los días, meses y años, al cual pertenece entender bien los caracteres de este arte. Y el tal, si es hábil negromántico, conoce y entiende muy bien los caracteres en que nace cada uno, y tiene en la memoria lo que por los caracteres se representa, y por ellos da a entender lo venidero. Y si es inhábil negromántico es engañador, mentiroso, amigo de hechicerías con que engaña a los hombres.

El hombre que tiene pacto con el demonio se trasfigura en diversos animales, y por odio desea muerte a los otros, usando de hechicerías y muchos maleficios contra ellos, por lo cual él viene a mucha pobreza, y tanta que aun no alcanza tras qué parar, ni un pan qué comer en su casa; al fin, que en él se junta toda la pobreza y miseria, que anda siempre lazerado y mal aventurado.

El procurador favorece a una banda de los pleiteantes, por quien en su negocio vuelve mucho, y apela, teniendo poder y llevando salario para ello. El buen procurador es vivo y muy solicito, osado, diligente, constante y perseverante en los negocios, en los cuales no se deja vencer, sino que alega de su derecho; apela, tacha los testigos, ni se cansa hasta vencer la parte contraria y triunfar de ella. El mal procurador es interesal, gran pedigüeño, y de malicia suele dilatar los negocios; hace alharacas, muy negligente y descuidado en el pleito, y fraudulento, y tal que de entrambas partes lleva salario.

El solicitador nunca para; anda siempre solicito y listo. El buen solicitador es muy cuidadoso, determinado y solicito en todo. Y por hacer bien su oficio muchas veces deja de comer y de dormir, y anda de casa en casa solicitando los negocios, los cuales trata de buena tinta y con temor o recelo que por su descuido no tengan mal suceso los negocios. El mal solicitador es flojo y descuidado, lerdo, y encandilador, y suele detener el proceso por sacar dineros, y fácilmente se deja cohechar porque no hable más en el negocio o que mienta, y así suele echar a perder los pleitos.

Capítulo X. De otros oficiales, como son sastres y tejedores
El sastre sabe cortar, proporcionar y coser bien la ropa. El buen sastre es buen oficial, entendido, hábil y fiel en su oficio, el cual sabe muy bien coser, juntar los pedazos, repulgar y echar ribetes, y hacer vestidos conforme a la proporción del cuerpo, y echar alamares y caireles; al fin, hace todo su poder por dar contento a los dueños de las ropas. El mal sastre usa engaño y fraude en el oficio; hurta lo que puede, y lo que sobra del paño todo lo toma para sí; y cose mal y da puntadas largas; y pide más de lo que es justo por el trabajo. Ni sabe hacer cortesía, sino que es muy tirano. El hilador de torno o de huso en su oficio suele usar del torno y el huso, y sabe destejer lo viejo. El buen hilador, lo que hila va parejo y delgado y bien torcido, y así hilado, lo compone en mazorca y lo devana, haciendo ovillos y haciendo madejuelas; y al fin, en su oficio es perseverante y diligente. El mal hilador, por el contrario, lo que hila es tosco y grueso, ni va parejo, ni bien torcido, ni va igual, sino atramojado, flojo; nada curioso en su oficio, sino descuidado, pesado y desmazalado.

El tejedor o la tejedora urde y pone en el telar la ordiambre, y moeve las primideras con los pies; y juega de la lanzadera y pone la tela en los lizos. La buena tejedora suele apretar y golpear lo que teje, y aderezar lo mal tejido con espina o con alfiler, y tupir muy bien o hacer ralo lo que va tupido. Sabe también poner en el telar la tela y estirarla con la medida, que es una caña que estira la tela para tejerla igual; sabe hacer también la trama de la dicha tela. El mal tejedor es perezoso, descuidado, mal oficial, y daña cuanto teje, y lo que teje va ralo.

Capítulo XI. De personas viciosas, como son rufianes, alcahuetes
El hombre perdido y alocado es desatinado y atontado en todo, lisiado en alguna parte del cuerpo, muy miserable, amigo del vino y de las cosas que emborrachan al hombre. Y anda como endemoniado que no teme, ni respeta a nadie, y se pone a cualquier peligro y riesgo.

El mozo desbaratado anda como enhechizado o muy beodo, y fanfarronea mucho, ni puede guardar secreto; amigo de mujeres, perdido con algunos hechizos o con las cosas que sacan al hombre de su juicio, como son los malos hongos y algunas hierbas que desatinan al hombre.

El viejo putañero es de poca estima y de mala fama, alocado, tonto y necio.

El alcagüete es comparado al ratón, porque anda a escondidas engañando a las mujeres; y para engañallas tiene linda plática, muchos halagos y engaños con que parece que embauca a las mujeres. Y los engaños o embustes con que atrae son comparados a las rosas que aplacen a los hombres con su hermosura y su buen olor.

El embaucador o la embaucadora tiene estás propiedades: que sabe ciertas palabras con que embauca a las mujeres; y ellas, por el contrario, con que engañan a los hombres. Y así cada uno de éstos hacen a los hombres y a las mujeres andar elevados o embelesados o enhechizados, vanos y locos, atónitos y desvanecidos.

El sodomético paciente es abominable, nefando y detestable, digno de quien hagan burla y se rían las gentes. Y el hedor y la fealdad de su pecado nefando no se puede sufrir por el asco que da a los hombres. En todo se muestra mujeril o afeminado, en el andar y en el hablar, por todo lo cual merece ser quemado.

El homiciano tiene estás propiedades: que es de malas entrañas y muy malicioso, bravo como un perro, rabioso, sediento de derramar sangre. Su estudio y cuidado es armar pleitos a otros, y ser chismero y levantar testimonios; herir y matar a otros.

El traidor a dos partes siembra cizañas entre los amigos, gran chismero y mentiroso; al fin, revolvedor de todos.

El joglar suele decir gracias y donaires. El buen joglar es suave en el hablar, amigo de decir cuentos y cortesano en su habla. El mal joglar dice disparates y es perjudicial en sus palabras, y suele entremeterse en las pláticas de otros, sin ser llamado para ello; y en lugar de gracias, dice malicias y torpedades.

El chocarrero es atrevido y desvergonzado, alocado, amigo de vino, y enemigo de buena fama. El buen chocarrero es suave o gracioso en su habla; hábil para decir muchos donaires. El mal chocarrero es penoso en su hablar, tonto, e inhábil para decir las gracias; y las dice fuera de propósito y de tiempo, con las cuales da más enojo que placer a los que le oyen, por más que ande bailando y cantando.

El ladrón, por más que hurte, siempre anda muy pobre, miserable y lazerado, escaso y hambriento, y codicioso de lo ajeno. Y para hurtar sabe mil modos: miente, acecha y horada las casas, y sus manos son como garabatos con que apafia lo que puede; y de pura codicia anda como un perro carleando y rabiando para hurtar lo que desea.

El ladrón que encantaba para hurtar sabía muy bien los encantamientos, con los cuales hacía amortecer o desmayar a los de casa donde él entraba, y así amortecidos hurtaba cuanto hallaba en casa; y aun con su encantamiento sacaba la troje y la llevaba a cuestas a su casa. Y estando en la casa donde hurtaba, estando encantados los de la casa, tañía, cantaba y bailaba, y aun comía con sus compañeros que llevaba para hurtar.

El salteador es comparado a una bestia fiera por ser bravo, cruel e inhumano, sin piedad alguna, el cual usa mil modos y engaños para atraer a sí los caminantes, y así atraidos róbales y mátales.

Capítulo XII. De otra manera de oficiales, como son labradores y mercaderes

El rico es recatado y de buen ingenio, y tiene de comer y mucha hacienda, y en buscar y aumentalla es muy diligente. El buen rico es piadoso y misericordioso, y agradecido por los bienes que tiene, los cuales guarda y gasta a su tiempo y con ellos granjea. El mal rico es desperdiciador o desbaratador de su hacienda, abariento y gran logrero; su oficio es también emprestar dineros y pedir más por ellos.

El labrador es dispuesto y recio y diligente y apto para las labranzas. El buen labrador es fuerte y diligente y cuidadoso, y madruga mucho por no perder su hacienda, y por aumentalla deja de comer y de dormir. Trabaja mucho en su oficio; conviene a saber: en romper la tierra, cavar, deshiervar, cavar en tiempo de seca, vinar, allanar lo cavado, hacer camellones, mollir bien la tierra y ararla en su tiempo, hacer linderas y vallados, y romper también la tierra en tiempos de aguas; saber escoger la buena tierra para labrarla; hacer hoyos para echar la semilla y regalla en tiempo de seca; sembrar derramando la semilla; agujerear la tierra para sembrar los frijoles; cegar los hoyos donde está el maíz sembrado; acohombrar o llogar la tierra a lo nacido; quitar el ballico; entresacar las cañas, quebrándolas, y entresacar las mazorquillas y quitar los hijos de las mazorcas; quitar los tallos porque crezca bien lo nacido; entresacar a su tiempo las mazorcas verdes. Y al tiempo de la cosecha: quebrar las cañas, cogiéndolas; y coger el maíz cuando está ya bien sazonado; desollar o desnudar las mazorcas; y atar las mazorcas una con otra, anudando las camisillas una con otra; y hacer sartales de mazorcas, atando unas con otras; y acarrear a casa lo cogido y ensilarlo; quebrar las cañas que tienen nada, aporreándolas; trillar; alimpiar; aventar; levantar al viento lo trillado. El mal labrador es muy negligente, haragán, y a él se le hace grave y molesto todo trabajo; en su oficio es tosco, bruto, groserazo, villanazo, comilón, escaso, enemigo de dar y amigo de tomar.

El hortelano tiene de oficio sembrar semillas y plantar árboles, y hacer eras, y cavar y mullir bien la tierra. El buen hortelano suele ser discreto, cuidadoso, prudente, de buen juicio, y tener cuenta por el libro con el tiempo, con el mes y con el año.

El ollero es robusto, ligero, buen conocedor de barro; sabe y muy bien piensa el modo o la forma de hacer ollas, de cualquier suerte que quisiere. El mal ollero es torpe, tonto y necio.

El mercader suele ser regatón, y sabe ganar y prestar a logro; concertarse con los comprantes y multiplicar la hacienda. El buen mercader lleva fuera de su tierra sus mercaderías y las vende a moderado precio, cada cosa según su valor y como es; no usando algún fraude en ellas, sino temiendo a Dios en todo. El mal mercader es escaso y apretado, engañador, parlero, encarecedor, gran logrero, ladrón, mentiroso, y con mala conciencia tiene cuanto gana y posee, y lo que gana todo es mal ganado, y en vender tiene linda plática y alaba tanto lo que vende que fácilmente engaña a los compradores.

Capítulo XIII. De las mujeres nobles

La mujer noble es muy estimada, digna de honra y reverenciada, y por su virtud y nobleza en todo da favor y amparo a los que acuden a ella. Y la tal, si es buena, tiene estás propiedades: que debajo de sus alas se amparan los pobres, y los ama y los trata muy bien, amparándolos. Y si no es tal, es apasionada, de malas entrañas; no tiene en nada a los otros por ser soberbia y presuntuosa.

La mujer hidalga es muy estimada y querida de todos, honrada y reverenciable, grave y esquiva. La tal, si es buena, sabe bien regir su familia y mantenella, y por su bondad a todos muestra amor y benevolencia, dando a entender ser noble y ahidalgada. Y si no es tal, es mal acondicionada, de malas entrañas; mira con ojeriza y desdén; es austera y mal encarada, y corajuda, pesada y mal contentadiza.

La señora que mantiene familia es generosa, digna de ser obedecida y muy cabal, por tener términos y partes de las buenas y nobles señoras; ni hace cosa indigna de su persona; y gentil mujer, muy honrada, grave y brava. La tal, si es buena, es muy honrada y de buena fama, y de mucha estima, piadosa; a todos los ama; a nadie tiene en poco, sino que a todos los regala como si fuesen sus hijos. Y si es mala, es brava y de mala digestión, enojadiza, desabrida o desgraciada, inquieta, acelerada o súpita, y de nonada se corre, todo le da pena.

La mujer principal rige muy bien su familia y la sustenta, por lo cual merece que le obedezcan, le teman y le sirvan; y gobierna varonilmente; amiga de fama y honra. La tal, si es buena, es sufrida; es mansa, humana, constante y varonil, bien acondicionada, y gobierna tan bien como cualquier principal, en paz y concordia. Y si es mala, es arrojada, alborotadora o desasosegadora, y tal que por nonada suele amenazar y poner a todos gran miedo y espanto, y es tan feroz que parece que querría comer vivos a los otros.

La señora principal gobierna y manda como el señor. La tal, si es buena, rige muy bien sus vasallos y castiga a los malos; a ella se tiene respeto; pone leyes y da orden en lo que conviene, y es obedecida en todo. La que es mala, es descuidada y floja; deja perder las cosas por negligencia y es exageradora; y en todo da mal ejemplo y pone las cosas a peligro y riesgo, y muy escandalosa.

La infanta o la doncella generosa tiene la crianza del palacio, bien acondicionada, digna que sea amada y bien tratada de todos. La que es buena, es generosa y de ilustre y limpio linaje, de buena vida, mansa, amorosa, pacífica, humilde y bien criada, en todo. La que es mala, es vil, plebeya y soberbia; al fin, hace obras de macegual; mujer perdida, descuidada y amancebada.

La doncella delicada es de buen linaje y de buenos y horrados padres. La tal, si es buena, es de buena vida y de vergüenza, celosa de si misma, considerada y discreta, siempre se arrima a los buenos y les sirve humillándose y respetando a todos. Y la que es mala, no sabe guardar secreto; es muy precipitada en sus cosas, y por nonada se altera y se enoja fácilmente, menospreciando a los otros, no respetando a nadie.

La hija de claro es de buena parte, honrada y amada de todos, o estimada. La que es buena, quiere bien a todos y sabe agradecer por el bien que se le hace, muy mirada en sus cosas. La que es mala, es muy loca, incorregible, torpe, desvergonzada, que fácilmente afrenta y deshonra a su linaje.

La hija noble de buen linaje es hidalga. La que es buena, responde bien a su linaje; en cosa ninguna deshonra a sus padres; resucita la buena fama de sus antepasados. Y la que es mala, afrenta a su linaje; es de vil o baja condición y desvergonzada, presuntuosa, disoluta y absoluta, y no tiene en nada a los otros.

La mujer de buena ralea desciende de caballeros. Y la que es buena, sigue las pisadas de sus padres y los imita en virtudes y da buen ejemplo, siguiendo lo bueno y evitando lo malo. Y la que es mala, ella misma se deshonra; amiga de cosas bajas, mentirosa, por lo cual es aborrecible a todos.

La doncella de buen solar es gloria y reliquia de sus padres. La que es buena, es pacífica, noble, amorosa, y tiene respeto a todos. La que es mala, es atrevida, que ni teme ni debe; a todos menosprecia; soberbia y fantástica.

La mujer noble de buena estima es de buena parte. Y si es buena, es mansa y no es brava. Y la que es mala, es mal acondicionada, alocada y precipitada en todo.

La mujer descendiente de nobles es noble y magnífica, y en todo muestra nobleza; y así obra y vive conforme a su genealogía, y cuanto hace todo corresponde a su linaje. La que no es tal, es vil, torpe, y sus malas obras la hacen baja y vil, por ser tosca, soberbia, fantástica y necia.

La mujer noble de solar conocido no hace cosa que no deba, sino que en todo es buena, honesta y dispuesta. La tal, si es buena, es humilde, pacífica y de apacible conversación a todos, y muy agradecida a sus bienhechores. La que es mala, es mal criada, deshonesta e incorregible, muy entonada y fanfarrona, desbaratadora y alocada.

La mujer de buena parentela es noble y de buena ralea. La que es buena, es enemiga de vanos loores entre las gentes y de ser muy estimada y nombrada. La que es mala, es muy presuntuosa, y ella misma se jacta de su linaje.

La mujer que desciende de buenos, tiene buena fama y buena nombradla, honrada y estimada entre todos. La tal, si es buena, es compasiva cerca de los aflictos, y más suele ser agradecida y reverente a todos, no menospreciando a los pobres, sino ayudándolos y amándolos. La que es mala, es desagradecida, codiciosa de honra y riquezas.

La mujer noble de limpia sangre es bien acondicionada y de noble corazón. La que es buena, es elocuente, blanda y sosegada en el hablar, y cuanto hace todo lo hace en paz o quietud. La que es mala, es avillanada, de malas entrañas y corajuda, comilona y bebedora e insaciable, mujer para nonada y tosca en todo.

La mujer de noble sangre es de linaje de caballeros, ora sea legítima, ora bastarda. La que es buena, tiene vergilenza y empacho de todo lo malo, y cuanto hace lo hace con entera voluntad. La que es mala, es desvergonzada, atrevida y borracha y alocada, que parece que ha comido cosas que suelen sacar al hombre de su juicio, como es la hierba llamada mixitl y los malos hongos.

La mujer de buen parentesco es de muy buena casta, venerable y amable a todos, digna de ser bien tratada, buena y gentil mujer, dispuesta y bien hecha, delgada, no muy gorda, de mediana estatura, grave y severa, bien agestada. La que es buena, es de buenas entrañas y amorosa a todos; ni hace cosa digna de represión o tacha, grave, temerosa, y por descender de buenos caballeros, es muy estimada, y así es comparada a plumas ricas y piedras preciosas, y en ella se hallan, fuera de la nobleza, piedad, humanidad y amor, y todas las gracias que hacen parecer bien al alma y al cuerpo, cabal y muy cumplida en sus cosas. La que es mala, es mal acondicionada, avillanada, torpe y fea, muy desbaratada, soberbia, fanfarrona, lujuriosa, desasosegadora, baladrona, borracha y, por otra parte, muy bocal, torpe y boba, desvergonzada y tonta; es de buen parecer solamente, y no es para nada.

Capítulo XIV. De las condiciones y oficios de las mujeres bajas
La mujer popular de buenas fuerzas es trabajadora y de media edad, recia, fornida, diligente, animosa y varonil y sufrida. La que de está jaez es, es buena, vive bien y castamente, y ninguna cosa reprensible obra, sino que, cuanto hace es de buena y honrada mujer, y bien dispuesta, y por esto es estimada como una piedra preciosa. Y la que de éstas es mala, es mal mirada y mal criada, atrevida y atontada, precipitada en sus cosas, y mal considerada, que no mira bien lo que hace.

La mujer honrada es cabal y cuerda. La tal, si es buena, es constante y firme, y que no vuelve atrás en sus obras, y tal que con Animo de varón sufre cualquier mal que le viene, y aun hace fuerza a sí misma por no ser vencida de algún infortunio, sino que todo lo que se ofrece adverso lo sufre con grande y mucha paciencia. La que de éstas no es tal, es flaca y vil mujer, que hace caer las alas a los otros, ni da ánimo, ni esperan de alguna cosa, muy descontenta, que fácilmente se cansa por nonada, mala en todo y de mala fama y vida.

La tejedora de labores tiene por oficio tejer mantas labradas o galanas y pintadas. La que es buena de este oficio, es entendida y diestra en su oficio, y así sabe matizar los colores y ordenar las bandas en las mantas; al fin, hácelas galanas y labradas de diversas colores. También tiene por oficio saber hacer orillas de mantas, saber hacer la labor del pecho del huipil, y hacer mantas de tela rala, como es la toca; y por el contrario, hacer las gruesas de hilo gordazo o grueso, a manera de cotonia de Castilla. La que es mala, es incapac de este oficio, torpe y hace mala labor, y echa a perder cualquier tela.

La hilandera tiene por oficio hacer lo siguiente, conviene a saber: saber escarmenar y sacudir bien lo escarmenado. La que es buena hilandera sabe hilar delgado, parejo e igual, y así tiene buena mano, y es diestra en el hilar. También sabe hacer buena mazorca en el huso y devanar o hacer ovillo, y saber concertar el hilo que está en la devanadera para la ordiembre, y saber triplicar los hilos, y saber hilar hilo grueso y flojo. La que no es tal hace tramoxas, y es floja y perezosa; no ve la hora para dejar lo que hace. La costurera sabe coser y labrar y echar buena labor en todo lo que labra. La que es buena costurera es buena oficiala de su oficio, y echa labores tragando bien primero lo que ha de hacer. La que no es tal, echa puntos largos y manosea lo que cose; hace mala labor en todo, y burla y engaña a los dueños de la obra que se le encomienda.

La mujer que sabe bien guisar tiene por oficio entender en las cosas siguientes, conviene a saber: hacer bien de comer, hacer tortillas, amasar bien, saber echar la levadura, para todo lo cual es diligente y trabajadora. Y sabe hacer tortillas llanas y redondas y bien hechas, y por el contrario hácelas prolongadas, o hácelas delgadas, o hácelas con pliegues, o hácelas enrolladas con ají, y saber echar masa de frijoles cocidos en la masa de los tamales, y hacer tamales de carne, como empanadillas, y hacer bollos redondos de masa, y saber hacer tortas anchas, saber guisar de comer y hacer potaje del zumo de pepitas. La que es buena en este oficio sabe probar los guisados si están buenos o no, y es diestra y experimentada de todo el género de los guisados; entendida y limpia en su oficio, y hace lindos y sabrosos guisados. O que no es tal, no se le entiende bien el oficio; es penosa y molesta, porque guisa mal, sucia y puerca, comilona, gulosa, y las tortillas cuécelas mal, y los guisados de su mano están ahumados o salados, o acedos a las veces, y tal que en todo es grosera y tosca.

La médica es buena conocedora de las propiedades de hierbas, raíces, árboles, piedras, y en conocellas tiene muchas experiencia, no ignorando muchos secretos de la medicina. La que es buena médica sabe bien curar a los enfermos y por el beneficio que les hace casi vuélvelos de muerte a vida, haciéndoles mejorar o convalecer con las curas que hace. Sabe sangrar, dar la purga y echar melezina, y untar el cuerpo, ablandar palpando lo que parece duro en alguna parte del cuerpo, y frotarlo con la mano; concertar los huesos; jasar y curar bien las llagas y la gota y el mal de los ojos, y cortar la carnaca de ellos. La que es mala médica usa de la hechicería; supersticiosa en su oficio y tiene pacto con el demonio, y sabe dar bebedizos con que mata a los hombres. Y por no saber bien las curas, en lugar de sanar enferma y empeora, y aun pone en peligro de la vida a los enfermos, y al cabo los mata. Y así engaña a las gentes con su hechicería, soplando a los enfermos, atando y desatando sutilmente a los cordeles, mirando en el agua, echando los granos gordos del maíz que suele usar en su superstición, diciendo que por ello entiende y conoce las enfermedades. Y para mostrar bien su superstición da a entender que de los dientes saca gusanos, y de las otras partes del cuerpo papel, pedernal, navaja de la tierra. Sacando todo lo, cual, dice que sana a los enfermos, siendo ello falsedad y superstición notoria.

Capítulo XV. De muchas maneras de malas mujeres

La puta es mujer pública y tiene lo siguiente: que anda vendiendo su cuerpo; comienza desde moza y no lo pierde siendo vieja, y anda como borracha y perdida. Es mujer galana y pulida, y con esto muy desvergonzada, y a cualquier hombre se da y le vende su cuerpo, por ser muy lujuriosa, sucia y sinvergüenza, ambladora y muy viciosa en el acto carnal. Púlese mucho, y es tan curiosa en ataviarse que parece una rosa después de muy bien compuesta; y para aderezarse muy bien, primero mírase en el espejo, báñase, lábase muy bien y refréscase para más agradar. Sufriese también untarse con ungüento amarillo de la tierra, que llaman ají, para tener buen rostro y luziente, y a las veces se pone colores o afeites en el rostro, por ser perdida y mundanal. Tiene también de costumbre teñir los dientes con la grana, y soltar los cabellos para más hermosura, y a las veces tener la mitad de ellos sueltos y la otra mitad sobre la oreja o sobre el hombro, y tranzarse los cabellos y venir a juntar las puntas sobre la mollera, como cornezuelos; y después andarse paboneando y muy erguida, al fin, como mala mujer, desvergonzada, disoluta e infame. Tiene también de costumbre sahumarse con algunos sahumerios olorosos y andar mascando el tzictli para limpiar los dientes, lo cual tiene por gala; y al tiempo de mascar suenan las dentelladas como castañetas. Es andora o andariega, callejera y placera; ándase paseando, buscando vicios; anda reyéndose; nunca para, y es de corazón desasosegado, y por los deleites en que anda de continuo sigue el camino de las bestias; júntase con unos y con otros. Tiene también de costumbre llamar haciendo señas con la cara, hacer del ojo a los hombres, hablar guiñando del ojo, llamar con la mano, volver el rostro asqueareando, andarse reyendo para todos, escoger al que mejor le parece, y querer que la codicien; engañar a los mozos o mancebos, y querer que le paguen bien, y andar alcagüeteando las otras para otros, y andar vendiendo a otras mujeres.

La adúltera es tenida por alevosa, o es traidora, por lo cual no es tenida en alguna reputación. Vive muy deshonrada y cuéntase como por muerta, por cuanto tiene perdida la honra. Tiene hijos bastardos, y con bebedizos se provoca a móvito y mal parir; y por se tan lujuriosa, con todos se echa y hace traición a su marido; engáñale en todo y le trae ciego.

La mujer que tiene dos sexos, o la que tiene natura de hombre y natura de mujer, la cual se llama hermafrodita, es mujer mostruosa, la cual tiene supinos y tiene muchas amigas y criadas, y tiene gentil cuerpo. Como hombre habla, y anda como varón, y vellosa; usa de entrambas naturas; suele ser enemiga de hombres, porque usa del sexo masculino.

La alcagüeta, cuando usa alcagüetería, es como un diablo y trae forma de él, y es como ojo y oreja del diablo; al fin, es como mensagera suya. Está tal mujer suele pervertir el corazón de las otras y las trae a su voluntad a lo que ella quiere. Muy retórica en cuanto habla, usando unas palabras sabrosas para engañar, con las cuales como unas rosas anda convidando a las mujeres, y así trae con sus palabras dulces a los hombres abobados y embelesados.

Capítulo XVI. De los tratantes

El mercader es tratante, y para mercadear tiene cuenta con los mercados. El buen mercader sabe multiplicar su caudal y guardar bien lo ganado. Vende y compra por justo precio; es recto en todo, y temeroso de Dios; sabe también concertarse en el precio, y es bien convenible. El mal mercader muy lindamente engaña vendiendo, y recatea más de lo que es justo; es mentiroso y gran embaucador o encandilador, y engaña más de la mitad del justo precio o da a logro.

El tratante en esclavos es el mayor mercader de todos, y por ser sus riquezas los mismos hombres, es muy venturoso, privado y conocido del Tezcatlipuca; al fin, por tener muchos esclavos, es el mayor y principal de todos los mercaderes. El que de este oficio es bueno y diestro sabe guardar sus bienes, y con devoción se los pida a Tezcatlipuca, y por ellos es muy agradecido, y es la flor y suma de todos los mercaderes. El que es malo, es desperdiciador, y cuanto gana gástalo en lo que no es necesario, y a la postre queda muy pobre, y es abariento y escaso.

El que es mayor o principal entre los mercaderes se suele llamar puchtecatlailótlac o acxotzeatl, que es tanto como si dijésemos que es gobernador de los mercaderes. Y estos dos nombres y otros muchos que van aquí declarados se atribúen al que es mayor principal, gobernador o señor, o que es casi padre y madre de todos los mercaderes. El que es buen gobernador de éstos, es padre y amparo de los pobres, a los cuales les socorre y favorece como padre en sus necesidades. Todos le tienen reverencia y obediencia como al mayor y gobernador; el cual tiene está propiedad, que a los que van a tratar en otros pueblos les encomienda sus mercadurías para que allá se las vendan. Y es de todos amado y respectado como principal de ellos, y gobierna y aconseja muy bien a los suyos, no dejando de castigar a los que lo merecen. Y el que es mal gobernador de éstos suele ser interesal, pedigüeño, engañador, descuidado, ni quiere usar lo que es de buen gobernador de los mercaderes.

El tratante es de está propiedad, conviene a saber: que lleva fuera para vender sus mercadurías. El que de este oficio es bueno, es discreto y prudente, que sabe de caminos y de la distancia de las posadas para ver dónde pueden ir a dormir, comer, merendar o cenar. El que no es bueno, es bozal, tonto, que camina sin saber a dónde va, y deprisa y a ciegas; y así muchas veces le acontece ir a parar en los montes, valles y despeñaderos, por no saber los caminos.

El que vende piedras preciosas, o lapidario, es de está propiedad: que sabe labrar sutilmente las piedras preciosas y pulirlas para hacerlas relucir; y algunas las pule con la caña maciza que llaman ótlatl, y algunas lima y algunas adelgaza. El que vende las piedras sin engaño, el buen conocedor de los géneros de las piedras preciosas, como son la esmeralda fina y perla preciosa y azabache, y de otras piedras pintadas y jaspeadas, y de otras muchos colores, que por ser finas resplandecen o relucen, y las que tiene por buenas después las vende a los otros, según que cada una puede valer, mirando la virtud y propiedad de ellas. El que vende piedras falsas es engañador por hacer piedras falsas y hacer preciosas las que no lo son, o las que son comunes, que no son de estima alguna; en vender es carero; al fin, las vende con palabras engañosas.

El que vende cuentas de oro, plata o cobre, o trata en cadenas o collares de oro y en sartales de las muñecas de las manos, el que es de este oficio suele ser platero. Si es buen oficial, con temor y buena conciencia las vende según que cada una suele valer, moderando su precio; a él le conviene también hacer y vender piezas de oro anchas y redondas, y hacer camarones de oro. Y el que no es tal suele mezclar oro bueno con oro falso, o dorar algún metal bajo para dalle lustre, con lo cual engaña a los que compran; y en el precio suele recatear mucho; y nada es convenible, sino que es porfiado.

El oficial de plumas se cuenta entre los mercaderes. Y el que es buen oficial tiene en mucho las plumas, y las trata y guarda muy bien. Su oficio es vender plumas estimadas de todo género de aves de todas colores, las plumas muy verdes y las que son muy preciadas, que tienen corvada la punta, y las que relumbran haciendo unas aguas como tornasol. Y el que no es tal hace plumas falsas, y las viejas nuevas, con colores falsas, color pardilla, o deslavada, y blanquisco, color postiza; al fin, color falsa.

El que rescata con plata es mercader, y tiene hacienda y oro y plata. El que bien rescata sabe el valor del oro y plata conforme al peso y quilates, y es diligente y solícito en su oficio, y en el pesar no defrauda, antes pone más que quita en el peso. El rescatador regatón suele engañar en lo que vende, pide más de lo que puede valer lo que se vende, y es muy porfiado y recatea en gran manera.

Capítulo XVII. De los que venden mantas
El que vende las mantas tiene por oficio que compra junto para vender por menudo. El que sabe bien vender las mantas no usa algún fraude, sino que en vendellas es recto o justo, y en su oficio muy sosegado y convenible, y véndelas a justo y a moderado precio. Y las mantas que vende son las que son buenas, nuevas, recias, fornidas y delgadas o ralas, como toca, lisas y de tela igual, anchas y largas. El que es mal tratante en esto, es de mala conciencia, engañador y mentiroso, y alaba su mercaduría de mantas con palabras bien compuestas; regatea mucho, disminuyendo el precio que pagan los comprantes. Y las mantas que vende están dañadas o podridas, remendadas y falsas, que las sabe renovar o adobar con el betún de masa que echa encima para dar color y peso a la manta; y las viejas las cuece en lejía para blanquearlas, y algunas van de tal manera bruñidas que van agujereadas en muchas partes, y algunas les echa engrudo o el atol espeso o tortilla molida, y después que se lo echa, brúñelas muy bien y parecen buenas y nuevas, no lo siendo; y sus mantas que vende son angostas y cortas, mal tejidas y de algodón podrido; al fin, tales que son muy comunes y de poco valor y precio.

El mercader de las mantas suele comprar las dichas mantas de los mercaderes mayores, y su oficio es tratar en las mantas de los hombres y en las camisas de las mujeres de está tierra, que se llaman huipiles, que son galanas y muy bien labradas. El buen tratante en las mantas es hábil y entendido, y véndelas según el precio y valor de cada una de ellas, y las que vende son buenas, fornidas, que duran mucho, galanas; al fin, muy bien labradas, que llevan grandes y buenas labores, donde van puestos el Sol, águila, tigre y unas ruedas, una dentro de otra, borlas de plumas y otras muchas labores que suelen llevar las mantas galanas y muy labradas, como son las que están bordadas y las que tienen la flocadura de ojos tejidos, y las que tienen flocadura de algodón blanco, y las que tienen un cordón por flocadura y las que son rubias. El mal tratante en las mantas no es discreto ni prudente, y en venderlas usa engaños y mentiras encareciéndolas más que pueden valer. Y las que vende, ahora sean mantas, ahora sean naguas y huipiles, son ya traídas y viejas, renovadas y curadas con lejía para blanquearlas y mostrarlas nuevas, no lo siendo, o bruñidas con piedras o vasos lisos o huesos que suelen usar para bruñillas; y fuera de esto, para mostrarlas galanas suélenlas teñir con falsas colores; y algunas venden que son ralas y remendadas, que no se parecen y que tienen orilla repulgada y una pierna hecha dos con una costura falsa, y tales que llevan falsas y postizas labores.

Capítulo XVIII. De los que venden cacao y maíz y frijoles
El que trata en cacao suele tener gran copia de ello y tener heredades de cacao, y lo lleva fuera a vender, o lo compra junto para vender por menudo. El que es buen tratante en está mercaduría, las almendras que vende todas son gordas, macizas y escogidas. Cada cosa por sí vende: aparte las que son gordas y macizas, y aparte las que son menudas y como huesos o quebradas, y aparte el ripio de ellas, y cada género por sí las de Tochtépec, las de Anáhuac, las de Cuatimala, las de Coatulco, las de Xoloteco, ora sean blanquiscas o cenizientas, ora coloradas. El mal tratante véndelas falsas, porque las cuece y aun las tosta para que parezcan buenas. Y a las veces échalas en el agua para que se paren gordas, y hácelas como cenizientas o pardas, que son las mejores almendras, para engañar. Tiene también este modo para adoballas, que las que son nuevas, para que parezcan gordas, suélelas tostar en la ceniza caliente, y después las envuelve con greda o con tierra húmeda, para que las que parecían menudas parezcan gordas y nuevas. Otro modo tiene para engañar, que en las cáscaras de las almendras mete una masa negra o cera negra que parece ser semejante al meollo de ellas, y algunas veces los cuescos de aguacates los hacen pedazos y redondeados, y así redondeados, los meten en las cáscaras vacías

de las almendras, y las que son menuditas o pequeñitas todas las mezcla o las envuelven con las otras almendras que son cenizientas o frescas, y así con las otras bastardas que parecen ser también cacaos que tienen por nombre cuauhpatiachtli, lo cual hace para engañar a los que compran.

El que vende maíz suele ser labrador o lo compra de los labradores para tornallo a vender. El que es buen tratante en este oficio, el maíz que vende es limpio, gordo, sin alguna falla, recio y macizo y duro. Y cada género de maíz véndelo por sí el blanco, el prieto, o el envuelto uno con otro, el blando, el amarillo; y por sí el maíz del valle de Tulucan, y el maíz de otros pueblo, ora sea en grano que sea blando, que sea macizo, cada cosa por sí vende. El mal tratante engaña vendiendo su maíz, y el maíz que es bueno embuélvelo con el maíz comido de corgojo, o con el maíz menudo, o con el maíz podrido o dañado; y el maíz que es nuevo mézclalo con el maíz de dos o de tres años y aun con el de diez años o con el que está ya dañado o podrido, o con el que todavía tiene gusano o corgojos, o con el maíz comido de ratones, o con el que se desgrana en la troje, o con el que está ya muy dañado, que huele mal; al fin, con el que es bien ruin y bellaco. En vendiéndolo, alábalo mucho y tiénelo en gran estima, poniendo encima el mejor maíz y encubriendo el ruin o el dañado o el que está gordo por haber estado en agua y lleno de granzas.

El que vende frijoles, si es buen tratante de ellos, vende cada género de ellos por sí y los aprecia según su valor sin engaño. Y los frijoles que vende son los que son nuevos, limpios, gordos, que no están dañados, sino tales que como cosa preciosa se pueden guardar o en el arca o en la troje, como son los frijoles amarillos, colorados, blancos, y los menuditos, y los que están como jaspeados y de otras diversas colores, y los que son muy gordos, que son como habas, que se dicen en la lengua ayecotli. El que es mal tratante de ellos engaña a los comprantes en vendérselos, porque siempre miente; y más, los que son buenos embuffivelos con los que están daftados o podridos y comidos de corgojos.

El que vende las semillas de cenizos vende las que son nuevas o las que son de dos o tres años, y las que vende son de muchos y de diversos géneros, como las que van aquí nombradas. El que es mal tratante en esto, las que son buenas mézclalas con las que están dañadas, podridas y con las que amargan, y con otros que aparentes y no verdaderas.

El que vende las semillas que parecen linaza, que se dice chían, vende las que son blancas, o las que están pintaditas como jaspeadas, o las que no estuvieron bien sazonadas por causa del hielo, cada una por sí. El que es mal tratante de éstas, las que son buenas embuélvelas con las que son aparentes y dañadas, que se dicen polócatl y cozolli, que son unas semillas de que no se puede sacar óleo.

El que vende o es tratante en ají, que es la pimienta de está tierra, vende el ají de todos géneros que van aquí nombrados, como son los que son largos o anchos, y los que no son tales, grandes y menuditos, verdes y secos, y los que son del verano, y los del estío, y todos los que se hacen en diversos pies; y los venden cada un género por sí, y los que se cogen después de tocados del hielo. El que es mal tratante en está mercaduría, los que venden son los que están dañados y hediondos, y los redruejos, y los que no están aún bien sazonados, sino muy verdes y chiquitos, y tales que aún no están acabados de hacer.

El que trata en tomates suele vender los que son gruesos y también los menudillos, y todos los que son de muchos y diversos géneros, según se trata en el texto, como son los tomates amarillos, colorados y los que están bien maduros. El que es mal tratante en esto vende los que están podridos y machucados, y los que están aún acedos. Vende también los que aún no están bien maduros sino muy verdes, y cuando se comen revuelven el estómago, ni dan sabor alguno, sino que provocan las reumas.

El que vende pepitas de calabazas tiene de oficio vender todas las que son de diversas especies, y las que se tuestan y se envuelven con alguna masa mezclada con sal, por lo cual son apetitosas de comer. El mal tratante en esto vende las que están podridas y dañadas, y las que amargan, y las que están tostadas y demasiado saladas.

Capítulo XIX. De los que venden tortillas, tamales y pan de Castilla
La que es oficial de hacer tortillas o las merca junto para vendellas, suele vender tortillas y tamales de cualquier manera, ora sean de pescado, ora de ranas y de otras cosas, uno de los cuales se cuecen debajo de tierra y otros en ollas. Todos los cuales después de bien cocidos saben muy bien, que contentan mucho al paladar o al apetitu, por llevar dentro, allende de lo dicho, el ají molido, tomates, pepitas, sal, que dan mayor sabor siendo bien molidas y mezcladas unas con

otras. Vende también los tamales del maíz bien cocido y lavado, y los tamales prolongados y delgados, y los que son colorados, y los que tienen dentro frijoles cocidos y molidos, o los granos de ellos envueltos con la masa, o empanados y salados, y los tamales largos y anchos, y los que son redondos, largos y puntiagudos, y los tamales que son muy blancos del maíz cocido y bien lavado, y los tamales pintados, blancos y colorados, y los que tienen dentro huevos. Vende también los tamales hechos de mazorquillas nuevas y de los granos de las mazorcas verdes, y los tamales hechos de los redruejos, y los que están mezclados con calabaza molida. El que es mal oficial en esto suele vender tamales mal hechos, sucios, desabridos y revueltos con otras semillas, y los tamales que están podridos, hediondos y ahilados, por ser ya de muchos días, secos y acedos; al fin, tales que no valen nada. El que vende solamente las tortillas, a las veces vende las que son gordas, y otras veces las que son delgadas, unas redondas y otras prolongadas, y otras enrolladas hechas redondas, y las que tienen dentro masa de frijoles cocidos o por cocer, fofas, y las que tienen dentro ají molido o carne, y las que son dobladas, y las que son untadas con ají y hechas pella entre las manos, y las que están arrolladas y untadas con chilmole, y las que son amarillas y también las blancas. Vende también tortas anchas y muy delgadas, y otras que son anchas y groseras, y las tortillas de huevos, y las de masa mezclada con miel, que son como guantes, y otras hechas de maíz mal molido y crudo, y panecillos de Tuloca, y tortillas cocidas debajo del rescoldo, y tortillas hechas de semillas de bledos, y las hechas de calabazas molidas y de maíz verde y las de tunas, unas de éstas son cocidas y otras tostadas, unas frías y otras calientes.

El que vende cazuelas hechas con chile y tomates, etc., suele mezclar lo siguiente: ají, pepitas, tomates y chiles verdes, y tomates grandes, y otras cosas que hacen los guisados muy sabrosos. Vende también por oficio vender asados, y carne asada debajo de tierra, y chilmole de cualquier género que sea, y el mole de masa cocida o de masa de frijoles tostados o cocidos, y de los hongos y setas, y el mole de tomates gruesos o menudillos, y de las acederas y de los bledos, y de los pescados, y de las ciruelas o de otras cosas acedas, y de los aguacates mezclados con chile que quema mucho, llamado chilteppin.

El que es panadero tiene estás propiedades, conviene a saber: Que sabe bien cernir la harina y amasarla, y sobarla e hiñir los panes, y leudarlos, y hacer tortas, y meter en el horno y cocer muy bien el pan. Y el pan que vende es blanco, bien cocido, tostado, y a las veces quemado o moreno, y por el contrario, mal cocido; y si está como debe estar es sabroso o suave y dulce, y si no, es avinagrado.

El que vende trigo es labrador y tiene heredades, y vende trigo de todo género, blanco, amarillo, trechel, candeal, gordo y macizo y duro; y si no es labrador, cómpralo de los labradores para tornallo a vender. El que usa mal de este oficio suele vender trigo bien ruin, menudo, vano y podrido, mohoso, que hiede a estiércol y que tiene neguilla, y helado; y el trigo que es blanco o amarillo o el trechel embuélvelo con el vano, mal sazonado, tocado del hielo y comido de corgojos.

El que vende la harina de Castilla suele llevar el trigo al molino, y la harina que vende es bien molida y deshojada, muy blanca como la nieve. El que es mal tratante en esto, la harina que vende es mal molida o francolada, y para aumentalla suele mezclarla con el maíz molido, que parece también harina.

Capítulo XX. De los que venden mantas delgadas, que llaman áyalt, y de los que venden cactles o cotaras

El que vende mantas delgadas de maguey suele tener lo siguiente, conviene a saber: saber tostar las hojas de maguey y rasparlas muy bien; echar masa de maíz en ellas, y lavar bien la pita, y limpiar y sacudirla en el agua. Y las mantas que vende son blancas, adobadas con masa, bruñidas, bien labradas y de piernas anchas, angostas, largas o luengas, gordas o gruesas, tiesas o fornidas; al fin, todas las mantas de maguey que tienen labores. Algunas vende que son muy ralas, que no parecen sino toca, como son las mantas muy delgadas tejidas en hebra de nequén, y las hechas de hebra torcida; y por el contrario, algunas que son gordas y bien tupidas y bien labradas, y otras bastas, gruesas, ora sean de pita, ora de hilo de maguey.

El que hace cotaras suele hacer lo siguiente, conviene a saber: coser bien las cotaras y echar suelas, y sacudir bien los hilos y torcellos para las cotaras que se han de hacer. A él también le conviene tener punzón, tener suelas gordas, lavar las viejas con lejía, escoger y apartar los hilos mejores, hacer calcañar de zapato, echar travillos a los zapatos cuando ya se han de traer, hacer trenzas con los dedos, echar el botón a las correas, y hacer cotaras de cuero bien tupido, o hacerlas flojas, o coser junto o ralo, y después de hechas las brúñelas bien y corta las puntas al sesgo. Algunos llevan el calcañar bajo. Al fin, hace las cotaras de hilo de maguey y teñidos de diversas colores, y después de cosidos o tejidos, tienen lindas labores hechas de plumas o de lanas teñidas. Algunas hace bastas, mal hechas y cosidas. El que es recatón en este oficio es muy carero y encarecedor de las cotaras que vende, y las alaba mucho para vendellas bien; las que son viejas adoba o renóvalas con algo con que parecen nuevas, y así échales alguna labor y buenas correas.

El que vende miel tiene magueyes, y suele vender vino de la tierra que hace de la miel del maguey, la cual cuece primero o la hierve. Y porque nunca le falte la miel, suele plantar los hijos de los magueyes, y después que son ya grandes, caba o agujerea o aboya el meollo de ellos, y así ahoyados, ráspalos muy bien para que mane la miel de que hace pulque, cociéndola o hirviéndola primero, e hinche cántaros o cueros de ella para guardalla, y esto después que tione raíces. La miel que vende es espesa y tan espesa que parece que está cuajada, muy dulce, sabrosa, y a las veces vende la que raspa la garganta, agra o rala, que parece agua. El buen tratante en este oficio no adoba la miel con alguna cosa, sino que como es virgen así la vende, ora sea miel de abejas, ora de otro género, blanca o prieta. El mal tratante dáñala mezclándola con cosas que la hacen espesa, como son metzalli, que son raspaduras del meollo del maguey, y el agua mezclada con cal con que se cuece el maíz, o con algunas raíces, como son las de las malvas, y algunas semillas, las cuales molidas y mezcladas con la miel hácenla parecer buena y espesa, o solamente le echan agua o lejía.

El que vende algodón suele tener sementeras de él y sembrarlo; es regatón que lo merca de otros para tornallo a vender. Los capullos de algodón que vende son buenos, gordos, redondos y llenos de algodón. El mejor algodón y muy estimado es el que se da en las tierras de riego o regadio; tiene segundo lugar el algodón que se hace hacía el oriente —también es de segundo lugar el que se da hacía el poniente—; tiene tercero lugar el que viene del pueblo que se llama Ueitlalpan, y el que se da hacía el septentrión; es de postrer lugar el que se dice cuauhtchcatl. Y cada uno de estos géneros de algodón se vende por si según su valor, sin engañar a nadie; también por sí se vende el algodón amarillo, y por sí los capullos quebrados. El mal tratante en esto, de cada esquina quita un poco de algodón, y los capullos o cascos vacíalos, e hinche tupiéndolos de otro algodón, o espeluzándolos con aguja sutilmente para que parezcan llenos.

El que vende chientzótlzol, que es una semilla como lentejas blancas, tiene sementera de ellas; desgránalas fregándolas entre las manos, y cada género de estás semillas, según que viene de cada pueblo, vende por sí; también por sí vende las blancas y las prietas, y por sí las que son macizas o mal granadas o fofas, y las que son verdes, y las que son desmedradas, cada una de estás partidas vende por sí.

El que hace y vende las mantas que se hacen de palmas, que se llaman tceotl de la tierra, llévalas fuera a vender, y véndelas más de lo que valen. Las mantas que vende son de dos brazas, y las que son sin costura y bien proporcionadas al cuerpo, y las que tienen las bandas como arcos de pipas, y las que son como arpilleras para envolver cosas, estás mantas son de muchas maneras, como en la letra aparece.

Capítulo XXI. De los que venden colores, tochómil y jícara, etc.
El que vende los colores que pone encima de un cesto grande es de está propiedad: que cada género de color pónelo en un cestillo encima del grande, y las colores que vende son de todo género, las colores secas y colores molidas, la grana y amarillo claro, acul claro, la greda, el cisco de teas, cardenillo, la alumbre y el ungüento amarillo llamado axi, y el chapuputli mezclado con este ungüento amarillo, llámase tzictli, y el almagre. Vende también cosas olorosas, como son las especies aromáticas, que se llaman en la lengua tlilxochitl, mecaxúchiti, ueinacactli. También vende cosillas de medicina, como está cola del animalejo llamado tlacuatzin, y muchas hierbas y raíces de diversas especies. Allende de todo lo dicho, vende también el betún que es como pez, y el incienso blanco, y agallas para hacer tinta, y la cevadilla y panes de acul, y aceche, y marcaxita.

El que es tintorero tiene por oficio teñir la lana con diversas colores, y a las veces con colores deslavadas o falsas. La lana que vende es bien teñida, y dale buen punto, y tiñe de diversas colores: amarillo, verde oscuro, verde claro, verde fino, encarnado, con las cuales colores tiñe la lana.

El que vende las jícaras cómpralas de otro para tornallas a vender; y para venderlas bien, primero las unta con cosas que las hacen pulidas, y algunas las bruñe con algún betún con que las hace relucientes, y algunas las pinta rayendo o raspando bien lo que no está llano ni liso. Y para que parezcan galanas, úntalas o con el axin o con los cuescos de los zapotes amarillos, molidos, y endurécelas o cúralas al humo, colgándolas en la chimenea. Y todas las jícaras véndelas, poniendo aparte o por si las que traen de Cuauhtemala y las de México y las de otros pueblos, unas de las cuales son blancas, otra prietas, unas amarillas, otras pardas, unas bruñidas encima, otras untadas con cosas que les dan lustre, unas son pintadas, otras llanas sin labor y color, unas son redondas, otras larguillas o puntiagudas, unas tienen pie, otras asillas o picos, unas asas grandes y otras como calderuelas, unas son para beber el agua y otras para beber atol. Fuera de esto, vende también las jícaras muy pintadas de lúcar, y las jícaras como bacines, anchas, y jícaras para lavar las manos y jícaras grandes y redondas, y los vasos trasparentes, y las jícaras agujereadas para colar; éstas suélelas comprar de otro para tornallas a vender y para llevarlas a vender fuera de su tierra.

El que trata en vender papel, májalo si es de la tierra. También vende el de Castilla, el cual es blanco o recio, delgado, ancho y largo, o gordo, o grueso, mal hecho, goroloso, podrido, medio blanco, pardo.

El que trata en cal, quiebra la piedra de que hace cal y la cuece, y después la mata. Y para cocerla o hacerla viva, junta primero toda la piedra que es buena para hacer cal, y métela después en el horno, donde la quema con harta leña, y después que la tiene cocida o quemada, mátala para aumentalla. Este tal tratante unas veces vende la cal viva y otras veces muerta; y la cal que es buena sácala de la piedra que se llama cacalótetl quemada, o de la piedra que se llama tepétlatl.

Capítulo XXII. De los que venden frutas y otras cosas de comer

El que trata en fruta va por ella a donde se hace, y después de traída, llévala a otros pueblos para vender, y cómprala toda junta para venderla poco a poco, o por menudo. Y si tiene huerta de ella, procura de plantar otras, poner los árboles de fruta, y cuando está ya bien sazonada, cógela para hacer dineros de ella. Vende cañas dulces, xilotes y mazorcas verdes, y las desgrana a las veces para hacer tarnales y tortillas de ellas. Vende también las mazorcas tostadas, y las tortillas de masa mezclada con miel, y los granos de maíz tostados envueltos con miel, y las tortillas de masa mezclada con miel, que son como guantes, que se tienen por fruta, y masa cocida y mezclada con miel, harina de maíz tostado, también mezclada con miel, y las pepitas de calabazas hervidas con miel, y las semillas llamadas chíen hervidas con miel, y tortillas hechas de calabazas molidas, y tamales hechos de xilotes, y tortillas y tamales de tunas molidas, y cascos de calabazas cocidos, y atol de los mismos. Vende también todo lo siguiente: unos erizos de fruta, una fruta como nabos, unas raíces de árboles que son como patatas y patatas silvestres, y unas raíces comestibles llamadas tolchnati, y unas raíces que tienen comer de castañas, y piñas fruta, y tzapotes amarillos, tzapotes negros de dentro, peruétanos, anonas, mameyes, ciruelas verdes y amarillas, guayabas, manzanillas de la tierra, cerezas de cualquier especie, y tunas de cualquier género que sean, amarillas, coloradas, blancas y rosadas. Vende también unos tomates pequeños, dulces, que se comen por fruta.

El que vende pescado es pescador, y para pescar suele usar redes y anzuelos, y en el tiempo de las aguas espera las avenidas de los ríos, y toma los peces a manos. Y para ganar su vida suele vender camarones y pescados de todo género, blancos y prietos, peces barrigudos, renacuajos, todos frescos y crudos. Vende también unas sabandijas del agua, menudas como arena, y las tortillas y tamales que se hacen de ellas, y los huevos de pescados, y los otros huevos de otro género que llaman auauhtli, y las tortillas y tamales que se hacen de ellos, y los coquillos del agua, como pulgón, cocidos, de que hacen también como unos buñuelos prietos y larguillos, y unos gusanos blancos que son buenos para aves o pájaros.

El que trata en carne tiene ganado, caza y cría, y así vende carne de todo género: de gallina, de venados, de conejos o de liebres, de ánseres y de patos, y de pájaros, de codornices, y la carne de águila y de bestias fieras, y la carne del animalejo que tiene sus hijos en una bolsa, y la carne de los animales de Castilla: aves, vacas, puercos, carneros, cabritos, etc. Véndela cocida o por cocer, y la carne cecinada, y la asada debajo de tierra. El que no es fiel en esto vende la carne que es podrida y hedionda o aceda, y la carne magullada, y por engañar a los comprantes, dice ser comestible la carne de perros.

El que trata en leña tiene montes, y para cortalla usa de hacha con que la corta, raja, cercena y parte, y la pone en rimero. Vende todo género de leña: ciprés, cedro, pino. Vende también morrillos, postes, pilares de madera, tablas, tlaxamaniles y tablazones, ora sean nuevas, ora sean viejas y pulidas. El que va por leña al monte vende la leña de roble y de pino y de fresno y de madroños, y la leña que respenda y humea mucho. Vende también leña trozada o tranzada, y leña cortada a manos, las cortezas de cedro y de otros árboles secos y verdes. Vende también jara seca, y las pencas de maguey secas, y las cañas secas y los tagarnos.

Capítulo XXIII. De los que hacen loza, ollas y jarros, etc., y de los que hacen chiquihuites y petacas

El que hace loza vende ollas, tinajas, cántaros y cantarillos, bacines, braseros, candeleros, vasillos bruñidos y todos los vasos de cualquier manera, cucharas, cazuelas, unas bien cocidas y otras mal, unas resquebrajadas del fuego y otras medio cocidas; y porque están bien sazonadas o cocidas, y tienen mal sonido, y porque parezcan buenas y muy bien cocidas, échales alguna color encima o tíñelas con amarillo.

El que vende comales, que son tortas de barro cocido para cocer las tortillas en ellas, moja muy bien la tierra y la soba, y mézclala con el flojel de las espadañas, y así de ella, así beneficiada, hace comales adelgazando y allanándolos muy bien, y acicalándolos. Y después que están ya aparejados para cocerse, métalos en el horno, calentándole muy bien, y viendo que están bien cocidos, manda apagar el fuego del horno. Y así los comales que vende son buenos, tienen buen sonido, bien fornidos y recios; a las veces vende los que no están bien cocidos, medio prietos o de mala color, que tienen mal sonido por estar quebrados, hendidos o resquebrajados del fuego.

El que trata en los cestos que se llaman chiquihuites, primero, antes que los haga, echa las cañas en el agua para que se remojen y humedezcan, y después las quiebra. y así quebradas, pónelas en orden para hacer de ellas cestos, a los cuales echa un cordoncillo de nequén y una caña partida por medio, alrededor en el hondón por de fuera. Los cestos que vende son hechos en diversas maneras: unos que tienen divisiones como escritorio, y otros que tienen las orillas almenadas, y otros prolongados, y otros para poner en él las tortillas, unos de los cuales son bastos y otros bien hechos. Vende también cestos grandes de cañas gruesas, y unos cestillos llanos; unos de éstos son mal tejidos, flojos, gordazos; al fin, mal hechos.

El que trata en petacas de mujeres unas hace cuadradas, y otras largas y altas, y otras rollizas, ora sean de cañas, ora de palmillas, ora de cuero, ora de madera; todas bien hechas y bien tejidas.

El que trata en sal hácela o la compra de otros para revenderla. Y para hacella, junta la tierra salitrosa, y juntada, remójala muy bien y destílala o cólala en una tinaja, y hace formas para hacer panes de sal. El que revende la sal que compra de otros llévala fuera para ganar con ella, y así no pierde ningún mercado de los que se hacen por los pueblos de su comarca, donde vende panes redondos o largos, como panes de azúcar, gordos y limpios, sin alguna arena, muy blancos, sin resabio; y a las veces vende panes que tienen resabio de cal desabrida; vende también a las veces panes delgados llenos de arena o arenosos. Vende también sal gruesa y la sal que no sala bien.

Capítulo XXIV. De los que venden gallinas, huevos, medicinas
El que trata en huevos suele criar gallinas que ponen huevos. Con éstos vende también los huevos de patos y de codornices, buenos y recientes, y de ellos unas veces hace tortillas y otras veces algún guisado de cazuela. El que es mal tratante en esto engaña vendiendo huevos podridos y huevos de ánades y cuervos o auras, y de otras aves cuyos huevos no se comen.

El que trata en vender gallinas también cría las aves, y a las veces cómpralas de otros para tornallas a vender, ora sean de la tierra, ora de Castilla, gordas, tiernas, nuevas, o pollos o gallos que tienen papada. El que es mal tratante en esto vende gallinas viejas, duras, flacas, enfermas, que tienen pepita, mortecinas y hediondas. El oficial de las navajas de la tierra sácalas de piedra negra con un instrumento de palo, estribando con los pies y con las manos, y cada vez hace saltar una navaja de la misma piedra. Y las navajas que así saca, unas son para rapar la cabeza y otras para otras cosas, unas salen de la superficie y otras tienen cazo, y otras son de dos filos, y otras para raer los meollos de maguey para que manen. Y algunas de éstas navajas son blancas y otras jaspeadas, y otras amarillas, y otras comunes, que son buenas para raer las sedas o cerdas de puerco, cuando los matan después de chamuscados.

El que trata en cosas de medicina conoce las hierbas, raíces, árboles, piedras, y el ajenjo de la tierra, y todas las cosas medicinales que sean raíces, que sean hierbas, como son las que van aquí nombradas: memeyátloti, tlacuacuitlapilli, cuicuitiapile, etc., de las cuales se trata en el Libro XI. De cada género de éstas por sí pónelas aparte en algún petate en el tiánquez para venderlas.

El que es oficial de hacer esteras tiene muchas juncias o hojas de palma de que hace los petates. Y para hacellos, primero extiende los juncos en algún lugar llano para asolearlos, y escoge los mejores, y pónelos en concierto. Y de los petates que venden, unos son lisos, pintados, y otros son de hojas de palma; de éstas también se hacen unos cestos que se llaman zoyatompiatli, que son como espuertas. Vende también unas esteras de juncias gruesas y largas. Unos de estos petates son bastos y ruines, y otros lindos y escogidos entre los demás. De los petates unos son largos y anchos, y otros cuadrados, otros largos y angostos, otros pintados. Hace también y vende unos asientos con espaldar, y otros para sentarse que son cuadrados, y otras para cabeceras que son cuadrados y largos, unos pintados y otros llanos sin labor. El que no es buen oficial de esto vende esteras hechas de juncias ruines y podridas, dañadas.

El que es oficial de hacer cestos de cañas macizas o el que los merca para venderlos poco a poco, primero hiende las cañas, y después de partidas entretéjelas. De ellas hace los cestos, tejiéndolos muy bien, echándoles un bordo o orilla alrededor de la boca; unos hace redondos y largos, y otros anchos y angostos, y otros que tienen asiento por pie y tapadera.

El buhonero que vende sartales de vidrio vende sartales de navajuelas labradas y cristal blanco y morado, y del veril, y de azabache, y de otras cuentas de fuslera, y joyas fundidas de oro, como canutillos y como bodoquillos. Vende también las joyas de Castilla, collares o sartales, manillas que parecen como esmeralda o como cristal, blancos, amarillos, verdes rubios, negros, acules, leonados, colorados, verde oscuro, morados; todos éstos son teñidos y falsos. El que vende espejos es de los lapidarios, porque también corta sutilmente piedra del espejo y las raspa con el instrumento que llaman teuxalli; y la asierra con un betún hecho de estiércol de murciélagos, y púlelos en unas caixas macizas que se llaman quetzalntlatl. Vende espejos de dos haces, pulidos de ambas partes, y espejos de una haz solamente, y espejos cóncavos, todos muy buenos, y algunos de piedra blanca, y otros de piedra negra; ya éstos poco se usa.

El que trata en agujas fúndelas y las limpia, acicalándolas muy bien. Hace también cascabeles y aguijillos, punzones, clavos, hachas y destrales, azuelas y escoplos.

El que trata en la goma negra que se llama olli, que se derrite como torrezno puesta en asador y no se torna a cuajar, tiene árboles de que la saca. Hace unas masas redondas, otras anchas, otras delgadas y largas. Es goma muy saludable. De ésta se hacen las pelotas con que juegan, que fácilmente saltan como pelotas de viento, haciendo sonido como las mismas.

El que vende escovas valas a segar en el monte con hozes, y véndelas en el tiánguiz, siendo largas, recias, limpias, y algunas cercenadas las puntas.

El que vende engrudo primero saca las raíces de que se hace, y sacadas limpialas y las maja o machuca, y machucadas sácalas al Sol, y siendo secas muélelas bien molidas. Y algunas veces engaña con el engrudo, porque sus raíces van mal molidas y mezcladas con cañas de maíz molidas después que están muy secas y con los granos del maíz o de frijoles medio molidos, con los cuales mezclado el engrudo parece muy bueno y puro.

El que vende resina es hombre del monte, donde la coge de los pinos, y véndela cocida o por cocer, o mezclada con cisco; también la saca de otros árboles.

El que vende resina odorífera, si es buen hombre, vende la que es buena, que no tiene alguna mixtura; y si es mal hombre, vende la que es aparente y no es verdadera, mezclada o envuelta con harina de frijoles o del maíz molido.

El que vende cañutos para chupar humo, primero corta las cañas y las desnuda o monda de las hojas, limpiándolas muy bien, y muele el carbón bien molido, con el cual, siendo mojado, embarra los cañutos y después algunos los pinta y otros los hace dorados. Algunos de éstos son llanos, que no llevan pintura, y muy largos, bien embarrados con el carbón molido o bien emblanquecidos con la greda que los echan encima del carbón, o muy relucientes con el oro con que los doran. Otros hay que tienen pintura encubierta, que no se ve, sino cuando se van gastando con el fuego. Otros están jaspeados; otros hay donde están pintadas flores, pescados, águilas, etc. Unos se hacen para vendellos en el tiánguiz, los cuales son comunes y mal hechos, y se les caye fácilmente el carbón con que están embarrados. Hay muchas maneras de estos cañutos, y se hacen de muchas y diversas hierbas olorosas, molidas y mezcladas unas con otras, con que los tupen muy bien de rosas, de especies aromáticas, del betún llamado chapuputli, y de hongos, de rosa llamada poyomaili, c de tlzyetl, que es una hierba.

El chapuputli es un betún que sale de la mar y es como pez de Castilla, que fácilmente se deshace, y el mar lo echa de sí con las ondas; y esto ciertos y señalados días conforme al creciente de la Luna, viene ancha y gorda a manera de manta; y en la orilla ándanla a coger los que moran junto al mar. Este chapuputli es oloroso y sabroso, y preciado entre las mujeres, y cuando se echa en el fuego su olor se derrama lejos.

Hay dos géneros de este betún: el uno es del con que se mezcla la masa o la resina olorosa que se mete dentro de los cañutos, con que dan buen y trascendiente olor; y el otro género es de la pez que mascan las mujeres, llamada tzictli. Y para que la puedan mascar, mézclarda con el axin, con el cual se ablanda; de otra manera no se podrá mascar, antes se deshace. Y por la mayor parte suélenla mascar las muchachas y las mozas que ya son adultas, y las que ya son mujeres, pero, no la mascan todas en público, sino las solteras o doncellas, porque las casadas y biudas, puesto caso que la masquen, pero no lo hacen en público, sino en sus casas. Y las que son públicas mujeres, sin vergüenga alguna, ándala mascando en todas partes, en las calles, en el tiánguiz, sonando las dentelladas como castañetas. Las otras mujeres que no son públicas, si lo mismo hacen, no dejan de ser notadas de malas y ruines mujeres por aquello. Y la causa porque las mujeres mascan el tzictli es para echar la reuma, y también porque no les hieda la boca o porque el mal hedor de su boca, que ya tienen, no se sienta, y por aquello sean deshechadas. Los hombres también mascan el tzictli para echar también reuma y para limpiar los dientes, empero hácenlo en secreto. Y los que son notados de vicio nefando, sin vergüenza la mascan, y tiénenlo por costumbre andarla mascando en público; y los demás hombres, si lo mismo hacen, nótanlos de sodométicos. Este betún mezclase con el copal o incienso de la tierra y con la resina odorífera, y así mezclado, hace buenos sahumerios.

El ungüento amarillo llamado axin tiene lo siguiente: que es muy amarillo, blando y cálido. Este aún se hace de unos coquillos como moscas que nacen en el Árbol que se dice axcuduitl, cuyas hojas las comen, y ponen huevos de que se engendran los dichos, y como van creciendo, páranse redondillos; y siendo grandecillos, sacádenlos del árbol y cógenlos para cocellos, y como están ya cocidos, de ellos exprimen el axin, que es como un ungüento amarillo, y lo envuelven con las cáscaras de mazorcas de maíz. La calidad de este axin es ser caliente, según dicen los que lo han experimentado, y tan caliente que parece fuego. Con él fínjanse los pies los caminantes para guardallos del frío, y que no se hagan grietas; ablanda o aplaca la gota, poniéndolo sobre la parte donde se siente tal dolor. Untan también los labios con él para que no se hienda; y para que sea bueno contra la gota, muélase con una hierba molida que se dice colotzitzicactli; y para que sea bueno contra el frío, mézclase con el cisco, porque no se derrita. También es bueno contra las cámaras cuando no se pueden estancar. Primero será necesario, cocerlo muy bien, y estando un poco blando o tibio, con él echaron la melezina al enfermo que las tiene; con ello se estancarán fácilmente las dichas cámaras.

Hay un género de tzictli que se llama por estos nombres: tepetzictli, tacanaltzictli, que es tanto como si dijésemos «tzictli agreste». Este también se masca como el otro ya referido, salvo que no es negro, sino amarillo, como la cera amarilla. Cuando se masca no se siente algún dolor de la cabeza, antes le alegra, siéndole dulce o sabroso. El otro género de tzictli, que es del chapuputli, mascándose, fatiga a la cabeza. El tepetzictli es una hierba, y de la raíz de ella se toma este betún.

Capítulo XXV. De los que venden candelas, bolsas, cintas
El que trata en candelas tiene de oficio lo siguiente, conviene a saber: adobar la cera, derretir, emblanquear, lavar y cocer o hervirla; y después que está derretida, échala sobre el pabilo; arrollarla con tabla y sobre otra tabla; mezclar camisas de cera negra dentro de la blanca; infundir la cera y ponerlos pabilo; vende también las candelas de cera de cualquier color que sean, blancas, amarillas, prietas, y las que son falsas, y las que tienen gordo pabilo, unas de las cuales son lisas o bruñidas, otras atolondronadas, unas delgadas y otras gordas.

El que trata en bolsas, córtalas primero y las cose muy bien, y échales cerraderas de cuero o de cordones, ora sean de cuero, ora de manta; unas son anchas y grandes y capaces, y otras son angosticas y chiquititas.

El oficial de cintas o talabartes, cuando los corta, unos corta angostos y otros anchos, a todos les echa hevillas para ceñirse; otros corta angostos y gordos, otros ni muy anchos ni muy angostos, unos amarillos, otros blancos, otros prietos y otros bermejos o colorados.

El zapatero corta primero los zapatos, y después échales suelas y cóselos, apretándolos muy bien, unos angostos y otros anchos, unos muy bien hechos y pulidos, que no son sino de señores.

El buhonero compra junto para tornar a vender por menudo, como son papel, tijeras, cuchillos, agujas, paños, lienzos, orillas, o manillas, o cuentas, y otras cosas muchas que él puede comprar junto.

La que embarra las cabezas con unas hierbas llamadas duhqutlitl, que son buenas contra las enfermedades de la cabeza, tiene por oficio buscar el barro negro y traerlo al tiánguiz para ponello en la cabeza o los que lo quieren, y echar encima las dichas hierbas, siendo molidas y mezcladas con las hojas de un árbol que se dice uixachi y con la corteza llamada cuauhtepuztli. A las veces vende el barro mezclado solamente con las dichas hojas y con la corteza sin las dichas hierbas.

La que vende plumas hiladas suele criar muchas aves de que pela las plumas; y peladas, embuévelas con greda. Y pela las plumas de arriba y las que están debajo, que son muy blandas como algodón, y hace todo lo siguiente: que hila pluma, hila parejo, hila atramuexos, hila mal torcido, hila bien torcido, tuerce la pluma, hila nequén con huso con que hilan las mujeres otomitas, hila con torno la pluma pelada y la torcida, e hila parejo, hila atramuexos, hila también la pluma de pollos, e hila también la pluma de ánsares monciñas, la pluma de ánades, la pluma de ánades del Perú, la pluma de lavancos, la pluma de gallinas.

Y la que vende hierbas de comer, algunas de ellas las planta y otras las coge en el campo al tiempo de las aguas; y de cualquier especie o manera que sean, todas las vende como sean comestibles, cuyos nombres están declarados en el Libro XI, capítulo VII, de las hierbas comestibles, como son las hojas de las matas de Chile, bledos, acederas, mastuerzo, poleo, y otras muchas hierbas buenas para comer.

Capítulo XXVI. De los que venden atulli y cacao hecho para beber, y tequíxquitl, salitre

El que vende atul, que es mazamorra, véndelo o caliente o frío. El caliente se hace de masa del maíz molido o tostado, o de las tortillas molidas, o de los escobajos de las mazorcas quemados y molidos, mezclándose con frijoles, con agua de maíz aceda, o con ají o con agua de cal, o con miel. El que es frío hácese de ciertas semillas que parecen linaza y con semillas de cenizos y de otras de otro género, las cuales se muelen muy bien primero, y así el atul hecho de estás semillas parece ser cernido, y cuando no están bien molidas hacen un atul que parece que tiene salvados, y a la postre le echan encima para que tenga sabor ají o miel.

La que vende cacao hecho para beber, muólelo primero en este modo: que la primera vez quiebra o machuca las almendras; la segunda vez van un poco más molidas; la tercera y postrera vez muy molidas, mezclándose con granos de maíz cocidos y lavados; y así molidas y mezcladas, les echan agua en algún vaso. Si les echan poca, hacen lindo cacao, y si mucha, no hacen espuma. Y para hacello bien hecho se hace y se guarda lo siguiente, conviene a saber: que se coela; después de colado, se levanta para que chorree, y con esto se levanta la espuma y se echa aparte; y a las veces esosase demasiado; medzclase con agua después de molido. Y el que lo sabe hacer bien hecho, vende el cacao lindo, y tal que solos los señores lo beben, blando, espumoso, bermejo, colorado y puro sin mucha masa. A las veces le echan especies aromáticas, y aun miel de abejas, o alguna agua rosada. Y el cacao que no es bueno tiene mucha masa y mucha agua, y así no hace espuma, sino unos espumarajos.

El que vende salitre amontánalo en el lugar donde hay copia de ello, y vende el que es blanco, colorado, que tiene costras, o amarillo, o el que es menudo, y todo es viscoso o blandujo.

El que vende greda amásala con las manos y la cuece, y así se hace fofa y hueca.

El yeso cocido es piedra que se saca de las venas donde se hace. El que vende piciete muele primero las hojas de él, mezclándolas con una poca de cal, y así mezclado, extrágalo muy bien entre las manos. Algunos hácenlo del ajenjo de la tierra, y puesto en la boca, hace desvanecer la cabeza o emborracha; hace también digerir lo comido, y hacen provecho para quitar el cansancio.

Capítulo XXVII. De todos los miembros exteriores e interiores, así del hombre como de la mujer
Relación del autor digna de ser notada
Después de haber escrito las habilidades y oficios que estos naturales mexicanos tenían en tiempo de su infidelidad, y los vicios y virtudes que entre ellos eran tenidas por tales, parecióme consono a razón poner aquí los oficios y habilidades, vicios y virtudes, que después acá han adquirido. Cuanto a lo primero, tenemos por experiencia que en los oficios mecánicos son hábiles para

deprenderlos y usarlos, según que los españoles los saben y usan, como son: oficios de geometría, que es edificar, los entienden y hacen como los españoles; también el oficio de albañería y cantería y carpintería; también los oficios de sastres y zapateros, sederos, impresores, escribanos, letores, contadores, músicos de canto llano, de canto de órgano; tañer flautas, cherernías, sacabuches, trompetas, órganos; saber gramática, lógica y retórica, astrología, teología. Todo esto tenemos por experiencia que tienen habilidad para ello, lo deprenden y lo saben y lo enseñan, y no hay arte ninguna que no tengan habilidad para deprenderla y usarla. En lo que toca a que eran para más en los tiempos pasados, así para el regimiento de la república como para servicio de los dioses, es la causa porque tenían el negocio de su regimiento conforme a la necesidad de la gente, y por esto los muchacho y muchachas criábanlos con gran rigor hasta que eran adultos, y esto no en casa de sus padres, porque no cran poderosos para criarlos como convenía cada uno en su casa, y por esto criábanlos de comunidad debajo de maestros muy solcitos y rigorosos, los hombres a su parte y las mujeres de la suya. Allí los enseñaban cómo habían de honrar a sus dioses, y cómo habían de acatar y obedecer a la república y a los regidores de ella. Tenían graves castigos para castigar a los que no eran obedientes y reverentes a sus maestros; en especial se ponían gran diligencia en que no bebiesen uctli la gente que era de cincuenta años abajo. Ocupábanlos en muchos ejercicios de noche y de día, y criábanlos en grande austeridad, de manera que los bríos e inclinaciones carnales no tentan señorío en ellos, así en los hombres como en las mujeres. Los que vivían en los templos tenían tantos trabajos de noche y de día y eran tan abstinentes, que no se les acordaba de cosas sensuales. Los que eran del ejercicio militar eran tan continuas las guerras que tenían los unos con los otros, que muy poco tiempo cesaban de la guerra y de los trabajos de ella. Era está manera de regir muy conforme a la filosofía natural y moral, porque la templanza y abastanza de está tierra y las constelaciones que en ella reinan ayudan mucho a la naturaleza humana para ser viciosa y ociosa y muy dada a los vicios sensuales, y la filosofía moral enseñó por experiencia a estos naturales que para vivir moralmente y virtuosamente era necesario el rigor y austeridad y ocupaciones continuas en cosas provechosas a la república. Como esto cesó por la venida de los españoles, y porque ellos derrocaron y echaron por tierra todas las costumbres y maneras de regir que tenían estos naturales, y quisieron reducirlos a las maneras de vivir de España, así en las cosas divinas como en las humanas, teniendo entendido que eran idólatras y bárbaros, perdiese todo, el regimiento que tenían. Necesario fue destruir las cosas idolátricas y todos los edificios idolátricos, y aun las costumbres de la república que estaban mezcladas con rito de idolatría y acompañadas con ceremonias idolátricas, lo cual había casi en todas las costumbres que tenía la república con que se re-...

Párrafo segundo: de la cabeza y sus partes

...gía, y por está causa fue necesario desbaratarlo todo y ponerlos en otra manera de policía que no tuviese ningún resabio de cosa de idolatría. Pero viendo ahora que está manera de policía cría gente muy viciosa, de muy malas inclinaciones y muy malas obras, las cuales los hace a ellos odiosos a Dios y a los hombres, y aun los causan grandes enfermedades y breve vida, ser menester poner remidio, y parécenos a todos que la principal causa de esto es la borrachera, que como cesó aquel rigor antiguo de castigar con pena de muerte las borracheras, aunque ahora. se castiga con acotarlos, trasquilarlos y venderlos por esclavos por año o por meses, no es suficiente castigo éste para cesar de emborracharse, y aun tampoco las predicaciones de los predicadores, muy frecuentes, contra este vicio, ni las amenazas del infierno bastan para refrenarlos. Y son estás borracheras tan destempladas y perjudiciales a la república y a la salud y salvación de los que las ejercitan que por ellas se causan muchas muertes, que se matan los unos a los otros estando borrachos y se maltratan de obra y de palabras y se causan grandes disensiones en la república, y los que la rigen se deshonran y se amenguan, y hacen grandes faltas en sus oficios, y los juzgan por indignos de ellos; y aun por este vicio son tenidos por indignos e inhábiles para el sacerdocio, y también porque la continencia o castidad que es necesaria a los sacerdotes no son hábiles para guardarla, en especial los borrachos. A los principios se hizo experiencia de hacerlos religiosos, porque nos parecía entonces que serían hábiles para las cosas eclesiásticas y para la vida religiosa, y así se dio el hábito de San Francisco a dos mancebos indios, los más hábiles y recogidos que entonces había y que predicaban con gran fervor las cosas de nuestra fe católica a sus naturales; y parécelennos que si aquellos, vestidos de nuestro hábito y adornados con las virtudes de nuestra santa religión franciscana, predicasen con aquel fervor que predicaban, harían grandísimo fruto en las animas; y como tuviesen el hábito y los ejercitasen en las cosas de está santa religión, halláse por experiencia que no eran suficientes para tal estado, y así los quitaron los méritos y nunca más se ha recibido indio a la religión, ni aun se tienen por háviles para el sacerdocio. En este tiempo, como aún los religiosos no sabían la lengua de estos naturales, como mejor podían, instruían a los indios que parecían hábiles y recogidos para que ellos predicasen delante de los religiosos al pueblo, pero después que los religiosos supieron la lengua y comenzaron a predicar, quitáronlos de la predicación por bajos que hallaron en ellos, en mostrarse en presencia de los religiosos honestos y recogidos no siendo tales, cosa que ellos saben muy bien hacer. Y no me marrabillo tanto de las tachas y dislates de los naturales de está tierra, porque los españoles que en ella habitan y mucho más los que en ella nacen, cobran estás malas inclinaciones; los que en ella nacen, muy al propio de los indios, en el aspecto parecen españoles y en las condiciones no lo son; los que son naturales españoles, si no tienen mucho aviso, a pocos años andados de su llegada a está tierra se hacen otros. Y esto pienso que lo hace el clima o constelaciones de está tierra, pero es gran vergüenza nuestra que los indios naturales, cuerdos y sabios antiguos, supieron dar remedio a los daños que está tierra imprime en los que en ella viven, obviando a las cosas naturales con contrarios ejercicios, y nosotros nos vamos el agua abajo de nuestra malas inclinaciones; y cierto, se cría una gente, así española como india, que es intolerable de regir y pesadísima de salvar. Los padres ni las madres no se pueden apoderar con sus hijos e hijas para apartarlos de los vicios y sensualidades y que está tierra cría. Buen tino tuvieron los habitadores de está tierra antiguos en que criaban sus hijos e hijas con la potencia de la república, y no los dejaban criar a sus padres; y si aquella manera de regir no estuviera tan inficionada con ritos y supersticiones idolátricas, paréceme que era muy buena, y si limpiada de todo lo idolátrico que tenía, y haciéndola del todo cristiana se introdujese en está república indiana y española, cierto sería gran bien y sería causa de librar así a la una república como a la otra de grandes males, y de grandes trabajos a los que la rigen. Ya tampoco nosotros no nos podemos apoderar con los que se crían en las escuelas, porque como no tienen aquel temor y sujeión que antiguamente tenían, ni los criamos con aquel rigor ni austeridad que se criaban en tiempo de su idolatría, no se sujetan ni se enseñan, ni toman lo que les enseñan, como si estuvieran en aquella imprenta pasada de los viejos antiguos.

A los principios, como hallamos que en su república antigua criaban los muchachos y las muchachas en los templos, y allí los disciplinaban y enseñaban la cultura de sus dioses y la sujeión a su república, tomarnos aquel estilo de criar los muchachos en nuestras casas, y dormían en la casa que para ellos estaba edificada junto a la nuestra, donde los enseñábamos a levantarse a la medianoche y los enseñábamos a decir los maitines de Nuestra Señora, y luego de mañana las horas, y aun los enseñábamos a que de noche se azotasen y tuviesen oración mental. Pero como no se ejercitaban en los trabajos corporales como solían, y como demanda la condición de su briosa sensualidad, también comían mejor de lo que acostumbraban en su república antigua, porque ejercitábamos con ellos la blandura y piedad que entre nosotros se usa, comenzaron a tener bríos sensuales y a entender en cosas de lascivia, y así los echamos de nuestras casas para que se fuesen a dormir a las casas de sus padres, y venían a la mañana a las escuelas a deprender a leer y a escribir y a cantar, y esto es lo que aún ahora se usa. Pero como se han venido relajando de poco en poco estos ejercicios, y entre ellos casi no hay quien tenga orgullo e industria para por sí enseñar estás cosas, si nosotros mismos no entendemos en ellas, no hay ya en las escuelas de nuestras casas quien a derechas enseñó a leer y a escribir y a cantar, ni a las otras cosas de música, casi todo se va cayendo.

También se hizo experiencia en las mujeres para ver si, como en el tiempo de la idolatría había monasterios de ellas que servían en los templos y guardaban castidad, serían hábiles para ser monjas y religiosas de la religión cristiana y guardar perpetua castidad. Y a este propósito se hicieron monasterios y congregaciones de mujeres y fueron instruidas en las cosas espirituales, y muchas de ellas supieron leer y escribir, y las que nos parecían que estaban bien instruidas en la fe y eran matronas de buen juicio las hicimos perladas de las otras, para que las regiesen y enseñasen en las cosas de la cristiandad y de todas buenas costumbres. Y cierto, a los principios tuvimos opinión que ellos serían hábiles para sacerdotes y para religiosos, y ellas para monjas y religiosas, pero engallónos nuestra opinión; por experiencia entendimos que por entonces no eran capaces de tanta perfección, y así cesé la congregación y monasterios que a los principios intentábamos, ni aun ahora vemos indicios que este negocio se pueda efectuar.

Hízose también a los principios una diligencia en algunos pueblos de está Nueva España donde residen los religiosos, como fue en Cholula y en Uexocinco, etc., que los que se casaban los poblaban por si junto a los monasterios, y allí moraban, y de allí ventan todos a misa cada día al monas-...

Párrafo cuarto: de la cara con todos sus adherentes

... terio y los predicaban el cristianismo y el modo de la cuahabitación matrimonial. Y era muy buen medio éste para sacarlos de la infección de la idolatría y otras malas costumbres que se les podía apegar de la conversación de sus padres. Pero duró poco, porque ellos hicieron entender a los más de los religiosos que toda la idolatría con todas sus ceremonias y ritos estaba ya tan olvidada y abominada que no había para qué tener este recatamiento, pues que todos eran bautizados y siervos del verdadero Dios. Y esto fue falsísimo, como después aún lo hemos visto muy claro, que ni aun ahora cesa de haber muchas heces de idolatría y de borrachería y de muchas malas costumbres, lo cual se hubiera mucho remediado si aquel negocio fuera adelante como se comenzó, y como fue en pocas partes fuera en todas, y perseverara hasta ahora; ya está casi imposibilitado de remediarse.

Fueron grandes los trabajos y perplejidades que tuvimos a los principios para casar a los bautizados y que tenían muchas mujeres, para darles aquellas que el derecho manda que tomen, porque para examinar los parentescos y saber cuál fue la primera para dársela nos vimos en un laberinto de gran dificultad, porque ellos mentían en decir cuál fuese la primera y hacían embustes para casarse con aquellas que ellos tenían más afección. Y para saber con cuál habían hecho la ceremonia que usaban cuando tomaban mujer legítima, fue necesario revolver y saber muchas ceremonias y ritos idolátricos de su infidelidad, y como sabíamos poca lengua, casi nunca bien caímos en la cuenta como ahora lo habemos entendido. Cerca de los otros sacramentos, como fue el de la confesión y comunión, ha habido tanta dificultad en ponerlos en el camino derecho de ellos, que aun ahora hay muy pocos que vayan vía recta a recibir estos sacramentos, lo cual nos da gran fatiga y mucho conocimiento de lo poco que han aprovechado en el cristianismo.

A los principios ayudáronnos grandemente los muchachos, así los que criábamos en la escuela como los que se enseñaban en el patio, porque como al tono de lo antiguo, criábamos los hijos de los principales dentro de nuestras escuelas, allí los enseñábamos a leer y a escribir y cantar; y a los hijos de los plebeyos ensedelvamoslos en el patio la doctrina cristiana. Juntábanse gran copia de ellos, y después de haberse enseñado un rato, iba un fraile con ellos, o dos, y subíanse en un cu y derrocábanlo en pocos días, y así se derrocaron en poco tiempo todos los cúes, que no quedó señal de ellos, y otros edificios de los ídolos dedicados a su servicio. Estos muchachos sirvieron mucho en este oficio; los de dentro de casa ayudaron mucho más para destripar los ritus idolítricos que de noche se hacían, y las borracheras y areítos que secretamente y de noche hacían a honra de los ídolos, porque de día éstos espiaban a dónde se había de hacer algo de esto de noche, y de noche a la hora conveniente iban con un fraile, o con dos, sesenta o ciento de estos criados de casa y daban secretamente sobre los que hacían alguna cosa de las arriba dichas, idolatría, borrachera o fiesta, y préndanlos a todos. Y atábanlos y llevábanlos al monasterio donde los castigaban y hacían penitencia y los enseñaban la doctrina cristiana, y los hacían ir a maitines a la medianoche y se azotaban; y esto por algunas semanas hasta aquellos estaban ya arrepentidos de lo que habían hecho, y con propósito de no lo hacer mis; y así salían de allí catetizados y castigados, y de ellos tornaban ejemplo los otros y no osaban hacer semejante cosa, y si la hacían, luego calan en el lazo y eran castigados como dicho es.

Párrafo quinto: de los dientes y muelas y colmillos, etc.
Fue tan grande el temor que toda la gente popular cobró de estos muchachos que con nosotros se criaban, que después de pocos días no era menester ir con ellos, ni enviar muchos cuando se hacía alguna fiesta o borrachera de noche, que enviando diez o veinte de ellos prendían y ataban todos los de la fiesta o borrachera, aunque fuesen ciento o doscientos, y los traían al monasterio para hacer penitencia. Y de está manera se destruyeron las cosas de la idolatría, que nadie en público, ni de manera que se pudiese saber, usaba hacer nada que fuese de cosas de idolatría o de borrachería o fiesta. Y cuando ellos querían hacer alguna fiesta para su regocijo temporal o convidar a sus parientes y amigos hacíanlo con licencia de los religiosos, protestando primero que nin-

guna cosa de idolatría ni de otra ofensa de Dios había de haber en el negocio. Después aún cesé aquella solicitud que los religiosos tenían en las cosas ya dichas, porque públicamente no parecía cosa ninguna que fuese digna de castigo, y ellos perdieron el temor que a los principios tenían, porque también los que se criaban en casa dejaron de dormir y comer dentro de casa, y duermen y comen en casa de sus padres. Y aunque ven y saben algunas cosas idolítricas o de borracherías, no las osan decir; y también se ha prohibido a los religiosos que a ninguno encierren ni castiguen en sus casas por ningún delito. De está manera ellos cantan cuando quieren y cantan los cantares antiguos que usaban en el tiempo de su idolatría, no todos, sino muchos, y na-...

Párrafo sexto: de los labios con sus circunstancias
... die entiende lo que dicen por ser sus cantares muy cerrados. Y si algunos cantares usan que ellos han hecho después ad de su convertimiento, en que se trata de las cosas de Dios y de sus santos, van envueltos con muchos errores y herejías, y aun en los bailes y areítos se hacen muchas cosas de sus supersticiones antiguas y ritus idolátricos, especialmente donde no reside quien los entiende. Y entre los mercaderes más comunmente pasa esto cuando hacen sus fiestas, convites y banquetes. Esto va adelante; cada día se empeora, y no hay quien procure de lo remediar, porque no se entiende sino de pocos, y ellos no lo osan decir. Las cosas de la borrachería cada día se empeoran y los castigos que se hacen no son de manera que el negocio se remedie, más antes de manera que se empeora.

Bien es verdad que algunos de los muchachos que se criaban en nuestras casas a los principios, porque nos decían las cosas que sus padres hacían de idolatría siendo bautizados, y por ello les catigábamos, los mataron sus padres y otros los castigaban reciamente; y aún ahora, cuando habiendo sabido que pasan algunas cosas dignas de represión y de castigo, y las reprendemos en los pálpitos, comienzan a rastrear los que las hacen para saber quién fue el que dio noticia de aquello que se reprendió en el púlpito, y casi siempre caen con la persona y los castigan malamente con solapación y disimulación, cargándoles la mano en los servicios personales y haciéndoles otras vejaciones de que los pacientes ni se pueden quejar, ni se saben remediar, cuájansenos en secreto y en habérnose conjurado que ninguna cosa digamos de lo que nos dicen, por no padecer mayores agravios. Así tenemos necesidad de callar y encomendar a Dios los negocios para que él los remedie.

Hemos recibido y aún recibimos en la plantación de la fe en estás partes grande ayuda y mucha lumbre de aquellos a quien hemos enseñado la lengua latina. Está gente no tenía letras ni caracteres algunos, ni sabían leer ni escribir; comunicábanse por imágenes y pinturas, y todas las antiguallas suyas y libros que tenían de ellas estaban pintados con figuras e imágenes, de tal manera que sabían y tenían memorias de las cosas que sus antepasados habían hecho y habían dejado en sus anales por más de mil años atrás, antes que viniesen los españoles a está tierra. De estos libros y escrituras los más de ellos se quemaron al tiempo que se destruyeron las otras idolatrías, pero no dejaron de quedar muchas escondidas que las hemos visto, y afín ahora se guardan, por donde hemos entendido sus antiguallas. Luego que venimos a está tierra a plantar la fe, juntamos los muchachos en nuestras casas, como está dicho, y los comenzamos a enseñar a leer y escribir y cantar, y como salieron bien con esto, procuramos luego de ponerlos en el estudio de la gramática, para el cual ejercicio se hizo un colegio en la ciudad de México, en la parte de Santiago de Tlaltelulco, en el cual de todos los pueblos comarcanos y de todas las provincias se escogieron los muchachos más hábiles y que mejor sabían leer y escribir, los cuales dormían y comían en el mismo colegio, sin salir fuera sino pocas veces. Los españoles y los otros religiosos que supieron esto reíanse mucho y hacían burla, teniendo muy por averiguado que nadie sería poderoso para poder enseñar gramática a gente tan inhábil. Pero trabajando con ellos dos o tres años vinieron a entender todas las materias del arte de la gramática y a hablar latín, y a entenderlo, y a escribir en latín, y aun a hacer versus heroicos. Como vieron esto por experiencia

Párrafo séptimo: del pescuezo con sus circunstancias
Los españoles seglares y eclesiásticos, espantáronse mucho Cómo aquello se pudo hacer. Yo fui el que los primeros cuatro años trabajé con ellos y los puse en la inteligencia de todas las materias de la latinidad. Como vieron que esto iba adelante y aun tenían habilidad para más, comenzaron, así los seglares como los eclesiásticos, a contradecir este negocio y a poner muchas objecciones contra él para impedirle. Porque yo me hallé presente en todas estás cosas, porque

leía la gramática a los indios del colegio, podré decir con verdad las objecciones que ponían y las respuestas que se les daban. Decían que pues éstos no habían de ser sacerdotes, de qué servía enseñarles la gramática; que era ponerlos en peligro de que hereticasen, y también que viendo la sagrada escritura qué entenderían en ella; como los patriarcas antiguos tenían juntamente muchas mujeres, que es conforme a lo que ellos usaban, y que no querrian creer lo que ahora les predicamos, que no puede nadie tener más que una mujer casado con ella infacie ecclesie. Otra objecciones de está calidad po-...

Párrafo octavo: de los hombros, brazos, manos y dedos
... nían, a las cuales se les respondía que, puesto caso que no hubiesen de ser sacerdotes, queríamos tener sabido a cuánto se extiende su habilidad, lo cual sabido por experiencia, podríamos dar fe de lo que en ellos hay, y que conforme a su habilidad se haría con ellos lo que pareciese ser justo, según proximidad. A lo que decían que les dábamos ocasión de hereticar, se respondía que con no pretender aquello, sino lo contrario, conviene a saber, que pudiesen entender mejor las cosas de la fe, y con estar sujetos a príncipe cristianísimo, estaba muy en la mano cuando algo de esto pareciese remediarlo. A lo de las mujeres, como está en el Evangelio la corrección que Nuestro Redentor hizo cerca de lo que antiguamente se usaba, de que un hombre tenía muchas mujeres, son obligados a creerlo, predicándoselo como ordinariamente se les predica, y siendo en esto rebeldes, castigarlos como a herejes, pues hay oportunidad de poder eclesiástico y seglar para hacerlo. Muchas otras altercaciones se tuvieron cerca de este negocio, las cuales sería cosa prolija ponerlas aquí.

Haya más de cuarenta años que este colegio persevera y los colegiales de él en ninguna cosa han delinquido, ni contra Dios, ni contra la iglesia, ni contra el rey, ni contra su república, más antes han ayudado y ayudan en muchas cosas a la plantación y sustentación de nuestra santa fe católica. Porque si sermones y postillas y doctrinas se han hecho en la lengua indiana que puedan parecer y sean limpios de toda herejía, son los que con ellos se han compuesto y ellos por ser entendidos en la lengua latina nos dan a entender las propiedades de los vocablos y las propiedades de su manera de hablar; y las incongruidades que hablamos en los sermones o escribimos en las doctrinas ellos nos la enmiendan, y cualquiera cosa que sea de convertir en su lengua, si no va con ellos examinada, no puede ir sin defecto, escribir congruamente en la lengua latina, ni en romance, ni en su lengua. Para lo que toca a la ortografía y buena letra no hay quien lo escriba, sino los que aquí se crían.

Enseñaron los frailes a los colegiales y estuvieron con ellos más de diez años enseñándolos toda la disciplina y costumbres que en el colegio se habían de guardar. Y ya que había entre ellos quien lo leyese y quien al parecer fuesen hábiles para regir el colegio, hiciéronles sus ordenaciones y eligieron su rector y consiliarios para que regiesen el colegio, y dejáronlos que leyesen y se regiesen ellos a sus solas por más de veinte años, en el cual tiempo se cayó todo el regimiento y buen concierto del colegio, parte por el mayordomo que tenía cargo del colegio que era español, parte por la negligencia y descuido del rector y consiliarios; también lr descuido de los frailes que no curaban de mirar cómo iban las cosas hasta que todo dio en tierra. Cuarenta años después de la fundación del colegio, tornóse a examinar el estado en que estaban las cosas del colegio y hallóse estar perdido, y fue necesario dar otro corte y hacer otras ordenaciones de nuevo sobre las primeras para que el colegio fuese adelante, como parece por las mismas ordenaciones que se hicieron de nuevo. Yo que me hallé en la fundación del dicho colegio, me hallé también en la reformación de él, la cual fue más dificultosa que la misma fundación. La pestilencia que hubo ahora ha treinta y un años dio gran baque al colegio, y no le ha dado menor está pestilencia de este año de 1576, que casi no está ya nadie en el colegio, muertos y enfermos casi todos son salidos.

Párrafo nono: del cuerpo con sus adherencias
Recelo tengo muy grande que esto se ha de perder del todo; lo uno, porque ellos son pesados de regir y mal inclinados a deprender; lo otro, porque los frailes se cansan de poner con ellos el trabajo de que tienen necesidad para llevarlos adelante; lo otro, porque veo que ni entre los seglares ni entre los eclesiásticos no hay nadie quien los favorezca ni con solo un tomín. Si el señor don Antonio de Mendoza, que en gloria sea, visorrey que fue de está Nueva España, no los hubiera proveído de su hacienda, de una poca rentecilla que tienen con que se sustentan pocos y mal, ya no hubiera memoria de colegio ni de colegial. Y podiérase haber hecho gran bien a toda está república indiana y el rey, nuestro señor, tuviera mis vasallos en ella de los que tiene y tendrá, por-

que siempre van en diminución, y la causa que yo he visto con mis ojos es que la pestilencia de ahora ha treinta años, por no haber quien supiese sangrar ni administrar las medicinas como conviene, murieron los más que murieron, y de hambre. Y en está pestilencia presente acontece lo mismo, y en todas las que se ofrecieren será lo mismo, hasta que se acaben. Y si se hubiera tenido atención y advertencia a que estos indios hubieran sido instruidos en la gramática, lógica y filosofía natural, y medicina, pudieran haber socorrido muchos de los que han muerto, porque en está ciudad de México vemos por nuestros ojos que aquellos que acuden a sangrarlos y purgarlos como conviene, y con tiempo, sanan, y demás mueren. Y como los médicos y sangradores españoles los saben hacer son pocos, socorren a pocos, y ya casi están cansados y enfermos y muertos los sangradores y médicos, y no hay ya quien pueda ni quiera acudir y ayudar a los indios pobres, y así se mueren, por no tener remedio ni socorro.

Capítulo XXVIII. De las enfermedades del cuerpo humano y de las medicinas contra ellas El primero Párrafo es de las enfermedades de la cabeza, ojos, oídos, narices y dientes
Contra la dolencia y enfermedad de la horquilla, que suele dar en los cabellos, es menester cortarlos muy a raíz y rasparse muy bien la cabeza, y lavarla con orines y untarla con una hierba que se dice nanacace; y para quitar la hierba hase de lavar con orines. Y si no se cortaren los cabellos, se han de lavar con orines y untarse con axin, que es un ungüento amarillo mezclado con el cisco de la chimenea. Y después se ha de poner en la cabeza cierto barro negro, que se usa para teñir de negro, y encima poner ciertos polvos de una corteza del palo que en la lengua mexicana se dice cuauhtepuztli, que es como alcornoque, salvo que es pesado.

Contra la caspa será necesario cortar muy a raíz los cabellos y lavarse la cabeza con orines, y después tomar las hojas de ciertas hierbas que en indio se llaman coyoxóchitl y yamolli o iztáuhyatl, que es el ajenjo de está tierra, o con el cuesco del aguacate molido y mezclado con el cisco que está dicho arriba; y sobre esto se ha de poner el barro negro que está ya referido, con cantidad de la corteza ya dicha.

Contra la enfermedad de postillas y sarna, que suelen nacer en la cabeza, se ha de usar del mismo remedio de rasparse la cabeza y lavarse con orines, y moler el cuesco del aguacate y ponerlo en la cabeza, o untarla con el agua que haya estado con la resina llamada óxitl, mezclada con la semilla molida del algodón, o con el ajenjo de está tierra, calentándolo primero y poniéndolo en la cabeza.

Contra las postemas y nacidos de la cabeza se han de poner estos remedios, que son: poner una poca de cal mezclada con la hierba del piciete, y que sea en cantidad; o abrillas a manera de cruz y sacar la materia de las dichas postemas y lavarse con orines, y después poner una bilma de ocotzote o de oxite con su pluma.

Contra los continuos dolores de la cabeza usaremos de estos remedios: oler cierta hierba llamada ecuxo, o la hierba del piciete siendo verde, y apretarse la cabeza con un paño, y sahumarse con algunos sahumerios; y si se empeoraren, se molerá cierta hierba nombrada zozoyátic y oler los polvos de ella, de suerte que entren en las narices; y si crecieren los dichos dolores, tomarás y mezclárаslos con una poca de agua, y echarás ciertas gotas en las narices, y si con esto no se acabare el dolor, se ha de tomar una punta de navaja de la tierra y punzar la cabeza o sangrarse de ella. Contra las heridas y descalabraduras de la cabeza el remedio es que se han de lavar con orines y sacarse zumo de la penca del maguey, y cocido ponerse en la herida. Y viendo que la herida cría materia, será necesario moler la hoja de la hierba que se llama en la lengua mexicana chipili, o de la hierba llamada toloa, y mezclarla con la clara de huevo y ponerla encima de la herida; y si viéremos que el casco está quebrado, tomarás un huesezito sutil y juntarás el casco, uno con otro, y pondrás encima el zumo de la penca del maguey, cocido o crudo.

Contra la dolencia y enfermedad de oídos, cuando sale materia, los remedios serán tomar el zumo tibio de la hierba llamada en la lengua coyoxáchitl, mezclado con chile, y echar tres veces al día algunas gotas del zumo de la dicha hierba, y por el consiguiente otras tantas veces de noche, y así saldrá el humor o materia de los oídos; o raspar polvos de un cierto marisco llamado cuechtli y mezclarlos con agua tibia y sal, y echar algunas gotas en los oídos.

Contra las llagas que están dentro de los oídos será necesario derretir un poco de ulli, que es cierta goma negra de árboles así llamada, y echarse dentro de los oídos. Contra las llagas que están fuera de los oídos, se ternán estos remedios, y son que se ha de tomar la hoja de coyoxóchitl, molerla y mezclarla con ocuzote, y ponerla en la llaga; o molerla y mezclarla con el axi ya dicho, y ponella en la propia llaga; o tomar la hierba llamada en México cicimátic y mezclarla con clara de huevo, y ponerla en la llaga; o todas las demás hierbas que son contra las llagas podridas, como es la hierba llamada chipilli y el cuesco de aguacate.

Contra las hinchazones del rostro que proceden del dolor de los oídos, que en indio se dice nacaccualiztli, se ha de poner la hoja de cualquier hierba que quema, molida y mezclada con el oxite y con el cisco arriba dicho.

Para los que tienen el rostro abohetado e hinchado se usará de los remedios siguientes: que se tome un animalejo llamado en la lengua tapayaxin, y cocerlo muy mucho, y comerlo el enfermo, con el cual expelerá la dicha enfermedad. Que para la misma dolencia también aprovechará cualquier purga que se bebiere, mayormente la purga de la raíz dicha en la lengua oolóltic, con la cual por arriba o por abajo saldrá la enfermedad. Y si al enfermo se le revolviere el estómago demasiadamente, beberá cierto género de atolli, que en la lengua se llama yolatolli, o el caldo de gallina cocida; y para que el enfermo vaya convaleciendo, ha beber algunos días el agua cocida del palo tlatiauhqui, con tal que se quite la corteza.

La enfermedad del paño del rostro o manchas, que suelen proceder de la enfermedad de las almorranas, o de las buvas, o de alguna llaga interior, o del mal de las ingles, se suele curar con cierta hierba llamada en la lengua tletlémaill, moliéndose y revolviéndose el zumo con agua, y bebiéndose. Y habiéndose tornado este brevaje cuatro veces el enfermo, después tomará algunos bailos, con los cuales sanará, tomando la hierba molida que en la lengua se dice iichcayo, y poniéndose sobre las dichas enfermedades. Está dicha enfermedad del paño o de las manchas del rostro la suelen tener las mujeres recién paridas, especialmente habiendo hecho algún excesivo trabajo, para cuyo remedio usarás de las hierbas y raíces de suso nombradas, cociéndose todas juntas en una vasija con agua, y después de cocidas la cantidad del agua que quedare cocida se ha de beber y tomar algunos baños, y con las mismas hierbas y raíces, saliendo del baño, moliéndose, se ha de untar todo el cuerpo. Tlatiauhquipatli, tlacozaedlic, coztómatl.

Los hoyos y asperezas del rostro, que suelen proceder de viruelas o de otras semejantes enfermedades, se curan tornándose los orines calientes y lavarse el rostro, y después untarse con chile amarillo molido, y después de esto se ha de tornar a lavar con orines o con el quino del ajenjo de la tierra, y lavarse siempre con el zumo caliente de la hierba llamada acpa. Y después beberá el zumo de la hierba nombrada tlatlauhqui, mezclado con agua, con todo lo cual se expelerá por la urina sangre, o materia, o arenas. Aprovechará también mucho purgarse y guardarse del vino, y de grosura, y de pescado, y de otras cosas que pueden dañar.

Cuando comienza el dolor de los ojos será provechoso moler la hierba nombrada iztecáuhtic míxitl y ponerla a la redonda de ellos, o echar en los ojos ciertas gotas del pulque trasnochado o serenado, o el zumo de las hojas del cerezo, o la leche de la hierba o cardo llamado en la lengua chicálotl, o el zumo de los grumos del árbol del mizquite. Y dende a pocos días echar algunas gotas de la hierba llamada tonalchichicaquilitl, o la leche de la hierba nombrada tlachinoltétzmitl. Aprovechará también purgarse y beber cierto brevaje llamado xoxouhcapatli y mojarse con él la cabeza, y no será malo sangrarse.

Las cataratas de los ojos se han de raspar y raer con la raíz que se llama en la lengua cocóztic, y de noche sacar el zumo de ella y echarlo en los ojos, o rasparse lo interior de los párpados con cierta hierba áspera llamada zacamalinalli, que es a manera de espartillo, y echar en continente algunas gotas del pulque serenado, y untarse a la redonda con cierta resina o bálsamo llamado en la lengua acaiixitl. Aprovechará también beber el agua del árbol que se llama iziacquíuitl, que se cría en tierra caliente; aprovechará también sangrarse y purgarse.

Lo enramado de los ojos se ha de procurar cortar la telilla, alzándola con alguna espina, y echar ciertas gotas después en los ojos de leche de mujer mezclada con el zumo de la hierba que se llama chichicaqutlitl, y echar también ciertas gotas del zumo de la raíz de cierta hierba nombrada iiztacquillic, y así la deshace.

El cegajoso débese de guardar de la demasiada claridad o del Sol, del viento y del frío.

Para la enfermedad de los ojos anublados se han de echar algunas gotas del zumo de la hierba nombrada accatzontecómatl; y si escociere mucho, echarseban en los ojos algunas gotas de la hierba llamada tlalayotli, y será bueno sangrarse.

La enfermedad de nubes de los ojos que se crían sobre las niñas de ellos se ha de curar con la freza de la lagartija, y mezclarse con el cisco y con agua, y echarse dentro de los ojos algunas gotas de está mezcla, o tomar el cardenillo y mezclarse con el tomate, y echarse algunas gotas en ellos.

Contra la enfermedad del romadizo o catarro se ha de tomar la hierba llamada en la lengua yecuxoton o el piciete y olerse estando verde o echas polvos, y frotar con el dedo todo lo interior de la boca para provocar a echar la reuma fuera, y guardarse de comer o beber cualquiera cosa fría, y ni más ni menos del aire y del frío y del Sol.

El romadizo de los niños recién nacidos curarse ha con el roscío de la mañana, echando algunas gotas de él en las narices de los dichos niños, o la leche de sus madres, o el zumo de cierta raíz llamada en la lengua címatl, o frotallos con el dedo mojado en el tomate o en la sal.

Para el cerramiento de las narices de los niños se suele también echar cierta bizma de ocutzote sobre las propias narices y guardarse de los inconvenientes arriba dichos.

La aspereza o sequedad de las narices curarse ha ni más ni menos como la aspereza y paño que arriba dijimos, y si no fuere muy grave o grande está dicha aspereza y sequedad, bastará tan solamente que se labe con orines o con el agua caliente de cierta hierba llamada acpan, o derretir un poco de ulli mezclado con sal y puesto sobre las narices; y por el consiguiente será bueno lavarse con el agua del ajenjo caliente, iztáuhyatl.

Contra la enfermedad de las postillas de las narices, que proceden del caminar y del demasiado Sol, se ha de tomar la raíz llamada iztacpatli y mezclarse con cierta hierba llamada chichipíltic, y con el ajenjo de la tierra, echadas en agua e incorporadas, y lavarse con el agua las narices, y después beber el zumo de los tomates amarillos, y con él lavarse las narices, los labios y los dientes, o tomar un poco de miel de abejas o de maguey on, que es un ungüento amarillo, y untarse las narices con él.

La ronquera se suele curar con frotarse la garganta con ulli y beber la miel de abejas, y hacer echar algunas gotas de la dicha miel en las narices.

La cortadura y herida de las narices, habiéndose derribado por alguna desgracia, se ha de curar cosiéndose con un cabello de la cabeza, y poner encima de los puntos y herida miel blanca, mezclada con sal. Y después de esto, si se cayeren las narices y si no hubiere aprovechado, la cura, las pondrás postizas de otra cosa. Las heridas de los labios se han de coser con un cabello de la cabeza, y después derretir un poco de zumo de maguey que se llama meulli y echarlo en la herida; y si después de sano quedare alguna señal fea, para cerrarla, se ha de sajar y quemarse y tornarse a coser con el cabello de la cabeza, y echar encima el ulli derretido. Cuando se levantan los cueros en los labios, por demasiado frío y calor, se han de curar con la miel blanca o la miel de maguey, untándose, o con el ulli derretido; pero si procedieren del calor del hígado, pondránse en los labios los polvos de la raíz nombrada tlatlauhcapatli, y lavarse con ella los dientes, y beber el agua.

La hinchazón de las encías se curará con punzarse y echar encima un poco de sal, y con el dedo frotarse.

Para la enfermedad del dolor de muelas será necesario buscar el gusano revoltón, que se suele criar en el estiércol, y molerse, juntando con ocozute, y ponello en las mejillas hacía la parte que está el dolor, y calentar un chile, y así caliente apretarlo con la misma muela que duele, y apretar un grano de sal en la propia muela, y punzar las encías, y poner encima cierta hierba llamada tlaicacáoatl; y si esto no bastara, sacarse la muela, y poner en el lugar vacío un poco de sal. Para que no suceda está enfermedad de las muelas susodicha, será bueno guardarse de comer cosas muy demasiadamente calientes, y si se comieren, no beberán presto agua muy fría; y limpiarse los dientes y muelas después de haber comido, y quitarse la carne de entre medias con un palito, porque se suele podrir y dañarse la dentadura.

Para la enfermedad de la toba de los dientes y muelas será necesario, para que no la tengamos, lavarnos la dentadura con agua fría y limpiarse con un paño y con carbón molido, y lavarse con sal. También lavarse o limpiarse con cierta raíz llamada tlatlauhcapatli, y mezclar la grana con chile y sal, y ponerse en los dientes; y también ponerse cierta medicina llamada tlíltic tlamiaualli, aunque esto para los dientes prietos, o enjuagarse con orines los dientes, o lavarse con el ajenjo o con el agua de cierta corteza de árbol nombrada cuauhtepuztli, y poner los polvos de está corteza en los dientes; y será bueno quitar la tova endurecida de los dientes con algún hierro, Y luego ponerse un poco de alumbre molido, y grana, sal y chile.

Los nacidos e hinchazones de la lengua será necesario que se puncen, y así saldrá la sangre o materia; y sobre lo que se punzare ponerse algunas hilas con sal, y beber el agua del palo llamado iztaccuduitl, con la cual agua saldrá sangraza o aguadija con alguna arena por la orina.

Cuando se engrosare o hinchare la lengua será necesario lavarse con algunos lavatorios de cosas agras, o sangrarla por debajo.

Para las ampollas o calor de la lengua será necesario curarse tomando un poco de alumbre crudo y traello en la lengua, y lavarla con cierta agua llamada en la lengua xocóatl, y también lavarse con el zumo de tomates dulces, que en la lengua se dicen miltomates.

Para cuando se cuelga la lengua fuera de la boca será necesario frotar la misma lengua con ulli.

El tartamudear de los niños procede de que, siendo grandes, maman, y para esto conviene los desteten y los hagan comer.

Las mordeduras de la lengua se curarán con el agua de chile, cociéndose, y echar un poco de sal, y untarla con la miel blanca o con la de maguey.

Párrafo segundo: de las enfermedades y medicinas del pescuezo y garganta

Para la enfermedad de las paperas e hinchazones de la garganta será necesario frotar con la mano la garganta y sangrarse, y untar la garganta con cierta hierba llamada cococxtuiti mezclada con cisco de la olla, y beber el agua de la hierba llamada ahacaxilótic.

Cuando estuviere envarado el pescuezo será bueno tomar algunos baños y apretarse con la mano el pescuezo; y si no aprovechare este remedio, será necesario buscar todas las hierbas de suso nombradas, molerlas, y poner en el pescuezo tecomanichiti, coyoxóchitl, quimichpatli, tzitzicactli.

La enfermedad de las sequillas de la garganta se cura abriéndose el lugar donde están con alguna navaja, y después de sacada la raíz de ellas, se ha de echar el piciete, molido y mezclado con la hierba llamada yietl y con sal, todo caliente y puesto en aquel lugar. Y cuando la carne se fuere pudriendo, se ha de tomar la penca del maguey, desmenuzarse y ponerla al Sol, y después de muy seca, hacella polvos y ponella en el dicho lugar.

Las postemas del pescuezo se han de cerrar lavándose con orines y ponerle las hierbas de suso nombradas, moliéndose y poniéndose en las dichas postemas, y alrededor de ellas ponerse cantidad de sal, iztáuhyatl, calcuechtli, capulxíuitl.

Por la enfermedad de la tose será necesario frotarse la garganta con el dedo y beber el agua de la raíz llamada tlacopópotl, o beber el agua que haya estado con cal mezclada con chile, o beber el agua cocida del ajenjo de la tierra, o el agua de la raíz que se llama pipitzáoac. De estás bebidas en los grandes se entiende que se han de beber un cuartillo de está agua, y con los niños se les dará la cuarta parte de un cuartillo, con la cual echará las flemas o expelerá por abajo; o beberse el agua de la hierba llamada iiztaqutltic. Y para las criaturas se torna este aviso, y es empapar tanto algodón como medio huevo en la propia agua de la dicha hierba, una vez o dos, exprimiéndose el agua que tomaren los algodones, dándola a beber al niño; y no será malo que el ama de la criatura la beba. En los grandes se entenderá que han de beber la dicha agua como está dicho, y después de esto se frotarán como está dicho. Y beber agua hervida con chile que se llama chilpozonalli, y comer cosas asadas o las tortillas tostadas, y guardarse de cosas frías, y beber el agua de la hierba nombrada chipili o del palo llamado coatli, o un poco de vino, y guardarse de beber cacao, y comer fruta, y guardarse de beber el pulque amarillo que llaman auctli, y guardarse del aire y del frío, y arroparse y tomar baños.

Párrafo tercero: de las enfermedades y medicinas contrarias de los pechos y costado y espaldas

Para el dolor de los pechos será bueno tomar las raíces aquí nombradas y molerse y cocerse, y beber el agua de ellas siendo tibia, y esto dos o tres veces, o beber el agua del ezpatli, hecho de diversas hierbas, cociéndose mucho y mezclándose con pepitas y chile, y procurar de comer siempre tarde; y los correos o mensajeros que van muy deprisa suelen beber está agua caminando para que no se les abra el pecho.

Para las mujeres que tienen poca leche en las tetas será necesario moler la raíz llamada zayanalqutltic, y beberla dos o tres veces saliendo del baño, y lavándose primero los pechos con el tequixquite, con la cual primera leche que sobreviniere de está cura la criatura se corromperá algún tanto, y para acaballe de purgar será bueno darle dos o tres gotas de está agua, empapando, un poco de algodón, como está dicho. El ama no coma aguacates, y beba el agua cocida de calabazas blancas o de la hierba llamada cuetlaxochitl, y coma asado el bergajo de los perriflos, o comer el izcauitli.

La hinchazón de las tetas para curarse será necesario moler la hierba que se llama ixyayáoal, mezclada con otra hierba nombrada eheloquíltic, y ponella alrededor de aquella hinchazón o dureza, y con esto vendrá a madurar o se resolverá la hinchazón; y si no aprovechare este remedio, se sajará y poner alrededor las dichas hierbas mezcladas, y cuando se fuere pudriendo las heridas de la sajadura, se echará una bilma de las dichas hierbas y de los polvos de la hierba llamada chichicaquíliti y el ocozote, y beberá el agua de la hierba nombrada tetetzmític.

Cuando se tuviere dolor en los pechos o en las espaldas o en las costillas, o molimiento en todo el cuerpo, molerse ban las hierbas y raíces aquí nombradas, y revolverse y mezclarse con el cisco y el axin, y untarse, lavándose primero con el agua caliente del ajenjo de la tierra, y cuando sintiere alguna comezón, tornard algunos baños, y después de habellos tornado, beberá el agua de estás hierbas aquí nombradas, y así expelerá el mal, tlalquequétzal, tonalxíuitl.

Las niguas que nacen en las espaldas, que en la lengua se llaman cualócatl, curarse ban no lavándose ni bañándose, y algunos se curan con la hierba que se llama toloa, secada al Sol y echa polvos, puesta en los dichos nacidos, y si con esto se ablandaren, echarse ban los polvos de la raíz que se nombra iztacpatli; y si con esto no sanare, cortallo en cruz y sacarse ban de dentro ciertas sabandijas a manera de aradores; y juntarse ban las hierbas aquí nombradas, molidas, mezclándolas con el cisco y cal, y poniéndolas encima, y sobre todo se ha de poner una bilma de ocotzote. Y algunos curan esto con la penca del maguey, cortando un pedazo a manera de parche y poniéndola sobre el nacido, y abriéndola por medio para que quede descubierta la boca del nacido, y tomar un poco de oxite y ponerlo en la propia boca del nacido, de suerte que poniendo fuego sobre el oxite quede quemado el nacido; y hecho esto se pondrá una bilma de ocotzote, mezclado con la hierba nombrada yiauhtli. Y su comida del enfermo serán tortillas tostadas y huevos, y guardarse de comer chile y carne, y de beber el atole caliente y cacao y vino; su bebida será agua fría o el agua del guayacán.

Las quebraduras de los huesos del espinaco y de las costillas, o de los pies, o otro cualquier hueso del cuerpo, se curarán tirándose y poniéndose en su lugar; después de lo cual se ha de poner encima de la tal quebradura la raíz molida que se llama zacacili, y ponerse a la redonda algunas tablillas, y atarse bien, porque no se torne a desconcertar. Y si a la redonda de la tal quebradura estuviere hinchada la carne, se ha de ponzar o poner la raíz que llaman cacálic, molida y mezclada con la raíz nombrada tamemétlatl, y con el agua de está raíz postrera lavarse el cuerpo o beberla en vino, y tomar algunos vaños, y cuando se sintiere alguna comezón, untarse con la hierba llamada xipétziuh, mezclada con la raíz llamada iztaczazálic. Si con esto no sanare, se ha de raer y legrar el hueso de encima la quebradura, cortar un palo de tea que tenga mucha resina, y encajallo con el tuétano del hueso para que quede firme, y atarse muy bien, y cerrar la carne con el patle arriba dicho.

Las hinchazones que proceden de huesos desconcertados se curarán con los polvos de ciertas mazorcas de maíz que nacen anchas y jaspeadas o leonadas, que en la lengua se llaman tzatzapalli, xochicintli, cuappachcintli, quemadas y molidas, y puestos los dichos polvos en la hinchazón y apretarla con la mano. Para los que siempre andan toseando y tienen una tose perpetua, y echan mucha flema, materia, sangraza cuajada, será necesario beber el agua de la hierba que se llama teuuaxin, mezclada con chile y sal, cociéndose muy bien, o beberá el agua de cierta raíz que se nombra iitacchíchic cuáuitl, cociéndose primero con el pulque. Y cuando bebiere está agua, no coma luego, y no coma fruta ni cosas muy frías, aunque puede beber algún trago de pulque. También aprovechará beber el agua del palo nombrado chichioalcuáuitl, mezclado con agua y puesto al Sol; y también beber el agua del palo nombrado tlapalezcuáuitl, cociéndose primero, y echando en el agua un poco de tequixquite colorado. Entiéndese que un día ha de beber el agua del un palo, y otro día la del otro.

Los que escupen sangre se curarán bebiendo el cacao hecho con aquellas especies aromáticas que se llaman tlilxóchitl y mecaxóchitl, ueinacactli, y con cierto género de chile llamado chiltecpin, muy tostado y mezclado con ulli. Y también esto que está dicho se podrá beber en el vino, pero no ha de llevar ulli; o beberá el agua del palo llamado tlapalezcuáuitl, o el panecico que se llama ezpatli, que se hace de diversas hierbas, moliéndolo y revolviéndolo con el agua.

Párrafo cuarto: de las enfermedades del estómago, vientre y vejiga
Para el dolor del estómago será necesario purgarse comiendo dos o tres piñones tostados que en la lengua se llaman cuauhtlalatzin. Y para estancar las cámaras beberá yollatolli o el zumo de los tomates amarillos, mezclado con chile y pepitas, y tomates que se laman miltomates, o beberá el agua del palo llamado chichiccuáuiti, o el agua que haya estado con cal. Y será también bueno echarle al enfermo alguna melecina de la hierba llamada xoxocoyóltic, mezclado con otra hierba nombrado xocócoil, la cual medicina limpiará todo el estómago y echará algunos gusanillos o lombrizes, con los cuales remedios por la orina expelerá también el mal, y a la postre beberá el brebaje que se llama yamanqui patli y con esto se asentará el estómago.

La enfermedad de la colicapasión será bueno curarse con el hollín, mezclado con el tequixquite y el ulli y chile, haciendo algunas calas de esto y poniéndolas al enfermo, con las cuales echará lo que tuviere en el estómago, y hará cámara.

Las cámaras de materia blanca y materia revuelta con sangre, curarse han tomando las hojas de una mata llamada cioapatli, y cocellas, revolviéndose primero con el cisco y con la clara de huevo; y después de esto, así cocido, se ha de beber está agua, o beber el cacao mezclado con el agua de la cal, pero el agua de está cal ha de ser hecha de un día para otro, y echar también en el propio cacao un poco de chilli tostado. Comerá el enfermo las tortillas de granos de maíz cocidos, no muy lavados, o tortillas tostadas; guardarse de todas carnes cocidas y asadas; y si se le diere muy grande deseo, podrá sorber el caldo, echándole alguna sal.

Para la enfermedad de la estangurria será necesario beber el agua de la raíz nombrada amaxtla, y está agua se beberá también en cacao o en el vino mezclado con chile y pepitas, o el agua tan solamente.

Para la enfermedad de la vejiga molerse han estás raíces aquí nombradas, y el agua de los polvos que se sacare se ha de beber y revolverse también en el cacao o en el vino. Pero será necesario, primero que beba está agua, que sea el enfermo jeringado con los polvos de la raíz que se llama cacamótic; o beberá el agua del palo iztaccuduitl, que se cría en Coatitlan; o beberá el agua de los polvos de la cola de cierto animalejo nombrado tlacuatzin, que sea un poco de la cola del macho y otro poco de la hembra, todo mezclado; o beberá el agua de la raíz llamada iztacaxixpaili, y esto en vino.

La enfermedad de las almorranas se cura con el agua de la hierba llamada tletlémaitl, bebiéndose y tomando algunos baños, o echarse también una melezina de la propia hierba; y esto extiéndese, estando dentro las almorranas, pero si estuvieren fuera, necesario moler la dicha hierba, y los polvos ponerse sobre ellas.

Párrafo quinto: de las enfermedades y de las medicinas contrarias.
La enfermedad de las buvas se curará bebiendo el agua de la a nombrada tietlémaitl, y tomando algunos baños, y echando encima de ellas los polvos de la hierba nombrada tialquequétzal, o las limaduras del cobre. Estás buvas son en dos maneras: las unas son muy sucias, que se dicen tlacagoinanáoatl, y las otras son de menos pesadumbre, que se llaman tecpilnanáoati, y por otro nombre puchonanáoatl. Y éstas lastiman mucho con dolores y tullen las manos y los pies, y están arraigadas en los huesos; y cuando salieren fuera, beberá el atole mezclado con cierta semilla nombrada michiuauhtli, o beberá el agua de la raíz que se llama cuauhtlepatli, cuatro o cinco veces cada día, y toman algunos baños. Y si se tullere el enfermo, beberá el agua de la raíz nombrada tiatlapanáltic, y sangrarse a la postre. De los cuales dichos remedios se usará para el otro género de buvas ya dichas.

Para la enfermedad de los empeines, cuando no son muy grandes, será necesario hacer un pegote de ocotzote, pegándolo muchas veces para que salga la raíz y poner encima cierto animalejo nombrado carraleja, que en la lengua se dice tlaxiquipilli, y exprimillo encima del empeine, y después echar una bilma de ocotzote mezclada con la raíz que se llama tialámati; o poner la hierba molida verde que se llama ailepatli y ponerse sobre el empeine. Y cuando tomare algunos baños, lavarse ha con el agua de la hoja de cierta hierba llamada itzcuinpatli.

A los que tienen la enfermedad de la lepra les suele acaecer pelársele las cejas y tener gran hambre, y para curar será bueno tomar los baños dos o tres veces, y saliendo de los baños, sed también bueno untarse con las hierbas y raíces de suso nombradas, molidas, y beber el agua de cierta raíz que se llama tecpatli; y cuando no aprovecharen estos remedios, apartallos de la conversación de la otra gente porque no le pegue.

La correncia de cámaras sucede a los niños o a los ya grandes, la cual se remedia con el agua cocida de cierta raíz llamada tzipipatli, bebiéndose; y también será bueno que la beba el ama que criare a la criatura o niño que tuviere está enfermedad. Y si fuere en los grandes, beberá el atole hecho de cierta sernilla que se nombra chiantzétzol, mezclado con la torta de cierta semilla que se llama chlan; y después, para que el enfermo lo pueda beber con algan gusto, echará encima algunas gotas de chile molido, pero si fuere niño, beberlo ha sin chile. O beberá el agua de la corteza de un árbol que se llama iztaccuduitl, el cual árbol se da y cría en el pueblo de zoatitlan, cociéndose con un poco de cacao; y si esto no bastare para estancar la correncia y cámaras, cocerse ha en cantidad como tres onzas o cuatro de axin, y echalle han una melezina al enfermo; o beber está agua de axin muy bien cocida, y si no la quisiere beber, beberá a lo menos el caldo de una gallina.

Los lobanillos. Para las hinchazones de las rodillas será necesario que se punce, y así saldrá la sangra o aguadija, y ponerse ha después una bilma hecha de la hoja molida de cierta hierba que se llama toloa. Para las hinchazones de los pies será bueno punzarse, como está dicho, y echarse una bilma de ocotzote, mezclado con los polvos de unos granillos o semilla de la hierba nombrada coalxoxouhqui.

Los humores de los pies. El adormecimiento perpetuo de los pies curarse ha cociéndose el ajenjo de está tierra, y con el agua y un paño empapar el pie estando caliente el agua; o cocer la hierba llamada tlatlancuaxuitl y lavarse con el agua de ella el pie; o untar los pies con el axin, mezclado con los polvos de las ortigas.

Acontece taparse el caño de la orina por la mala digestión del estómago y por algunas materias gruesas que tapan el caño; y al que esto sucediere, echarle han una medicina de una raíz que se llama cococpatli, y de otra nombrada tzontecomaxóchill; y esto se hará dos o tres veces. Está medicina de estás raíces ya dichas aprovecha también cuando a alguna criatura chiquita por alguna caída se le revienta alguna tripa, y cuando de gran tose se amortece, y entonces se han de mascar y chupar el zumo y tragarlo. Aprovecharán también estás dichas raíces contra el dolor de la cabeza, echando el zumo de ellas por las ventanas de las narices, con lo cual salen muchos mocos o sangre cuajada; y si esto no aprovechare, no habrá remedio ninguno.

Para los que son muy calorosos será necesario beber el agua de la raíz de la hierba que se llama ciáchipilli, y la raíz de otra hierba también llamada chichicaqutlitl, mezclada con el agua nombrada xocóatl. Será también bueno que se purgue, y después de purgado beba el agua de la raíz de los tomates que se dicen xaltotómatl, mezclada con la raíz de la hierba que se llama tacanalquílitl; y la raíz de tomates dichos es gruesa, y cocerse ha en tanta cantidad de agua como un azumbre, y los grandes pueden beber de ella como cantidad de un cuartillo, y los muchachos como cantidad de medio cuartillo. Beberá también la mata llamada aitztolin, molida y mezclada con el agua agra que se dice xocóatl.

Los humores de los pies que se llaman xoteuconauiliztli se curan con cierta hierba que se llama ueipatli, que se cría en Tepepulco; molerse y ponerse sobre los pies, y también aprovechará esto para la hinchazón de las ingles.

Las heridas curarse han con los polvos de un palo que se dice chichiccuáuitl y con su clara de huevo mojados en ella y puestos en las dichas heridas.

Párrafo sexto: de las medicinas para heridas y huesos quebrados y desconcertados
Las quebraduras de los huesos de los pies curarse han con los polvos de la raíz que se llama acocotli y de la raíz de la tuna, y ponerse en la quebradura del pie y envolverse y atarse con algún lienzo o paño; y después de puesto el paño, se han de poner cuatro palitos o tablillas a la redonda de la quebradura, y atarse han fuertemente con algún cordelejo, para que de está manera salga la sangraza. Y también se sangrará de las venas que vienen a juntarse entre el dedo pulgar del pie y el otro, porque no se pudra la herida. Y los palillos o tablillas se han de tener atados por espacio de veinte días, y después de este tiempo se ha de echar una bilma de ocutzote con polvos de la raíz del maguey y con una poca de cal, y sintiendo alguna mejoría, podránse tomar algunos baños.

Las desconcertaduras de las manos o de los pies se curan apretando con la mano el lugar donde son, y después estirándose el pie o mano para que el hueso se vuelva a su lugar; y molerse han las raíces que se llaman cucucpaili, y mezclarse han con algún cisco, y ponerse ha esto dos o tres o cuatro veces; y si se fuere hinchando la desconcertadura y estuviere mue inflamada, sangrarse ha en el mismo lugar.

Las torceduras de las cuerdas del pescuezo frotarse han blandamente con la mano, y no será malo beber el agua de la hierba que es muy fría, que se llama coaxtuitl, con la cual se desparce y no se congela la sangre que en aquel lugar se podría recoger, y sangrar el lugar donde se torció la vena, de la misma vena.

Las descalabraduras de la cabeza se han de lavar con orines calientes y exprimir una penca del maguey asada sobre la propia herida, y que el zumo que se sacare sea caliente; después sobre este tal, se ha de echar otro poco del zumo de la misma penca asada, con tal sea mezclado con la hierba llamada matlalxtuitl y con un poco del cisco y sal, y puesto en la herida, y atarse con un paño porque no se pasme, y con esto se encarna la herida. Y para el que fuere muy caloroso se le pondrá está medicina postrera dos o tres veces, y al que no, una vez solamente; y cuando fuere encorándose la tal descalabradura, se pondrá un parcho para acabar de sanar.

Las heridas de estocada, puñalada o cuchillada, hechas con palo o con hierro, curarse han de la misma manera que está dicho.

Los cardenales o señales hechas con azote o vara, hinchándose, curarse han untándose con el patle que se nombra popaualizpatli; y esto una vez, y después tomará algunos baños y beberá el agua de la raíz que se llama iztacpatli, mezclada con chile, o beberá el agua con el vino blanco de la tierra; con esto quedará sano.

Cuando alguno tropezare, cayendo, y que hace golpe en los pechos, beberá luego los orines calientes con tres o cuatro lagartijas, molidas y echadas en los propios orines, y a vueltas también echar un poco de cisco, y después beberá el agua de las raíces e hierbas aquí nombradas, siendo bien cocidas, y sangrarse ha de la vena del corazón porque no se empeore y se vaya el enfermo secándose poco a poco, o se le haga alguna hinchazón en la barriga, o escupa sangre, o ande tosiendo. Y para está tose o el escupir sangre beberse ha el agua de la raíz llamada cozauicpatli, cociéndose muy bien, y hase de dejar entibiar y así beberse dos o tres veces; y cuando esto no bastare, purgarse ha el enfermo o echarle han alguna melecina.

Capítulo XXIX. En este capítulo XXIX se trata de todas las generaciones que a está tierra han venido a poblar

En este párrafo se trata de los tulanos, de los toltecas, primeros habitadores de esta tierra, que fueron como los troyanos

Primeramente los toltecas, que en romance se pueden llamar «oficiales primos», según se dice fueron los primeros que vinieron a estas partes que llaman tierras de México o tierras de chichimecas. Y vivieron primero muchos años en el pueblo de Tulantzinco en testimonio de lo cual dejaron muchas antiguallas allí, y un cu que llamaban en indio uapalcalli, el cual está hasta ahora, y por ser tajado en piedra y peña ha durado tanto tiempo. Y de allí fueron a poblar la ribera de un río junto al pueblo de Xicocotitlan, el cual ahora tiene nombre de Tula; y de haber morado y vivido allí juntos hay señales de las muchas obras que allí hicieron, entre las cuales dejaron una obra que está allí y hoy en día se ve, aunque no la acabaron, que llaman coatlaquetzalli, que son unos pilares de la hechura de culebra que tienen la cabeza en el suelo por pie, y la cola y los cascabeles de ella tienen arriba. Dejaron también una sierra o un cerro que los dichos toltecas comenzaron a hacer y no lo acabaron, y los edificios viejos de sus casas y el encalado parece hoy día. Hállanse también hoy en día cosas suyas primamente hechas, conviene a saber: pedazos de ollas o de barro, y vasos o escudillas y ollas; sácanse también debajo de tierra joyas y piedras preciosas, esmeraldas y turquesas finas.

Estos dichos toltecas todos se nombraban chichimecas, y no tenían otro nombre particular, sino el que tomaron de la curiosidad y primor de las obras que hacían, que se llamaron toltecas, que es tanto como si dijésemos «oficiales pulidos y curiosos», como ahora los de Flandes. Y con razón porque eran sutiles y primos en cuanto ellos ponían la mano, que todo era muy bueno, curioso y gracioso, como las casas que hacían muy curiosas, que estaban de dentro muy adornadas de cierto género de piedras preciosas muy verdes por encalado, y las otras que no estaban así adornadas tenían un encalado muy pulido que era de ver, y piedras de que estaban hechas tan bien labradas y tan bien pegadas que parecía ser cosa de mosaico. Y así con razón se llamaban casas de primos y curiosos oficiales, por tener tanta lindeza de primor y labor.

Había también un templo que era de su sacerdote llamado Quetzalcóatl, mucho más pulido y precioso que las casas suyas. El cual tenía cuatro aposentos: el uno estaba hacia el oriente y era de oro, y llamábanle aposento o casa dorada, porque en lugar del encalado tenía oro en planchas y muy sutilmente enclavado; y el otro aposento estaba hacia el poniente, y a éste le llamaban aposento de esmeraldas y de turquesas, porque por de dentro tenía pedrería fina de toda suerte de piedras, todo puesto y juntado en lugar de encalado, como obra de mosaico que era de grande admiración; y el otro aposento estaba hacia el mediodía, que llaman sur, el cual era de diversas conchas mariscas, y en lugar del encalado tenía plata, y las conchas de que estaban hechas las paredes estaban tan sutilmente puestas que no parecía la juntura de ellas; y el cuarto aposento estaba hacia el norte, y este aposento era de pedrería colorada y jaspes y conchas muy adornado.

También había otra casa de labor de pluma, que por de dentro estaba la pluma en lugar del encalado. Y tenía otros cuatro aposentos: y el uno estaba hacia el oriente, y éste era de pluma rica, amarilla, que estaba en lugar del encalado, y era de todo género de pluma amarilla muy fina; y el otro aposento que estaba hacia el poniente se llamaba aposento de plumajes, el cual tenía en lugar de encalado toda pluma riquísima que llaman xiuhtótotl, pluma de un ave que es acul fino, y estaba toda puesta y pegada en mantas y en redes muy sutilmente por las paredes de dentro a manera de tapicería, por lo cual le llamaban quetzalcalli, que es un aposento de plumas ricas; y el otro aposento que estaba hacia el sur le llamaban la casa de pluma blanca, porque toda era de pluma blanca de dentro, a manera de penachos, y tenía todo género de pluma blanca; y el otro aposento que estaba hacia el norte le llamaban el aposento de pluma colorada, de todo género de aves preciosas por de dentro entapizada. Fuera de estas dichas casas hicieron otras muchas, muy curiosas y de gran valor.

La casa o oratorio del dicho Quetzalcóatl estaba en medio de un río grande que pasa por allí, por el pueblo de Tula, y allí tenía su lavatorio el dicho Quetzalcóatl, y le llamaban chalchiuhapan. Allí hay muchas casas edificadas debajo de tierra, donde dejaron muchas cosas enterradas los dichos toltecas, y no solamente en el pueblo de Tullan y Xicocotitlan se han hallado las obras tan curiosas y primas que dejaron hechas, así de edificios viejos como de otras cosas, etc., pero en todas partes de la Nueva España, donde se han hallado sus obras, así ollas como pedazos de tejuelas de barro de todo género de servicio, y muñecas de niños, y joyas, y otras muchas cosas por ellos hechas; y la causa de esto es porque casi por todas partes estuvieron derramados los dichos toltecas.

Los que eran amantecas, que son los que hacían obras de pluma, eran muy curiosos y primos en lo que hadan, y tanto, que ellos: fueron inventores del arte de hacer obra de pluma, porque hadan rodelas de pluma y otras insignias que se decían apanecáyotl; y así todas las demás que antiguamente se usaban fueron de su invención, hechas a maravilla y con gran artificio de plumas ricas. Y para hacellas muy pulidas, primero antes que saliesen a luz, tracaban y tanteábanlas, y al cabo, hacíanlas con toda curiosidad y primor.

Tenían asímismo grandísima experiencia y conocimiento los dichos toltecas, que sabían y conocían las calidades y virtudes de las hierbas, que sabían las que eran de provecho y las que eran dañosas y mortíferas, y las que eran simples. Y por la gran experiencia que tenían de ellas dejaron señaladas y conocidas las que en ahora se usan para curar, porque también eran médicos, y especialmente los primeros de esta arte, que se llamaban Oxomoco, Cipactónal, Tlaltetecuin, Xochicaoaca, los cuales fueron tan hábiles en conocer las hierbas que ellos fueron los primeros inventores de medicina, y aun los primeros médicos herbolarios. Ellos mismos por su gran conocimiento hallaron y descubrieron las piedras preciosas y las usaron ellos primero, como son las esmeraldas y turquesa fina y piedra acul fina, y todo género de piedras preciosas.

Y fue tan grande conocimiento que tenían de las piedras que, aunque estuviesen dentro de alguna gran piedra y debajo de la tierra, con su ingenio natural y filosofía las descubrían; y sabían dónde las habían de hallar, en esta manera, que madrugaban muy de mañana y se subían a un alto, puesto el rostro hacia donde sale el Sol, y en saliendo, tenían tan gran cuidado en ver y mirar a unas y a otras partes para ver dónde y en qué lugar y parte debajo de la tierra estaba o había piedra preciosa. Y buscábanla mayormente en parte donde estaba húmeda o mojada la tierra, y en acabando de salir el Sol, y especialmente, empezando a salir, hadase un poco de humo, casi como una vara de humo sutil que se levantaba en alto, y allí hallaban la tal piedra preciosa debajo de la tierra, o dentro de alguna piedra, por ver que salía aquel humo.

Ellos mismos hallaron y descubrieron la mina do. las piedras preciosas que en México se dicen xíuitl, que son turquesas, la cual según los antiguos es un cerro grande que está hacia el pueblo de Teputzotlan, que tiene por nombre

Xiuhtzone, donde las hallaban y sacaban las dichas piedras preciosas, y después de sacadas, las llevaban a lavar a un arroyo que llaman Atóyac. Y como allí las lavaban y limpiaban muy bien, por esta causa le llamaron a este arroyo Xippacoyan, y ahora se llama este nombre el propio pueblo que allí está poblado, junto al pueblo de Tula. Y tan curiosos eran los dichos toltecas que sabían casi todos los oficios mecánicos, y en todos ellos eran únicos y primos oficiales, porque eran pintores, lapidarios, carpinteros, albañíes, encaladores, oficiales de pluma, oficiales de loza, hilanderos, tejedores. Ellos mismos también, como eran de buen conocimiento, con su ingenio descubrieron y alcanzaron a sacar y descubrir las dichas piedras preciosas, y sus calidades y virtudes; y lo mismo las minas de la plata y del oro, y de metales de cobre y plomo, y oropel natural y estaño, y otros metales, que todo lo sacaron, labraron, y dejaron señales y memoria de ello; y lo mismo el ámbar y el cristal, y las piedras llamadas amatistas, y perlas, y todo género de ellas, y todas las demás que traían por joyas que ahora se usan y traen así por cuentas como por joyas, y de algunas de ellas su beneficio y uso está olvidado y perdido.

Eran tan hábiles en la astrología natural los dichos toltecas que ellos fueron los primeros que tuvieron cuenta y la compusieron de los días que tiene el año, y las noches, y sus horas, y la diferencia de tiempos, y que conocían y sabían muy bien los que eran sanos y los que eran dañosos, lo cual dejaron ellos compuestos por veinte figuras o caracteres. También ellos inventaron el arte de interpretar los sueños. Y eran tan entendidos y sabios que conocían las estrellas de los cielos, y les tenían puestos nombres, y sabían sus influencias y calidades, y sabían los movimientos de los cielos, y esto por las estrellas. También conocían y sabían y decían que había doce ciclos, donde en el más alto estaba el gran señor y su mujer; al gran señor le llamaban Ometecutli, que quiere decir «dos veces señor», y su compañera le llamaban Omecíoatl, que quiere decir «dos veces señora», los cuales dos así se llamaban para dar a entender que ellos dos señoreaban sobre los doce cielos y sobre la tierra, y decían que de aquel gran señor dependía el ser de todas las cosas, y que por su mandado de allí venía la influencia y calor con que se engendraban los niños o niñas en el vientre de sus madres.

Y estos dichos toltecas eran buenos hombres y allegados a la virtud, porque no decían mentiras, y su manera de hablar y saludarse unos a otros era: «señor» y «señor hermano mayor» y «señor hermano menor», y su habla en lugar de juramento era: «es verdad», «así es», «así está averiguado», y sí por sí, y no por no. Su comida de ellos era el mismo mantenimiento que ahora se usa, del maíz, y le sembraban y beneficiaban así lo blanco como el de las demás colores de maíz con que se sustentaban, y compraban y trataban con ello por moneda. Y su vestir era ropa o manta que tenía alacranes pintados de acul; su calzado era cotaras también pintadas de acul y de lo mismo eran sus correas.

Iten, eran altos, de más cuerpo que los que ahora viven, y por ser tan altos corrían y atrancavan mucho por lo que les llamaban tlancuacemilhuique, que quiere decir que corrían un día entero sin cansarse.

Eran buenos cantores, y mientras cantaban o danzaban usaban atambores y sonajas de palo que llaman ayacachtli; tañían y componían y ordenaban de su cabeza cantares curiosos. Eran muy devotos y grandes oradores; adoraban a un solo señor que tenían por Dios, al cual le llamaban Quetzalcóatl, cuyo sacerdote tenía el mismo nombre que también le llamaban Quetzalcóatl, el cual era muy devoto o aficionado a las cosas de su señor y Dios, y por esto tenido en mucho entre ellos. Y así, lo que les mandaba lo hacían y cumplían, y no excedían de ello, y les solía decir muchas veces que había un solo señor y Dios, que se decía Quetzalcóatl, y que no quería mis que culebras y mariposas que le ofreciesen y diesen en su sacrificio. Y como los dichos toltecas en todo le creían y le obedecían, y no eran menos aficionados a las cosas divinas que su sacerdote, y muy temerosos de su Dios y señor, fácilmente fueron persuadidos y convencidos por el dicho Quetzalcóatl para que saliesen del pueblo de Tula. Y así salieron de allí por su mandado, aunque ya estaban allí mucho tiempo poblados y tenían hechas lindas y suntuosas casas de su templo y de sus palacios que habían sido edificadas con harta curiosidad en el pueblo de Tula, y en todas partes y lugares donde estaban derramados y poblados y muy arraigados allí los dichos toltecas, con muchas riquezas que tenían. Al fin se hubieron de ir de allí, dejando sus casas, sus tierras, su pueblo y sus riquezas; y como no las podían llevar todas consigo, muchas dejaron enterradas, y aun ahora algunas de ellas se sacan debajo de tierra, y cierto no sin admiración de primor y labor. Y así creyendo y obedeciendo a lo que el dicho Quetzalcóatl les mandaba, hubieron de llevar por delante, aunque con trabajo, sus mujeres e hijos, y enfermos, y viejos y viejas; y no hubo ninguno que no le quisiese obedecer, porque todos se mudaron cuando él salió del pueblo de Tula para irse a la región que llaman Tlapallan, donde nunca mis pareció el dicho Quetzalcóatl.

Y estos dichos toltecas eran ladinos en la lengua mexicana, que no eran bárbaros, aunque no la hablaban tan perfectamente como ahora se usa, y cuando se hablaban unos a otros, decían: «señor», «señor hermano mayor», «señor hermano menor».

Eran ricos, y por vivos y hábiles en breve tiempo con su diligencia tenían riquezas, que decían que les daba su Dios y señor Quetzalcóatl, y así se decían entre ellos que el que en breve tiempo se enriquecía que era hijo de Quetzalcóatl.

Y la manera de se cortar los cabellos era según su uso pulido, que traían los cabellos desde la medía cabeza atrás, y traían el celebro atusado como a sobre peine. Y éstos también por su nombre se llamaban chichimecas, y así se nombraban toltecas chichimecas. Y no se dice aquí más de en suma su manera y condición de los que primero vinieron a poblar esta tierra que llaman México.

Y resta por decir otro poco de los dichos toltecas, y es: todos los que hablan claro la lengua mexicana, que les llaman naoas, son descendientes de los dichos toltecas, que fueron de los que se quedaron y no pudieron ir y seguir a Quetzalcóatl, como eran los viejos y viejas, o enfermos o paridas, o que de su voluntad se quedaron.

Párrafo 2: en este Párrafo se pone cuántas maneras de chichimecas ha habido en esta tierra

Los que se nombraban chichimecas eran de tres géneros: los unos eran los otomíes, y los segundos eran los que llamaban tamime, y los terceros son los que decían teuchichimecas, y por otro nombre zacachichimecas. La condición y vida de los otomíes después se dirá.

Este vocablo que dicen tami quiere decir «tirador de arco y flechas», y los de este género de tamimes son deudos y de la generación de los que llamaban teuchichimecas; y fueron algo republicanos. Y aunque por la mayor parte vivían en cuevas y peñascos, algunos de ellos hacían chozas o casillas de paja; hacían también alguna sementerilla de maíz, y venían de su tierra a tratar y vivir con algunos mexicanos o naoas, y con algunos otomíes, con intento de oír el lenguaje de los unos y de los otros, y así hablaban en alguna manera la lengua mexicana y la de los otomíes; venían también a ver y deprender la policía de su vivir.

Cuanto a su vestir, se ponían algunas ropillas viejas y hechas pedazos, o algunos trapos rotos; cuanto a su mantenimiento, hacían algunas sementillas, donde cogían lo que les era necesario para su sustentación. Y la causa de su nombre, que es tamime, que quiere decir «tiradores», es porque de ordinario traían sus arcos y flechas por todas partes, para tirar y cazar con ellos.

Y estos tales tamimes eran vasallos de señores o de principales, en cuyas tierras ellos vivían, y les daban y contribuían en lugar de tributo la caza que cazaban de conejos, venados y culebras; y eran grandes conocedores de muchas hierbas y raíces, y de sus virtudes y calidades, y de las muy ponzoñosas con que se morían luego las gentes o se secaban poco a poco hasta que morían. También conocían cierto género de sierpe que llaman mazacóatl, y solían andar con unas petaquillas o a cuestas, y entre las casas andar vendiendo las hierbas medicinales que llaman patli; y no andaban trasquilados, antes traían el cabello crecido y largo tendido, así hombres como mujeres.

Párrafo 3

Los que se llamaban teuchichimecas, que quiere decir «del todo bárbaros», que por otro nombre se decían zacachichimecas, que quiere decir «hombres silvestres», eran los que habitaban lejos y apartados del pueblo, por campos, cabañas, montes y cuevas, y no tenían casa cierta, sino que de unas partes en otras andaban vagueando y donde les anochecía, si había cueva, se quedaban allí a dormir. Y tenían su señor y su caudillo que los regía y gobernaba, y la caza que mataban se la daban, y si acertaban a matar algún león o tigre, gato montés, conejos o venados, le presentaban el pellejo y la carne, y la caza que le daban así en reconocimiento era para su sustento del tal señor. Todo se lo presentaban y daban como tributo, y también arcos y flechas; y tenía palacios que eran unas casas de paja o las mismas cuevas, y tenía este tal señor una sola mujer, y lo mismo tenían todos estos teuchichimecas: cada uno una sola mujer, ninguno podía tener dos, y cada uno andaba y bibía de por sí con su mujer sola, buscando lo necesario para la sustentación de su vida. Y decían que estos tales no cometían adulterio unos a otros, y tarde y casi nunca se hallaba algún adúltero. Y cuando se hallaba alguno, lo tomaban y llamaban a toda la gente que tenía a su cargo el tal señor, y se lo llevaban delante de él y a la mujer, y los sentenciaba, y daba por sentencia que todos su vasallos, cada uno de ellos, emplease cuatro, flechas en los tales adúlteros, y estando vivos los flechaban.

Y este señor traía una manta puesta de pellejo, o de gatos monteses o de pellejo de tigre o león, o hecha de pellejos de ardillas. Y ponían se en la cabeza una guirnalda hecha de pellejo de ardilla, de manera que la cabeza venía sobre la frente y la cola al colodrillo, y un plumaje a manera de un aventadorcico redondo de pluma encarnada. Y su mujer traía unas naguas y camisa de los mismos pellejos; y también las demás mujeres traían puesto faldillín y huipil de pellejos; y de ordinario traían consigo sus arcos y carcajes de flechas cuando caminaban, y cuando comían los tenían consigo, y cuando dormían ponían los arcos en sus cabeceras y decían que les guardaban. Traían por calzado unas cuteras de hojas de palma, y la cama en que dormía el señor, y su silla y su asiento, era de, pellejos de los dichos leones y tigres, todo muy curioso. Llevaba consigo muchos teuchichimecas de guarda; y los mismo andaban los demás teuchichimecas, vestidos de otros pellejos de venado o de adives, y no traían ninguno de los pellejos de leones.

La condición y calidad de estos teuchichimecas es que eran lapidarios, porque conocían y labraban los pedernales y navajas para las puntas de las flechas. También traían espejos consigo colgados en la cintura, y cuando caminaban iban en rencle e iban siguiendo a la guía, el cual y los demás llevaban cada uno un espejo colgado de la cintura a las espaldas, en que se iban mirando los que iban detrás. También labraban y aderezaban muy bien las piedras acules, desbastándolas, que se llaman en indio teuxíuitl, que son turquesas, y hacían de ellas joyas, cuentas, zarcillos o orejeras de muchas maneras.

También tenían gran conocimiento de hierbas y raíces, y conocían sus calidades y virtudes. Ellos mismos descubrieron y usaron primero las raíz que llaman péyotl, y los que la comían y tomaban, la tomaban en lugar de vino. Y los mismo hacían de los que llaman nanácatl, que son los hongos malos que emborrachan también como el vino. Y se juntaban en un llano después de lo haber comido, donde bailaban y cantaban de noche y de día a su placer, y esto el primero día, y luego el día siguiente lloraban todos mucho y decían que se limpiaban y lavaban los ojos y caras con sus lágrimas.

También eran oficiales de plumas, y hacían obras de pluma pulida, como los plumajes a manera de aventadorcicos, hechos de pluma encarnada. También había zurradores que aderezaban los pellejos de venados que les servían de faldillines y ropa. Hacían las mujeres la comida para los hombres, así asados como guisados, y no los hombres para las mujeres. La causa de lo cual era porque los hombres decían que eran obligados a guardar la vista de los ojos para poder cazar, y que el humo se los echaba a perder; y así estos tales teuchichimecas tenían muy larga la vista, que veían de muy lejos y eran muy certeros, porque a lo que tiraban, del primer flechaco lo derribaban y acertaban, y por muy pequeña cosa que fuese y estuviese lejos, le acertaban.

La comida y sustentación de estos teuchichimecas eran hojas de tuna y las mismas tunas, y la raíz que llaman címatl, y otras que sacaban debajo de tierra, que llaman tzioactli, necuámetl y mizquites, y palmitos y flores de palmas que llaman íczotl, y miel que ellos sacaban de muchas cosas: la miel de palmas, miel de maguey, miel de abejas, y otras raíces que conocían y sacaban debajo de tierra; y todas las carnes de conejo, de liebre, de venado, y de culebras, y de muchas aves. Y por comer de estas comidas, que no iban guisadas con otras cosas, vivían mucho y andaban sanos y recios; y por maravilla moría uno, y el que moría iba ya tan viejo y cano que de viejo muria. Y si a alguno le daba alguna enfermedad, y dentro de tres o cuatro días no sanaba, hacían junta todos los teuchichimecas y lo mataban, metiéndole por la olla de la garganta una flecha; y los que eran muy viejos, viejas, los mataban así mismo con flechas, diciendo que con aquello les despenaban, porque ya no penasen más en el mundo y porque no tuviesen ya lástima de ellos. Y los enterraban con muy gran regocijo, y duraba la fiesta de entierro dos o tres días con gran baile y canto. También por causa de su poco comer y poco vestir, allende de ser sanos y recios, y tener grandes fuerzas, eran muy ligeros; subían por las sierras arriba muy recia y ligeramente que parece que volaban por su gran ligereza, que no criaban baco ni grosura que se lo impidiese. Y traía consigo cada uno a su mujer, como ya está dicho; y cuando ella estaba preñada, el marido le daba calores con fuego por las espaldas y le echaba agua, diciendo que le servía aquello por baño. Y despues que ella había parido, dábale el marido dos o tres coces en las espaldas, porque acabase luego de salir la sangre. Hecho esto, tomaban la criatura y metíanla en un guacalejo, y tomábala luego a cuestas la mujer, y caminaban hasta donde les anochescía y allí dormían; y lo mismo hacían cada día hasta que llegaban a su viaje. Y si paría hija, después que ya de cuatro o cinco años, le daban luego a otro muchacho de su edad, el cual la recibía y andaba con ella; y si paría hijo, en siendo de un año, le ponían en las manos un arco con que le enseñaban a tirar, y no le enseñaban ningún juego, sino solamente el tirar.

Sabían y usaban maleficios para enhechizar. Traían también el cabello largo, crecido, trenchado, y no se trasquilaban, así hombres como mujeres.

Párrafo 4
De estos chichimecas unos había que se decían nahuas chichimecas, llamándose de nahuas y de chichimecas porque hablaban algo la lengua de los nahuas o mexicanos y la suya propia chichimeca; otros había que se decían otonchichimecas, los cuales tenían este nombre de otomís y chichimecas porque hablaban la lengua suya y la otomí; otros había que llamaban cuextecachichimecas, porque hablaban la lengua chichimeca y guasteca. Todos los cuales vivían en policía y tenían sus repúblicas, señores, caciques y principales, poblados con sus casas, abundantes en el victo y vestido, cuyo oficio era también traer y usar flechas y arcos.

Párrafo 5: aquí se declara quiénes eran y se decían nahoas
Los nahoas eran los que hablaban la lengua mexicana, aunque no la hablaban ni pronunciaban tan clara como los perfectos mexicanos. Y aunque eran nahoas, también se llamaban chichimecas, y decían ser de la generación de los toltecas que quedaron cuando los demás toltecas salieron de su pueblo y se despoblaron, que fue en tiempo cuando el dicho Quetzalcóatl se fue a la región de Tlapallan. Y no eran inhábiles estos nahoas, porque tenían su república con señor y caciques y principales que los regían y gobernaban y procuraban de engradecer y aumentar su república. Tenían su manera de regocijo de cantar y bailar con que regocijaban su república; y toda la gente tenían bien de comer y beber; tenían oficios; eran prósperos, ricos en tener ropas, joyas, plumas ricas y otras riquezas, y casas, sementeras y trajes llenas. Tenían Dios a quien adoraban, invocaban y rogaban, pidiendo lo que les convenía, y le llamaban Yoalli Ehécatl, que quiere decir «noche y aire» o «espíritu invisible», y le eran devotos y grandes oradores. Y la noche que le velaban se pasaban en cantar con un

atamboril que llaman tepunactli, y hacíanle sacrificio, puzando y cortando con espinas o puntas de magueyes con que se sangraban; y para ello tocaban un caracol grande, en lugar de trompeta, que sonaba muy lejos. Lavábanse también a la medianoche, por más que hiciese gran frío. Hacían fiesta cada veinte días y sacrificio a su Dios.

Eran habilísimos de grandes trazas, sutiles y curiosos mecánicos, porque eran oficiales de plumas, pintores, encaladores, plateros, doradores, herreros, carpinteros, albañíes, lapidarios muy primos en desbastar y pulir las piedras preciosas, hiladores, tejedores, pláticos y elegantes en su habla, curiosos en su comer y en su traje, muy aficionados a ser devotos y a ofrecer a su Dios e incensarle en sus templos, valientes en las guerras, animosos de muchos ardides, que hacían grandes presas. Esto solamente en suma se dice de estos nahoas, porque había mucho que decir de su república y manera de vivir.

Párrafo 6: aquí se dice quién son los otomíes y su manera de ser y vivir
El vocablo otómitl, que es el nombre de los otomíes, tomáronlo de su caudillo, el cual se llamaba Oton, y así sus hijos y sus descendientes y vasallos que tenía a cargo todos se llamaron otomites, y cada uno en particular se decía otómitl. Y no carecían de policía: vivían en poblado; tenían su república.

Los hombres traían mantas y sus maxtles con que se cubrían las partes secretas; andaban calzados con cuteras. Y las mujeres traían naguas y huipiles, que son sus camisas. Las mantas que traían los hombres eran buenas y galanas, y el calzado pulido; ni más ni menos las mujeres traían muy buena ropa de naguas y camisas. Entre ellos había señores y mandones que mandaban a sus súbditos. Había principales personas conocidas, como los que llaman calpixques, que regían a los demás; había otros que les llamaban otontlamacacque; había un supremo y grande sacerdote que se decía tecutlato. Había entre ellos adivinos que se decían tlaciuhque, que quiere decir «allegados y semejantes a su Dios», los cuales decían, sabían y alcanzaban lo que su Dios disponía y determinaba de las cosas, porque los tales le hablaban y él les respondía, y así a éstos como a sabios les preguntaban cuándo y cómo habían de ir a guerras los otomíes y el suceso que en ellas habría, y si había aquel año de llover bien o no, y si había de haber hambre o enfermedad o mortandad; y otras muchas preguntas de esta suerte se hacían a los tales adivinos. Y por las respuestas que les daban, que eran como oráculos, y salían alguna vez verdades, los adoraban y los tenían por dioses, y por esta fama concurrían gentes de muchas y lejas partes a verlos.

También los dichos otomíes tenían sementeras y trojes. Comían buenas comidas y buenas bebidas. Su Dios se llamaba Yocipa, al cual le tenían hecho muy buen cu, que era un jacal hecho de paja muy atusada, cuya hechura solamente a su cu era dedicada y nadie hacía casa de aquella forma, porque sus jacales en que vivían eran de paja no muy pulida, ni a estos tales otomíes se les daba nada tener sus casas o jacales con sobrados. En su cu había los sacerdotes que llamaban tlamacacque, los cuales criaban y doctrinaban allí muchachos; hacían allí penitencia por todos; velaban toda la noche; en tiempo de los sacrificios punzaban o sangrábanse de labios o muslos con las puntas de magueyes, y a la medianoche se lavaban al tiempo de los fríos; ayunaban, y toda la noche tañían su tamboril o tepunactli encima del cu, y decían que guardaban y velaban con aquel instrumento de tañer. Estos tales, cuando, muchachos, se rapaban la cabeza, dejando unos pocos de cabellos en el colodrillo, que llaman piochtli, y solían agujerear el labio de abajo y las orejas juntamente. En el labio, así agujereado, ponían por ornato un bezote, y en los agujeros de las orejas joyas, otras cosas a manera de zarcillos y orejeras. Y los hombres ya de edad traían el celebro atusado como a sobrepeine hasta la media cabeza, y lo demás dejaban con cabellos largos, y llamaban a estos tales piocheque. Los que eran señores o principales traían en el labio un bezote de chalchihuite, que es la esmeralda, o de caracol, o de oro o de cobre. Y los que eran hombres valientes en la guerra traían orejeras de oro, o de cobre, o de caracol, o de la piedra de que se hacen los espejos, o de turquesas labradas de obras de mosaico. Y la demás gente traían bezotes hechos de piedra de cristal, o de la piedra de las navajas o chalchihuites fingidos, y en las orejas traían orejeras de la piedra de las navajas o de los mismos chalchihuites fingidos, o orejeras hechos de barro cocido, bien bruñidas, o de caña, que eran las más bajas y viles entre todo el género de orejeras. Y las mujeres, cuando niñas, también se rapaban la cabeza, y cuando ya mozas dejaban criar los cabellos y los traían largos, sueltos, nunca los tocaban, y los de la frente se los cortaban a manera de hombres. Y cuando alguna era ya mujer hecha y había parido, tocábase el cabello; también traía zarcillos o orejeras, y se pintaban los pechos y los brazos con una labor que quedaba de azul muy fino, pintada en la misma carne, cortándola con una navajuela.

Su comida y mantenimiento era el maíz y frijoles y ají, sal y tomates; usaban por comida, más que otra cosa, los tamales colorados que llaman xocotamales y frijoles cocidos, y comían perritos, conejos, venados o topos.

Párrafo 7: los defectos o faltas de los otomiyes

Los otomíes de su condición eran torpes, toscos e inhábiles. Riñéndole por su torpedad, le suelen decir en oprobio: «¡Ah, que inhábil eres! Eres como otomite, que no se te alcanza lo que te dicen. ¿Por ventura eres uno de los mismos otomites? Cierto, no lo eres semejante, sino que eres del todo y puro otomite, y aun más que otomite». Todo lo cual se decía por injuriar al que es inhábil y torpe, reprendiéndole de su poca capacidad y habilidad. Y estos tales suelen ser codiciosos de dijes, y así las cosas que les parecen bonicas y graciosas codícianlas tanto que aunque no las hayan menester las compran.

Estos dichos otomíes eran pulidos en sus trajes, y cuando veían traer a otros se ponían; aunque perteneciese solamente a los señores y principales, lo tomaban y se lo vestían, y poníanselo tan mal y al desgaire que por aquello les llamaban por injuria otomíes. Y los mismo hacían las mujeres, que indiferentemente se ponían cualquier ropa, y con todo esto no sabían ponerse bien las naguas ni el huipil; y tanto querían pulirse las mujeres que las mozas por galanía se emplumaban con plumas coloradas los pies y piernas y brazos; y el rostro se afeitaban con un betún amarillo que llaman tecozáuitl, y teñíanse los dientes de negro, y sobre el betún ya dicho se ponían color. Y las viejas se cortaban un poco el cabello de la frente como los hombres, y lo componían como las mozas; también se emplumaban los pies y piernas y brazos con las dichas plumas, y también se teñían los dientes de negro, y en el rostro ponían colores, todo, al uso y costumbre de las mozas; y aunque viejas, tratábanse y se vestían como mozas de ropas galanas y pintadas de naguas y huipiles.

Los mismos otomíes eran muy perezosos; aunque eran recios y para mucho, y trabajadores en labranzas, no eran muy aplicados a ganar de comer y usar de contino el trabajo ordinario. Porque en acabando de labrar sus tierras, andaban hechos holgazanes, sin ocuparse en otro, ejercicio de trabajo, salvo que andaban cazando conejos, liebres, codornices y venados con redes o flechas, o con liga, o con otras corcherías que ellos usaban para, cazar. También agujereaban los magueyes para que manase la miel para beber o para hacer pulque, o emborrachándose cada día, o visitando las bodegas de los taberneros; y todo esto era el pasatiempo de ellos. Y al tiempo que el maizal estaba crecido y empezaba a dar mazorcas, comenzaban luego a coger de las menores para comer y para comprar carne o pescado, y el vino de la tierra para beber. Y de lo mismo servían las calabazas y los chiles verdes que se daban en tiempo del verano; y cuando el maíz estaba ya sazonado, gastaban lo que podían de las mazorcas grandes para comprar con ellas lo que habían menester, y para comerlas cocidas, y hacer de él las tortillas y tamales. Y así, al tiempo de la cosecha no cogían sino muy poco, por haberlo gastado y comido antes que se sazonase; y luego que habían cogido lo poco, compraban gallinas y perrillos para comer, y hacían muchos tamales colorados del dicho maíz, y hechos, hacían banquetes y convidábanse unos a otros; y luego que habían comido, bebían su vino. Y así, se comían en breve lo que habían cogido de su cosecha, y decían unos a otros: «Gástese todo nuestro maíz, que luego daremos tras hierbas, tunas y raíces». Y decían que sus antepasados habían dicho que este mundo era así, que unas veces lo había de sobra, y otras veces faltaba lo necesario. Y así del que en breve se comía lo que tenía, se decía, y por injuria, que gastaba su hacienda al uso y manera de los otomites, como si dijeran de él que bien parecía ser animal.

Estos otomites comían los zorrillos que hieden, y culebras, y lirones, y todo género de ratones, y las comadrejas y otras sabandijas del campo y monte, y lagartijas de todas suertes, y abejones, y langostas de todas maneras.

Y de las mujeres había muchas que sabían hacer lindas labores en las mantas, naguas y huipiles que tejían. Y tejían muy curiosamente, pero todas ellas labraban lo dicho de hilo de maguey, que sacaban y beneficiaban de las pencas de los magueyes, porque lo hilaban y lo tejían con muchas labores; y lo que tejían no era de mucho valor, aunque tejían de muchas y diferentes labores y maneras de ropa, y vendíanlo barato.

Estos otomíes adoraban a dos dioses: al uno llamaban Otontecutli, el cual es el primer señor que tuvieron sus antepasados; y el otro llamaban Yocippa. Y a este Yocippa celebraban mayor fiesta que al otro, y para hacella iban al campo a dormir y a holgarse, y comían allí cuatro días; y cada vez que la celebraban, aparejaban para aquellos días todo género de comida y bebida, y no se gastaban pocos tamales colorados y tortillas hechas de masa mezclada con miel. Y ésta era la mayor fiesta que celebraban estos otomíes, y llamábanle el día de la fiesta totopaina y Yocippa totoca. Y tenían por sus dioses mayores estos dos que se han dicho Otontecutli y Yocippa, y tras estos dos tenían otro que llamaban Atetein. Y siempre iban a hacer oraciones o sacrificios a las alturas de las sierras.

    Tenían uso y costumbre los dichos otomíes que los varones, siendo muy muchachos y tiernos, se casaban; ni más ni menos las mujeres. Y así a los muchachos les daban muchachas de la misma edad y se las buscaban por mujeres. Y a los que regían y gobernaban, y eran principales, les pedían sus hijas. Y si alguna de ellas era ya mujer hecha y no se la habían pedido, para que no se la pasase la vida sin dejar hijos, la daban como en don los principales sin ser pedida, o le pedía marido con quien casaría. Y según dicen, si cuando dormía el hombre con la mujer no tenía cuenta con ella diez veces, descontentábase la mujer y apartábase el uno del otro. Y si la mujer era flaca para sufrir hasta ocho o diez veces, también se descontentaban de ella y la dejaban en breve. Esta es en suma la vida y costumbre de los otomíes.

Párrafo 8: cuacuatas, matlatzincas, toloques
El nombre matlatzícatl tomóse de mátlatl, que es la red con la cual desgranaban su maíz y hacían otras cosas los que se llaman matlatzincas. Y así, para desgranar el maíz, echan los dichos matlatzincas en una red las mazorcas, y allí las aporrean para desgranar. Y también lo que se cargan no lo llevan en costal, sino en red, que tenía de dentro paja para que no se salga por la red lo que llevan, el maíz o otra cosa. También se llaman matlatzincas de hondas, que se dicen temátlatl, y así matlatzincas, por otra interpretación, quiere decir «honderos» o «fundibularios», porque los dichos matlatzincas, cuando muchachos, usaban mucho de traer las hondas, y de ordinario las traín consigo, como los chichimecas sus arcos, y siempre andaban tirando con ellas. También les llamaban del nombre de red por otra razón, que es la más principal, porque cuando a su ídolo le sacrificaban alguna persona por sacrificio, le echaban dentro en una red, y allí la retorcían o extrajaban con la dicha red hasta que le hacían echar los intestinos.

La causa de llamarse «cuata», cuando es uno, y «cuacuatas», cuando son muchos, es porque siempre traían su cabeza ceñida con la honda, por lo cual el vocablo se dice de cua, por abreviatura, que quiere decir cuaitl, que es la «cabeza», y ta, que quiere decir temátlatl, que es la «honda». Y así quiere decir cuátatl «hombre que trae la honda en la cabeza por guirnalda». También se interpreta de otra manera, que quiere decir «hombre de cabeza de piedra».

Estos dichos cuacuatas, como en su tierra de ellos, que es en el valle que llaman Matlatzinco, hace grandísimo frío, suelen ser recios y para mucho trabajo, y como usaban de las hondas con que desde lejos hacían mal con ellas, eran muy atrevidos, determinados y mal mirados, así en la paz como en la guerra; por lo cual al que es mal mirado y de poco respecto, para le injuriar, dícenle: «Bien parece cuata», como quien dice mal criado y atrevido. Ni más ni menos el vino recio, que luego se les subía a la cabeza, de la fuerza, y emborrachábalos y los sacaba de su juicio, era llamado cuátatl, como si dijesen que aquel vino hacía al hombre mal mirado y desatinado.

La razón de llamarse «tolucas», cuando son muchos, y «tolúcatl», cuando uno, es porque dicen que en el pueblo de Toluca está una sierra que se llama Tolutzin o Tolotépetl, de la cual toman el nombre los tolucas y otros, y aun los mismos del pueblo dicen que se llaman del mismo pueblo, que por su nombre se dice Toluca. También se dicen tolucas del tuli, que es la juncia de que se hacen petates, porque en el dicho pueblo se dan mucho las juncias.

Estos tolucas, y por otro nombre matlatzincas, no hablaban la lengua mexicana, sino otra lengua diferente y oscura, aunque a la verdad también entre ellos nahoas o mexicanos, y su lengua propia de ellos no carece de la letra r. Y en la tierra de estos cuacuatas solamente se da maíz, frijoles y unas semillas que son de mantenimiento, llamadas hoauhtli; carecen de sal y de ají; su comida es tamales y frijoles y su bebida la mazamorra, que llaman xocoatolli. También en su tierra hácese el maíz tostado que llaman mumúchitl, que es como una flor muy blanca cada grano; su ropa era mantas de maguey.

Estos también eran muy maléficos, porque usaban de hechicerías. Su ídolo de estos tolucas era llamado Coltzin. Hacíanle muchas maneras de fiestas y honra; y cuando celebraban su fiesta, ellos solamente la celebraban, sin que los ayudasen para ella los mexicanos y tepanecas; y cuando hacían sacrificio de alguna persona, lo extrajaban, retorciéndolo con cordeles puestos a manera de red, y dentro de ellos lo extrajaban tanto que por las mallas de la red salían los huesos de los brazos y pies, y derramaban la sangre de él ante de su ídolo.

La bondad o virtud de ellos. Estos ya dichos eran grandes trabajadores en labrar sus sementeras, y recios, y para mucho, y cargábanse grandes cargas. Tenían costumbre de bañarse por las mañanas.

Los que llaman ocuiltecas. Estos que se llaman ocuiltecas viven en el distrito de los de Toluca, en tierras y términos suyos. Son de la misma vida y costumbre de los de Toluca, aunque su lenguaje es diferente del de los de Toluca. Usaban también, y muy mucho, de los maleficios o hechizos.

Párrafo 9: de los que se llaman mazaoaques
Estos mazaoaques son diferentes de los otros, aunque están y viven en una comarca de Toluca, y están poblados en el pueblo de Xocotitlan, y su lenguaje es diferente. Empero son de la misma calidad y costumbre de los de Toluca, aunque son también inhábiles y toscos, porque las muy viejas como mozas se afeitan con el dicho betumen tecozáuitl o con color, y se empluman los brazos y piernas, y también bailan con las sonajas llamadas ayacachtli. Y los hombres de aquesta tierra de ordinario traen las dichas sonajas, y cuando se les ofrece hacer alguna fiesta, átanse la cabeza con alguna correa, y allí ponen una de las dichas sonajas. Son dados mucho al trabajo de labrar sementeras; también son recios y para mucho. Hace en su tierra grandísimos fríos, porque están poblados debajo de una sierra nevada, a la cual llaman Xocotépetl. Y este nombre de mazaoas se les quedó de su primero y antiguo caudillo que se llamaba Mazatl tecutli; los mismos también se llaman chichimecas.

Totonaques. Estos totonaques están poblados a la parte del norte; y éstos se dicen ser guastecas. Tienen la cara larga y las cabezas chatas. Y en su tierra hace grandísimos calores; hay en ella muchos bastimentos y frutas, y no se da allí cacao ni el ueinacactli, sino liquidámbar o la resina olorosa que llaman xuchiocótzotl; y al presente se dan allí en gran abundancia las frutas de Castilla. Allí se da algodón, y se hacen petates y asientos de palma pintados de color, y el otro género de algodón, que llaman cuauhíchcatl, que se hace en árboles. Estos viven en policía, porque traen ropas buenas los hombres, y sus maxtles; andan calzados, y traen joyas y sartales al cuello; y se ponen plumajes y traen aventadores, y se ponen otros dijes; y andan rapados curiosamente; míranse en espejos. Y las mujeres se ponen naguas pintadas y galanas, y camisas; ni más ni menos son pulidas y curiosas en todo. Y porque decían ser ellas de guastecas, solían traer las naguas ametaladas de colores, y lo mismo las camisas; y algunas de ellas traían un vistuario que se llamaba zanitli, que es uipilli como de red. Y esto que está dicho traían los principales y sus mujeres, y toda la demás gente traen otro traje diferente, porque las mujeres plebeyas traían naguas ametaladas de azul y blanco, y las trenzas de que usaban para tocar los cabellos eran de diferentes colores y torcidas con pluma. Cuando iban al mercado se ponían muy galanas; y eran grandes tejedoras de labores. Todos hombres y mujeres son blancos, de buenos rostros, bien dispuestos, de buenas facciones. Su lenguaje muy diferente de otros, aunque algunos de ellos hablan la de otomí, y otros la de los naoas o mexicanos, y otros hay que entienden la lengua guasteca. Y son curiosos y buenos oficiales de cantares; bailan con gracia y lindos meneos. Usaban buenos guisados y limpios; de allí se traen las buenas empanadas de gallinas, nacatamalli; sus tortillas eran del grandor de un codo en redondo; su comida ordinaria y mantenimiento principal era el ají, en el cual, después de haber sido molido, mojaban las tortillas calientes, sacadas del comal, y comíanlas todos juntos.

Párrafo 10: Quiénes son los cuextecas y toueyome y panteca o panotecas

El nombre de todos éstos tómase de la provincia que llaman Cuextlan, donde los que están poblados llámanse cuexteca, si son muchos, y si uno, cuextécatl, y por otro nombre toueyome, cuando son muchos, y cuando uno, toueyo, el cual nombre quiere decir «nuestro próximo». A los mismos llamaban panteca o panoteca, que quiere dezir «hombres del lugar pasajero», los cuales fueron así llamados que viven en la provincia de Pánuco, que propiamente se llama Pantlan o Panotlan, cuasi panoaya, que quiere decir «lugar por donde pasan», que es a orillas o ribera de la mar. Y dicen que la causa por que le pusieron nombre de Panoaya es que dizque los primeros pobladores que vinieron a poblar a esta tierra de México, que se llama ahora India Occidental, llegaron a aquel puerto con navíos con que pasaron aquella mar, y por llegar allí y pasar de allí le pusieron nombre de Patlan, y de antes le llamaban Panotlan, casi Panoayan, que quiere decir, como ya está dicho, «lugar de donde pasan por la mar».

Y en este lugar hace grandísimos calores, y se dan muy bien todos los bastimentos y muchas frutas que por acá no se hallan, como es la que dicen quequéxquic, y otras muchas frutas admirables, y las batatas. Hay también todo género de algodón y arboledas de flores o rosas, por lo cual le llaman Tonacatlalpan, «lugar de bastimentos», y por otro nombre Xuchitlalpan, lugar de rosas».

La manera de su traje y la disposición de su cuerpo es que son de la frente ancha, y las cabezas chatas, y los cabellos traíanlos teñidos de diferentes colores: unos de amarillo, otros de colorado, y otros de otras colores diferentes; y unos traían los cabellos largos en el colodrillo, y otros los diferenciaban. Tenían los dientes todos agudos, que los aguzaban a posta; tenían por ornato braceletes de oro en los brazos, y en las piernas unas medias calzas de pluma, y en las muñecas de las manos unas manillas de chalchihuites, y en la cabeza junto a las orejas ponían se plumajes hechos a manera de aventadorcicos, y a las espaldas unos plumajes redondos a manera de grandes moxcadores de hojas de palmas o de plumas coloradas, largas, puestos a manera de rueda, y en las manos unos aventadores también de plumas coloradas. También suelen hacer arcos y flechas delgadas y pulidas que en las puntas tenían unos casquillos de pedernal, o de guijarros, o de piedras de navajas, y cuantos tomaban en las guerras les cortaban las cabezas, y dejando los cuerpos, se las llevaban y las ponían con sus cabellos en algún palo, puestas en orden, en señal de victoria. Estos andan bien vestidos, y sus ropas y mantas muy pulidas y curiosas con lindas labores, porque en su tierra hacen las mantas que llaman centzontilmatli, centzoncuachtli, que quiere decir «mantas de mil colores y diferencias»; de allá se traen las mantas que llaman coaxayacayo, que son unas mantas que tienen unas cabezas de mostros pintadas, y las que dicen ixnextlacuilolli, pintadas de remolinos de agua engeridos unos con otros, en las cuales y en otras muchas se esmeraban las tejedoras. Tienen muchas joyas, esmeraldas y turquesas finas, y todo género de piedras preciosas. Las mujeres se galanean mucho y pónense bien sus trajes; andan muy bien vestidas; traen sus trenzas en la cabeza con que se tocan de colores diferentes y retorcidos con plumas.

Los defectos de los guastecas son que los hombres no traen maxtles con que cubrir sus vergüenzas, aunque entre ellos hay gran cantidad de ropa; traen las narices agujereadas, y con hojas de palma, las ensanchaban, y en el agujero de ellas ponían un cañuto de oro, y dentro del cañuto atravesaban un plumaje colorado; y aguzaban sus dientes a posta, y las teñían de negros colores.

Párrafo 11: tlalhuicas

Estos tlalhuicas son los que están poblados en tierras calientes y son naoas de la lengua mexicana. Dase en su tierra mucho algodón y ají, y todos los demás bastimentos; y al presente, se da en grandísima abundancia todo género de frutas de Castilla. Y están poblados hacía el mediodía; y los totonaques y toueyome están poblados hacia el norte. Y estos vocablos ya dichos tlahuícatl, guastécatl, totónac, toueyo, denotan en sí poca capacidad y habilidad, y aun al que es inhábil o tosco le llaman de tlalhuícatl, o totónac, o cuextécatl, o toueyo. De manera que por le injuriar dícenle estos tales nombres, y aun nótanle de otomite, diciéndole: «eres otomite».

Sus defectos que tienen son que andan demasiadamente ataviados y con rosas en las manos, y eran muy tímidos y toscos o torpes.

Couixcas, tlappanecas. Estos couixcas y tlappanecas son unos, y a uno solo le llaman couíxcatl y tlapanécatl, y están poblados en Tepecuacuilco y Tlachamalácac, y en la provincia de Chilapan, los cuales hablan lengua mexicana, y son ricos.

Yopimes y tlappanecas. Estos yopimes y tlappanecas son de los de la comarca de Yopitzinco; llámanles yopes, porque su tierra se llama Yopitzinco, y llámanlos también tlappanecas, que quiere decir «hombres almagrados», porque se envijaban con color. Y su ídolo se llama Tótec Tlatlauhqui Tezcatlipuca, que quiere decir «ídolo colorado», porque su ropa era colorada; y lo mismo vestían sus sacerdotes, y todos los de aquella comarca se envijaban con color. Estos tales son ricos; hablan lengua diferente de la de México, y son los que llaman propiamente tenime, pinome, chinquime, chochonti, y a uno solo llaman pínotl, chínquitl, chochon.

A estos tales en general llaman tenime, porque no hablan la mexicana, y por estos los llaman tenime, que quiere decir «gente bárbara». Y son mue inhábiles e incapaces o toscos, y viven en tierras estériles y pobres, con grandes necesidades, y en tierras fragosas y ásperas, pero conocen piedras ricas y sus virtudes.

Párrafo 12: olmecas, huixtoti y mixtecas
Estos tales así llamados están hacia el nacimiento del Sol, y llámanles también tenime, porque hablan lengua bárbara. Y dicen que son toltecas, que quiere decir oficiales de todos oficios primos y sutiles en todo, y que son descendientes de los toltecas de que arriba se ha hecho mención. Y son muy ricos, porque sus tierras son muy ricas, fértiles y abundosas, donde se da todo género de bastimento en abundancia. Allí dase mucho cacao, y la rosa o especie aromática llamada teunacactli, y el otro género de cacao que llaman cuappatlachtli; dase también allí el olli, que es una goma negra de un árbol que se llama olli, y la rosa que llaman yolloxochitl, y todas las demás rosas que son muy preciadas. Allí es la madre de las aves que crían pluma muy rica, que llaman zacuan, tlauhquéchol, xiuhtótotl, y papagayos grandes y chicos, y el ave que llaman quetzaltótotl. También se traen de allí las piedras muy ricas de chalchihuites y las piedras turquesas; allí se halla también mucho oro y plata. Tierra, cierto, fertilísima, por lo cual le llamaron los antiguos Tlalocan, que quiere decir tierra de riquezas o paraíso terrenal.

El traje de ellos era en diversas maneras: unos traían mantas, otros como unas chaquetillas, y otros los maxtles con que cubrían sus vergüenzas. Sus mujeres son grandes tejedoras, muy pulidas en hacer labores en la tela, y con razón lo son, pues son de tan buena y rica tierra. Traen y usan ajorcas muy anchas de oro, y sartales de piedras a las muñecas, y joyeles de piedras al cuello, y orejeras de oro; traen también cutaras como los hombres, pero las que traen los hombres son más pulidas; usaban también cutaras hechas de olli. De éstos, porque eran ricos y no les faltaba nada de lo necesario, antiguamente se decía que eran hijos de Quetzalcóatl; y así creían los antiguos que el que era próspero, rico y bien afortunado, que era conocido y amigo del dicho Quetzalcóatl. Traían también ni más ni menos como los demás arcos y flechas y hachas para defenderse de bestias fieras, porque vivían en las montañas. Muchos de éstos ahí son naoas o mexicanos.

Párrafo 13: de los de Michoacán, y por otro nombre cuaochpanme
Michoaque cuando son muchos, y cuando uno, michoa, y quiere decir hombre o hombres abundantes de peces, porque en su provincia de ellos allí es la madre de los pescados, que es Michoacán. Llámanse también cuaocpanme,

que quiere decir «hombres de cabeza rapada» o «raída», porque antiguamente estos tales no traían cabellos largos, antes se rapaban todos la cabeza, así los hombres como las mujeres, aunque fuesen ya viejas, si no era cual y cual que traía cabellos largos.

En su tierra se da muy bien los bastimentos, maíz y frijoles, pepitas y frutas, y las semillas de mantenimiento llamadas oauhtli y chían.

El traje de ellos era que traían unas chaquetillas sin mangas, a manera de huipiles, con las cuales de contino traían sus arcos y flechas y cargajes de saetas. Su vestido era el pellejo de gatos monteses, o de tigre, o de león, o de venados, o los pellejos de ardillas. Y por atavío o aderezo traían plumaje redondo, a manera de un aventadorcico, de pluma encarnada, metido en la guirnalda que traían en la cabeza hecha del pellejo de ardilla. Sus casas eran lindas, aunque todas eran de paja. Los hombres, lindos y primos oficiales, carpinteros, entalladores, pintores y lapidarios, y buenos oficiales de cutaras; y sus mujeres, lindas tejedoras, buenas trabajadoras, y lindas labranderas de mantas galanas y de las grandes que traen dobladas. Hacían su comida para dos o tres días, y aun para ocho días, por no hacella cada día.

La falta que tenían es que antiguamente los hombres no traían con qué tapar sus vergüenzas, sino las chaquetillas con que las encubrían y todo el cuerpo, las cuales llegaban hasta las rodillas y llámanse cícuil o xicolli, que son a manera de huipiles, que son camisas de las mujeres de México. Agujereaban también el labio de bajo y las orejas; en el labio ponían sus bezotes, y en las orejas sus orejeras, por vía de galanía. Las mujeres traían sus naguas, mas eran angostas y cortas, que llegaban hasta las rodillas, y no traían huipiles. Y en la comida, ni los unos ni los otros eran curiosos ni limpios.

Su Dios que tenían se llamaba Taras, del cual, tomando su nombre los michoaques, también se dicen tarascos. Y este Taras en la lengua mexicana se dice Mixcóatl, que era Dios de los chichimecas, ante el cual sacrificaban culebras, aves, conejos, y no los hombres, aunque fuesen cautivos, porque se servía de ellos como de esclavos. A su rey todos le tenían reverencia y respeto, y le obedecían en todo, conociéndole por su señor los demás señores y principales de su provincia, y dándole tributo todos: los indios en reconocimiento del vasallaje, y no era menor que el rey de México.

Párrafo 14: de los mexicanos

Este nombre mexícatl se decía antiguamente mecitli, componiéndose me, que es metl, por el maguey, y de citli, por la liebre; y así se había de decir mecícatl, y mudando la c en x, corrúmpese y dícese mexícatl. Y la causa del nombre, según lo cuentan los viejos, es que cuando vinieron los mexicanos a estas partes traían un caudillo y señor que se llamaba Mecitli, al cual luego, después que nació, le llamaron Citli, «liebre», y porque en lugar de cuna lo criaron en una penca grande de un maguey, de ahí adelante llamóse Mecitli, como quien dice «hombre criado en aquella penca del maguey». Y cuando ya era hombre fue sacerdote de ídolos, que hablaba personalmente con el demonio, por lo cual era tenido en mucho, muy respecto y obedecido de sus vasallos, los cuales tomando su nombre de su sacerdote llamáronse mexicas o mecicas, según lo cuentan los antiguos. Estos tales son advenedizos, porque vinieron de las provincias de los chichimecas, y lo que hay que contar de estos mexicas es lo siguiente.

Ha años sin cuenta que llegaron los primeros pobladores a estas partes de la Nueva España, que es casi otro mundo. Y viniendo por la mar con navíos, aportaron al puerto que está hacia el norte, y porque allí se desembarcaron, se llamó Panutla, casi Panoaya, lugar donde llegaron los que vinieron por la mar, y al presente se dice, aunque corruptamente, Pantlan. Y desde aquel puerto comenzaron a caminar por la ribera de la mar, mirando siempre las sierras nevadas y los volcanes, hasta que llegaron a la provincia de Cuatimala, siendo guiados por su sacerdote, que llevaba consigo su Dios de ellos, con quien siempre se aconsejaba para lo que habían de hacer. Y fueron a poblar en Tamoanchan, donde estuvieron mucho tiempo; y nunca dejaron de tener sus sabios o adivinos, que se decían amoxoaque, que quiere decir «hombres entendidos en las pinturas antiguas»; los cuales, aunque vinieron juntos, pero se quedaron con los demás en Tamoanchan, porque, dejándolos allí, tornáronse a embarcar y llevaron consigo todas las pinturas que habían traído consigo de los ritos y de los oficios mecánicos. Y antes que se partiesen, primero les hicieron este razonamiento: «Sabed que manda nuestro señor Dios que os quedéis aquí en estas tierras, de las cuales os hace señores y os da la posesión; el cual vuelve donde vino y nosotros con él. Pero vase para volver, y tornará a os visitar cuando fuere ya tiempo de acabarse el mundo; y entretanto vosotros estaréis en estas tierras esperándole y poseyendo estas tierras y todas las cosas contenidas en ellas, porque para tomarlas y poseerlas venites por acá; y así quedad en buena hora, y nosotros nos vamos con el señor nuestro Dios». Y así se partieron con su Dios, que llevaban envuelto en un envoltorio de mantas, y siempre les iba hablando y diciendo lo, que habían de hacer. Y fuéronse hacia el oriente, llevando consigo todas sus pinturas, donde tenían todas las cosas de antiguallas y de los oficios mecánicos. Y de estos sabios no quedaron más de cuatro con esta gente que quedó, que se decían Oxomoco, Cipactónal, Tlaltetecui, Xuchicaoaca, los cuales, después de idos los demás sabios, entraron en consulta donde trataron lo siguiente, diciendo: «Vendrá tiempo cuando haya luz para el regimiento de esta república, mas mientras estuviere ausente nuestro señor Dios, ¿qué modo se terná para poder regirse bien la gente, etc.? ¿Qué orden habrá en todo?, pues los sabios llevaron sus pinturas por donde gobernaban». Por lo cual inventaron la astrología judiciaria y el arte de interpretar los sueños; compusieron la cuenta de los días y de las noches, y las horas, y las diferencias de tiempos, que se guardó mientras señorearon y gobernaron los señores de los toltecas, y de los mexicanos, y de los tepanecas, y de todos los chichimecas. Por la cual cuenta no se puede saber qué tanto tiempo estuvieron en Tamoanchan, y se sabía por las pinturas que se quemaron en tiempo del señor de México, que se decía Itzcóatl, en cuyo tiempo los señores y los principales que había entonces acordaron y mandaron que se quemasen todas, porque no viniesen a manos del vulgo, y viniesen en menosprecio.

Desde Tamoanchan iban hacer sacrificios al pueblo llamado Teotihuacán, donde hicieron a honra del Sol y de la Luna dos montes. Y en este pueblo se elegían los que habían de regir a los demás, por lo cual se llamó Teotihuacán, que quiere decir «Ueytioacán, lugar donde hacían señores». Allí también se enterraban los señores y principales, sobre cuyas sepulturas se mandaron hacer túmulos de tierra, que hoy se ven todavía, y parecen como montecillos hechos a mano. Y aún se ven todavía los hoyos de donde sacaron las piedras o peñas de que se hicieron los dichos túmulos. Y los túmulos que hicieron al Sol y a la Luna son como grandes montes edificados a mano, que parecen ser montes naturales y no lo son. Y aun parecen ser cosa increíble decir que son edificados a mano, y cierto los son, porque los que los hicieron entonces eran gigantes, y aun esto se ve claro en el cerro o monte de Chololan, que se ve claro estar hecho a mano, porque tiene adobes y encalado. Y se llamó Teotihuacán, el pueblo de teútl, que es «Dios», porque los señores que allí se enterraban, después de muertos los canonizaban por dioses. Y que no se morían, sino que despertaban de un sueño en que habían vivido, por lo cual decían los antiguos que cuando morían los hombres no perecían, sino que de nuevo comenzaban a vivir, casi despertando de un sueño, y se volvían en espíritus o dioses. Les decían: «Señor o señora, despiértate, que ya comienza a amanecer, que ya es el alba, que ya comienzan a cantar las aves de plumas amarillas, y que ya andan volando las mariposas de diversas colores». Y cuando alguno se moría, de él solían decir que ya era teútl, que quiere decir que ya era muerto para ser espíritu o Dios. Y creían los antiguos, engañándose, que los señores cuando se morían se volvían en dioses, lo cual decían porque fuesen obedecidos o temidos los señores que regían, y que unos se volvían en Sol, y otros en Luna, y otros en otros planetas. Y estando todos en Tamoanchan, ciertas familias fueron a poblar a las provincias que ahora se llaman olmeca uixtoti, los cuales antiguamente solían saber los maleficios y hechizos, cuyo caudillo y señor tenía pacto con el demonio y se llamaba Olmécatl Uixtotli, de quien, tomando su nombre, llámanse olmecas uixtoti. De éstos se cuenta que fueron en pos de los toltecas cuando salieron del pueblo de Tula, y se fueron hacia el oriente, llevando consigo las pinturas de sus hechicerías. Y que en llegando al puerto, allí se quedaron, y no pudieron pasar por la mar. Y de ellos descienden los que al presente se llaman anaoaca mixteca. Y fueron a poblar allí sus antepasados, porque su señor que era escogió aquella tierra por muy buena y rica. Estos mismos inventaron el modo de hacer el vino de la tierra. Era mujer la que comenzó y supo primero agujerear los magueyes para sacar la miel de que se hace vino; y llamábase Mayáoel. Y el que halló primero las raíces que echan en la miel llamábase Pantécatl. Y los autores del arte de saber hacer el pulque, así como se hace ahora, se decían Tepuztécatl, Cuatlapanqui, Tliloa, Papaíztac, Tzocaca, todos los cuales inventaron la manera de hacer el pulque en el monte llamado Chichinauhya. Y porque el dicho vino hace espuma, también le llamaron al monte Popozonaltépetl, que quiere decir «monte espomoso». Y hecho el vino, convidaron los dichos a todos los principales viejos y viejas en el monte que ya está referido, donde dieron de comer a todos y de beber el vino que habían hecho; y a cada uno, estando en el banquete, dieron cuatro tazas de vino, y a ninguno cinco, porque no se emborrachasen. Y hubo un cuexteco, que era caudillo y señor de los guaxtecas, que bebió cinco tazas de vino, con los cuales perdió su juicio, y estando fuera de él, echó por ahí sus maxtles, descubriendo sus vergüenzas, de lo cual los dichos inventores del vino, corriendo y afrentándose mucho, juntáronse todos para castigarle. Empero, como lo supo el cuexteco, de pura vergüenza, fuese huyendo de ellos con todos sus vasallos y los demás que entendían su lenguaje. Y fuéronse hacia Panutla, de donde ellos habían venido, que al presente se dice Pantlan, y los españoles la dicen Pánuco; y llegando al puerto, no pudieron ir, por lo cual allí poblaron, y son los que al presente se dicen tooeyome, que quiere decir en indio tooampohoan, y en romance «nuestros próximos». Y su nombre, que es cuexteca, tomáronlo de su caudillo y señor que se decía Cuextécatl. Y estos cuextecas, volviendo a Panutla, llevaron consigo los cantares que cantaban cuando bailaban, y todos los aderezos que usaban en la danza o areíto. Los mismos eran amigos de hacer embaimientos, con los cuales engañaban las gentes, dándoles a entender ser verdadero lo que es falso, como es dar a entender que se queman las casas que no se quemaban, y que hacían parezer una fuente con peces y no era nada, sino ilusión de los ojos, y que se mataban a sí mismos, haciendo tajadas o pedazos sus carnes, y otras cosas que eran aparentes y no verdaderas. Y nunca dejaron de ser notados de borrachos, porque eran muy dados al vino, y siguiendo o imitando a su caudillo, o señor, que había descubierto sus vergüenzas por su emborrachez, andaban también sin maxtles los hombres, hasta que vinieron los españoles. Y porque el dicho su señor había bebido cinco tazas de vino en el monte, que se dice Pozonaltépetl, los vasallos suyos siempre han sido tenidos por muy borrachos, porque parecían andar casi siempre tocados del vino, con poco juicio. Y así para injuriar al que era tosco, y como alocado, le llamaban de cuextécatl, diciendo que él también había bebido cinco tazas del vino, y que las acabó de beber sin dejar gota, y que por esto andaba como borracho. Y como por largos tiempos se había tenido señorío y mando en Tamoanchan, después se traspasó al pueblo llamado Xumiltépec, donde estando los que eran señores y ancianos y sacerdotes de ídolos habláronse unos a otros, diciendo que su Dios les habían dicho que no habían de estar siempre en el pueblo de Xumiltépec, sino que habían de ir más adelante para descubrir más tierras, porque su Dios no querría parar allí, sino irse más adelante. Y así todos los muchachos, viejos y viejas, mujeres y hombres, comenzaron a caminar, y fuéronse poco a poco hasta que llegaron al pueblo de Teotihuacán, donde se eligieron los que habían de regir y gobernar a los demás, y se eligieron los que eran sabios y adivinos, y los que sabían secretos de encantamientos.

Y hecha eleción de los señores, luego se partieron todos de allí, yendo cada señor con la gente que era de su lenguaje, y guiando a cada cuadrilla su Dios. Iban siempre delante los toltecas, y luego los otomíes, los cuales con su señor llegando a Cooatépec, no fueron más adelante con los demás, porque de allí el que era su señor los llevó a las sierras para poblarlos allí. Y por esta causa estos tales tenían de costumbre de hacer sacrificios en las alturas de las sierras y poblarse en las laderas de ellas. Y las demás gentes, como los toltecas y los mexicanos o naoas, y todos los otros, prosiguieron su camino por los llanos o páramos para descubrir tierras, cada gente, o familia, yendo con su Dios que les guiaba.

Y cuánto tiempo hayan peregrinado, no hay memoria de ello. Fueron a dar en un valle, entre unos peñascos, donde lloraron todos sus duelos y trabajos, porque padecían mucha hambre y mucha sed. Y en este valle había siete cuevas que tomaron por sus oratorios todas aquellas gentes; allí iban a hacer sacrificios todos los tiempos que tenían de costumbre. Tampoco no hay memoria ni cuenta de todo el tiempo que estuvieron allí. Estando allí los toltecas con los demás, dicen que su Dios de ellos aparte les habló, mandándoles que volviesen allí donde habían venido, porque no habían de permanecer allí. Lo cual oído, los toltecas, antes que se partiesen de allí, primero fueron a hacer sacrificios en aquellas siete cuevas, y hechos, se partieron todos y fueron a dar en el pueblo de Tulantzinco, y de ahí después pasaron a Xicocotitlan, que es el pueblo de Tula.

Después de éstos volviéronse también los michoaques con su señor que les guiaba, llamado Amímitl, y fuéronse hacia el occidente, en aquellas partes donde están poblados al presente; hicieron también sus sacrificios en las cuevas antes que se partiesen. Sucesivamente se volvieron los naoas, que son los tepanecas, los acolhoaques, los chalcas, los uexotzincas y los tlaxcaltecas, cada familia por sí, y vinieron a estas partes de México.

Después de esto, a los mexicanos, que quedaban a la postre, les habló su Dios, diciendo que tampoco habían de permanecer en aquel valle, sino que habían de ir más adelante para descubrir más tierras, y fuéronse hacia el poniente. Y cada una de esta familias ya dichas, antes que se partiesen, hizo sus sacrificios en aquellas siete cuevas, por lo cual todas las naciones de esta tierra, gloriándose, suelen decir que fueron criados en aquellas siete cuevas y que de allí salieron sus antepasados, lo cual es falso, porque no salieron de allí, sino que iban allí a hacer sus sacrificios cuando estaban en el valle ya dicho. Y así venidos todos a estas partes, y tomada la posesión de las tierras, y puestas las mojoneras entre cada familia, los dichos mexicanos prosiguieron su viaje hacia el poniente. Y según lo cuentan los viejos, llegaron a una provincia que se dice Colhuacán México, y de allí tornaron a volver. Y qué tanto tiempo duró su peregrinación viniendo de Colhuacán, no hay memoria de ello. Y antes que se partiesen de Colhuacán dicen que su Dios les habló, diciendo que volviesen allí donde habían partido y que les guiaría mostrándoles el camino por donde habían de ir. Y así volvieron hacia esta tierra que ahora se dice México, siendo guiados por su Dios. Y los sitios, donde se aposentaron a la vuelta los mexicanos, todos están señalados y nombrados en las pinturas antiguas, que son sus anales de los mexicanos. Y viniendo de peregrinar por largos tiempos fueron los postreros que vinieron aquí a México. Y viniendo por su camino, en muchas partes no los querrían recibir, ni aun los conocían, antes les preguntaban quiénes eran y de dónde venían, y los echaban de sus pueblos. Y pasando por Tula, e ichpuchco, y por Hecatépec, vinieron a estarse un poco de tiempo en el monte que se dice Chiquiuhyo, que es un poco más acá de Hecatépec, y después estuvieron en Chapultepec, viniendo todos juntos.

Y en este tiempo había tres cabeceras, los más principales, conviene a saber: Accaputzalco, Coatlichan y Colhuacán. Y entonces no había memoria de México, porque donde ahora es México, no había otra cosa sino cañaberales. Y estando los mexicanos en Chapultepec, dábanles guerra los comarcanos; y de ahí pasaron a Colhuacán, donde estuvieron algunos años; y de ahí vinieron a tener asiento en la parte que ahora se dice Tenochtitlan México, que cae en los términos de los tepanecas, que son los de Accaputzalco y Tlacopan. Y estos tepanecas partían términos con los de Tetzcuco y vinieron a poblar allí entre los cañaverales, que había muchos, porque todo lo demás estaba ya ocupado, y las tierras tomadas y poseídas todas por los que vinieron primero. Y por estar en los términos de los tepanecas fueron sujetos y tributarios del pueblo de Accaputzalco.

Todas las dichas, familias se llaman chichimecas, y aun de tal nombre se jactan y se glorian; y es porque todas anduvieron peregrinando como chichimecas por las tierras antes dichas, y de allí volvieron para estas partes. Aunque a la verdad no se llaman tierras de chichimecas por donde ellos anduvieron, sino Teotlapan Tlacochcalco Mictlampa, que quiere decir «campos llanos y espaciosos que están hacia el norte». Llamáronse tierras de chichimecas porque por allí suelen ahora habitar los chichimecas, que son unas gentes bárbaras que se sustentan de la caza que toman, y no pueblan. Y aunque los mexicanos se dicen chichimecas, empero propiamente se dicen atlacachichimeca, que quiere decir «pescadores que vinieron de lejas tierras». Las gentes naoas, que son las que entienden la lengua mexicana, también se llaman chichimecas, porque vinieron de las tierras ya dichas, donde están las siete cuevas que ya están referidas, y son las que se nombran aquí: tepanecas, acolhoacas, chalcas, y los hombres de tierra caliente, y los tlateputzcas, que son los que viven tras de las sierras, hacia el oriente, como son los tlaxcaltecas y huexotzincas y chololtecas, y otros muchos; y todos traían arcos y flechas. Los toltecas también se llamaban chichimecas, y los otomíes y michoacas ni más ni menos. Pero los que están hacia el nacimiento del Sol se nombran olmecas, huixtotin, nonohoalca, y no se dicen chichimecas.

Libro XI. Que es bosque, jardín, vergel de lengua mexicana

Prólogo

No, cierto, es la menos noble joya de la recámara de la predicación evangélica el conocimiento de las cosas naturales, para poner ejemplos y comparaciones, como vemos el Redentor haberlo usado. Y estos ejemplos y comparaciones, cuanto más familiares fueren a los oyentes, y por palabras y lenguaje mas usadas entre ellos dichas, tanto serán más eficaces y provechosas. A este propósito se hizo ya tesoro, en harta costa y trabajo, este volumen, en que están escritas en lengua mexicana las propiedades y maneras exteriores e interiores que se pudieron alcanzar de los animales, aves y peces, árboles e hierbas, flores y frutos más conocidos y usados que hay en toda esta tierra, donde hay gran copia de vocablos y mucho lenguage, muy propio y muy común, y materia muy gustosa. Será también esta obra muy oportuna para darlos a entender el valor de las criaturas, para que no las atribuyan divinidad, porque a cualquiera criatura que veían ser iminente en bien o en mal la llamaban téutl; quiere decir «Dios». De manera que al Sol le llamaban téutl, por su lindeza; al mar también, por su grandeza y ferocidad; y también a muchos de los animales los llamaban por este nombre, por razón de su espantable, disposición y braveza, donde se infiere que este nombre téutl se torna en buena y en mala parte. Y mucho más se conoce esto cuando está en composición, como en este nombre teupiltzintli, «niño muy lindo»; teuhpiltontli, «muchacho muy travieso» o «malo». Otros muchos vocablos se componen de esta misma manera, de la significación de los cuales se puede conjeturar que este vocablo téutl, quiere decir «cosa extremada en bien o en mal». Así que el presente volumen se podrá tener o estimar como un tesoro de lenguage y vocablos de esta lengua mexicana, y una recámara muy rica de las cosas que hay en esta tierra.

Al sincero lector

Tienes, amigo lector, en el presente volumen, un bosque con gran diversidad de montañas, montes y riscos, donde hallarás árboles silvestres de todo género, y bestias fieras, y serpientes, cuanta demandares. Tienes un jardín poblado de todos árboles fructíferos y de todas maneras de hierbas, donde hay fuentes y ríos de diversas maneras; está lleno de aves, animales y peces de todo género.

Tienes una floresta muy deleitosa, llena de todo género de flores, así de las que se hacen en los árboles, arbustos y matas, como de las que se hacen en hierbas; en ella hay aves de dulces cantos y de ricas plumas; hay también florestas edificadas a las mil maravillas. Tienes diversidades de caminos y edificios. Tienes asímismo campos y llanuras, donde hay toda manera de mantenimientos, donde hay charcos y lagunas, donde se crían cañas, espadañas y juncos, y diversas maneras de animalejos acuátiles y terrestres, donde hay minas de todas maneras de metales y todas maneras de piedras preciosas, y de otras muchas cosas provechosas a la vida humana; donde hay muchas maneras de tierras, y piedras, y aguas y cerros. No procede la obra por la orden arriba puesta, sino por la que se sigue. El primero capítulo trata de los animales, contiene siete párrafos; el segundo trata de las aves, contiene diez párrafos; el tercero capítulo trata de los animales del agua, como son peces y otros animales que viven en el agua, contiene cinco párrafos; el cuarto trata de los animales fieros que viven en el agua, contiene cuatro párrafos; el quinto trata de serpientes y otros anima...

Libro XI
De las propiedades de los animales, aves, peces, árboles, hierbas, flores, metales y piedras, y de las colores

Capítulo I. De los animales
Párrafo primero: de las bestias fieras
El tigre anda y vive en las sierras y entre las peñas y riscos, y también en el agua. Es noble, y dicen es príncipe y señor de los otros animales. Y es avisado y recatado, y regálase como el gato, y no consiente trabajo ninguno; y tiene asco de ver cosas sucias y hediondas, y tiénese en mucho. Es bajo y corpulento, y tiene la cola larga, y las manos son gruesas y anchas, y tiene el pescuezo grueso. Tiene la cabeza grande; las orejas son pequeñas; el hocico grueso y carnoso, y corto, y de color prieto; y la nariz tiene grasienta; y tiene la cara ancha, y los ojos relucientes como brasa; los colmillos son grandes y gruesos; los dientes menudos, chicos y agudos; las muelas anchas de arriba; y la boca muy ancha; y tiene uñas largas y agudas; tiene pescuños en los brazos y en las piernas; y tiene el pecho blanco; tiene el pecho lezne. Y como crece se va manchando, y créscenle las uñas, y agarra; crécenle los dientes y las muelas y colmillos. Y regaña y muerde y arranca con los dientes, y corta; gruñe y brama, sonando como trompeta.

El tigre blanco dicen que es capitán de los otros tigres, y es muy blanco. Hay otros que son blanquecinos, manchados de prieto. Hay otro tigre de pelo bermejo y manchado de negro.

La propiedad del tigre es que come animales, como son ciervos y conejos, y otros semejantes. Es regalado, y no es para trabajo; tiene mucho cuidado de sí: báñase. Y de noche ve los animales que ha de cazar; tiene muy larga vista, aunque haga muy oscuro, y aunque haga niebla, ve las cosas muy pequeñas. Cuando ve al cazador con su arco y saetas, no huye, sino siéntase mirando hacia él, sin ponerse detrás de alguna cosa ni arrimarse a nada. Luego comienza a hipar; y aquel aire enderézale hacia el cazador a propósito de ponerle temor y miedo, y desmayarle el corazón con el hipo. Y el cazador comienza luego de tirarle, y la primera saeta, que es de caña, tómala el tigre con la mano y hácela pedazos con los dientes, y comienza a regañar y a gruñir, y echándole otra saeta, hace lo mismo. Los cazadores tenían cuenta con que no habían de tirar al tigre más de cuatro saetas; ésta era su costumbre o devoción. Y como no lo matase con las cuatro saetas, luego el cazador se daba por vencido; y el tigre luego comienza a esperezarse y a sacudirse y a relamerse. Hecho esto, recógese y da un salto como volando; se arroja sobre el cazador; aunque esté lejos diez o quince bracas, no da más de un salto. Va todo enerizado, como el gato contra el perro; luego mata al cazador y se le come. Los cazadores diestros, en echando la primera saeta, si el tigre la hizo pedazos, toma una hoja de un árbol de roble, o de otro árbol semejante, e híncala en la saeta y tira con ella al tigre. Y la hoja, así puesta, hace ruido, así como cuando vola una langosta, y cáyese en el suelo al medio camino o acerca del tigre. Con esto se divierte el tigre a mirar la hoja que caye, y llega la saeta y pásale o hiérele. Y luego el tigre da un salto hacia arriba, y tornando a caer en tierra, tórnase a sentar como estaba de antes. Y allí muere asentado sin cerrar los ojos; aunque está muerto, parece vivo. Cuando el tigre caza, primero hipa, y con aquel aire desmaya a lo que ha de cazar. La carne del tigre tiene mal sabor, requema.

Una gente que eran como asisinos, los cuales se llamaban nonotzaleque, era gente usada y atrevida para matar. Traían consigo del pellejo del tigre, un pedazo de la frente y otro pedazo del pecho, y al cabo de la cola, y las uñas, y el corazón, y los colmillos y los hocicos. Decían que con esto eran fuertes y osados, y espantables a todos; y todos los temían, y a ninguno habían miedo por razón de tener consigo estas cosas del tigre. Estos se llaman también pixeque teyolpachoani.

El gato cerval llámanle por este nombre, conviene a saber: tlacoocélutl, tlacomiztli, porque es pequeño, del tamaño de un gato. Es pardo; tiene uñas, manchas oscuras como el tigre pintado.

Hay un animal en esta tierra que se llama tlacaxólotl. Es grande; es mayor que un gran boey; tiene gran cabeza; tiene largo el hocico, las orejas muy anchas; tiene los dientes y las muelas grandes, pero de la forma de la persona; tiene muy grueso el pescuezo y muy fornido; tiene los pies y las manos gruesos, las uñas como el boey, pero mayores; tiene las ancas grandes y anchas; la cola tiene gruesa y larga; es de color de buey rojo; tiene muy grueso el cuero; su carne es de comer; dicen que tiene la carne y el sabor de ella de todos los animales y aves, y aun de hombres. Este animal es raro; vive en las provincias de Atzaccan y de Teputzontla y Tlanquilapan, que son hacia Honduras. Vive en las montañas y desiertos, entre las peñas. Come cacahuates monteses, y otros cacahuates que se llaman cuappatlachtli; come también maíz verde y mazorcas de maíz. Cuando topa con un maíz al, cómelo todo, sin dejar nada; cuando le falta la comida, come hojas de matas y árboles; cuando estercola, echa los cacaos enteros, casi una carga de ellos cada vez. Andan los habitadores de aquella tierra a buscar su estiércol para coger el cacao que echa este animal. No teme a la gente, ni muere con saeta; tómanle haciendo un hoyo grande y cubriéndolo con ramas y con yerba para que caya dentro. Allí le matan, y de allí le sacan con sogas; y comen su carne que tiene muy buen comer.

Hay un animal que se llama tzoníztac. Críase hacia la mar del sur, en la provincia de Toztlan y Caxeapan, y llámase tzoníztac, porque tiene la cabeza muy blanca, tan solamente. Es del tamaño del tigre, o casi; es bajo de pies, y de grueso cuerpo; come carne de las bestias silvestres. Cuando quiere caza, regaña como gato, y luego arrebata la caza. Tiene las manos y los pies como tigre; es muy negro todo el cuerpo, y tiene la cola larga. Este animal muy pocas veces parece, y si alguno encuentra con él y le ve la cabeza amarilla, es señal que morirá presto; y si alguno le encuentra y le parece la cabeza blanca, es señal que vivirá mucho en pobreza, aunque mucho trabaje. Este agüero se tenía cerca de este animal; mátanle con saeta.

Este animal cuitlachtli por la relación parece que es oso, y si no es oso, no sé a qué animal se compare de los que conocemos. Es animal belloso, de larga lana; tiene la cola muy bellosa, como la de la zorra, pero de color pardo oscuro; tiene la lana vedijosa, cuando ya es viejo; tiene las orejas pequeñas y angustas; tiene la cara redonda y ancha, casi retrae a la cara de persona; tiene el hocico grueso; tiene el anhélito ponzoñoso; echa el anhélito para empozoñar a lo que topa; el vaho o aire que echa es de muchos colores, como el arco del cielo; es muy avisado, y pónese en acecho para matar o cazar.

El león es del tamaño del tigre; no es manchado. Tiene el pelo también lezne, y en el cuerpo es de la manera del tigre, sino que tiene las uñas mayores y también pescuños muy largos; es rojo oscuro. Hay leones bermejos y otros blanquecinos; éstos se llaman leones blancos.

Este animal que se llama cuammiztli por las propiedades parece ser onza, y si no lo es, no sé a qué otro animal sea semejante. Dicen que es semejante al león, sino que siempre anda en los árboles, saltando de unos a otros, y allí busca su comida; pocas veces anda en el suelo.

Hay un animal en estas partes que se llama mazamiztli; quiere decir «ciervo león», el cual no sé si le hay en ninguna otra parte. Es del tamaño del ciervo y tiene la color del ciervo, y tiene sus uñas come, ciervo; y los machos tienen cuernos como el ciervo, pero tiene pescuños como el león, muy agudos, y los dientes y colmillos como león. No come hierbas; anda entre los otros ciervos, y cuando quiere comer abrázase con un ciervo y con el pescuño ábrele por la barriga, comenzando desde las piernas hasta la garganta, y así le echa fuera todos los intestinos y le come. En ninguna cosa le conocen los otros ciervos, sino en mal hedor que tiene.

Hay otro animal en esta tierra que se llama cuitlamiztli; quiere decir «león bastardo». Este, según lo que de él se dice, es lobo; come ciervos y gallinas y ovejas. En tomando un ciervo, hártase de él hasta no poder más, y échase a dormir dos o tres días; no cura de cazar más. Y por esto le llaman «león bastardo», porque es glotón. No tiene cueva como los leones, y de noche come las gallinas y las ovejas, y aunque esté harto, mata todas las gallinas y ovejas que puede.

Hay otro animal, al cual llaman itzcuincuani; quiere decir «comedor de perros», que es de la manera del que arriba se dijo. Llámanse por este nombre itzcuincuani o «comedor de perros», porque de noche llega hacia las poblaciones y desde cerca del lugar comienza aullar. Y todos los perros que le oyen le responden aullando, y van corriendo adonde él está. En estando juntos con él los perros, mata los que ha menester para comer, y cómelos, y los demás vanse. Su comer son los perros; hállalos muy sabrosos. Este animal, según esta relación, parece ser lobo.

Párrafo segundo: de los animales como zorros, lobos y otros animales semejantes

Hay en esta tierra un animal que se llama cóyotl, al cual algunos de los españoles le llaman zorro, y otros le llaman lobo. Y según sus propiedades, a mi ver, ni es lobo ni zorro, sino animal propio de esta tierra. Es muy belloso, de larga lana; tiene la cola gruesa, muy lanuda; tiene las orejas pequeñas, agudas; el hocico largo y no muy grueso, y prieto; tiene las piernas nerbosas; tiene las uñas corvadas y negras. Y siente mucho; es muy recatado. Para cazar agazápase y ponse en acecho; mira todas partes para tomar su caza. Es muy sagac en acechar su caza: caundo quiere arremeter a la caza, primero echa su baho contra ella para inficionarla y desanimarla con él. Es diabólico este animal: si alguno le quita la caza, nótale y aguárdale, y procura de vengarse de él, matándole sus gallinas o otros animales de su casa; y si no tiene cosa de éstas en que se vengue, aguarda al tal cuando va de camino y ponse delante, ladrando, como que le quiere comer, por amedrentarle. Y también algunas veces se acompaña con otros tres o cuatro sus compañeros para espantarle; y esto hacen o de noche o de día. Este animal tiene condiciones exquisitas: es agradecido. Ahora, en estos tiempos, aconteció una cosa harta de notar con uno de estos animalejos. Un caminante, yendo por su camino, vio uno de estos animales que le hacía señal con la mano, que se llegase a él. Espantóse de esto el caminante, y fue hacia adonde estaba. Y como llegó cerca de él, vio una culebra que estaba revuelta al pescuezo de aquel animal, y tenía la cabeza por debajo del subaco de aquel animalejo; estaba muy apretada con él. Esta culebra era de las que se llaman cincóatl. Y el caminante, como vio este negocio, pensó dentro de sí, diciendo: «¿A cuál de éstos ayudaré?». Y determinó ayudar aquel animal, y tomó una verdasca y comenzó de herir a la culebra, y luego la culebra se desenroscó y cayó en el suelo, y comenzó de irse y meterse entre la yerba, y también el animalejo se fue huyendo. Y de ahí a un rato tornóse a encontrar con el caminante entre unos maizales, y llevaba dos gallos en la boca, por los pescuezos, y púsolos delante el caminante que le había librado de la culebra. E hízole señal con el hocico que los tomase, y fuese tras el caminante, hasta que llegó a su casa. Y como vio donde entraba, fue a buscar una gallina, y llevóla a su casa. Y dende a dos días le llevó un gallo a su casa. Este animal come carne cruda, y también mazorcas de maíz secas y verdes, y cañas verdes, y gallinas, y pan y miel. Este animal tómanle con trampa, o con alzapié, o con lazo, o fléchanle. Y también le arman en los magueyes cuando va a beber la miel.

Otro animal de este especie hay en esta tierra que llaman cuitlachcóyotl. Y tiene las mismas condiciones arriba dichas, salvo que en el pelo es semejante al oso o cuitlachtli. Y tiene cerviguillo grueso y muy belloso, y en el pecho y en la cara tiene un recello de pelos grandes que le hace espantable.

Hay otro animal de este especie, al cual llaman accatlcóyotl. Tiene las mismas condiciones arriba dichas, salvo que se sienta sobre los hormigueros, y por esto se llaman accatlcóyotl; y también cuando aulla de noche hace muchas voces juntas, unas gruesas, otras delgadas, otras más delgadas.

Hay otro animal de esta especie, al cual llaman tlalcóyotl. Tiene las condiciones arriba dichas, pero no se crían en las montañas como los otros, sino cerca de los pueblos. A éste llámanle algunos zorro o raposa. Come gallinas y fruta y mazorcas de maíz, y cosas muertas y sabandijas.

Hay otro animal que se llama ocotochtli, que también habita entre las peñas y montes. Es del tamaño de un podenco, bajo y corpulento. Tiene el pelo pardo por el lomo y por la barriga blanquecino con unas manchas negras, ralas y pequeñas; tiene el pelo blando; tiene la cabeza redonda y las orejas pequeñas, como de gato; tiene la cara redonda, el hocico corto, la lengua áspera o espinosa; tiene el aullido delgado, como tiple. Es muy ligero y salta mucho, como que vuela. Este animal tiene una singular propiedad, que caza para dar de comer a otras bestias fieras: caza hombres, o ciervos, o otros animales. Caza de esta manera, que viendo que viene lo que quiere cazar, escóndese tras de un árbol, y en llegando la caza cabe él, arremete y pásale la lengua por los ojos; y es tan ponzoñosa que luego mata en tocando. Como caye el animal o hombre que mató, cúbrele con heno y súbese sobre un árbol, y comienza aullar, cuyo aullido se oye muy lejos, y luego las otras bestias fieras, como tigres, leones, etc., que oyen aquel aullido, luego entienden que son llamados para comer, y van luego a donde está el ocotochtli y ven la presa, y luego lo primero beben la sangre, y después despedázanle y cómenle. Y en todo esto el ocotochtli está mirando aparte cómo comen los otros; y después que ellos han comido, él come lo que sobre. Y dicen que hace esto porque tiene la lengua tan ponzoñosa que si comiese emponzoñaría la carne y morirían las otras bestias comiendo de ella.

Hay otro animalejo que llaman oxtooa. Llámanle este nombre porque siempre habita en cuevas y allí cría sus hijos. Es pequeñuelo; tiene el hocico como un porquezuelo; tiene el pelo lezne y un poco áspero; es de color buró. Y come ratones y ardillas, y también come conejos.

Hay otro animalejo que llaman mapachitli, y también le llaman cioatlamacacqui, y también se llama ilamaton; quiere decir «viejecilla». Tiene las manos y los pies como persona. Destrue los maizales cuando están verdes, comiéndolos. Sube a los árboles y come la fruta de ellos, y come la miel de los magueyes, y vive en cueva. Hace su habitación en las montañas y en los riscos, y entre las espadañas del agua. En el tiempo de invierno, cuando no hay frutas ni maíz, come ratones y otras sabandijas. Algunas veces anda en dos pies como persona, y otras veces a cuatro pies como animal. Hurta cuanto halla, por ser así ladrona y por tener manos de persona; le llaman mapachitli. Es bajoelo y rollizo, y tiene larga lana. Tiene la cola larga, burá y pelosa, a manera de zorro, la cabeza grande, las orejas pequeñas, el hocico largo y delgado y prieto, el cuerpo pardo y peloso.

Otro animalejo que se llama pezotli es como el arriba dicho mapachitli, salvo que no tiene ni pies ni manos como persona, sino como animal. Es de color burá. Llámase pezotli, como si dijese «glotón», porque de todas cosas come y siempre come, nunca se harta. Y de aquí se tiene costumbre de llamar pezotli al que come mucho y nunca se harta. Siempre anda comiendo, o donde ve alguna cosa de comer, luego arremete a comerla.

Otro animalejo hay que se llama coyámetl o cuauhcoyámetl. Es muy semejante al puerco de Castilla, y aun algunos dicen que es puerco de Castilla. Tiene cerdas largas y ásperas, y también los pies tiene como puerco; y de las cerdas de éste hacen escobillas como de las cerdas del puerco de Castilla. Este animal come bellotas, que se llaman cuaucapulin; come también maíz y frijoles y raíces y frutas; come como puerco de Castilla, y por esto algunos llaman coyámetl al puerco de Castilla. Por la semejanza que tiene con éste llaman también pezotli al puerco de Castilla, porque come como este animalejo a que llaman glotón o pezotli.

Párrafo tercero: de otros animalejos pequeños, como ardillas y otros semejantes

Hay muchas maneras de ardillas en esta tierra. Unas de ellas son grandecillas, larguillas, y son de color moreno. Tienen el pelo blanco, pequeñitas orejas delgadas, la cola espagañada, el pelo buró y en las puntas negro. Come cuanto hay: pan, y carne, y fruta; todo cuanto puede haber come; aunque se le defienden, no ha miedo, ni por eso lo deja. Imperceptiblemente hurta, y come lo que está guardado. Y por esto llaman a los ladrones techálutl. El chillido de este animalejo es delgado y vivo.

Otras ardillas hay que se crían en las montañas y en los árboles. Estas ardillas comen piñones y los grumos tiernos de los árboles, y los gusanos que se crían en los árboles. Descorteza los árboles por sacar los gusanos que están dentro.

Hay otra manera de ardillas que llaman tlaltechálutl. Llámanse así porque crían en los maizales y moran en cuevas y entre las piedras, y allí crían sus hijos como topos. Son muy dañinas para los maizales.

Hay otro animalejo que se llama mototli. Es pequeñuelo y de color buró. Tiene la cola larga y blanquecina; tiene el pelo muy blando. Come todas las cosas que comen las ardillas.

Hay otro animalejo que se llama motoyáuitl. Es semejante al de arriba dicho, de la misma especie. Es pardo oscuro, de color de los ratones, y habita debajo de la tierra como ellos.

Párrafo cuarto: de aquel animalejo que se llama tlácuatl, que tiene una bolsa donde mete a sus hijuelos, cuya cola es muy medicinal

Hay un animalejo que se llama tlácuatl o tlacuatzin, del tamaño de una gato, poco menos, y es pardillo oscuro. Tiene el pelo largo y muy blando, y cuando son viejos, cáyensele los pelos; tiene el hocico largo y delgado; tiene la cara pintada, las orejas pequeñas, la cola larga y pelada, ningunos pelos tiene en ella. Vive entre los maízales; entre las piedras hace cueva, donde mora y donde cría sus hijos. Tiene una bolsa entre los pechos y la barriga, donde mete sus hijuelos, y allí los lleva a donde los quiere llevar, y allí maman. Este animalejo ni sabe morder ni sabe arañar, ni hacer ningún daño, aunque le toman, y cuando le toman, china y llora; sálenle las lágrimas de los ojos como a persona. Cuando le toman los hijos, llora mucho y china por ellos. Este animalejo come maíz y frijoles, y ralladuras de los magueyes que sacan de ellos cuando los agujerean para sacar la miel, y también come miel. Y la carne de éste es comestible, y sabrosa como la del conejo; y los huesos de este animalejo ni la cola no son de comer. Si alguno la come, aunque sea perro o gato, luego echa fuera todos los intestinos. Aconteció una vez que un perro rolloyó los huesos de uno de estos animalejos, y dentro a rato lo vieron que andaba con las tripas arrastrando, que las había echado de él por detrás. La cola de este animalejo es muy medicinal. Saca cualquiera cosa que se haya metido en la carne o en el hueso; lo saca poniéndolo muchas veces. Y las mujeres que tienen mal parto, bebiendo un poco de la cola de este animal, paren luego. Los que tienen cerrada la cámara, que no pueden bien purgar, viviendo un poco de la cola molida, purgan luego, porque abre y limpia los poros. Los que tienen tos, bibiendo lo mismo, sanan; también para esto es bueno aquella especie que llaman ueinacactli, y la otra que llaman tlilxóchitl, y la otra que llaman mecaxochitl, molido todo y bebido con cacao; y esto también aprovecha para los que no pueden digerir y los que tienen estragado el estómago con opilaciones.

Párrafo quinto: de las liebres, conejos, comadrejas, etc.
La liebre tiene largos miembros y bien hechos, y pelos rojos; tiene uñas; tiene el cuerpo largo; tiene el pescuezo larguillo; las orejas tiene agudas, largas y anchas, y cóncavas; tiene el hocico redondo y corto; tiene el pelo pardillo, las puntas de los pelos negrestinas; tiene pelo blando, ni es muy largo ni es muy corto, es medianamente liso. Este animal es muy ligero; corre mucho; cuélase como saeta. Tiene la cola corta, el pecho blanco. La freza echa redonda como maíz. La carne es comestible.

El conejo es casi como la liebre, un poco menor. Hace cueva donde cría sus hijos, y hace nido para ponerlos. Escóndelos en partes secretas. Es comestible: tiene la carne sabrosa.

La comadreja es delgadilla. Tiene la colilla larguilla; tiene la cara manchada, es bermejuela; tiene el pecho blanco. Come ratones y gusanos, especialmente los que llaman nextecuilin y tlalómitl; también come gallinas, chupándolas por el sienso. Tiene el estiércol muy hediondo. Es muy amiga de los pollos y de los huevos, cómelos mucho. Desea mucho topar con las gallinas que están echadas sobre huevos para comérselos. No es de comer.

Hay un animal en esta tierra que echa gran hedor y por gran espacio hiede. Es del tamaño de un gato. Tiene los pelos largos. Es de color negro. Tiene la cola espagañada. El épatl es bajuelo; tiene las orejas agudas y pequeñas; tiene el hocico delgado. Habita entre las piedras y en las cuevas, y allí cría sus hijos. Su comer es escorobajos y gusanos, y unos escorobajuelos que vuelan. Mata las gallinas y come los huevos como la comadreja. Después de harto de comer, mata las gallinas y come las cabezas; y después de harto, déjalas por ahí, por el suelo, muertas. La urina de este animal o su freza es cosa espantable del hedor;

parece cosa infernal y pestilencial; espárcese por gran espacio. Y si alguno le quiere tomar, luego alza la cola y le rocía con la urina o con la freza. Donde toca esta suciedad en la ropa, párase una mancha amarilla que jamás se puede quitar. Esta freza, si a alguno toca en los ojos, ciégale; y si le comen los que tienen bubas, sanan; y la carne, si la comen los gotosos, sanan.

Monas o micos hay munchas en esta tierra. Críanse en las partes que llaman Anáhuac, que es hacia oriente en respecto de México. Son estos animales barrigudos; tienen larga la cola, enróscanla; tienen manos y pies como persona; tienen uñas largas. Gritan y silvan; cocan. Arrojan piedras y palos a los caminantes. Tienen cara casi como de persona. Son pelosos y bellosos. Tienen las ancas gruesas. Crían en los riscos, y no paren más de un hijo. Y comen maíz y frijoles y frutas y carne; comen como persona. También comen piñones y bellotas; también comen los grumos de los árboles verdes. Para tomarlas éstas usan de este embuste: hacen una gran hoguera donde andan estos animales y cércanla de mazorcas de maíz, y ponen en el medio del fuego una piedra que se llama cacalótetl, y los cazadores de esta caza escóndense o entiérranse, y como ven el fuego las monas y hoelen el humo, vienen luego a calentarse y a ver qué cosa es aquélla; y las hembras traen sus hijos a cuestas; y todos se asientan luego alrededor del fuego, calentándose. Y como la piedra se calentó, da un tronido grande, y derrama las brasas y la ceniza sobre las monas, y ellas, espantadas, dan a huir y dejan sus hijuelos por ahí; ni los ven, porque van ciegas con la ceniza. Entonces los cazadores levántanse de presto y tornan a manos los monicos, y críanlos, y amánsanlos. Estos animales fácilmente se amansan. Siéntase como persona. Cocan a las mujeres; búrlanse con ellas; y demandan de comer extendiendo la mano, y gritan.

Párrafo sexto: de los ciervos y de diversas maneras de perros que estos naturales criaban
Hay ciervos en esta tierra de muchas maneras. Viven en las montañas. Son altos de cuerpo; tienen las piernas largas y bien hechas; son de gran cuerpo y gruesos. Tienen barriga; tienen el pescuezo largo y el hocico largo y delgado, y tienen las orejas largas y agudas y cóncabas. Tiene el hocico tierno y grasiento; tiene las uñas hendidas. Tienen pescuños. Son gruesos de la parte trasera. Tiene la cola corta, ancha. Son de comer; tiene carne sabrosa. Son de color

ceniciento. En naciendo, luego se levanta y anda como los corderos y potricos; es muy ligero. Come maíz en hierba, y frijoles, y hoja de frijoles, y pace las yerbas y las hojas de los árboles, y come madero podrido y los gusanos que nacen de los maderos; come heno y hojas de arbustos.

Los ciervos muchos tienen cuernos de color de madero seco y blanquecino; tiene los cuernos llenos de gajos. Muda los cuernos metiéndolos en una horcada de árbol para despedirse de ellos; tira hacia atrás y déjalos en el árbol. De esta manera arranca los cuernos de su cabeza, y vuélvese mozo o muchacho.

La cierva no tiene cuernos. Cuando es chiquillo el ciervo o cierva es pintado de unas pintas blancas, espesas, por todo el cuerpo.

El temázatl es cabra montesa.

Hay ciervo blanco. Dicen que éste es rey de los ciervos. Raramente parece. Júntanse a él los otros ciervos. El pelo no lo tiene del todo blanco, sino blanquecino oscuro, y no muy blando.

Hay otra manera de ciervos que llaman tlamacaccamázatl. Es largo y alto, y la cara tiene manchada alrededor de los ojos, negro; y abajo de los ojos tiene una veta de blanco que atraviesa por todo los hocicos.

Los perros de esta tierra tienen cuatro nombres: llámanse chichi e itzuintli, también xochcocóyotl, y también tetlamin, y también teuítzotl. Son de diversas colores: hay unos negros, otros blancos, otros cenicientos, otros burós, otros castaños oscuros, otros morenos, otros pardos, otros manchados. Hay algunos de ellos grandes, otros medianos. Algunos hay de pelo lezne, otros de pelo largo. Tienen largos hocicos, los dientes agudos y grandes; tienen las orejas cóncabas y pelosas; cabeza grande. Son corpulentos. Tienen uñas agudas. Son mansos; son domésticos; acompañan o siguen a su dueño; son regocijados; menean la cola en señal de paz; gruñen y ladran; abajan las orejas hacia el pescuezo en señal de amor. Come pan y mazorcas de maíz verdes, y carne cruda y cocida, comen cuerpos muertos; comen carnes corruptas.

Criaban en esta tierra unos perros sin pelo ninguno, lampiños; y si algunos pelos tenían, eran muy pocos.

Otros perrillos criaban que llamaban xoloitzcuintli, que penitus ningún pelo tenían, y de noche abrigábanlos con mantas para dormir. Estos perros no nacen así, sino que de pequeños los untan con resina, que se llama óxitl, y con esto se les caye el pelo, quedando el cuerpo muy liso. Otros dicen que nacen sin pelo en los pueblos que se llaman Teutlixco y Toztlan.

Hay otros perros que se llaman tlalchichi, bajuelos, redondillos. Son muy buenos de comer.

Hay otro animal, al cual llaman perro del agua, porque vive en el agua. Estos son los que nosotros llamamos notrias. Es del grandor de un podenco. Tiene el pelo hosco, oscuro y muy blando. No le entra el agua; no se cala del agua; deslízase el agua de él como si estuviese grasiento, y todo lo que hay en el agua.

Los topos de esta tierra son grandes, como grandes ratas. Tienen el pelo bermejo. Son carnudos y gordos, de los pies bajos, casi que rastra la barriga. Tiene la cola no muy larga; tiene uñas largas y corvas; tiene dientes, dos de la parte bajos, largos, y otros dos de la parte alta, también largos, y otros pequeños de cada parte. Cerca de éstos tiene recios dientes, los cuatro grandes son algo corcovados. Tienen orejas pequeñitas y redondas. Este animal es de comer y sabroso, y muy gordo. Y a quien roe sus huesos entumécensele los dientes o hácesele dentera. Tiene corta vista, y a la claridad no ve nada. Hace cuevas por debajo de tierra, y siempre vive debajo de tierra, y cuando sale sobre tierra, no acierta a tornar a su cueva; y luego hace un agujero donde se esconda. Come raíces de todas maneras de árboles y de hierbas y de magueyes; come las raíces de las cañas de maíz y las mismas cañas cuando ahí son tiernas, y también los elotes mete debajo de tierra, y los frijoles en yerba, y el maíz en yerba, y allí lo roe y come; aunque sea caña grande de maíz, la mete debajo de tierra; allá la come.

Párrafo séptimo: de los ratones y otros animalejos semejantes
Los ratones son de muchas maneras y tienen muchos nombres. Llámanse quimichi; quiere decir «ratón». Y llámanse tepanchichi, que quiere decir «perrillo de pared»; y llámanse tepanmámal, que quiere decir «barreno de pared»; y llámanse cálxoch, que quiere decir «casero». Los ratones son de color cenicientos; tienen el pelo lezne; son pardos oscuros en el lomo; son larguillos; tienen la cola larga, el hocico agudo. Comen nuestros mantenimientos: maíz, chile, calabazas, pepitas de calabazas y chían; comen cacao molido y las almendras; comen todo lo que comemos, todas maneras de frutas y toda manera de pan y carne, cruda y cocida, y pescado, y todo lo que se cría en el agua que comemos. Todo lo

muelen y todo lo estragan. Hacen nido de pajuelas y otras cosas blandas. Roen las cosas de vestir y tazan las mantas y plumas ricas, y todo lo que se guarda en arcas y cofres. Todo lo roen y destruen; y hurtan las piedras preciosas y ascóndenlas en sus agujeros. No dejan cosa que no destruyan por muy guardado que esté. De aquí tomaron nombre los que espían y escuchan lo que se dice y hace en otras cosas para irlo a decir en otra parte; a éstos llaman quimichin o «ratones». Y de aquí sale un adagio que dicen: niquimichti, que quiere decir: «Ratonelos. Supe secretamente lo que hacían mis enemigos, enviando espías que viesen, oyesen sus palabras y obras». Los ratones se matan con gatos vivos y con gatos de madera, y con yerba que se llama quimichpatli.

Hay ratones de agua que se crían en el agua, que se llaman aquimichtin o atonzanme. Saben nadar; pasan el agua a nado. Son gruesos y carnosos. Tienen la cola larga, y son de la color de los otros ratones.

Hay otros ratones que se crían en los montes; son gruesos. Hay otros ratones que se crían en los maizales.

Los ratones que se crían en casa llámanlos calquimichti. Otros hay que también se crían en casa y tienen los ojos chiquitos; llámanse tecoconton o tecocon. Otros ratones hay que se llaman uizácotl; tienen largas las colas y el cuerpo largo y delgado.

Hay unos animalejos como ratas o como topos; no son ciegos. Críanse debajo de la tierra, en los maizales. Comen el maíz y los frijoles; hurtan cuanto pueden, y después de hartos de ellos, escóndenlo en su cueva. Tienen unos papos como la mona en ambas partes. Hínchenlos de lo que hurtan y métenlo en su cueva en unos hoyos que hace para aquello, y después valo comiendo poco a poco.

Capítulo II. De las aves
Párrafo primero: de las aves de pluma rica
Hay una ave en esta tierra que se llama quetzaltótotl. Tiene plumas muy ricas y de diversas colores; tiene el pico agudo y amarillo, y los pies amarillos; tiene un tocado en la cabeza de pluma, como cresta de gallo. Es tan grande como una ave que se llama tzánatl, que es tamaña como una urraca o pega de España. Tiene la cola de forma y composición de estas aves que se llaman tzánatl o teutzánatl, que se crían en los pueblos. Las plumas que cría en la cola se llaman

quetzalli; son muy verdes y resplandecientes; son anchas como unas hojas de espadañas. Dobléganse cuando las toca el aire; resplandecen muy hermosamente. Tiene esta ave unas plumas negras en la cola con que cubre estas plumas ricas, las cuales están en el medio de estas negras. Estas plumas negras, de la parte de fuera, son muy negras, y de la parte de dentro, que es lo que está junto con las plumas ricas, es algo verde oscuro, y no muy ancho ni largo. El tocado que tiene en la cabeza esta ave es muy hermoso y resplandeciente; llaman a estas plumas tzinitzcan. Tiene esta ave el cuello y el pecho colorado resplandeciente; es preciosa esta pluma y llámanla tzinitcan. El pescuezo por la parte detrás y todas las espaldas tiene las plumas verdes muy resplandecientes; debajo de la cola y entre las piernas tiene una pluma delicada verde, clara, resplandeciente y blanda; en los codillos de las alas tiene plumas verdes y debajo negro, y las plumas más de dentro de las alas tiene de color de uña, y un poco encorvadas; son anchuelas y agudas, y están sobre los cañones de las plumas largas del ala, que se llaman quetzaluitztli; son verdes claras, largas y derechas, y agudas de las puntas, y resplandece su verdura. Habitan estas aves en la provincia que se llama Tecolotlan, que es hacia Honduras, o cerca. Viven en las arboledas, y hacen su nido en los árboles para criar sus hijos.

Hay una ave en esta tierra que se llama timitzcan o teutzinitzcan. Esta ave tiene las plumas negras y vive en el agua. Las plumas preciosas que tiene críanlas en el pecho y en los sobacos debajo de las alas, que tienen la mitad prietas y la mitad verdes resplandecientes.

Hay otra ave que se llama tlauquéchol o teuquéchol y vive en el agua. Es como pato; tiene los pies como pato: anchos, colorados; también el pico tiene colorado; tiene el pico como paleta de boticario, que ellos llaman espátula. Tiene un tocadillo en la cabeza colorado; tiene el pecho y barriga y la cola y las alas de color encarnado muy fino, y las espaldas y los codos de las alas muy colorado; el pico tiene amarillo y los pies amarillos. Dicen que este ave es el príncipe de las garzotas blancas que se juntan a él dondequiera que le ven.

Hay otra avecilla de plumas ricas que se llama xihuquéchol. Tiene la pluma verde como yerba. Tiene las alas azules y también la cola. Críase esta ave hacia las partes que llaman Anáhuac, que es al oriente de México, hacia la mar del sur.

Hay otra ave que se llama zacuan. Tiene el pico agudo y las plumas de sobre el pico tiene coloradas; tiene las plumas leonadas por todo el cuerpo. Las plumas de la cola son amarillas, muy finas y resplandecientes; tiene la misma cola otras plumas negras con que cubre las amarillas; cuando vuela y extiende la cola, entonces se parecen las plumas amarillas. Reberberan la color amarilla con las negras, y así parecen como llama de fuego y como oro. Crianse en Anáhuac.

Hay otra ave que se llama ayocuan. Mora en las montañas de Cuextlan y Michoacán. Tiene el pico agudo y negro. Toda la pluma tiene negra, eceto la cola, que tiene las plumas las medias blancas y las medias negras.

Hay otra ave que también se llama ayocuan, y es ave del agua. Todas las aves del agua se acompañan con ella como con su príncipe. Tiene el pico amarillo y los codillos de las alas verdes. Las plumas grandes de las alas y las de la cola tiénelas ametaladas, con blanco y verde. La pluma de todo el cuerpo tiénela bermeja, tirante a colorado.

Hay otra ave que se llama chalchiuhtótotl. Críase en las montañas. Es pequeña. Tiene el pico agudo; la cabeza y la cola tiene verde, y también las alas; los escudos de las alas también los tiene verdes oscuros. La pluma debajo de las alas y de todo el cuerpo tiene la color azul claro.

Hay otra ave que se llama xiuhtótotl que se cría en las provincias de Anáhuac, que es hacia la costa del mar del sur, en pueblos que se llaman Tecpatla, Tlapilollan, Oztotlan. Es esta ave del tamaño de una graja. Tiene el pico agudo y negro, las plumas del pecho moradas; la pluma de las espaldas es azul y las de las alas azules claras. La cola tiene de plumas ametaladas de verde y azul y negro. Esta ave se caza en el mes de octubre, cuando están maduras las ciruelas; entonces las matan con zebretanas en los árboles, y cuando caye a tierra arrancan alguna yerba para que, tomándola, no llegue la mano a las plumas, porque si llega, dizquen pierde la color.

Hay una ave que se llama xiuhpalquéchol, y también se llama tziuhtli. Tiene el pico largo y los pies negros; tiene la cabeza y la cola y las alas y las espaldas de color azul claro; tiene el pecho y la barriga leonado, y los codillos de las alas también leonados.

Hay otra ave que se llama xochitenácal. Mora en las montañas, en los árboles. Críase en la provincia de Totonacapan y Cuextlan. Hacen nidos en las palmas; el nido que hace es como una talega, que está colgada de la rama del árbol. Tiene el pico cóncabo y largo, muy amarillo; tiene la cabeza y el cuerpo verde; tiene las alas y la cola leonado, y ametalados de negro y blanco.

Hay otra ave que se llama cuappachtótotl. Es de color leonado todo el cuerpo.

Hay otra ave que se llama elutótotl. Tiene las alas de color morado; tiene el pico verde oscuro y azul.

Párrafo segundo: de los papagayos y zinzones

Hay muchas maneras de papagayos en esta tierra. Unos de ellos llaman toznene. Tiene el pico amarillo y corvado como gavilán; tiene la cabeza colorada. Críanse en la provincia que se llama Cuextlan. Cuando son pequeños, que están en el nido, son verdes en el pescuezo; y la cola y las alas y los codillos tienen verdes y amarillos. Las plumas pequeñas de las alas que cubren las plumas grandes de las alas, y las plumas del pecho y la barriga son amarillas oscuras. Llámanse xóllotl. Las orillas de las plumas de las alas y de la cola son coloradas. Crían, hacen nido en los riscos muy altos y en las ramas de los árboles muy altos. En estos lugares hacen nido y ponen sus huevos, y empollan sus huevos y sacan sus pollos. En estos lugares los toman y los amansan.

Otra manera de papagayos llaman toztli, y son estos mismos cuando ya son grandes y vuelan y crían. Entonces tienen las plumas muy amarillas y resplandecientes; cuanto más va creciendo en años este papagayo, tanto más va amarilliciéndose. Y por esto llaman toztli; quiere decir «cosa muy amarilla».

Hay otra manera de papagayos que llaman alo. Críanse en la provincia que se llama Cuextlan. Vive en lo áspero de los montes y riscos. Crían en las espesas arboledas. Son domesticables. Tienen el pico amarillo y corvo, como alcón; tienen los pies y piernas callosos; tiene la lengua áspera y dura, y redonda, y prieta; los ojos tienen colorados; tienen el pecho amarillo y también la barriga, las espaldas moradas; las plumas de la cola y de las alas tienen bermejas, casi coloradas. Llámanse estas plumas cuezalin, que quiere decir «llama de fuego». La cobertura de las alas, que cubre las extremidades de las plumas grandes y también las que cubren las extremidades de las de la cola son azules, con unos arrevoles de colorado.

Otra manera de papagayos hay que llaman cocho. Es muy semejante al que llaman toznene. Tiene el pico amarillo y corvo; tiene la cabeza colorada y todas las plumas del cuerpo moradas; los codillos y todo lo esterior de las alas tiene colorado oscuro, mezclado con amarillo. Las plumas pequeñuelas que están sobre la carne del ala, que llaman xóllotl, son amarillas, mezcladas coloradas. El bello, como pelo, malo que tiene cerca de la cola y cerca de las alas es colorado, mezclado de amarillo. Esta ave canta y habla y parla cualquier lengua que le enseñan. Arrienta a los otros animales. Responde diciendo lo que dicen, cantando lo que le cantan. Es muy dócil.

Hay otra manera de papagayos que se llama quiliton. Son éstos chiquillos. Tienen la cabeza colorada, el cuerpo todo verde, los escudos de las alas colorados. Comen maíz y frijoles. Depreden a hablar; habla lo que le muestra.

Hay otra manera de papagayos que se llaman tlalacuezali. Críanse en las montañas. Tienen el pico amarillo y corvo; tienen la cabeza colorada; tienen los codillos de las alas de color encarnado oscuro; tienen el pecho amarillo oscuro; tienen las alas y la cola y las espaldas de color verde.

Hay unas abecitas en esta tierra que son muy pequeñitas, que parecen más moscardones que aves. Hay muchas maneras de ellas. Tienen el pico chiquito, negro y delgadito, así como aguja. Hace su nido en los arbustos, ahí pone sus huevos y los empolla, y saca sus pollitos. No pone más de dos huevos. Come o mantiénese del rocío de las flores; come las abejas. Es muy ligero; vuela como saeta. Es de color pardillo. Renuévase cada año en el tiempo del invierno. Coélganse de los árboles por el pico; allí colgados se secan y se les caye la pluma. Cuando el árbol torna a reverdecer, él torna a revivir y tórnale a nacer la pluma. Y cuando comienza a tronar para llover, entonces despierta y se vuele y resucitan. Es medicinal para las bubas, comido; y el que los come nunca tendrá bubas, pero hace estéril al que los come.

Hay uno de estas abecitas que se llaman quetzalhuitzili. Tienen las gargantas muy coloradas y los codillos de las alas bermejos, el pecho verde y también las alas, y la cola. Parecen a los finos quetzales.

Otras de estas abecitas que llaman xiuitzili son todos azules, de muy fino azul claro, a manera de turquesa resplandeciente.

Hay otros que se llaman chalchihuitzili, verdes claros, a manera de hierba.

Hay otros que se llaman yiáuhtic uitzili. Son de color morado.

Hay otros que se llaman tlapalhuitzili. Son colorados y mezclados con pardo.

Hay otros que se llaman ayopalhuitzili. Son de color morado claro.

Hay otros que se llaman tleuitzili. Son resplandecientes como brasa.

Hay otros que se llaman cuappachuitzilin. Son leonados, como amarillo. Hay otros que se llaman ecauitzili. Son larguillos. Unos de ellos son cenicientos, otros son negros; estos cenicientos tienen una raya negra por los ojos, y los negros tienen una raya blanca por los ojos.

Hay otros que se llaman totozcatleton. Tienen la garganta colorada y resplandeciente, como una brasa. Son cenicientos en el cuerpo, y la corona de la cabeza y la garganta resplandeciente como una brasa.

Hay otros que se llaman telolouitzilin. Son redondillos, cenicientos, con unas vetas blancas.

Hay otra avecilla que se llama yollotótotl. Críase en la provincia que se llama Teutlixco; es hacia la mar del sur. Es ave pequeñuela, como una codorniz. Llámase yollotótotl porque los habitadores de aquella provincia dicen que los corazones de los difuntos, o sus ánimas, se vuelven en aquella ave. Su canto es dulce y suave. La cabeza y el pecho y las espaldas son entre pardo y amarillo; la cola tiene negra; las plumas de las alas tiene ametaladas, y las puntas blancas. Es de comer.

Hay un ave que se llama popocálex, y vive en las montañas. Tiene este nombre porque canta diciendo popocálex a la puesta del Sol, y antes que sale, canta diciendo popocálex. Mora en las barrancas en la provincia de Tuztlan y Catemaco. Come peces. Es tamaña como un pato, pero tiene las piernas largas. Tiene el pico agudo, redondo y colorado, y los ojos también colorados; tiene la cabeza amarilla oscura, el cuello y las espaldas y los pechos y la cola pardos, y las plumas de debajo la cola pardillas; tiene los pies colorados. Y es de comer.

Hay otra ave que se llama tecuciltótotl. Y llámase así porque cuando canta dice tecucilton, tecucilton. Tiene delgada la voz. Es del tamaño de una codorniz, y tiene la pluma como la codorniz. Es de comer. Críase en las provincias de Teutlixco y Toztlan.

Hay otra ave que se llama ixmatlatótotl. Vive en las montañas hacia la mar del sur. Llámase por este nombre ixmatlatótotl porque su canto es como habla de persona. Dice cuando canta campa uee, campa uee, y es una palabra que usa la gente de aquellas partes. Y parece que los arrienta. Tiene el pico plateado; tiene la cabeza y el pecho y las alas y la cola y todo el cuerpo ceniciento, y también los pies. Es de comer.

Párrafo tercero: de las aves que viven en el agua o que tienen alguna conversación en el agua
Muchas maneras de patos hay en esta tierra Que viven en el agua, y comen peces y coquillos y gusanos del agua y otras sabandijas del agua.

Hay una manera de patos que se llaman concanauhtli. Son grandecillos, bajuelos de pies, de color ceniciento. Tienen el pico ancho y las patas anchas. Crían en las lagunas. Entre las espadañas hace su nido y allí pone sus huevos, y los empollan y sacan sus hijos. Este es el mayor de todos los patos.

Hay otros patos que se llaman canauhtli. Tienen el pecho y la barriga blanco, y el cuerpo pardillo. En los cudillos de las alas tienen plumas verdes oscuras. Son de mediano cuerpo, menores que los de arriba. Tienen el pico ancho y negro, y también las espaldas anchas y también negras; tienen cañones en las alas; tienen plumas a manera de conchas; tienen debajo pluma delicada como algodón.

Hay otra manera de patos que también se llaman canauhtli tzonyayauhqui. Tienen en la cabeza plumas verdes oscuras resplandecientes. En lo demás son como los de arriba dichos. Todas estas aves ya dichas son de comer.

Hay muchas ánseres monciñas que se llaman tlalalácatl. Entre estos naturales éstas son grandes, como las de España. Tienen los pies colorados y el pico. Son pardillos. Tienen buena carne. Tienen debajo plumas blancas y blandas; de estas plumas se aprovechan para hacer mantas. Las plumas de encima son recias; tienen buenos cañones para escribir.

Hay grullas en esta tierra, y llaman tocuilcóyotl. Son como las de España. Tienen el pico grande y agudo, como clavo. Son pardas o cenicientas. Tienen el cuello largo y las piernas largas y negras; son zancudas. Tienen buen comer.

Hay una manera de patos que se llaman xómotl. Tienen tocadillo en la cabeza. Son bajuelo de pies, negros y anchos. Viven en el agua, también en los montes. Unos de ellos son pardos, otros negros, otros cenicientos. Tienen la pluma muy blanca; hácese de ella mantas. Estos comen peces y también maíz.

Hay unos patillos como cercetas que se llaman tezoloctli. Hacen ruido cuando vuelan.

Hay unas aves en el agua que se llaman atotoli, que quiere decir «gallina de agua». Tienen boca ancha y muy hendida hasta el cuello. Pescan abierta la boca

255

o abre la boca como red para pescar. Es tamaña como un gallo de papada. Hay unas de estas aves blancas, otras ametaladas.

Estas aves dichas van a criar a diversas partes, y vienen al invierno por estas partes, al tiempo de los maizales.

Otra ave hay en el agua que se llama cuachilton. Tiene la cabeza colorada, el pico agudo, los pies negros. Es de color ceniciento. Críase entre las espadañas en el agua. Hay otra ave semejante a éstas que se llama yacacintli. Tiene los pies largos y el pico largo. Son buenas de comer. Críanse en el agua.

Hay otras aves en el agua que se llaman uexocanauhtli. Tienen las piernas largas y verdes oscuras, el pico agudo y largo y verde; tiene la pluma parda oscura.

Hay otra ave del agua que se llama azolin, que quiere decir «codorniz del agua», y por otro nombre se llama zoquiazolin, que quiere decir «codorniz del lodo» o «que vive en el lodo». Tiene el pico largo, las piernas largas; tiene las plumas de la manera de la codorniz. Vive entre las espadañas en el agua.

Hay otras avecillas en el agua que se llaman atzitzicuílotl. Son redondillos. Tienen los picos largos, agudos y negros; tienen los pies largos. Son cenicientos. Tienen el pecho blanco. Dicen que nacen en la provincia de Anáhuac. Vienen a esta laguna de México entre las aguas o lluvia. Son muy buenos de comer. Dicen que éstos y los tordos del agua por tiempo se vuelven en peces. Dicen que los ven entrar a bandas en la mar, dentro del agua, que nunca más parecen.

Hay abiones en esta tierra como los de Castilla, y crían como los de Castilla, en sus casitas de tierra.

Hay también golondrinas como las de Castilla. Crían, cantan y vuelan como las de Castilla.

Hay unas aves blancas que se llaman áztatl o teuáztatl. En algunas partes en España se llaman dorales, y acá las llaman garzotas blancas los españoles. Son muy blancas como la nieve. Tienen poca carne. Tienen el cuello muy largo y doblado; tienen el pico largo y agudo y negro, las piernas altas o largas y negras; la cola tienen corta; ninguna otra color tienen. Crían penachos en los muslos y en los sobacos. Comen peces. Su carne no es comestible.

Hay un ave en esta tierra que se llama axoquen. Es de color de las grullas, pero mucho menor. Tiene las piernas largas y el pico largo. Anda en el agua y come pescado, y tiene olor de pescado.

Hay gallinas monteses y gallos. Son como las gallinas y gallos domésticos de esta tierra, así en el tamaño, como en la pluma, como en todo lo demás. Son de muy buen comer. Anda en los montes.

Hay una ave del agua en esta tierra que se llama atotoli; quiere decir «gallina del agua»; la cual dicen que es rey de todas las aves del agua. Viene a esta laguna de México cuando vienen las otras aves del agua, que es en el mes de julio. Tiene esta ave la cabeza grande y negra, y el pico amarillo, redondo y largo como un palmo, el pecho y las espaldas blancas; la cola tiene corta; tiene las piernas muy cortas. Los pies tiene juntos al cuerpo; son anchos como un palmo. Tiene el cuerpo largo y grueso; tiene las alas cortas, las plumas también cortas. Esta ave no se recoje a los espadañales; siempre anda en el medio del agua. Dicen que es corazón del agua, porque anda en el medio del agua siempre, y raramente parece. Sume las canuas en el agua con la gente. Dicen que da voces. Llama al viento, y entonces viene el viento recio, y sume las canuas. Esto hace cuando la quieren tomar. Para tomarla andan acechándola dos o tres días, y el tercero día puédenla tomar. El cuarto día aparéjanse todos los cazadores del agua y van a donde está, como aparejados para morir, como quien va a la muerte, porque tienen costumbre de perseguirla cuatro días. Y todos los días este atotoli está esperando a los cazadores sobre el agua, y cuando vienen está mirando; no huye de ellos. Y si el cuarto día no la cazan ante de puesta del Sol, luego se dan por vencidos y saben que han de morir, porque ya se les acabó el término en que la podían matar y flechar. Y como aquel día cuarto se acaba, comienza esta ave a vocear como grulla, y llama al viento para que los suma, y luego viene el viento y se levantan las olas. Luego comienzan a gracnar las aves del agua, y pónense en bandas y sacuden las alas, y los peces salen arriba, y entonces los cazadores no se pueden escapar; aunque quieren remar, no pueden; muérensele los brazos y súmense debajo del agua, y ahóganse. Y si en alguno de los cuatro días cazan a esta ave, luego la toman y trábanla por el pico, y échanla en la canua, y luego la abren la barriga, estando viva, con un dardo de tres puntas que se llama minacachalli. La causa porque las toman por el pico es porque no gomite lo que tiene en la barriga. Y si así no lo hiciesen, gomitaría lo que tiene en la barriga. Y cuando la abren la barriga, luego sacan la mulleja, y ábrenla, y hallan en ella una piedra preciosa o plumas ricas de todas maneras; y si no hay piedra preciosa ni tampoco plumas, hallan un carbón, y esto es señal que el que la tiró o mató morirá luego; y si hallaban piedra o pluma era señal que el que la tiró había de ser ventoroso en la caza y en la pesca; había de ser rico, pero sus nietos habían de ser pobres. Comían la carne de esta ave todos los pescadores y cazadores del agua. Repartíanla entre todos, y a cada uno cabía poquito. Y teníanlo en mucho, por ser aquella ave que era corazón del agua. Y cuando ella se va allí adonde crían, también todas las aves del agua se van tras ella, y van hacia occidente. Los cazadores y pescadores tenían por su espejo a esta ave. Decían que en ella víen los que habían de ser prósperos o no en el oficio de cazar y pescar.

Hay otra ave del agua que se llama acóyotl. Es de la manera de la gallina del agua, como la de arriba dicha. También viene por Santiago a esta laguna de México. Tiene la cabeza tan grande como una gallina de esta tierra; tiene el pico agudo y negro, redondo; tiene las orillas del pico amarillas; tiene blanco el pecho; tiene las espaldas y las alas y la cola pardo, como pato; tiene el cuerpo largo y grueso; tiene las piernas cortas y los pies anchos, como una mano de persona, y tiénelos muy hacia la cola. También es rara esta ave; pocas veces parece. Y también sume a los que andan en las canuas. Toda la fábula que se dice del atotoli de arriba, se dice también de este acóyotl. Es de muy buen comer.

Hay otra ave del agua que se llama acitli; quiere decir «liebre del agua». También es rara. Viene a esta laguna de México cuando, las demás ya dichas. Tiene pequeña cabeza negra y el pico agudo y largo; los ojos tiene colorados como brasa. Es larguilla y grusezuela. Tiene el pecho blanco y las espaldas negras, las plumas esteriores de las alas blancas, los codillos negros, los pies negros y hacia la cola, como los patos. Anda siempre hacia el medio de la laguna. Cázanla con red. Esta ave no vuela mucho. Cuando van algunos con cañas tras ella para flecharla, cuando ya llegan en los alcances para matarla, espelúzase toda y comienza a dar voces llamando el viento, y luego se levanta el agua en grandes olas, y así desaparece delante los pescadores, metiéndose debajo del agua; raramente se puede flechar. No cría por aquí, sino lejos. Es de buen comer.

Hay otra ave del agua que llaman tenitztli; quiere decir «pico de piedra de navaja». Esta ave vuela de noche, y de día no parece. Es del tamaño de una paloma. Tiene la cabeza pequeña y negra; tiene el pecho como ahumado; tiene las espaldas negras; las plumas de las alas tiene pequeñas; el cuerpo tiene redondo, la cola pequeña; los pies y los dedos tiene como de paloma. Tiene tres picos, uno sobre otro, y dos bocas y dos lenguas. Come por ambas bocas, pero no tiene más de un tragadero. Tienen por agüero que el que la caza esta ave, luego ha de morir, y que se han de morir cuantos están en su casa. Y por esto llamaban a esta ave, ave de mal agüero. Come las moscas del agua, y las hormigas que vuelan. La carne de esta ave es de buen comer.

Hay otra ave del agua que se llama cuapetláuac o cuapetlanqui; quiere decir «cabeza sin pluma», así como el ave que llaman axoque, que pienso es garza. Tiene la cabeza grande como la de un gallo de papada. Es calvo. Tiene las uñas coloradas; tiene largo el pescuezo y el pico grueso y largo y redondo, a la manera del arco corvado. Es negro su pico. Tiene las alas y todo el pico ceniciento; los codillos de las alas tiene muy negros; la cola tiene corta y negra. Viene a esta laguna cuando las otras aves. Es ave que pocas veces parece. Teníanla por ave de mal agüero. Decían cuando cazaban alguna de ellas que algún principal o señor había de morir, y si iban a la guerra, que habían de haber mal suceso. Tenían de esto experiencia los cazadores de las aves del agua, que todas las veces que cazaban de estas aves había algún infortunio en la república. Esta ave come peces y otras sabandijas del agua. Tiene muy buen comer su carne.

Hay otra ave del agua que llaman cuatézcatl, que quiere decir «cabeza de espejo». Esta ave viene con las demás a esta laguna. Es del tamaño de una paloma. Tiene un espejo redondo en medio de la cabeza. Representa la cara como espejo. Tiene las plumas alrededor del espejo pequeñas y cortas como un perfil ceniciento; tiene el pico pequeño y redondo; tiene las espaldas y el pecho azul; hacia la carne tiene blancas las plumas; tiene los pies amarillos. Nada en el agua, y cuando se zambulle parece por debajo del agua como una brasa que va resplandeciendo. Tenían por mal agüero cuando esta ave parecía. Decían que era señal de guerra. Y el que la caza en el espejo veía si había de ser cautivo en la guerra, porque en el espejo se la representaba cómo le llevaban cautivo los enemigos; y si había de ser victorioso en la guerra, vía en el espejo que él cautivaba a otro.

Hay otra ave del agua que se llama tolcomoctli, y también atoncuepotli, y también ateponactli. Es del tamaño como un capón de Castilla. Tiene la cabeza negra y las puntas de las plumas son algo amarillas; el pico tiene un poco amarillo; tiene el pecho y las alas y la cola de la manera que está dicho; los pies tiene también algo amarillos. Llámase tolcomoctli porque la voz gruesa que retumba; llámase atoncuepotli porque soena mucho; y llámase ateponactli porque de lejos parece que se tañe algún teponactli. Esta ave siempre vive en esta laguna, y aquí cría entre las espadañas; pone hasta cuatro o cinco huevos. Los pescadores y cazadores del agua toman conjetura del canto de esta ave cuándo lloverá, o si lloverá mucho o poco. Cuando canta toda la noche, dicen que es señal que vienen ya las aguas cerca, y que lloverá mucho, y que habrá abundancia de peces. Y cuando no ha de llover mucho, ni ha de haber muchos peces, conócenlo en que canta poco. Y esto de tercero en tercero día, o mayor espacio.

Hay un animal en el agua que llaman acuitlachtli. Es del tamaño de un gozco. Es semejante en todas sus facciones al cuitlachtli que anda en los montes, eceto que la cola tiene como anguila; tiénela de largor de un codo; tiénela pegajosa; apégase a las manos. Cazan algunas veces a este animal. Los pescadores no ha muchos años que tomaron uno en el lugar de esta laguna que llaman Santa Cruz Cuahuacalco, que es la fuente que viene al Tlaltelulco. Hace este animal hervir el agua, y salen los peces hacia arriba. Algunas veces entra so el cieno y turba todo el agua. Son aún vivos algunos de ellos que cazaron a este animal: uno se llama Pedro Daniel. Ha cuarenta y tres años que le cazaron, siendo señor de este Tlaltelulco don Juan Ahuelítoc, y después se le mostraron y él se espantó en verle, y le hizo enterrar cabe Tepetzinco.

Hay un ave del agua que llaman couixin; y llámanla así porque cuando canta dice couixi, cóuix. Es algo mayustilla que una paloma. Tiene la cabeza pequeña y el pico colorado junto a la cabeza, y del medio adelante negro, y redondo; las espaldas y las alas y la cola tiénelas de la color de la codorniz; tiene el pecho leonado; tiene las piernas largas y cenicientas. Muda las plumas cada año; vuélvese leonado todo el cuerpo, y poco a poco se vuelve como de antes, de color de codorniz. Esta ave es advenediza, como las otras aves. Come peces. Tiene buen comer.

Hay una ave que se llama icxixoxouhqui, que quiere decir «pies verdes», y llámanle así porque tiene los pies verdes. Tiene el pico redondo, delgado y negro, corvado hacia arriba; tiene la cabeza pequeña y blanca, el pescuezo larguillo, el pecho y las espaldas blancas, y también la cola, y tiénela corta. Lo esterior de las alas tiene negro y lo interior blanco, y los codillos de las alas tiene negros. Muda la pluma cada año; y cuando renueva la pluma, sale colorada. Cría en esta laguna; saca tres o cuatro pollos en el tiempo de las aguas. Es de comer. Y también se va cuando las otras aves se van.

Hay otra ave del agua que se llama quetzaltezolocton. Llámase así porque tiene plumas ricas verdes. Es pato. Tiene plumas verdes en la cabeza; tiene vetada la cabeza por cabe los ojos con plumas verdes; en el medio de la cabeza tiene plumas amarillas oscuras; tiene el pico negro y anchuelo, y el cuello amarillo oscuro; tiene en las alas unas plumas verdes resplandecientes; las espaldas y las alas y la cola tiénelo ceniciento, el pecho blanco, los pies cenicientos, tirantes a colorado, y anchuelos. No cría en estas partes. Es buena de comer esta ave.

Otra ave del agua hay que se llama metzcanauhtli, que quiere decir «pato que tiene como media Luna en la cara», hecha de plumas blancas. Tiene en medio de la cabeza unas plumas cenicientas, y lo mismo en las espaldas y en la cola, así como de color de codorniz. En las alas tiene plumas de tres colores: unas de ellas plateadas, que están primero; las segundas son blancas; las terceras, que están en los cabos de las alas, son verdes como pluma rica. Los cuchillos de las alas tiene negros. Las plumas de debajo de los sobacos son blancas. Tiene los pies amarillos y anchos. No cría en esta laguna, sino por allá lejos. Es buena de comer.

Otra ave del agua hay que se llama cuacoztli, que quiere decir que tiene la cabeza amarilla oscura y el cuello leonado hasta los hombros. Es del tamaño de un pato de los de Perú. Tiene los ojos colorados y el pecho blanco, y las espaldas cenicientas, un poco amarillas; tiene la cola de la misma color y pequeña. Las plumas de los sobacos tiene ametaladas de blanco y ceniciento; tiene los pies cenicientos, tirantes a colorado, y anchos; tiene las plumas debajo blancas y blandas como algodón. Labran con ellas las mantas. No crían en esta laguna; van lejos a criar. Son de muy buen comer.

Hay otra ave del agua que se llama ecatótotl. Llámase de esta manera porque tiene unas rayas negras por la cara, a manera de los que se componían con rayas negras por la cara a honra del aire. Es del tamaño de un pato. Tiene pequeña cabeza; tiene un tocadillo en él, en la cabeza; las plumas tiene leonadas oscuras; tiene unas bandas negras en la barriga; tiene los pies negros y anchuelos. No crían en esta laguna, sino allá en otras regiones de allí. Vienen muchas a esta laguna. Tienen buen comer.

Hay otra ave del agua que se llama amanacoche. Llámanla así porque tiene las sienes blancas como papel. Es como si dijesen «ave que tiene orejeras de papel». Es del tamaño de una cerceta. Tiene ceniciento lo alto de la cabeza; también tiene ceniciento el cuello y cenicienta la cabeza, el pecho blanco, las espaldas negras, y también la cola; tiene dos plumas blancas en la cola, una de una parte y otra de otra; tiene los codillos de las alas blancos de ambas partes, la mitad de las plumas de las alas blancas y la otra mitad negras; los cuchillos de las alas tiene negros, los pies negros. Tampoco cría en estas partes. Vienen muchas a esta laguna. Son buenas de comer.

Hay otra ave del agua que se llama atapálcatl; también se llama yacatexotli. Es pato. Viene a esta laguna primero que todas las otras aves. Llámanse atapálcatl porque cuando quiere llover, un día antes y toda la noche hace ruido en el agua con las alas, batiendo en el agua con las alas. Los pescadores del agua en esto entienden que quiere llover. Llámase yacatexotli porque tiene el pico azul y anchuelo. Tienen un perfil blanco sobre el pico; tienen la cabeza leonada; tienen las alas y las espaldas y la cola y el pecho leonado; tienen la barriga mezclada de blanco y negro; tienen los pies negros y anchuelos. Por aquí crían; ponen diez o quince o veinte huevos. Algunos años quedan acá muchas de ellas. Son de comer.

Hay otra ave del agua que se llama tzitzioa. Es pato. Llámase tzitzioa porque tiene unas plumas muy blancas en la cola. Son dos estas plumas blancas, largas, una sobre otra; en el medio ambas otra pequeña, también blanca. Las puntas de estas plumas son algo corvadas hacia arriba. Tiene la cabeza cenicienta; tiene el cuello y la garganta blanca; por el lomo del pescuezo es cenicienta; el pecho tiene blanco, la cola cenicienta, los pies negros y anchuelos. No cría en estas partes, sino lejos. Cuando vienen, vienen a bandas. Tienen muy buen comer. No tienen resabio de peces como otras aves del agua.

Hay otra ave del agua que se llama xalcuani, que quiere decir «quien come arena»; y es porque su manjar es arena. Algunas pocas veces come algunas yerbazuelas del agua. Son del tamaño de los patos de Castilla, o poco menos. En el medio de la cabeza tiene plumas blancas, y en las sienes verdes y relucientes; las plumas del cuello tiene como codorniz; las espaldas tiene cenicientas, los pechos blancos; la cola tiene cenicienta oscura; cerca la cola tiene pluma blanca de ambas partes; las alas tiene plateadas, la mitad blancas, y los cuchillos de las alas tiene negros; tiene los codillos de las alas leonados; tiene los pies negros y anchuelos. No crían por aquí. Vienen a bandas a esta laguna al tiempo del invierno. Y son de muy buen comer.

Hay otra ave del agua que se llama yacapitzáoac; tiene también otro nombre que es nacactzone. Llámase yacapitzáoac porque tiene el pico delgado y redondo; hiere con él. Anda casi siempre debajo del agua. Llámase también nacactzone porque tiene unas plumas largas en las sienes alrededor de los oídos. Estas plumas son leonadas; en medio de la cabeza la pluma cenicienta oscura. Tiene los ojos como brasas de fuego. El pescuezo y las espaldas tiene ceniciento oscuro, y el pecho tiene algo blanquecino; la cola tiene también cenicienta oscura, pequeña; tiene las alas negras, y las plumas de debajo son blancas; tiene los pies como de gallina, algo, anchuelos los dedos. No cría en estas partes; a otras partes se va a criar. Su comer es sus mismas plumas; algunas veces come peces. No tiene sabor de peces como otras aves del agua. Son de buen comer.

Hay otra ave del agua que se llama tzonyayauhqui; y llámase tzonyayauhqui porque tiene la cabeza como carbón, negra hasta el pescuezo. Los ojos tiene amarillos, el cuello y los pechos muy blancos; las espaldas tiene cenicientas oscuras, la cola de la misma color y pequeña; la barriga tiene negra; cerca de la cola tiene unas plumas blancas de ambos lados; los pies tiene negros y anchuelos. No crían en estas partes; van a criar lejos. Vienen muchas bandas de ellas a esta laguna. Come arena de las toscas y las semillas de las ovas. Son buenas de comer. Estas aves son muy gordas.

Hay otras aves del agua que se llaman zolcanauhtli; quiere decir «patos de color de codorniz», porque tiene la pluma como codorniz. Es del tamaño de los patos del Perú. Solamente tiene blancos los codillos de las alas. Tienen el pico anchuelo, los pies negros y anchuelos. Comen las yerbas del agua que llaman atatapalácatl, y las otras que llaman achichilacachtli o lentejuelas del agua. No crían en esta laguna. De lejos vienen a ella en cantidad. Tienen buen comer estas aves.

Hay otra ave del agua que llaman chilcanauhtli; y llámase así porque la cabeza y el pecho y las espaldas y la cola tiene de color de chile, leonado, y también los ojos y las alas. Tiene plateadas las plumas de las alas, negras, y también las puntas de las alas; las plumas de los sobacos tiene plateadas y ametaladas de amarillo; la barriga tiene negra y los pies colorados y anchuelos. Come peces. No cría en estas partes; va a criar a otras partes, y después vuelve. Vienen muchas de ellas a esta laguna. Son de comer.

Hay otra ave del agua que se llama achalalactli. Llámase por este nombre porque su canto es cha cha cha chu chu chala chala chala. Es del tamaño de una cerceta. Esta ave no anda en la laguna grande porque es enemiga del agua salada; anda en el agua dulce, y habita en los barrancos. No anda sobre el agua, sino sobre los árboles, y de allí se abate al agua a pescar lo que come: peces o ranas. Y tomada la presa, tórnase a los árboles a comer. Tiene tocada la cabeza con plumas cenicientas; tiene las sienes blancas; tiene el pico negro y agudo y redondo; tiene el cuello larguillo; tiene las plumas de él mezcladas de blanco y negro; tiene el pecho blanco, la cola pardo oscura y pequeña; tiene los codillos de las alas blancos, las plumas de las alas pardas oscuras; tiene los pies negros, algo anchuelos. Siempre habita por estas partes. Por aquí cría y nunca se sabe adónde. Son estas aves raras y buenas de comer.

Hay otra ave del agua que se llama yacapatláoac. Es pato. Y llámase por este nombre porque tiene largo el pico y muy ancho en el cabo. Es del tamaño de los patos mayores. Cuando viene a esta laguna tiene las plumas todas pardas. Y muda dos veces; la primera vez muda el pelo malo, y cuando ya se quiere ir, muda otra vez. Tiene la cabeza muy negra, que reluce de negra hasta los hombros; tiene los ojos amarillos; tiene el pecho blanquecino; tiene las espaldas cenicientas; y la cola tiene plumas, la mitad blancas, la mitad negras; tiene los codos de las alas plateados, y las plumas de las alas verdes y resplandecientes, al cabo negras; los cuchillos de las alas tiene cenicientos; la barriga tiene leonada, los pies colorados. No cría en estas partes; va a criar lejos. Son de comer, y hay muchas de estas aves.

Hay una ave del agua que se llama oactli. Es pato. Llámase por este nombre, oactli, porque cuando canta dice oac, oac. Es del tamaño de un gallo. Tiene lo alto de la cabeza negro, y blancas las sienes. En medio de la cabeza tiene tres plumas blancas, inclinadas hacia el pescuezo. Tiene el pico negro; tiene una lista de amarillo por la juntura del pico; tiene el cuello blanco hasta los codillos de las alas, y algo larguillo; tiene también el pecho blanco; tiene cenicientas las espaldas, las alas y las plumas de las alas, y los cuchillos cenicientos; tiene los pies amarillos, tiene los dedos como las gallinas, y uñas largas. Come peces y ranas. Siempre anda en esta laguna y cría por aquí; pone cuatro o cinco huevos; son plateados. Es de comer esta ave. Esto que está dicho es de la hembra, pero el macho es menor y todo el cuerpo es pardo.

Hay otra ave del agua que se llama pipitztli. Tiene la cabeza negra; también tiene negros los ojos, las cejas blancas, y parece que son los ojos; tiene el cuello largo; tiene la garganta y el pecho blanco, lo trasero del pescuezo y las espaldas y la cola y las plumas de las alas y los cuchillos todo negro; los codillos tiene blancos de ambas partes; los pies tiene largos y colorados y delgados. No es corpulenta, pero es alta de pies. Algunas de ellas se van con las otras aves a su tiempo, otras se quedan acá, y acá crían. Ponen cuatro huevos en la tierra; no hace nido. Son estas aves buenas de comer.

Hay otra ave en esta laguna que se llama acachichictli; y llámase así porque su canto es achichíchic. Anda entre las espadañas y entre las juncias. De su canto toman los pescadores señal de cuándo quiere amanecer, porque antes que amanezca, un poco, comienza siempre a cantar, y luego responden las demás aves del agua también cantando. Tiene pequeña cabeza, pico agudo, las plumas amarillas, declinantes a pardo; tiene los pies amarillos; tiene los ojos verdes. Siempre habita en esta laguna, y cría en esta laguna. Pone cuatro huevos, tan grandes como los huevos de la paloma. Es de comer.

Párrafo cuarto: de las aves de rapiña
Hay águilas en esta tierra de muchas maneras. Las mayores de ellas tienen el pico amarillo, grueso y corvado y recio. Tienen los pies amarillos; tienen las uñas grandes y corvas y recias; tienen los ojos resplandecientes como brasa. Son grandes de cuerpo. Las plumas del cuello y de los lomos hasta la cola son de hechura de conchas; llámanlas tapácatl. Las alas de esta ave se llaman ahactli

o mamactli; a la cola llaman cuauhquetzalli. Las plumas que tienen debajo de las plumas grandes son blandas como algodón; llámanlas cuauhtlachcáyotl. La águila tiene recia vista; mira al Sol de hito en hito. Grita y sacude como la gallina. Es parda oscura. Escogóllese. Caza y come animales vivos, y no come carne muerta.

Hay una águila que se llama íztac cuauhtli. Es grande como las de arriba. Es cenicienta. Tiene el pico amarillo y los pies.

Hay otra águila que se llama yoalcuauhtli, que quiere decir «águila noturna»; y llámanse así porque de día raramente parece, y de noche busca caza.

Hay otra águila que se llama tlacocuauhtli, que quiere decir «media águila». En la color quiere parecer al cernícalo. Tiene los pies y el pico amarillos.

Hay otra águila que se llama acuauhtli, que quiere decir «águila del agua». Es mediana. Vive en los ríos, y caza las aves del agua.

Hay un águila que se llama itzcuauhtli. Es tan grande como la que arriba se dijo. Tiene el pico amarillo y también los pies. Dícese itzcuauhtli porque las plumas del cuello y de las espaldas y del pecho tiene doradas, muy hermosas. Tiene las de las alas y de la cola ametaladas o manchadas de negro y pardillo. Y también se dice itzcuauhtli porque es gran cazadora; acomete a los ciervos y otros animales fieros, y mátalos, dándolos con el ala grandes golpes en la cabeza, de manera que los aturdeze y luego le saca los ojos y los come. Caza también grandes culebras y todo género de aves, y llévaselas por el aire a donde quiere y valas comiendo.

Hay también en esta tierra águilas pescadoras. Son casi semejantes a las arriba dichas, eceto que no tiene las plumas tan doradas. Tiene el pico negrestino; el pecho y las espaldas y las alas tiénelas negras; tiene la cola algo manchada, a manera de la cola del halcón, larga como un codo; los pies tiene entre amarillos y verdes. Dícese aitzcuauhtli porque caza peces en el agua desde lo alto del aire, donde anda volando. Cuando quiere pescar arrójese de arriba sobre el agua y entra debajo del agua, y prende al pez que quiere comer y sácale en las uñas sin recibir ningún daño del agua, y volando se le come.

Hay en esta tierra unas águilas que llámanse mixcoacuauhtli. No son tan grandes como las ya dichas. Son del tamaño de una gallina de la tierra. Llámanse mixcoacuauhtli porque tiene en el cogote unas plumas grandes pareadas de dos en dos, levantadas hacia rriba. Ninguna otra ave tiene pluma de esta manera. Llaman a estas plumas icuappílol. Tiene la cabeza negra y una raya blanca atravesada por los ojos; tiene el pico amarillo y corvado, y todas las plumas tiene negras con un arrebol de amarillo oscuro; tiene los pies amarillos. Hay muchas de éstas y son cazadoras.

Todo género de águila cría y hace nido en las sierras muy altas, en los riscos que no se pueden subir. Y para cazarlas usan de este ensayo: que toman un chiquihuite grande de cañas o palmeras; métensele en la cabeza, y comienza de subir el cazador por el risco arriba, con su chiquihuite metido en la cabeza, y desque llega acerca a donde está el águila, el águila abádese el cazador, y ase el chiquihuite con las uñas y llévale asido por el aire, y pensando que lleva al hombre, ábese muy alta y déjale caer, y desciende sobre él, golpeándole. Entre tanto el cazador tómale los hijos y vase con ellos. Todas las águilas comen la carne que matan y no otra.

Hay otra ave que se llama cozcacuauhtli. Es de la ralea de las águilas. Es parda y tiene las plumas de las alas corvas; tiene el pico corvo. Parece a las águilas.

Hay una ave que se llama oactli. Es semejante al ave que se llama cozcacuauhtli. Tiene un canto de que toman a las veces buen agüero y a las veces malo. Algunas veces pronuncia esta palabra yeccan, yeccan, yeccan, muchas veces repetida. Y cuando ríe, dice ha ha ha ha ha hay ha hay ha hay ai; y esta risa es cuando ve la comida.

Hay en esta tierra unas aves que comunmente se llaman auras. Son negras. Tienen la cabeza fea. Andan en bandas, y a las veces de dos en dos. Comen carne muerta en todas partes. Andan cerca los pueblos. No son de comer.

Hay también en esta tierra búhos. Son como los de España, y cantan como los de España.

Hay también en esta tierra mochuelos como los de España. Llámanlos zacatecúlotl.

Hay también cuervos como los de España. Llámanlos cacálutl o calli o cacalli.

Hay también cuervos marinos o cuervos del agua como los de España. Llámanlos acacálotl.

Hay unas aves en esta tierra que se llaman pipixcan. Son blancas y del grandor de palomas. Tienen alto vuelo. Críanse hacia la mar. Y al tiempo de coger el maíz, vienen acá dentro a la tierra. Cuando estas aves vienen, entienden que es tiempo de coger el maíz .

Hay también en esta tierra halcones. Son como los de España, y grandes cazadores. Llámanlos tlhotli o thotli.

Hay también azores como los de España. Cazan conejos. Llámanlos tlhocuauhtli. Hay entre ellos sacres.

Hay una manera de halcones en esta tierra que andan apareados hembra y macho, y la hembra es mayor y mayor cazadora. Cuando caza no hiere con el ala a la presa, sino ásela con las garras y luego la bebe de la sangre por la garganta; y cuando ha de comer la carne del ave que ha cazado, primero la pela por aquel lugar donde la ha de comer.

Hay también cernícalos como los de España. Y la color de ellos es como la color de los de España.

Hay también gavilanes como los de España, de la misma color y del mismo tamaño y de las mismas costumbres.

Halcón, azor, gavilán. Hay estas aves arriba dichas en nuestra tierra, y aun dicen los españoles que son mejores que las de España; solamente gerifaltes no hay.

Hay también alcotanes y esmerejones, grandes cazadores. Llámanlos itztlotli o tletleuhtzin. Unos de éstos hay que de noche ven y cazan, y llámanlos yooaltlotli; quiere decir «ave de rapiña que caza de noche».

Hay en esta tierra ave de repiña que me parece es esmerejón de España. Llámanle necuilictli, y por otro nombre le llaman ecachichinqui, que quiere decir «el que chupa viento»; y por otro nombre le llaman cenotzqui, que quiere decir «el que llama la helada»; y también le llaman tletleton, que quiere decir «fuego». Es pequeño. Tiene el pico agudo y corvo. Come ratones y lagartijas; también come avecillas que se llaman zacacilin. Es manchado de bermejo y negro como cernícalo. Dicen que no bebe esta ave; después de comido, abre la boca al aire y el aire le es en lugar de bebida. También en el aire siente cuando viene la helada, y entonces da gritos. Viene por estas partes al invierno. No es de comer.

Hay una avecilla que se llama tetzompan mamana. Tiene las alas ametaladas de blanco y negro; tiene el pico agudo como punzón. Llámase tetzompan mamana porque después que ha comido lo que le basta, no cesa de cazar ratones o lagartijas, y no las come, sino coélgalas en las puntas de los magueyes o en las ramas de los árboles.

Párrafo quinto: de otras aves de diversas maneras

Hay una ave que se llama xochitótotl, que quiere decir «ave como flor». Tiene la garganta y el pecho y la barriga amarillo, como flor muy amarilla; tiene en la cara unas vetas; tiene la cabeza y las espaldas y las alas y la cola ametaladas de negro y blanco; tiene los pies negros.

Hay otra ave que se llama ayacachtótotl. Es de color leonado. Llámase ayacachtótotl porque canta como suena las sonajas que llaman ayacachtli. Dice chacha cha, xi xi xi xi, cha xe xi, cha xe xi, cho cho cho cho.

Hay otra ave que se llama tachitouía. Es verdezuela, redondilla. Mora en las montañas. Acompaña los caminantes cantando. Llámase tachitouía porque canta diciendo su cantar, que es tachitouía.

Hay una ave en esta tierra que se llama cuauhtotopotli, que quiere decir que agujerea los árboles. Llámase también cuauhchochopitli, que quiere decir que pica los árboles; y también se llama cuauhtatala, que quiere decir que golpea en los árboles. Tiene el pico agudo como punzón, y recio y fuerte como piedra de navaja. Es ceniciento; es muy ligero. Sube por los árboles arriba y vuela de un árbol a otro. Agujera los árboles con el pico; agujerea los árboles por duros que sean. Come gusanos. Hace nido, y cría dentro del agujero que hace en el árbol.

Hay una ave que se llama poxácuatl, que quiere decir «tonto» —creo es sisón—. Parécese a la lechuza. Tiene las plumas respelocadas. Vuela como la lechuza, a tochas y a necias; por eso se llama poxácuatl.

Hay otra ave que se llama uitlálotl. Mora en las montañas. Es como gallina montesa. Es parda oscura, como ahumada. Tiene un tocadillo de plumas. Es de comer.

Hay lechuzas, y tienen los ojos y todas las otras condiciones como las de España.

Hay otra ave que se llama tapalcatzotzonqui. Es como la lechuza, salvo que cuando canta soena como cuando golpean una teja con otra.

Hay mochuelos en esta tierra, ni más ni menos como los de España. Llámanlos tlalchicuatli.

Hay una avecilla en esta tierra que se llama ilamatótotl, que quiere decir «ave como vieja». Es pardilla. Es redondilla, y tiene el pico grosezuelo y corto. Tiene un tocadillo, y anda por entre las casas y por los pueblos.

Hay otra avecilla que se llama tlatuicicitli. Es semejante a la de arriba en la corpulencia y en la color, pero difiere en el canto, porque ésta tiene costumbre de cantar antes que amanezca, y su canto es tlatuicicitli. Canta en los tlapancos y sobre las paredes, y despierta la gente con su cantar. Tlatuicicitli quiere decir: «¡Hola, hola, ya amanece!».

Hay una ave que se llama chicuatótotl. Tiene el pico agudo y el pecho amarillo, y los lomos y alas y cola de color pardilla, como codorniz.

Hay otra ave que se llama zacatlatli o zacatlaton. Es redondillo y de color ahumado; y dice ser zacatlaton porque anda por las cabañas entre el heno. Come las semillas de los bledos.

Hay otra ave que se llama tlapaltótotl, que quiere decir «ave colorada». Tiene todo el cuerpo colorado fino, y las alas y la cola pardillas oscuras. Canta de noche; canta cuatro o cinco veces cada noche. Es bueno de comer, no tiene grosura.

Hay otra ave que se llama chiltotópil y es colorado como el de arriba dicho, pero no es de comer ni tiene sangre. Tiene una manera de aguadija en lugar de sangre.

Hay gorriones en esta tierra, pero difieren de los de España porque son algo menores, aunque también traviesos como los otros. Cantan muy bien, y críanlos en jaulas para gozar de su canto. Mudan las plumas cada año. Y los machuelos tienen unas plumas coloradas en el medio de la cabeza y en la garganta. Anda en los pueblos, y crían en los edificios. Y son buenos de comer; y cázanlos con liga. Los machuelos de esta aves se llaman cuachíchil. Llámanse así porque tiene parte de la cabeza colorada. Llámanse también estas aves nochtótotl, que quiere decir «pájaros de las tunas», porque su comer más continuo son tunas, y comen también chían y maíz cocido molido.

Hay unas avecillas en esta tierra que se llaman cocotli. Y todos los españoles las llaman tortolillas. No son tan grandes como las de Castilla, pero son de aquella color; son bajuelas. Tienen las alas rubias; son pintadillas. Tienen la pluma muy lisa; tienen los pies colorados y bajuelos. Llámanse cocotli porque cuando cantan dicen coco coco. Comen semillas de las yerbas y también chían.

No se casan más de una vez. Y cuando muere el uno, el otro siempre anda como llorando y solitario, diciendo coco coco. Dicen que la carne de estas aves, comida, es contra la tristeza. A las mujeres celosas danlas a comer la carne de estas aves para que olviden los celos y también los hombres.

Párrafo sexto: de las codornices
Hay codornices en esta tierra que se llaman zuli o zulli. Son tan grandes como las de Castilla. Y son de mejor comer, porque tienen pechugas como de perdiz. Tienen el pico agudo y entre verde y pardo. Son de la color de las codornices de España. Corren mucho. Ponen muchos huevos; sacan a treinta y cuarenta pollos. Comen maíz y chían. Los machos de esta aves se llaman tecuzoli. Tienen grandes pechugas. Tienen el pecho leonado y pintado. Tienen un tocadillo. Las codornices hembras llámanlas ooaton, y son más pequeñas que los machos. Hacen sus nidos algunas de ellas angustos, cuanto una de ellas puede caber; otras hácenlos anchuelos para que quepan dos. Y así échanse el macho y la hembra sobre los huevos, pero en el que es angosto remúdanse el macho y la hembra. Críanse en jaulas. Estas abecitas, en el campo, andan muchas juntas a bandas; y si las abientan, tórnanse otra vez a juntar, llamándose las unas a las otras. Los que cazan, cuando las abientan, allí en lugar donde se levantaron, tienden la red, y la que quedó escondida, desque se va el cazador, comienza a silvar, llamando a las otras, y luego ellas vuelven, y así ellas cayen en la red y las cazan. Cuando alguno topa con los hijuelos de la codorniz, que aún no vuelan, su madre siempre anda con ellos. Comienza a revolear acerca de aquel que los topó y finge que no acierta a huir, y llégase cerca por divertir a aquél para que no tome sus hijuelos y tengan lugar de esconderse. En viendo que están escondidos, luego vuelan, y dende un poco silva para que sus hijuelos vayan adonde está ella pie a tierra. Esta cautela dicen que también la usan las perdices de España.

Párrafo séptimo: de los tordos, grajas y urracas y palomas
Hay una ave que se llama tzánatl. Es negra. Tiene el pico corvo y es del tamaño de un tordo. No son buenas de comer.
Hay otra ave que se llama teutzánatl. Tiene el pico larguillo, recio y agudo; tiene la cola larga y es coplada. Canta bien y da grandes voces. Las hembras no son

muy negras, pero los machos tienen un negro muy fino, y son mayustillos que las hembras. Llámanse teutzánatl, que quiere decir «ave rara» o «tzánatl preciosa», porque no son naturales de esta tierra. No ha muchos años que vinieron a estas partes, cuando era señor Auítzotl. Vinieron a estas partes de México por su mandado; fueron traídas de las provincias de Cuextlan y Totonacapan. Y entonces tenían cargo de darlas de comer; y como comenzaron a multiplicarse, derramáronse por todas las comarcas de México. Estas comen lagartijas y otras sabandijas semejantes. A los principios nadie las usaban matar, ni tirar, porque estaba vedado por el señor. Hay otras maneras de estas aves que se llaman tzánatl. Unas son pardillas, otras negras. Hay muchas y andan en bandas. Comen el maíz; hacen gran daño en él. No son de comer.

Hay otra ave que se llama coyoltótotl. Son como los tordos ya dichos, salvo que tienen las gargantas coloradas y los pechos, y también las alas y las plumas de a par de la cola. Algunos de ellos tienen el pecho amarillo y los codillos de las alas blancos. Y cantan muy bien; por esto se llama coyoltótotl, que quiere decir «ave que canta como cascabel». Crían entre las espadañas.

Hay otra que se llama uílotl, que es como paloma. Tiene el pico delgado y agudo, Es de color cenicienta. Tiene las piernas largas y delgadas, y la cola larga. Es artilla de pies. Tiene el cuello larguillo. Come maíz y chíen, y semilla de bledos y de otras hierbas. Esta ave es boba. Cuando hace nido, junta unas pajas mal puestas, y no bebe entre día, hasta la tarde. Es cegajosa. Tiene las condiciones de la tortolilla. Son buenas de comer estas aves.

Hay también en esta tierra palomas que se llaman tlacauílotl. Son como palomas torcazas de Castilla. Son pardas, unas más oscuras y otras claras, como las torcazas de Castilla. Son muy buenas de comer.

Párrafo octavo: de los pájaros que cantan bien
Hay una ave en esta tierra que se llama cuitlacochtótotl o cuitlacochin. Tiene los pies larguillos y delgados; tiene el pico delgado y agudo, y algo corvo. Es de color ceniciento, tirante a morado. Canta muy bien. Llámase cuitlacochtótotl por razón de su canto, que dicen cuitlácoch, cuitlácoch, tarati tarat tatatati, etc. Tómanlos chiquitos y críanlos en jaulas por amor de su canto, que es muy suave. Cantan tres meses del año. En toda parte se crían. Hace nido en los árboles, también en los agujeros de las piedras, lugares altos. Comen gusanos y moscas

y carne y maíz molido. En el invierno no cantan; cantan en el verano, y pónese siempre pico a viento para cantar.

Hay una abecita en esta tierra que se llama centzontlatole. Es pardillo. Tiene el pecho blanco; tienen las alas ametaladas; tiene unas vetas blancas por la cara. Es larguillo. Críase en las montañas y en los riscos. Canta suavemente y hace diversos cantos, y arrienta a todas las aves, por lo cual llaman centzontlatole. También arrienta a la gallina y al perro cuando anda suelto. Canta también de noche. Críanse en jaulas.

Hay otra abecita que se llama miaoatótotl o xopantótotl. Es como verdejoncillo. Cantan muy bien, agrada mucho su canto. Es pequeñito.

Hay una ave en esta tierra que se llama chiquimolli. Es del tamaño de un tordo. Es como el pito de España en su propiedad. Tiene en la cabeza un tocadillo como colorado deslavado; tiene el pico blanco. Las plumas de todo el cuerpo son negras, pintadas de pardo, el cuello de la parte de delante amarillo. Tiene los pies como tordo. Come gusanos que se crían en los árboles. Hace nido dentro de los maderos de los árboles, agujerándolos con el pico. Tiene canto agudo y delgado. Gorjea algunas veces; da silvos otras veces; parla o gorjea como si muchas aves estuviesen juntas; y cuando gruñe como ratón, es señal de enojo y tómase mal agüero de este chillido; y los que le oyen dicen: «Chilla contra nosotros el chiquimolli. Mirad, id con aviso que algún mal nos ha de acontecer». Y cuando silva, toman señal que está alegre. Y los caminantes que le oyen dicen: «Silva el chiquimolli. Alguna buena aventura nos ha de venir». A los que están riñendo unos con otros, mujeres o hombres, dícenlos que son chiquimolli, porque estando voceando los unos con otros. Si alguno entra de fuera, donde algunos están juntos y regocijados, y comienza a reñir con ellos o con algunos de ellos, sin propósito, dícenle: «Vete de ahí chiquimolli». También se llama por este nombre los que siempre riñas o barajas entre otros.

Hay una avecilla en esta tierra que se llama chachalacámetl. Es del tamaño de una graja. La pluma de todo el cuerpo tiénenla de color de un amarillo mortecino. Tiene la cola ametalada de blanco y negro. Come fruta y maíz molido. Cría en lo alto de los árboles. Canta en verano, y por eso le llaman chachalacámetl. Cuando se juntan muchas de estas aves, una de ellas comienza a cantar, y luego la siguen todas las otras. Tiene en el pescuezo corales como la gallina de esta tierra, aunque pequeñitos. Y de noche canta tres veces como gallo de Castilla. Dicen que despierta para que se levanten los que duermen.

Párrafo nono: de los gallos y gallinas de la tierra
Las gallinas de esta tierra y los gallos se llaman totoli, y también ihuiquentzin, y también xiuhcozque. Son aves domésticas y conocidas. Tiene la cola redonda; tienen plumas en las alas, aunque no vuelan. Son de muy buen comer, la mejor carne de todas las aves. Comen maíz majado cuando pequeños, y también bledos cocidos y molidos, y otra yerba que llaman tonalchichicaquílitl, y otra que llaman cuanacaquílitl. Ponen huevos y sacan pollos. Son de diversas colores: unos blancos, otros pardos, etc. Los machos se llaman uexólotl, y tienen gran papada y gran pechuga; tiene largo el pescuezo; tienen unos corales colorados; la cabeza tienen azul, especial cuando se enojan. Es cejunto. Tiene un pico de carne que le cuelga sobre el pico. Bofa, hínchase, o enerízase. Los que quieren mal a otros danlos, a comer o a beber aquel pico de carne y blandujo que tienen sobre el pico, para que no pueda armar el miembro gentil.

La gallina hembra es menor que el gallo. Es bajuela. Tiene corales en la cabeza y en la garganta. Tómase del gallo; pone huevos; échase sobre ellos y saca sus pollos. Es muy sabrosa su carne y gorda; es corpulenta, y sus pollos mételos debajo de las alas, y dan a sus hijuelos de comer buscando los gusanillos y otras cosas. Los huevos que concibe primeramente se cuajan y crían una telita, y dentro cría cáscara tierna, y después le pone la gallina. Después de puesto el huevo, se endurece la cáscara.

Párrafo décimo: de las partes de las aves, así interiores como exteriores
Todas las aves de pluma rica se llaman por estos nombres: zacuan, quéchol, tzinitzcan. El común lenguaje usa: izacuaoan, itotouan, iquecholhoan in Totecuyo; quiere decir «todas las aves de pluma rica que hizo el señor». De éstas y de todas las demás se ponen aquí todos los despojos que hay en ellas, así de dentro como de fuera. Lo primero es la pluma que se llama íhuitl. Y las plumas de la cabeza, casi de todas las preciosas aves, se llama tzinitzcan. Y las plumas del pescuezo se llaman tapalcáyotl o cuauhtapálcatl. La pluma de todas las aves, así de la barriga como de las espaldas, se llama alapachtli e itapalcayo. Y la pluma

blanda que está cerca de la carne se llama tlachcáyotl o cuauhtlachcáyotl. La pluma que tienen las aves cerca de la cola, que están sobre las plumas de la cola, se llama olincáyotl, poyaoállotl o cuammoloctli. Este postrero solamente se dice de las plumas que tienen las águilas cabe la cola, o a raíz de las plumas de la cola.

Las alas de las aves se llaman atlapalli o actlacapalli. A las plumas pequeñas que están por de fuera de los codillos hasta el cabo del ala se llama zinitzcan. Las segundas que están después de éstas, que son mayustillas, se llaman tzicoliuhqui. Otras que están después de éstas, más cerca de las plumas grandes, se llaman chilchótic o tecpátic, las cuales tienen puntas agudas.

Las plumas grandes del ala se llaman mamactli. Éstas son grandes, huecas. Con éstas vola el ave. También se llaman cuammamactli, y de las gallinas totolmamactli, y las de las otras aves totomamactli; y de todas las aves se llaman totolácatl, aactli. Quiere decir: todas las plumas grandes como están ordenadas en el ala.

Los cuchillos o puntas de las alas, con las plumas que allí están, se llaman aahuitztli. Estas plumas grandes se pelan y arrancan para escribir, o para lo que es menester.

Toda el ala junta extendida para volar o para cubrir se llama aactli, especialmente las de las gallinas con que cubren a sus hijos. Y de aquí se dice: Iyaactitlan quimaquia in ipilhoan; quiere decir: «Mete a sus hijos debajo de las alas». Dícese de los que amparan a los pobres en sus necesidades.

Las partes de las plumas grandes son éstas: mamactli o iyacayo, que quiere decir la punta de la pluma; tziníhuitl es lo que está junto a la carne; ihuicuáuitl quiere decir lo que queda en la pluma después de pelada, que es como palo, también se llama ihuitlácotl; aquellos pelos que están en la pluma junto a la carne se llaman ihuitómitl, y lo que está dentro de la carne del ave se llama ihuiómitl.

El pico se llama tentli. Unas aves le tienen agudo, otras ancho, otras corvo. El pico tiene su orilla que se llama tototentli. Tótotl iténuitz, «la punta del pico»; y dícese tlachochopinía o tlachochopotza, tlacuacua, «con el pico come».

Las aves tienen ojos, y llámanse ixtli o ixtelolotli; totoixtli, «ojo del ave»; tótotl ixtli, «ojo de ave que vola»; tótotl íix, lo mismo; totolixtli, «ojo de gallina»; totolin íix, lo mismo; tlatlachía, «mira a diversas partes»; «ciégase», ixpopoyoti; niquixpopoyotilía, «ciégola»; niquixpitzinía, «arreviéntola el ojo»; niquixtelolopitzinía, lo mismo; niquixmauhtía, «atemorízole los ojos»; ninixcueyonía, «abro y cierro el ojo»; ixquenpalli, «los párpados de los ojos»; ic icopi, «con ellas cubre el ojo», «con ellas abre»; ic mixcueyonía, «con ellas abre el ojo»; mixpepeyotza, «abre y cierra muchas veces».

Las cabezas de las aves se llaman tototzontecómatl; quiere decir «cabeza de ave»; cuauhtzontecómatl, «cabeza de águila»; totoltzontecómatl, «cabeza de gallina»; canauhtzontecómatl, «cabeza de pato», etc. Cuatextli, «los sesos»; cuatetextli, lo mismo; tótotl icuatexyo, «sesos de ave»; totolin icuatexyo, «sesos de gallina»; tótotl icuaxícal, «el hueco de la cabeza del ave».

Quechtli quiere decir «pescuezo»; quechéuatl quiere decir «cuero del pescuezo»; quechtetepontli son las «coyunturas del hueso del pescuezo» o quechcúauhyotl, «el hueso todo, del pescuezo»; tótotl iquechcuauhyo, «el pescuezo, lo largo de él»; totolin iquechcuauhyo, «el pescuezo de la gallina».

Nenepilli quiere decir «lengua»; totonenepilli, «lengua de ave»; tótotl inenépil, lo mismo; cócotl quiere decir «la garganta»; totolin icócouh, «la garganta de la gallina»; tlatolhuactli, «tragadero»; tótotl itlatólhoac, «tragadero del ave».

Tlactli quiere decir «el cuerpo, donde están pegados todos los miembros»; acolli, «el hombro»; totolin iacólteuh, «la coyuntura del hombro del ave»; los dos tercios de este hombro hasta al cabo del ala se llama actlacapalli; totolin iyactlacápal nimaco quiere decir «fueme dada una ala de gallina para comer».

Aahuiztli quiere decir «los alones del ave», que son sabrosos de comer.

Totolin iti, «la barriga de la gallina».

Totocuitlaxcolli quiere decir «las tripas de las aves»; totolcuitlaxcolli, «intestinos de gallina».

Tlatlalilli, tlatlailoni, tlacuaxiquipilli, cuitlatecómatl, cuitlamátlatl quiere decir «el papo del ave».

Memétlatl, temémetlatl quiere decir «la mulleja del ave»; tlateci, tlacuechoa, tlaaxtilia, tlaaxoa quiere decir «desmuele».

Cuitlaxcolli, totocuitlaxcolli, «los intestinos del ave»; conexiquipilli quiere decir «la bolsilla donde se engendra el huevo».

Tletl itzintempanca quiere decir «el vasillo que está sobre la rabadilla del ave»; chipáyac, quipíyac, es «hediondo»; totolin ítleuh, «aquel vasito de la gallina».

Xomatzalli, «los dedos de la gallina» y también «toda la pierna hasta la rodilla». Dicen una fábula, que los mercaderes por eso andan mucho, porque tienen devoción a los pies de la gallina.

Capítulo III. De los animales del agua
Párrafo primero: de algunas aves del agua que siempre moran en ella
Las ánseres monzinas se llaman tlalalácatl o tlatlalácatl o atótotl. Son en parte de agua y en parte de tierra, porque en ambas partes andan. Vienen de hacia el occidente a estas partes de México.

Todos los patos del agua se llaman canauhtli, Vienen de las partes del occidente a esta laguna de México.

Estas aves que se siguen están puestas atrás: concanauhtli, zoquicanauhtli, yacacintli, atzitzicuítotl, atapálcatl, atoncuepotli, ateponactli, xómotl, acacálotl, áztatl, acuicuiyálotl.

Párrafo segundo: de los peces
Los peces de esta tierra son semejantes a los de Castilla. Llámanse michi. Son semejantes en la cola, que la tienen hendida o horcajada, y también en las alillas y en las escamas, y en tener el cuerpo ancho y el cuello grueso, y en ser ligeros, y en que se deslizan de las manos.

Los peces de la mar se llaman tlamichi; quiere decir «peces grandes», «peces que andan en la mar», que son buenos de comer. Estos peces grandes comen a los pequeños.

Las anguilas o congrios se llaman coamichi, que quiere decir «culebra pez». Dícese, «culebra» porque es largo como la culebra y tiene la cabeza como la culebra; y dícese «pez» porque tiene la cola como pez y tiene alillas como pez.

Las tortugas de la mar se llaman chimalmichi, que quiere decir «rodela pez», porque tiene redonda la concha como rodela. y dícese «pez» porque tiene dentro pescado.

Hay un pescado en la mar que se llama totomichi, que quiere decir «ave pez». Dícese «ave» porque tiene la cabeza como ave y el pico como ave, y pica como ave; y tiene las alas largas como pez y la cola como pez.

Hay un pez en la mar que se llama uitzitzlmichi. Llámase así porque tiene el piquillo muy delgado, como el avecilla que se llama zinzón, que anda chupando las flores.

Hay otro pez en la mar que se llama papalomichi, que quiere decir «pez como mariposa», porque es de la hechura de mariposa.

Hay otro pez en la mar que se llama ocelomichi, que quiere decir «pez como tigre». Llámase así porque es semejante al tigre en la cabeza y en las manchas, y no tiene escamas.

Hay otro pez que se llama cuauhxouili. Llámase así porque tiene la cabeza como águila y el pico corvo y amarillo como oro. No tiene escamas; es liso como anguila, grande y largo. No tiene huesos. Es de buen comer; todo es pulpa.

Párrafo tercero: de los camarones y tortugas

A los cancresos de la mar llaman tecuicitli o atecuicitli. Son sabrosos de comer. Son como los camarones de las lagunas, pero son mayores. Y lo comestible de ellos son los hombros, y el cuerpo no es de comer; y los intestinos de ellos son negros, no son de comer.

Los camarones buenos críanse en la mar y en ríos grandes y en los manantiales de los ríos. Son mayores que los camarones de por acá, son colorados y muy sabrosos.

Hay tortugas y galápagos. Llámanlos áyotl. Son buenos de comer, como las ranas. Tienen conchas gruesas y pardillas, y la concha de debajo es blanca. Y cuando andan y cuando comen echan de fuera los pies y las manos y la cabeza y cuando han miedo enciérranse en la concha. Crían en la arena. Ponen huevos y entiérranlos debajo de la arena, y allí se empollan y nacen. Son de comer estos huevos y son más sabrosos que los de las gallinas. Para tomar a estas tortugas o galápagos espéranlos de noche a que salgan fuera del agua, y entonces corren a ellos los pescadores, y vuélvenlos la concha abajo y la barriga arriba, y luego a otro y después a otro, y así trastornan muchos de presto. Y ellos no se pueden volver; quédanse así, y el pescador cógelos, a las veces veinte, a las veces quince.

A los caracoles de la mar llaman tecciztli. Tienen cuernos y son de comer. Y la concha es blanca, muy blanca como hueso. Es retorcido; es aquella concha como una cueva adonde se esconde. A las veces echa fuera medio cuerpo y los cuernos, a las veces se esconde dentro.

A las conchas del agua llaman tapachtli o atzcalli, así a las de los ríos como las de la mar. Por este nombre llaman al pescado que tienen dentro y a la concha por sí. La concha llámase también ticicáxitl porque la usan las médicas para agorear. Estas conchas son cóncabas y anchas. En algunas de ellas se crían perlas. Son recias como hueso; son de diversas colores, unas blancas, otras verdes, otras coloradas. Algunas de ellas por de dentro tienen un esmalte que representa diversas colores. Estas son aquéllas en que se hacen las perlas, que por otro nombre se llaman ostiones.

A las abaneras de los ríos llaman atzcalli. Véndenlas y cómenlas. Tienen la concha negra como las de España que se hacen en los ríos.

El betón, que es como pez, que se usa en esta tierra se llama chapopotli. Hácese en la mar. La mar lo echa a la orilla; de allí se coge.

Párrafo cuarto: del animal que llaman el armado, y de la iaoana, y de los peces del río o lagunas

Hay un animalejo en esta tierra que se llama ayotochtli, que quiere decir «conejo como calabaza». Es todo armado de conchas; es del tamaño de un conejo. Las conchas con que está armado parecen pedazos de cascos de calabaza, muy duros y recios.

Hay otro animal en esta tierra que se llama cuauhcuetzpali, y los españoles le llaman iaoana. Es espantable en la vista. Parece dragón. Tiene escamas. Es tan largo como un brazo; es pintado de negro y amarillo. Come tierra y moscas y otros coquillos. A tiempos anda en los árboles, a tiempos anda en el agua. No tiene ponzoña, ni hace mal, antes es bueno de comer. Estáse cuatro o cinco días sin comer; susténtase del aire.

Hay lagartos en esta tierra, y llámanlos tecouixin. Son como los de Castilla. Tiene escamas y silva. Otra manera de lagartos hay que llaman milcuáxoch. Tiene unas bandas de verde, azul y amarillo desde la cabeza hasta la cola. Corre mucho. Come moscas, y muerden.

Hay unos pececillos anchuelos que se llaman topotli. Son pardillos. Críanse en los manantiales. Son buenos de comer y sabrosos.

A los peces blancos llaman amílotl o xouili. Su principal nombre es amílotl, especialmente de los grandes y gruesos. Xouili son aquellas bogas pardillas que se crían en el cieno y tienen muchos huevos. Los peces blancos que se llaman amílotl tienen comer delicado y de señores.

Hay unos pececillos pequeñuelos que se llaman xalmichi.

Hay otros pececillos barrigudillos que se crían en el cieno. Llámanlos cuitlapétutl. Son medicinales para los niños.

Hay unos pececitos muy pequeños que se llaman michzacuan, que quiere decir «pequeñitos peces». Andan juntos hirviendo. Vuelan como saeta de una parte a otra. Son ligeros en andar de una parte a otra.

Todos estos peces son pequeñitos que aquí abajo se ponen: yayauhqui michi, íztac michi, michteuhtli.

Peces tostados y envueltos en hoja de mazorca se llaman michpictli.

Pececitos tostados en comal se llaman michtlacectli.

Peces grandes tostados se llaman michtláxquitl.

A los barbos llaman tentzon michi. Estos críanse en los ríos y en los manantiales. Son grandecillos y tienen escamas y tienen barbas.

Párrafo quinto: de los renacuajos y otras sabandijas del agua que comen estos naturales

Hay renacuajos que llaman atepócatl. Unos se crían en buen agua entre las joncias y entre las hovas y entre las otras yerbas del agua. Escóndense entre las hovas. También se crían en las lagunas. En agua salitrosa no se crían. Comen cieno y algunos gusanillos del agua. Son negros en el lomo; son barrigudos; tienen el pescuezo metido; tienen la cola ancha como cuchillo. Cómenlos en esta tierra la gente baja.

A las ranas llaman cuéyatl. Unas son negras, otras pardillas. Son barrigudas y cómense desolladas.

A las ranas grandes llaman tecálatl. Estas ranas grandes ponen huevos, y los huevos se vuelven renacuajos y después ranas.

Hay unas ranillas que se llaman acacuíatl. Son manchadas de verde y prieto. Críanse en los cañaberales.

Hay otras ranas que llaman zoquicuíatl, que quiere decir «ranas de cieno». Y críanse en las ciénagas. Aunque se seca el agua, no se mueren; métense en la humedad de la tierra. Son de comer.

Hay unos animalejos en el agua que se llaman axólotl. Tienen pies y manos como lagartillos, y tienen la cola como anguila, y el cuerpo también; tienen muy ancha la boca y barbas en el pescuezo. Es muy buena de comer; es comida de los señores.

Hay unos animalejos del agua que se llaman acocili. Son casi como camarones. Tienen la cabeza como langostas. Son pardillos, y cuando los coecen páranse colorados como camarones. Son de comer cocidos y también tostados.

Hay otro animalejo en el agua que se llama aneneztli. Es larguillo y redondo. Tiene manos y pies, y tiene ancha la cabeza. Es pardillo. Son de comer. Vuélvense aquellos coquillos que tienen cuatro alas, y vuelan, y llámanlos cabillanes en Castilla.

Hay unos coquillos del agua que llaman axaxayácatl o cuatecómatl. Son por la mayor parte negros y del tamaño de pulgón de Castilla y de aquella hechura, y vuelan en el aire y nadan en el agua. Cómenlos.

Hay unas musquillas en el agua que llaman amóyotl. Andan en haz del agua. Péscanlas y cómenlas.

Hay unos gusanos en el agua que se llaman ocuilíztac. Son muy ligeros en el agua. Y cómenlos.

Hay unos coquillos en el agua que se llaman michpili. Son muy pequeñitos, como aradores. Péscanlos y dicen que son de muy buen comer.

Hay otros coquitos que se llaman michpiltetei o amilótetl. Son como los de arriba dichos. Cómenlos.

Hay otros gusanos del agua que se llaman izcauitli. No tienen cabezas sino dos colas. Son coloradillos. Hacen de ellos comida.

Hay unas hurroras que se crían sobre el agua que se llaman tecuítlatl o acuítlatl o azóquitl o amomoxtli. Son de color azul claro. Después que está bien espeso y grueso, cógenlo. Tiéndenlo en el suelo, sobre ceniza, y después hacen unas tortas de ello y tostadas las comen.

Capítulo IV. De otros animales del agua que no son comestibles
Párrafo primero: es de los caimanes y otros animales semejantes
Hay en esta tierra unos grandísimos lagartos que ellos llaman acuetzpalin; los españoles llaman caimanes. Son largos y gruesos. Tienen pies y manos y colas largas, y dividida la punta en tres o cuatro. Tiene la boca muy ancha y muy ancho tragadero. Los grandes de ellos tráganse un hombre entero. Tienen el pellejo negro; tienen conchas en el lomo muy duras. Sale de ellos mal hedor. Atraen con el anhélito lo que quieren comer. Estos no andan en la mar sino en las orillas de los ríos grandes.

Hay un animal en la mar que se llama acipaquitli. Es grande y largo y grueso. Tiene pies y manos y grandes uñas, y alas y cola larga y llena de gajos como un ramo de árbol. Hiere con la cola y mata, y corta con ella lo que quiere. Come peces y trágalos vivos, y aun personas traga. Desmenuza con los dientes. Tiene la cara y dientes como persona.

A la nutria llaman aitzcuintli, la cual también anda en el agua.

Hay un animal del agua que llaman acóyotl. Es del grandor de un gozco o de un podenco. Tiene la lana larga y lisa, y no le cala el agua; tiene el pecho blanco. Ya está dicho este animal entre los coyotes.

Párrafo segundo: de un animalejo llamado auítzotl, notablemente monstruoso en su cuerpo y en sus obras, que habita en los manantiales o venas de las fuentes
Hay un animal en esta tierra que vive en el agua, nunca oído, el cual se llama auítzotl. Es tamaño como un perrillo. Tiene el pelo muy lezne y pequeño; tiene las oregitas pequeñas y puntiagudas; tiene el cuerpo negro y muy liso; tiene la cola larga, y en el cabo de la cola una mano como mano de persona; tiene pies y manos, y las manos y pies como de mona. Habita este animal en los profundos manantiales de, las aguas, y si alguna persona llega a la orilla del agua donde él habita, luego le arrebata con la mano de la cola y le mete debajo del agua y le lleva al profundo. Y luego turba el agua y la hace hervir y levantar olas; parece que es tempestad del agua, y las olas quiebran en las orillas y hacen espuma. Y luego salen muchos peces y ranas del profundo del agua y andan sobre la haz del agua, y hacen grande alboroto en el agua. Y el que fue metido debajo del agua allí muere. Dende a pocos días el agua echa fuera el cuerpo, del que fue

ahogado, y sale sin ojos y sin dientes y sin uñas. Todo, se lo quitó el auítzotl. El cuerpo ninguna llaga traye, sino todo lleno de cardinales. Aquel cuerpo nadie le osaba sacar. Hacíanlo saber a los sátrapas de los ídolos, y ellos solos le sacaban, porque decían que los demás no eran dignos de tocarle. Y también decían que aquel que fue ahogado, los dioses tlaloques habían enviado su ánima al paraíso terrenal. Y por esto le llevaban en unas andas con gran veneración a enterrar a uno de los oratorios que llaman ayauhcalco. Adornaban las andas con que le llevaban con espadañas, e iban tañiendo flautas delante del cuerpo. Y si por ventura alguno de los seglares quería sacar aquel cuerpo del agua, también se ahogaba en el agua o le daba gota artética. Decían que éste que así moría era por una de dos causas: o porque era muy bueno, y por su bondad los dioses tlaloques le querían llevar a su compañía al paraíso terrenal, o porque por ventura tenía algunas piedras preciosas en su poder, de lo cual estaban enojados los dioses tlaloques, porque no querían que los hombres poseyesen piedras preciosas, y por esta causa le mataban enojados contra él, y también le llevaban al paraíso terrenal. Y los parientes de estos tales consolábanse por saber que su pariente estaba con los dioses del paraíso terrenal, y que por él habían de ser ricos y prósperos en este mundo. Tenían también otra superstición los parientes de éstos, que decían que alguno de ellos había también de morir de aquella muerte o herido de rayo, porque a petición de su pariente fuese llevado al paraíso terrenal, donde él estaba. Y por esto se guardaban mucho de bañarse. Decían también que usaba este animalejo de otra cautela para cazar hombres. Cuando había ya mucho tiempo que no había cazado ninguno, para cazar alguno hacía juntar muchos peces y ranas por allí donde él estaba, que saltaban y andaban sobre el agua. Y los pescadores, por cobdicia de pescar aquellos peces que parecían, echaban allí sus redes. Y entonces cazaba alguno y ahogábale y llevábale a su cueva. Decía que usaba otra cautela este animalejo, que cuando había mucho tiempo que no pudía cazar ninguna persona, salíase a la orilla del agua y comenzaba llorar como niño. Y el que oía aquel lloro iba pensando que era algún niño, y como llegaba cerca del agua, asíale con la mano de la cola y llevábale debajo del agua y allí le mataba en su cueva. Decían también que si alguno veía a este animalejo y no se atemorizaba de verle, ni el animalejo le acometía, que era señal que había de morir presto. Dicen que una vieja que iba por agua cazó uno de estos animalejos y lo metió en el cántaro, y le atapó con el huipil, y lo, llevó a mostrar a los señores del pueblo. Y desque lo vieron, dijeron a la vieja que lo había tomado que había pecado en tomarle, porque es sujeto de los dioses tlaloques, y su amigo. Y mandáronsele volver a donde le había tomado.

Párrafo tercero: de una culebra o serpiente del agua, muy monstruosa en ferocidad y obras

Hay una culebra en esta tierra que se llama acóatl o tlilcóatl, que anda en el agua y en el cieno. Es tan gruesa cuanto un hombre puede abrazar, y muy larga. Tiene grande cabeza; tiene barbas tras de la cabeza, como barbas de barbo grande. Es muy negra; reluce de negra. Tiene los ojos como brasas. Tiene horcajada la cola. Mora en las cuevas o manantiales que hay debajo del agua. Come peces, y atraye con el anhélito desde lejos hacia sí y ahoga en el agua a lo que atraye, ahora sea persona o animal.

Notable astucia de esta culebra o serpiente: para cazar personas tiene esta culebra una astucia notable. Hace un hoyo acerca del agua del tamaño de un librillo grande, y toma peces grandes de las cuevas como barbos o otros de otra manera, y tráyelos en la boca y échalos en el hoyo que tiene hecho. Y ante que los eche, levanta el cuello en alto y mira a todas partes, y luego echa los peces en la lagunilla y vuelve otra vez por otros. Y algunos indios atrevidos, entre tanto que sale otra vez, tómanle los peces de la lagunilla y echan a huir con ellos. Desque sale otra vez la culebra, luego ve que le han tomado los peces. Luego se levanta en alto sobre la cola y mira a todas partes y, aunque vaya lejos el que lleva los peces, vele. Y si no lo ve, por el olor le va rastrando y echa tras de él tan recio como una saeta, que parece que vuela por encima de los zacates y de las matas. Y como llega al que le lleva los peces, enróscasele al cuerpo y apriétale reciamente. Y la cola, como la tiene hendida, métesela por las narices, cada punta por una ventana, o se las mete por el sienso. Hecho esto, apriétase reciamente al cuerpo de aquel que le hurtó los peces, y mátale. Y si aquél es avisado, ante que acometa a tomar los peces hace una concabidad en algún árbol que está por allí cerca, y cuando huye vase acoger al árbol, a la concabidad que hizo. Y la culebra enróscase al árbol y apriétase con él reciamente, pensando que está enroscada con el hombre, y tan reciamente se aprieta que allí muere enroscada al árbol, y el que lleva los peces escápase. De otra manera mata esta culebra a los que pasan por donde ella mora. Sale a la orilla del agua y arroja, como escupiendo, la ponzoña en aquel que pasa. Y luego caye tendido como borracho. Y luego le atraye a sí con el anhélito por fuerza, y va perneando el que así es llevado. Y métele en la boca y ahógale en el agua, y allí le come.

Párrafo cuarto: de otras culebras y sabandijas del agua
A las culebras del agua llaman acóatl, y son como las de Castilla. Pone en la letra las facciones y maneras de estas culebras, y cómo se deleznan con mucha ligereza y lo que comen. Hay en esta relación muy buenos vocablos, y muchos. Hay unos lagartillos del agua. No son buenos de comer. Y son pintados con unas estrellicas y tienen la barriga verde, pintada de blanco. Estos se crían también en los lugares húmedos. Pienso es vaqueruela de Castilla.

Hay otro animal, como sapo, que se llama cácatl. Canta mucho más que las ranas. Son enojosos.

Hay sapos en esta tierra como los de España, y llámanlos tamazoli. Por la torpedad con que anda y salta, andando poco y parándose muchas veces, sacaron de él un adagio contra los que tardan cuando son enviados a alguna parte. Dícenlos: «Ve presto como el sapo que da un salto y se para a mirar como atónito». Pónense en esta relación muchos vocablos y muy buenos cerca de la forma y manera de estos sapos.

Otra manera de sapos hay que llaman milcálatl. Son algo más verdes que los de arriba.

Capítulo V. De las serpientes y otros animales de tierra de diversas maneras
Párrafo primero: de las serpientes ponzoñosas, del áspide
Hay en esta tierra una culebra que se llama tecuitlacozauhqui. Dicen es el príncipe o princesa de todas las culebras. Es gruesa y larga. Tiene eslabones en la cola, como víbora; tiene gran cabeza y gran boca; tiene dientes y la lengua horcajada; tiene escamas gruesas. Es de color amarillo, de la color de la flor de la calabaza. Tiene unas manchas negras como las del tigre. Los eslabones tiene pardillos y duros. Silva esta serpiente. Come conejos y liebres y aves. Come cualesquier aves o animales, y aunque tiene dientes, no los masca, sino trágalos y

allí dentro los dijiere o desmuele. Si alguna ave topa, trágasela entera. Y si están encima de algún árbol, arrójelos la ponzoña con que los hace cayer muertos.

Un cazador vio la manera que tiene en cazar las aves o animales que están encima los árboles, como aquí escrito en la letra.

Esta serpiente siempre anda acompañada con su hembra, y la hembra con su macho, aunque siempre andan el uno apartado del otro, y cuando se quieren juntar silva el uno y luego viene el otro. Y si alguno mata al uno de ellos, el otro persigue al que le mató hasta que le mata. En los eslabones se parece si esta serpiente es de muchos años, porque cada año produce un eslabón. Esta culebra o serpiente no puede andar por tierra rasa, mas va por encima del heno y de las matas, como volando. Si no le hacen mal, no hace mal.

Pónese en la letra la manera que hay para cazarla, que es con el pícietl, con el cual también se toman todas las serpientes ponzoñosas.

La injundia de esta culebra es medicinal para la gota. Untando con él el lugar donde está la gota, luego se aplaca el dolor. El pellejo de esta serpiente es medicinal contra las calenturas, dándole a beber molido al que las tiene.

Una culebra muy ponzoñosa que se llama íztac coatl, que quiere decir «culebra blanca», es larga y rolliza. Tiene la cabeza grande; tiene dientes y colmillos; tiene la lengua horcajada o hendida. Escupe ponzoña. Tiene eslabones. Tiene escamas y conchas. Es ligera en deleznarse. Vuela. Es brava. Acomete velando a las personas y enróscase al pescuezo y ahoga. Otra muchas culebras engendra ésta de diversas maneras que hacen también esto mismo. Esta culebra es rara.

Hay otra culebra que se llama tleoa, que quiere decir que «traye consigo fuego». Es gruesa y larga. Tiene las condiciones de la de arriba dicha. Tiene lomo pardo, el pecho colorado o bermejo; tiene la cola bermeja. Es ligera en deleznarse. Vuela sobre las matas y yerbas; y cuando vuela va levantada sobre la cola; vuela como viento. Llámase tleoa porque a quien hiere o pica parece que se quema con fuego. Y no hay remedio contra esta ponzoña, sino que mata.

Párrafo segundo: de otra culebra muy mostruosa y fiera

Hay una culebra en esta tierra que se llama chiáuitl o chiauhcóatl. Es larga y gruesa. Tiene gran cabeza y tiene eslabones en la cola; tiene escamas gruesas. Escupe ponzoña. Es de color pardilla; es manchada de unas manchas prietas. Es espantable y pica y mata. Acecha a los que pasan por los caminos.

Especialmente a las mañanas pónese cerca de los caminos, un poco apartada, tanto cuanto puede saltar para picar al que pasa. Y primero se proeva en un árbol: salta contra él y pícale. Y en viniendo un caminante hace lo mismo y mátale. Esta culebra es más brava y muerde más veces en tiempo de las aguas, porque tiene entonces más ponzoña. Y esto a la mañana, porque al mediodía y a la tarde no tiene fuerza su ponzoña. Donde pica, luego se hincha y comienza de manar aguadija. Y si a esta mordedura no la socorren de presto, muere el mordido. Y si en el pie o en la mano pica, ya que no muere, sácase el pie o en la mano donde mordió. La medicina contra las mordiduras de las culebras es chuparle luego el lugar donde mordió, y sajarle y ponerle una tela muy delgada y trasparente que se hace en la sobrehac de la penca del maguey, y llegan al fuego la mordidura calentándola, y fréganle con pícietl molido. Estas culebras hay en muchas partes, así en los montes como en las sabanas. Para criar hacen su nido, y pare en él a sus hijos.

Hay otra serpiente muy grande y feroz que llaman ulcóatl, o por otro nombre tlilcóatl, gruesa y larga como la que se llama tecutlacozauhqui. Es prieta todo el cuerpo, eceto que tiene la boca colorada y el pecho amarillo. Es ponzoñosa y mata. Críase en las montañas y en los riscos.

De la culebra que se llama tlilcóatl, que habita en el agua, arriba queda dicho.

Hay otra culebra que se llama zolcóatl, que quiere decir «la culebra enemiga de las codornices», porque las engaña con su canto y las come. Es mediana, ni es muy gruesa ni larga. Es pintada como las codornices. Tiene el pecho blanco y la boca amarilla. Es muy ponzoñosa, a quien pica no tiene remedio. Es fraudulenta; engaña con su canto a las codornices y a las personas. Canta como codorniz, y las codornices que la oyen piensan que es codorniz y vanse a ella, y arrebátalas y cómelas. Y algunos bubos indios, como oyen su canto, piensan que es codorniz y van hacia adonde está ella. Pícalos y mátalos. Los que son avisados, cuando oyen que silva esta culebra, escuchan si la responde otra codorniz, y si no la responde otra, ella torna a silvar o cantar en el mismo lugar que de antes, entienden que es esta culebra zolcóatl y guárdanse de ella. Dicen que vuela esta culebra.

Párrafo tercero: de la culebra de dos cabezas

Hay una culebra en esta tierra que tiene dos cabezas: una en lugar de la cabeza, otra en lugar de la cola, y llámase maquizcóatl. Tiene dos cabezas; en cada una de ellas tiene ojos; y bocas y dientes y lengua. No tiene cola ninguna. No es grande ni es larga, sino pequeña. Tiene cuatro rayas negras por el lomo y otras cuatro coloradas en el un lado, y otras cuatro amarillas en el otro lado. Anda hacia ambas partes. A las veces guía la una cabeza y a las veces la otra. Y esta culebra se llama «culebra espantosa», y raramente parece. Tenían ciertos agüjeros cerca de esta culebra, como están en la letra. A los chismeros llámanlos por el nombre de esta culebra, que dicen que tienen dos lenguas y dos cabezas.

Hay una serpiente en esta tierra que se llama mazacóatl, muy grande y muy gruesa, de color pardo oscuro. Tiene eslabones en la cola; tiene en la cabeza cuernos como ciervo, y por eso la llaman mazacóatl, porque tiene cuernos como ciervo. Mora en las montañas muy ásperas. Cuando llega a edad perfecta, recógese en algún lugar o cueva, y desde allí, sin salir fuera, atrae con el anhélito conejos y aves y ciervos y personas, y cómelos. Y de esto se mantiene, estándose queda en su cueva.

Hay otra culebra que también se llama mazacóatl. Es negra y gruesa y larga. No tiene eslabones en la cola, ni tiene dientes. Es perezosa, y es mansa y doméstica. Algunos las crían en sus casas para comer. Son buenas de comer

Párrafo cuarto: de algunas culebras con cuernos y de su monstruosa propiedad

Hay otra culebra que también se llama mazacóatl. Es pequeña. Tiene cuernos. Es prieta. No hace mal, ni tiene eslabones en la cola. De la carne de ésta usan los que quieren tener potencia para tener cuenta con muchas mujeres. Los que la usan mucho o toman demasiado cantidad, siempre tiene el miembro armado y siempre despiden simiente, y muere de ello.

Hay unos caracoles en esta tierra como los de Castilla. Llámanlos también mazacóatl. Son provocautivos a lujuria, y el que los usa sin medida muere de ello, como arriba se dijo de la culebra.

Hay una culebra en esta tierra que se llama tetzauhcóatl. Ni es gruesa ni larga. Tiene el pecho colorado y el pescuezo así como brasa. Pocas veces parece, y el que la ve cobra tal miedo que muere de él o queda muy enfermo. Y por eso la llaman tetzauhcóatl, porque mata con espanto.

Hay otra culebra que se llama tlapapalcóatl. No es grande sino mediana. Llámase tlapapalcóatl porque es pintada de casi todas las colores.

Hay otro monstruo de culebras que se llama coapétlatl o petlacóatl. Dizque que se juntan muchas culebras y se entretejen como petate, y andan de acá y de allá, porque tiene todas las cabezas hacia fuera aquella tela; está cercada de cabezas de culebras. De estas culebras cuentan ciertas supersticiones, como en la letra están puestas.

Hay otra culebra que también se llama coapétlatl. Es ancha como un pliego de papel, y en la una esquina tiene la cabeza y en la esquina contraria tiene la cola. Anda de trabés como cangrejo, y va haciendo ruido como cuando se arrastra un petate. Raramente parece esta culebra.

Hay otra culebra que se llama chimalcóatl o coachimalli. Es una culebra larga y gruesa. Tiene eslabones en la cola. Tiene en el medio del lomo, hecha de su misma carne, a manera de rodela muy pintada. Raramente parece esta culebra. Los que la ven, unos toman de ella mal agüero y otros bueno. Los unos piensan que luego han de morir por haberla visto, y otros dicen que han de ser prósperos y valientes en cosas de guerra por haberla visto.

Hay otra culebra o serpiente que se llama citlalcóatl o citlalin ímiuh. Es verde y pintada de estrellas. En muy pocas partes parece. Es ponzoñosa, y su ponzoña es mortal. Tienen ciertas supersticiones cerca de esta culebra los chichimecas, como está en la letra.

Hay una culebra que se llama metlapilcóatl, que quiere decir «culebra rolliza como la piedra con que muelen las mujeres». Esta culebra es gruesa y rolliza, y si se mira de lejos, no parece dónde tiene la cola ni dónde tiene la boca, de ambas partes parece cola. Es parda oscura. Deléznase cuando anda; a las veces va rodando como piedra de muler. No es ponzoñosa, ni hace daño alguno. Críase en la provincia de Totonacapan.

Párrafo quinto: de una culebra mostruosa en grandor y en ponzoña, con otras de su manera

Hay una serpiente muy grande que se llama aueyactli. Es larga como una viga de diez brazas. Tiene cascabeles en la cola, o eslabones. Tiene dientes y colmillos. Es muy deleznable. Es parda oscura; es de la color de la culebra que se llama tlilcóatl. Tiene el pecho como amarillo; tiene el hocico colorado. Es ponzoñosa, y su ponzoña no tiene remedio. Críase esta culebra en las tierras calientes, especialmente en la provincia de Totonacapan. Muerde y pica y traga. Aguarda a los caminantes en los caminos. Pónese en las estrechuras de los caminos, atravesada en el camino, porque nadie pase sin que le vea y le cace. Y si alguno, viéndola, huye, luego va tras él, como volando. Y los que conocen ya de esta culebra o serpiente llevan muchos papeles hechos como pelotas y llenos de pícietl molido, y tíranle con ellos, o llevan unos jarrillos llenos de esta misma yerba y tíranle con ellos. Y como se quiebra el jarrillo y se derrama el pícietl, con el pulvo del pícietl se emborracha y se adormece. Y desque está adormecida, con un palo o varal largo métenla en la boca una manta en que va revuelta aquella yerba pícietl molido, y entonces pierde todo el sentido y así la matan. Y llégase esta culebra a los manantiales de las aguas, y allí come y traga cuantos peces y animales hay.

Hay otra culebra que se llama palancacóatl. Es tan larga como una braza y tan gruesa como un brazo. Es parda oscura. Y llámase palancacóatl porque hiede a carne podrida, y parece que tiene llagas podridas por todo el cuerpo, y andan con ella muchas moscas comiéndola. Por donde quiere que va, va hediendo y van tras ella las moscas zumbando o zuñiendo. Es muy ponzoñosa. A quien muerde no escapa; no tiene medicina; púdrese y así muere.

Hay otra serpiente que se llama ecoacóatl o ecaoa. Esta culebra es mediana. No es muy gruesa, pero es larga: llega hasta tener tres o cuatro brazas de largo. Es amarilla y colorada y verde y blanca por los lomos, rayados con estos colores. No es ponzoñosa, pero, cuando la hace mal o cuando caza, revuélvese a lo que quiere matar y mátalo apretando. Llámase esta culebra ecacóatl, que quiere decir «culebra del viento», porque cuando va alguna parte, si es tierra llana, va levantada sobre la cola como volando, y si son matas o zacatlales, va por encima de ello volando. Y por donde va parece que echa de sí un aire delgado.

Hay otra culebra que se llama tzoalcóatl. Es pequeña: ni es muy gruesa ni muy larga. No tiene cascabeles ni dientes. Es parda oscura: es de color de los tamales que se llaman tzoalli. No tiene ponzona, ni hace mal a nadie. Es bobilla y ándase por ahí sin hacer mal a nadie.

Párrafo sexto: de otras mostruosas culebras en propiedades extrañas
Hay otra culebra que se llama cincóatl o cencóatl. Es mediana. No tiene cascabeles, ni muerde. Es amarilla y colorada y parda oscura. Quiere parecer a la culebra que se llama tecutlacozauhqui. Tiene la cabeza ancha y la boca grande. No pare, mas hace nido y pone huevos, y de allí saca sus hijos. Enróscase al cuerpo de lo que quiere matar. Pica con la lengua y traga. No tiene ponzoña.

Aquí se pone otra vez lo que aconteció al cúyotl con la culebra, que dicen que era de este género de culebras.

Hay otra culebrillas que se llaman cuatzoncóatl. Son delgadas, casi como los cabellos de la cabeza. Cuando andan, van enroscadas. Pocas veces parecen estas culebras.

Hay unas culebras que se llaman mecacóatl. Son gruesas como el pulgar de la mano, pero la largura de ellas no se sabe qué tanto es, porque cuando alguno la ve, nunca acaba de ver el cabo de ella. Críase en tierras calientes, en lugares riscosos y jarales, en montañas muy espesas.

Hay otra culebra que se llama tetzmolcóatl. Es de la manera del cincóatl en grusura y largura. Es verde y pintada de pardo. Es muy ponzoñosa y arremete a la gente; arremete como volando. Enróscase al pescuezo y mata; aprieta tan recio que no hay quien se pueda valer de ella, ahora sea bestia ahora persona.

Hay otra culebra que se llama quetzalcóatl. Hay muchas de ellas en la tierra caliente de Totonacapan. Es mediana; es del tamaño de las culebras del agua, o casi. Llámase quetzalcóatl porque cría plumas de la misma manera de la pluma rica que se llama quetzalli, y en el pescuezo tiene unas plumas que se llaman tzinitzcan, que son verdes claras y pequeñas, y en la cola y en los eslabones tiene pluma como el ave que se llama xiuhtótotl, que es azul, y en el pecho tiene pluma colorada. Raramente parece esta culebra, ni se sabe lo que come. Cuando parece es para picar al que la ve, y su ponzona es mortal. A quien muerde luego muere súpitamente. Esta culebra vuela cuando quiere picar y levántase en alto y arrójese sobre lo que quiere picar. Y cuando pica, también ella muere, porque echa de un golpe toda su ponzoña y con ella la vida.

Párrafo séptimo: de otras culebras mostruosas en su ser y en sus propiedades

Hay otra culebra que se llama xicalcóatl; quiere decir «culebra de jícara». Hay unas grandes, otras pequeñas. Críanse en el agua. Cuando son grandes tienen en el lomo natural nacida una jícara muy pintada de todas colores y todos labores. Esta culebra, cuando quiere cazar personas, llégase a donde pasan caminantes y demuestra la jícara sobre el agua, que anda nadando, y ella escóndese debajo de ella, que no parece. Y los que pasan por allí, como ven la jícara, éntranse en el agua a tomarle, y ella poco a poco se va allegando hacia lo hondo. Y el que va a tomarla vase tras ella, y llegando a donde está hondo, comienza a turbarse el agua y hace olas, y allí se ahoga el que iba a tomar la jícara. Dicen que esta culebra es negra; sola la jícara es de diversas colores.

Hay otra culebra que se llama miaoacóatl. Es mediana y tiene unas rayas de diversas colores. No es ponzoñosa ni dañosa.

Hay otra culebra que se llama petzcóatl. Es pequeñoela y negrilla. Ni tiene ponzoña, ni hace daño.

Dicen que hay unas culebras que se hacen todas como una pella redonda, las colas adentro y las cabezas afuera, y andan rodando. Y llaman a este burojón de culebras cooatapayolli. Si alguno encuentra con ellas, luego se desvaratan y echan a huir por diversas partes.

Hay una culebra que se llama cooatapayolli, que quiere decir «culebra redonda», y es como una pelota redonda y negra como olli. Y tiene cola de culebra y cabeza de culebra en el medio de lo redondo.

Hay en esta tierra aquellos gusanos que llamarnos cimpiés, ni más ni menos como los de Castilla. Pónense en la letra las facciones y condiciones de estos gusanos. Hay muchos y buenos vocablos.

Pónense las facciones y miembros corporales de todas las culebras. Dicen que las culebras son rollizas, delgadas, largas, tienen cola, tienen la cabeza ancha, tienen la boca ancha, pican, tragan, deléznanse, culebrean, rastran por el suelo y cazan como el gato. Algunas tienen cascabeles o eslabones y otras no; algunas tienen escamas y otras tienen conchas, otras son lisas; algunas de ellas se enroscan con lo que quieren matar. Son espantables. Tienen ponzona, y algunas escupen la ponzoña contra lo que quieren matar.

Párrafo octavo: de los alacranes y otras sabandijas semejantes, como arañas
Hay alacranes es esta tierra; son como los de España. Llámanlos cólutl. Son ponzoñosos. Críanse especialmente en las tierras calientes, y allí son más ponzoñosos. Hay unos pardos, otros blanquecinos y otros verdes. Para aplacar las murdiduras de estos alacranes usan chupar la picadura y fregarla con pícietl molido, pero mejor son los ajos majados y puestos sobre la picadura.

Hay unas arañas en esta tierra, ponzoñosas, que las llaman tzintlatlauhqui. Son negras y tienen colorada la cola. Pican; la picadura da gran fatiga por tres o cuatro días, aunque no matan con su picadura. El aceite de estas arañas es muy medicinal para muchas enfermedades, como está en la letra. Hallan por medicina para aplacar de este dolor beber pulque fuerte que llaman uitztli.

Otras arañas hay que llaman tocamaxacualli. No son ponzoñosas, ni hacen daño.

Hay chinches en esta tierra, como los de Castilla, y llámanlas texcan.

Hay unos cocarachuelos que llaman caltatápach, y son pardillos. Tienen dos maneras de alas con que vuelan. Son ponzoñosos; donde pican imprimen comezón e hinchazón. Acuden de noche a la candela.

Hay otros cucarachos que llaman pinauiztli. Son de hechura de una hormiga, pero grandes como ratoncillos. Los que los ven toman mal agüero de su vista y piensan que les ha de acontecer algún desastre. Pónese aquí en la letra el razonamiento que hace el que topa a algunas de estas sabandijas. Es graciosa.

Párrafo nono: de diversas maneras de hormigas
Hay muchas maneras de hormigas en esta tierra. Unas hormigas bermejas, grandecillas, muerden y son ponzoñosas. No matan, pero dan pena.
Hay otras hormigas que llaman tlatlauhquiázcatl. Son mayustillas que las ya dichas. Muerden más que las ya dichas. La ponzoña sube hacia las ingles y a los sobacos.

Hay otras hormigas que llaman ícel ázcatl. Son más bermejas que las ya dichas. No hacen cuevas, ni viven juntas, sino andan solas; por eso se llaman ícel ázcatl; quiere decir «hormiga solitaria».

Hay otra manera de hormiga que se llama cuauhháccatl, que quiere decir «hormigas que se crían en los árboles». Son casi semejantes a las que llaman tlatlauhquiázcatl, y muerden y son ponzoñosas.

Hay otras hormigas que se llaman cuitlaázcatl. De éstas unas son pardas, otras blanquecinas, otras amarillas oscuras. Hoelen mal. Crianse en los moradales y en las raíces de los magueyes. Pican, y escuece su picadura. Hay muchas de éstas; andan a bandas.

Hay otras hormigas que se llaman tlilázcatl o tzícatl. Crianse en tierras frías. Son pequeñuelas. Son negras y muerden. Y sus huevos son blancos. En algunas partes las comen, y por eso las llaman accamolli.

Hay otras hormigas que llaman tzícatl. Son casi semejantes a las de arriba dichas. Crianse en los lugares húmedos y donde hay cosas de comer.

Hay una culebra que se llama tzicanantli, porque dicen que es madre de las hormigas. Es gruesa y críase en los hormigueros, en lo profundo de ellos. Es pintada de todas colores. Es espantosa.

Hay otras hormigas que llaman tzicatana. Crianse en las tierras calientes y destruyen los árboles y cuanto hay. Andan en escuadrones como gente de guerra. Y llámanlas también tepeoani; quiere decir «destruidoras».

Hay otras hormigas que llaman necuázcatl, que quiere decir «hormigas de miel». Crianse debajo de tierra, y trayen en la cola una begiguita redonda llena de miel; es trasparente. Es esta begiguita como una cuenta de ámbar. Es muy buena esta miel, y cómenla como la miel de abejas.

Párrafo décimo: de otras sabandijas de la tierra
Hay en esta tierra unos gusanos que en Castilla la Vieja se llaman carralejas, que se crían en las viñas. Llámanlas tlalxiquipilli. Son muy ponzoñosas acá. Matan cuando muerden.

Hay unos cocarachuelos que se llaman tlalácatl. Crianse debajo de tierra. Tienen pies y manos. Algunos de ellos son colorados, otros blanquecinos, otros blancos. Crianse en lugares húmedos. No tienen ponzoña, ni hacen mal.

Hay un animalejo que se llama tapaxi o tapayaxi. Andan por los caminos. Son como lagartijas, un poco más anchuelos, y tienen espinas por el cuerpo y una grande en la cabeza. Son pardillos. En el juntarse el macho con la hembra son como personas. Cuando pare la hembra revienta y muere, y salen sus hijos por la rotura de la barriga. Y luego van a buscar una herbezuela que nace por los caminos que se llama memeya. Y llámase así porque, quebrándola, mana leche de ella. Con aquella leche se mantienen y se crían los hijos de este animalejo, y después que son grandecillas comen moscas.

Hay unos gusanos en esta tierra que también los hay en España. Llámanse conyayáoal; en la lengua española no sé cómo se llaman. Algunos de ellos son amarillos oscuros, otros son colorados; otros son blanquecinos; otros son pardos oscuros. Son larguillos como medio dedo, gruesos como una pluma de gallina de Castilla. Por lo más grueso tienen muchos pies. En topando con ellos, luego se enroscan y estánse quedos. No muerden, ni hacen daño, pero si alguno los come o bebe, dizque matan. Usan de ellos por medicina contra dolor de las muelas o dientes. Pónenlos majados sobre la majilla y luego se quita el dolor.

Hay otros gusanos en esta tierra que se llaman tlalómitl, que quiere decir «hueso de la tierra». Llámanlos así porque son blanquitos y duros y relucen. Son pequeñuelos y andan siempre debajo de la tierra. Nunca se enroscan; siempre están derechos. No son ponzoñosos, ni hacen mal. Los que no arman para el ato natural, cómenlos o bébenlos crudos. Dizque aprovechan para armar.

Hay unos escarabajuelos que llaman ueuetlaneuhqui. Son blanquecinos. Ni hacen bien ni mal.

Hay también escarabajos como los de Castilla, que hacen pelotillas del estiércol y llévanlo rodando. Llámanlos tecuitlaololo. A las veces llevan dos una pelotilla. Ni hacen bien ni mal.

Hay también escorabajos como los de España, y llámanlos pinácatl. Son negros e hieden como los de España. No tienen otro mal ni otro bien.

Hay también en esta tierra martinetes como los de España. Llámanlos zontli ima, quiere decir «pies de cabellos», porque tienen los pies largos y delgados, el cuerpo pequeño y redondo. Hoelen mal estas arañuelas. No tienen otro bien ni mal.

Párrafo undécimo: de las abejas que hacen miel, que hay muchas diferencias de ellas, y de las mariposas

Hay unos abejones en esta tierra que llaman xicotli. Hacen miel y hacen cuevas en la tierra, donde hacen su miel. Es muy buena miel la que hacen. Pican como abejas y lastiman, e hínchase la picadura.

Hay otra manera de abejas que llaman pipiyoli. Son menores que las ya dichas. También hacen cuevas para hacer su miel. Hacen miel muy amarilla. Es buena de comer.

Hay otras abejas que llaman mimiáoatl. Hacen miel en los árboles. Hacen una caja a manera de alquitara, y dentro hacen sus panales e hínchenlos de miel. No engendran como los otros animales, sino dentro de los panales hacen sus hijos como gusanillos blancos. Labran como las abejas de Castilla. Hacen muy buena miel.

Hay muchas maneras de mariposas en esta tierra y de diversas colores, muchas más que en España.

Hay una manera de mariposas que llaman xicalpapálotl o xicalteconpapálotl. Son muy pintadas de diversas colores.

Hay otras mariposas que llaman tlilpapálotl. Son negras y rociadas con unas pintas blancas.

Hay otras de mariposas que llaman tlecocozpapálotl o cuappachpapálotl. Son leonadas y reluce su color.

Hay otras que se llaman iztacpapálotl. Son blanquecinas, entre amarillo y blanco.

Hay otras que se llaman chianpapálotl. Son muy pintadas.

Hay otras que se llaman texopapálotl. Son azules claras.

Hay otras que se llaman xochipapálotl. Son muy pintadas, a las mil maravillas.

Hay otras mariposas que se llaman uappapálotl. Son coloradas y pintadas, muy hermosas. Por este nombre también se llaman las hojas de los bledos cuando ya están maduras, que unas están amarillas, otras coloradas.

Párrafo duodécimo: de muchas diferencias de langostas y de otros animalejos semejantes, y de los brugos

Hay muchas maneras de langostas en esta tierra. Son como las de España.

Unas de ellas se llaman acachapoli. Estas son grandecillas. Dícense acachapoli, que quiere decir «langostas como saeta», porque cuando vuelan van recias y rugen como una saeta. Suélenlas comer.

Hay otras que se llaman yectli chapoli. Son medianas y son coloradas. En el tiempo de coger los maizales andan. Son de comer.

Hay otras langostas que llaman xopanchapoli, que quiere decir «langostas de verano». Son grandes y gruesas. No vuelan, sino andan por tierra. Comen mucho los; frijoles. Unas de ellas son prietas, otras pardillas, otras verdes. Suélenlas comer. Hay otras que se llaman tlalchapoli o ixpopoyochapoli, que quiere decir «langostas ciegas». De éstas hay muchas y son pequeñas, y andan por los caminos y no se apartan, aunque las pisen. Son de comer. Hay otras langostas que llaman zolacachapoli. Son pintadas a manera de codorniz. También son de comer.

Hay otras que llaman zacatecuilichtli. Llaman así porque cantan diciendo chii, chichi, chi chi, y andan siempre entre el heno. También son de comer.

A los brugos que se crían en los cerezos o en los otros árboles llaman capolocuili y también áuatl. Estos hacen capullos en los árboles. Comen toda la verdura de los árboles y vuélvense mariposas. No son de comer.

Hay otros brugos que llaman auatecólotl. También se crían en los árboles. Unos son negros, otros rosos. Son muy bellosos, y los pelos que tienen pican. Las picaduras doelen como picadura de alacrán. También se vuelven mariposas.

Hay otros brugos que se llaman pázotl, que se crían entre los magueyes. Son grandes y bellosos.

Párrafo 13: de diversas maneras de gusanos
Hay unos gusanos que se llaman tetamachiuhqui, que quiere decir «medidores», que cuando van andando parece que van como midiendo a palmos, y por eso los llaman tetatamachiuhqui. Ni tienen bien ni mal.
Hay unos gusanos que se llaman meocuili, que quiere decir «gusanos de magueyes». Son muy blancos. Críanse en los magueyes. Agujéranlos, métense dentro y van comiendo y echan la freza por el agujerillo por donde entraron. Son muy buenos de comer.

Hay otros gusanos que se crían a las raíces de los magueyes. Llámanse, chichilocuili. Son colorados. Ni son buenos ni malos.

Hay otros que se llaman metzonocuili. También se hacen en las raíces de los magueyes. Son blancos. Ni tienen bien ni mal.

Otros gusanos hay que se llaman tzinocuili. Son blancos. Críanse en el estiércol. Ni son buenos ni malos.

Hay otros gusanos que se llaman tzinocuili, que se crían dentro del cuerpo. El que los tiene parécesele en la cara, porque la tienen macilenta, amarilla y manchada.

Las lombrices que se crían dentro del cuerpo y salen con la cámara, llámanlas tzoncóatl.

Hay otros gusanos que se crían en la chíen verde que se llaman chiancuetla o chiencuetla, y también se llama tetepolchíchic. Son gruesos. Son entre blancos y verdes. Hácense tan largos como un palmo. Tienen cuernos en la cabeza. Ni son buenos ni malos, sino parece que espantan cuando los ven.

Hay unos gusanos que se llaman nextecuili. Críanse debajo de tierra. Son del largo y grusor de un dedo. Cuando no llueve roen las raizes del maíz y sécase. Tienen pies y no andan con ellos, sino echados de espaldas. Y de aquí toman un adagio que los que hacen las cosas al revés llámanlos nextecuili.

Hay otros gusanos que se llaman cinocuili, que quiere decir «gusanos del maíz». Críanse dentro de las mazorcas cuando verdes y destrúyenlas. Son de comer.

Hay otros gusanos que se llaman tlazolocuili, que quiere decir «gusanos del estiércol». Son medianos y pardillos. Ni tienen bien ni mal.

Hay otros gusanos que se llaman citlaocuili, que se crían en los árboles de las tunas y en las mismas tunas. Dáñanlas.

Hay otros gusanos que se llaman citlalocuili, que se crían en los brazos o miembros de los conejos y ratones, y también se llaman citlálmitl. Y éstos matan a los conejos y ratones. Están metidos dentro de la carne y miran hacia fuera.

Hay unos escarabajuelos que se llaman temoli. Son leonados debajo de las conchas. Tienen alas y vuelan. En el tiempo del verano andan y en el tiempo de las aguas comen las flores.

Hay otros escarabajuelos como los ya dichos, y andan en el estiércol. Llámanse cuitlatemoli.

Hay otros escarabajuelos como los ya dichos que se llaman ayoxochquiltemoli. Mantiénense en las flores de las calabazas.

Hay otros escarabajuelos que se llaman cuauhtemoli. Dícense así porque se crían dentro de los maderos, y son bermejos y grandecillos. Ni tienen bien ni mal.

A los gusanos que se crían dentro de los maderos llaman cuauhocuili. Son muy blancos y siempre están dentro del madero. Allí se crían y allí comen y allí se mueren. Tienen el piquito muy recio, que barrenan el madero y andan por de dentro de él. Estos son los que llamamos carcoma.

Párrafo 14: de las luciérnagas que alumbran de noche, que hay muchas diferencias de ellas, y de las moscas y moscardones y mosquitos
Hay muchas maneras de luciérnagas en esta tierra, y a todas las llaman ícpitl. Hay unas de ellas que llaman cóquitl. Son como langustas, un poco más larguillas, y andan en el tiempo de las aguas. Y vuelan de noche muchas de ellas y tienen luz, así como una candela, en la cola, y algunas veces alumbran más que candela, como hachas de tea, cuando es la noche muy oscura. Algunas veces van volando muchas en rencle, y algunos bobos piensan que son aquellos hechiceros, que llaman tlauipuchme, que andan de noche y echan lumbre por la cabeza o boca.

Otras luciérnagas hay que son como mariposas y tienen en la cola luz.

Hay unos gusanos que también tienen luz en la cola y relucen de noche.

Otras luciérnagas hay que llaman accapapálotl. También tienen en la cola lumbre.

Otras luciérnagas hay que llaman cópitl. Tienen alas. A trechos cubren la lumbre y a trechos la descubren. Todas éstas andan de noche y relumbran volando, eceto los gusanos que no vuelan.

Hay un escarabajuelo que se llama máyatl. Es muy hermoso. Relúcenle las conchas como esmeralda. Ningún daño hace. Hay avispas en esta tierra como las de Castilla, y llámanlas étzatl. Hay un moscardón que se llama tecmílotl. Pienso que es tábano. Pican mucho a las bestias y chúpales la sangre.

Hay moscas de velesa que se llaman miccazayoli, como las de Castilla.

Hay unas mosquillas que andan en el tiempo de las aguas, que se llaman xopanzayoli. Son verdes oscuras y relucen, y rugen cuando vuelan. No hacen mal.

Hay otros moscardones que se llaman tzonoatzalton o tetotoca. Es negro. Anda por los caminos y entierra los gusanos. Llámanse tzonoatzalton porque tiene muy poca carne. Llámanse tetotoca porque entierra los gusanos que halla por los caminos. Pica y lastima.

Hay unos mosquitos que se llaman chilton. Son pequeñitos. Acuden a los ojos, y sus picaduras escuecen como chilli. Y si entran en los ojos dan mucha pena.

Hay unas moscas que se llaman cuitlazayoli o zayoli. Andan en las moradales o donde hay estiércol o suciedad, y por eso se llaman cuitlazayoli, que quiere decir «mosca de suciedad». Y también las moscas comones, que acuden a lo que comemos y a lo que bebemos y a la miel, se llaman cuitlazayoli.

Hay otras mosquillas pequeñas que se llaman zayolton. En todas partes andan. No dan mucha pena, pero éstas en tierra caliente dan pena, y pican.

Hay otras moscas pequeñuelas y verdecillas que se llaman xiuhzayoli. No son penosas.

Hay mosquitos zancudos que se llaman móyotl. Son pardillos. Y son como los de Castilla y pican como los de Castilla.

Hay otros mosquitos muy menudos que se llaman xalmóyotl. Andan en las tierras calientes. Son muy penosos. Llámanse xalmóyotl porque son menudos, como arena.

Capítulo VI. De los árboles y sus propiedades
Párrafo primero: de las calidades de las montañas

Las condiciones de las montañas son éstas: que tienen mucho heno muy verde; son airosas y ventosas; son húmedas y en ellas hiela; son lugares tristes y solitarios y llorosos; son lugares cabernosos; son lugares riscosos y pedregosos y lodosos, y tierra dulce y tierra amarilla, y lugares de grandes cuestas y de grandes lomas riscosas llenas de heno y llenas de árboles, muy espesas y también ralos; también hay llanuras en las montañas, y también hay muchos maderos o árboles secos. Hay también lugares sombríos en las montañas. Hay piedras redondas. Hay también tierras rasas en las montañas. Hay también tierras llanas donde no hae hierbas ni heno. Hay lugares peñascosos. Hay lugares cóncabos, como valles. Son también las montañas lugares espantosos y temerosos donde moran bestias fieras, como son culebras ponzoñosas y otras bestias fieras; donde no hay recreación para los hombres sino piedras secas y riscos y cuevas; donde moran tigres y osos y gatos cervales, y donde nacen magueyes silvestres muy espinosos y matas de zarzas y espinos y tunas silvestres y pinos muy recios; lugar donde cortan leña y madera. Es lugar de donde arrastran vigas para edificar. Es lugar donde los vientos hacen grandes ruidos y remolinos, lugar de grandes fríos y heladas; lugar donde nadie vive, ni se hace ninguna cosa comestible; lugar de hambre y de frío y de aterecimiento, y donde se baten los dientes unos con otros, y se para el cuerpo yerto; lugares donde las bestias comen hombres, y donde matan a los hombres a traición.

Párrafo segundo: de los árboles mayores
Hay en esta tierra cipreses silvestres. Están las montañas llenas de ellos. No son acopados como los de España; tienen las ramas ralas. Son muy derecho y muy altos. Tienen la madera muy olorosa. Crían manzanillas como las de España. La madera de éstos es preciosa para toda manera de edificio, para hacer cajas y cofres y escritorios. Líbrase muy bien. Pónese en esta letra las propiedades de los cipreses esteriores, donde hay muchos vocablos que cuadran a todos los árboles.

Hay otros árboles en esta tierra que se llama oyámetl. No hay en España árboles de esta manera, que yo sepa. De éstos se coge un licor muy precioso, muy medicinal, que se llama abeto. No le usaban los indios, ni le conocían. Ahora, en estos tiempos, se ha hallado. Estos árboles son muy grandes, muy altos. Están las montañas llenas de ellos.

Hay otros árboles que se llaman ayauhcuáuitl. Son silvestres, largos y gruesos. Tienen la madera liviana. Son de especie de pinos. Es madera muy estimada. Usaban mucho de esta madera en el servicio de los cúes y de los dioses.

Hay pinos en esta tierra como los de España. Hácense en ellos piños y piñones. Sácanse de ellos las teas y la pez y resina. Son muy poblados de hojas o cabellos. Hacen un grujido con el aire, como los de España.

Hay fresnos en esta tierra, y llámanse ilin.

Hay en esta tierra unos árboles muy grandes, y dícense cedros. Tienen la hoja muy menuda. Tienen agallas como de los cipreses, aunque más pequeñas. Tienen la madera muy olorosa. Son muy altos y hacen gran rueda, y siempre están verdes.

Hay otros árboles que se llaman póchotl. Son lisos. Son muy altos y hacen gran rueda y gran sombra. Tienen siempre hoja. La hoja es anchuela. De ellos se coge el maná que es medicinal, y dulce y blanco.
Hay también en esta tierra robles, que se llaman auacuáuitl.
Hay también carrascos y matas, que las llaman auatetzmolli.

Párrafo tercero: de los árboles silvestres medianos
Hay en esta tierra también madroños o madroñeras. Llámanlos tomázquitl. Hay unos robles en esta tierra. La corteza es gruesa como un dedo o como dos dedos. Usan de ella para teñir y para cordir los cueros.
Y también unos robles o carrascos muy recios de que hacen coas, que los llaman uiccuáuitl. Nacen en las peñas y en los riscos.

A la leña o maderos que respendan en el fuego llámanlos
necalizcuáuitl, de cualquier género que sea.

Todo género de árbol cuya leña echada en el fuego ahumea mucho, la llaman poccuáuitl, y quiere decir «madero o leña humosa».

Hay un árbol silvestre, bajuelo, que se llama teócutl, la raíz del cual cuando se quema hoele como incienso. Solían usar de él solos los señores o principales. A los maceoales no les era lícito usar de él, ni quemarle en su casa.

Hay un árbol silvestre o mata que se llama coatli, de que hacen velortas para hacer espuertas que llaman huacales. Es muy correoso, y si le echan en agua, para el agua azul. Y esta agua es medicinal para la urina.

Hay un árbol silvestre que se llama topozan. Tiene la corteza delgada. Hace copa. Es bajuelo. Tiene las hojas anchas de dos colores, de la una parte son muy verdes y de la otra parte blancas y bellosas, y hoelen mal. Es medicinal este árbol. La raíz de él, cocida con agua, es buena para purificar la urina y para hacer buena digestión, y para templar el calor.

Hay salces en esta tierra de dos maneras. Los unos hay que son más bastos. Llámanlos uéxotl o auéxotl o miccauéxotl.

Hay también otros salces que son más preciados que los ya dichos, y llámanse quetzaluéxotl o quetzalauéxotl. Tienen la hoja menuda y muy verde, y las ramas derechas, y la madera recia y correosa.

Hay unos árboles que se llaman íczotl. Son gruesos. La corteza negra o bermeja, como corteza de palma, y tiene las hojas casi como de palma. Es árbol fofo y tierno el meullo. Tiene flores muy blancas, casi como las de la palma, pero no lleva ningún fruto. Usábanlos poner delante los cúes.

Hay unos magueyes pequeños y silvestres. Tienen puntas y hojas como magueyes, y espinas como de zarzas de Castilla.

Hay en esta tierra palmas naturales que son como las de España. Llámanlas zóyatl. Son altas y gruesa como las palmas de España. Llevan flores y fruta, y su fruta es dulce y es de comer; es como dátiles. Hácese hacia Pánuco.

Hay unos árboles silvestres que se llaman tlacuilolcuáuitl; quiere decir que tiene madera pintada, porque ellos son bermejos y tienen las vetas negras, que parecen pinturas sobre el bermejo. Es árbol muy preciado, porque de él se hacen teponactles y tamburiles y vihuelas, y soena mucho estos instrumentos cuando son de esta madera. Y por ser muy pintada y de buen parecer es muy preciada.

Hay unos árboles silvestres que se llaman tlacaloaccuáuitl. Son altos y delgados y derechos. Hacen de ellos zebretanas, porque se pueden agujerear fácilmente.

Hay un árbol silvestre, no muy alto, que se llama ayotentli. Tiene las hojas coloradas y también la madera. Hay otros árboles silvestres que se llama chichiccuáuitl o chichippatli, que quiere decir «medicina amarga». La corteza de este árbol molida es medicinal. Hace buena digestión; limpia los intestinos; es buena para la urina. Bébense los bulbos molidos con agua. El meullo de este árbol es muy recio. Sacan de él los tarugos para las saetas, en lugar de casquillos.

Hay en esta tierra unos árboles que se llaman amacuáuitl. Tienen lisa la corteza y las hojas muy verdes. Son del tamaño de duraznos. De la corteza de él hacen papel, y cuando ya es viejo, córtanle y torna a echar renuevo.

Hay una manera de árboles que se llama copalcuáuitl. Son silvestres. Tienen la madera muy liviana y recia, y hacen de esta madera jícaras vasos.

Hay otros árboles que también se llaman copalcuáuitl. De éstos mana aquella resina blanca que se llama copal, que es el incienso que ofrecían a sus dioses. Mucho de ello se vende ahora en los tiánguez, porque es muy bueno para muchas cosas y es medicinal. Hácese en las provincias de Tepecuacuilco y de Youalla, y en las provincias de Couixco.

Hay otra manera de árboles que se llaman ocotzocuáuitl o xochiocotzocuáuitl. Son altos y gruesos y tienen las hojas como alisos. Mana de ellos una resina. De ella hacen las cañas del humo que chupan.

Hay otros árboles que se llama olcuáuitl. Son grandes, altos, y hacen gran copa. De estos árboles mana aquella resina negra que se llama olli. Para que mane, córtanle la corteza, y por allí mana el olli. Esta resina que se llama olli es muy medicinal; casi para todas las enfermedades es provechosa: es medicina para los ojos, es medicina para postemas y pudrimientos, y también se bebe con cacao; es provechosa para el estómago y para los intestinos, y provechosa para los pudrimientos interiores y para la cámara, cuando se cierra. Esta resina hácese muy correosa. Hacen de ella las pelotas para jugar, y salta más que las pelotas de viento.

Hay otros árboles que se llaman uitzcuáuitl. Son colorados y tienen con la madera de ellos el tochómitl. Son del tamaño de duraznos. Estos árboles tienen la hoja como los madroños.

A la espesura de los árboles llaman cuappotzalli; quiere decir «espesura de muchos árboles que están juntos». Y las ramas de los unos están entre los otros, y hacen la sombra oscura.

Adonde están los árboles ralos llaman cuauhcayactli, que quiere decir «raleza de árboles», porque están apartados unos de otros. El campo está claro.

Este nombre cuáuitl se lee por árbol verde, o que es pequeñuelo, que crece y se riega, o por árbol que ya está grande y por árbol que ya es viejo.

Llámase cuáuitl el que se traspone, el que nace de semilla cuando es ternecito y cuando brota; y cuando ya crece llámase cuauhcónetl o cuauhpilli o cuauhcélic.

Propiedades de los árboles en nacer y crecer

Cuando ya es grande el árbol llámase iyolloco cuáuitl. Los árboles siémbranse y traspónense, engruésanse. La semilla debajo de la tierra humedécese; púdrese; echa raíces; revienta; nace; apunta; levanta la tierra para salir; parécese sobre la tierra; cría hojitas tiernas; crecen poco a poco; endurécense; proceden creciendo; crían ramas y hojas; hace horcadas; echa guión; echa hijos por debajo; hácese perfeto árbol; caénse las hojas; reverdece; hace renuevo;

hace yemas; revientan las yemas; brotan las flores; crían frutos pequeñitos y madúranlos.

Párrafo cuarto: de las partes de cada árbol, como es raíces, ramas, etc.
Las partes que tiene un árbol son las siguientes: raíces gruesas y delgadas y redondas o rollizas. Estas raíces métense debajo de la tierra; profúndanse hacia lo hondo de la tierra; ásense a la tierra; por ellas recibe criamento el árbol.
La cepa del árbol es gruesa y es redonda. Tiene cortezas ásperas. De esta cepa salen las raíces a todas partes. Esta cepa, donde nacen las raíces, es recia y fornida. Está muy bien apretada con la tierra. Las raíces son sus ataduras. Esta cepa sustenta a todo el árbol, teniéndole sobre sí.
El tronco del árbol sale de la cepa. Es grueso debajo, y lo alto es mis delgado. Es grueso y rollizo y redondo. Es nodoso. Salen de él las ramas, unas tuertas y otras derechas. Tienen corteza; tienen concabidades; tienen en algunas ramas cortadas. Tiene horcadas; tiene ramas espesas y recias; tiene algunas ramas que no valin nada. Es áspero en la corteza. Tiene unas ramas bajas, otras altas. Hiende la corteza para ensancharse. Hace alto y hácese grueso. Echa pimpollos iguales al pie. Las ramas del árbol se llaman cuáuhmaitl; son tuertas y espesas. Tienen las ramas parradas y gajosas.
La cima o copa del árbol es esparramada o espardida o acopada.
Los grumos del árbol son tiernos y delicados.
Los tallos son puntiagudos; tienen la punta delgada.
La horcada del árbol es angusta y hacia el cabo de bajo más angusta.
La corteza del árbol en unos árboles es gruesa, en otros es delgada. Es ancha. Algunas son pegajosas porque el hacia el árbol, y otras tienen como conchas por de fuera. Algunas son recias y fornidas, otras son correosas y flexiles.
El meollo del árbol en algunos es tierno y en otros blando, en otros es fofo, en otros es liviano. Son derechos. El meollo de algunos árboles es fofo, blando, liviano; en algunos correoso, en otros es recio y macizo. Algunos meollos de árboles son lisos, otros son amarillos, otros negros, otros negrestinos.

Párrafo quinto: de los árboles secos que están en pie o caídos en tierra, y de los maderos labrados para edificar

Los árboles secos que están levantados o caídos llámanse cuáuitl. Puédese labrar y dolar. Hay algunos árboles secos con que tiñen. Hay algunos árboles secos que los hienden para quemar. De los árboles hacen vigas y planchas. También de los árboles toman leña para quemar.

Hay un árbol de que se hacen tablas y cuya madera arde muy bien. Llámase tlatlapantli o tlatlapancuáuitl. Ahora sea verde, ahora sea seco, se llama así o tlatzayantli.

Las tablas se llaman oapalli. Unas de ellas son delgadas, otras gruesas, unas llanas, otras cóncabas.

Los tablones se llaman tlapechuapalli o xopétlatl. Son gruesos y anchos, unos largos y otros cortos.

A las pandillas o tablas de que hacen aros de cedazos llaman uapalzóyatl. Son muy delgadas y correosas. Hácense de ellas aros.

A las viguetas llaman cuauácatl. Unas de ellas son gruesas y otras delgadas, y unas anchuelas y otras angostas.

A los rollos o maderos rollizos llaman cuauhtectli o cuauhmimilli. Son rollizos, unos con corteza, otros sin ella, unos gruesos y otros delgados.

A las vigas del entresuelo llaman ueuetzqui o uepantontli. Son cuadradas, unas largas, otras cortas.

A la plancha o carrera de madero llaman elcuáuhyotl. Estas son gruesas y largas y recias. También éstas se llaman ilhuícatl, porque sustentan la pieza.

A las soleras llaman cuauhtentli. Están sobre la pared, a la orilla. Están los otros maderos sobre ellas.

A los maderos que ponen sobre el cimiento de piedra, para sobre ellos poner adobes, llaman cuauhtepánitl, porque están sobre el cimiento de piedra, y de allí arriba se hace de adobes la pared.

A la frente de la puerta, madero que está sobre los umbrales, llaman calíxcuatl o ilhuícatl.

A las columnas de madera y a los umbrales de la puerta llaman tlaquetzalli o tlaquetzalmimilli o tlaxíllotl.

A las puertas llaman cuauhtzaccáyotl o uapaltzaccáyotl. A las columnas de madero que están alrededor del patio llaman cuauhtlayaoalo.

A los trozos de madero llaman cuauhtzontli. De éstos unos son cuadrados, otros redondos, otros cóncabos.
Al madero sobre que está el quicio de la puerta de abajo llaman cuauhpechtli.
A las estillas llaman tlaximalli o cuauhtlaximalli o tlaximállotl.
A las rajas llaman tzicueoállotl o cuauhtzicueoállotl.
A los maderos rollizos que echan debajo de las vigas cuando las arrastran llaman cuámmitl. Estos son hechos de madera recio.
A los tarugos o estacas llaman tlaxichtli.
A las serraduras de madero llaman cuauhtextli.
A madero podrido llaman cuappalan.

Párrafo sexto: de las cosas acidentales a los árboles, y de los árboles
El árbol plántase y siémbrase y hácese almástiga de árboles. Los árboles trasplántanse.
Hay unos árboles que se llaman tzápotl o tzapocuáuitl. Es liso. Tiene la corteza verde, las hojas redondas, la madera blanca y blanda y liviana. Hacen de ellas sillas de caderas. La fruta de estos árboles es como manzanas grandes; de fuera son verdes o amarillos, de dentro blancos y blandos. Son muy dulces; tienen tres o cuatro cuescos dentro, blancos; y si comen muchos dan cámaras.
Hay otros zapotes que se llaman cohiztzápotl porque provocan a dormir. Son como los de arriba, sino que son menores.
Hay otros zapotes que se llaman tlacazoltzápotl. Son como los de arriba dichos, pero son muy grandes.
Hay otros árboles que se llaman atzáputl. Son lisos. El fruto de estos árboles se llama atzáputl, y son amarillos de dentro y de fuera. Son muy dulces, tiesos, a manera de yema de huevo cocida. Tienen cuescos de color castaño oscuro.
Hay otros árboles que se llaman xicotzáputl. Llámanlos los españoles peruétanos. Son muy dulces y muy buenos de comer. Hácense en tierra caliente.
Hay otros árboles que se llaman totolcuitlatzáputl o totolcuitlatzapocuáuitl. Hácense en tierra caliente. La fruta de estos árboles se llama totolcuitlatzáputl. Son grandes como manzanas grandes. De fuera son verdes y de dentro negros. Son muy dulces y muy buenos de comer.
Hay otros árboles que se llaman tezontzáputl. Son de la hechura y grandor del corazón de carnero. Tienen la corteza áspera y tiesa. Son colorados por de

dentro. Son muy dulces y muy buenos de comer, y tienen los cuescos negros, muy lisos y relucientes.

Hay otros árboles que se llaman etzáputl, y la fruta eeyotzáputl.

Son las anonas que tienen dentro muchas pepitas negras como frijoles negras. También éstos se llaman cuauhtzáputl.

Hay otros árboles que se llaman aoácatl o aoacacuáuitl. Tienen las hojas verde oscuras. El fruto de ellos se llaman aoácatl, y son negros por de fuera y verdes y blancos por de dentro. Son de hechura de corazón. Tienen un cuesco de dentro de hechura de corazón.

Hay otros ahoacates que se llaman tlacazolaoácatl. Son grandes como, los de arriba. Las mujeres que crían no los osan comer, porque causan cámaras a los niños que maman.

Hay otros ahoacates que se llaman quilaoácatl. La fruta de éstos también se llama quilaoácatl. Son verdes por de fuera. Son muy buenos de comer. Son preciosos.

Párrafo séptimo: de las frutas menudas, como son ciruelas, guayabas, cerezas

Los árboles en que se hacen ciruelas o guayabas y manzanillas se llaman xococuáuitl.

Los árboles en que se hacen las manzanillas de la tierra se llaman texócotl o texococuáuitl. Son árboles medianos y acopados. Tienen recia madera. El fruto de ellos se llaman texócotl. Son amarillas y coloradas por de fuera, y de dentro blancas. Tienen cosquecillos dentro. Son muy buenas de comer.

A los árboles en que se hacen las ciruelas llaman mazaxócotl. Hácense en tierras calientes. El fruto de estos árboles: unos son coloradas, otros amarillas, unas gruesas, otras menudas.

Atoyaxócotl son ciruelas gruesas, dulces, sabrosas. Son buenas de comer crudas y cocidas. Hácese de ellas pulque para beber, y emborracha más que la miel. Todas las ciruelas tienen cuescos grandes dentro.

Los árboles en que se hacen las guayabas se llaman xalcócotl o xalxococuáuitl. Son estos árboles pequeños, y tienen las hojas y las ramas ralas. El fruto de estos árboles se llaman xalxócotl. Son por de fuera amarillas o verdinegras, de dentro unas blancas y otras coloradas o encarnadas. Tienen muchos granitos de dentro. Son muy buenas de comer. Estancan las cámaras.

Al árbol donde se hace el cacao llaman cacaoacuáuitl. Tiene las hojas anchas y es acopado; es mediano. El fruto que hace es como mazorcas de maíz, o poco mayores, y tienen de dentro los granos de cacao. De fuera es morado y de dentro encarnado o bermejo. Cuando es nuevo, si se bebe mucho, emborracha, y si se bebe templadamente, refrigera y refresca.

Hay unos árboles que se llaman teunacactli o teonacaccuáuitl o ueinacactli. Las flores de este árbol son muy aromáticas y preciosas, y tienen fuerte olor, y son muy amarillas. Úsanse mucho para oler y para beber, molidas con cacao; y si se bebe destempladamente, emborracha.

Hay unos árboles que se llaman uaxi o uaxicuáuitl. Son medianos y lisos. Tienen las hojas lisas, casi como las hojas de los árboles del Peró. Crían una fruta como algarrovas. Es de comer. Véndense en los tiánguez.

Hay unos árboles que se llaman mízquitl o mizquicuáuitl. Tienen las corteza vaza y lo interior de la corteza es muy blanco y correoso. Es medicinal. Bébese y hácese pulque con ella. Este árbol tiene la madera muy recia. Tiene las hojas como el auéuetl, y sus hojas y grumos son medicinales para los ojos, echando el zumo de ellas en los ojos. El fruto son una vainas redondillas que tienen dentro unos granos; y las vainas son dulces y buenas de comer. Y si comen de éstas muchas, hinchan la barriga. Para comerlas, máscanlas y no las tragan, sino chupan el zumo. Algunos de éstos llámanse quetzalmízquitl, porque tienen mejor madera y mejor fruto.

Hay morales en esta tierra. Llámanlos amacapuli o amacapulcuáuitl. Es liso y acopado. Tienen muchas ramas y hojas, y las hojas son muy verdes; son algo vellosas las hojas por el envés. Llevan moras como las de Castilla, pero pequeñuelas.

Hay unos árboles en esta tierra que se llaman capuli o capulcuáuitl, y los españoles llaman a éstos cerezos, porque son algo semejantes a los cerezos de España en la hoja y en el fruto. La fruta se llama capuli; quiere decir «cerezas de esta tierra». Las hojas y grumos de este árbol son medicinales para los ojos, echando el zumo de ellos en los ojos. Son dañosas estas cerezas cuando se comen muchas, porque causan cámaras. Los meollos de los cuescos cómenlos tostados. Otros de estos cerezos se llaman elocapuli, porque son mayores y hacen el fruto mayor. Son muy sabrosas de comer estas cerezas.

Hay otros cerezos que se llaman tlaolcapuli, porque son menores y también hacen el fruto menudo; y llaman a las cerezas de éstos tlaolcapuli, porque tienen poco zumo y poca pulpa.

Otros cerezos se llaman xitomacapuli. Hácense cerezas gruesas; el meollo de ellas es pequeño. Tiene mucho zumo y el hollejo grosezuelo.

Hay unos árboles que se llaman cuauhcamotli. Las raíces de estos árboles cuécense y úsense como vatatas, y son de buen comer.

Párrafo octavo: de las diversidades de tunas
Hay unos árboles en esta tierra que se llaman nopalli, que quiere decir «tunal» o «árbol que lleva tunas». Es mostruoso este árbol. El tronco se compone de las hojas, y las ramas se hacen de las mismas hojas. Las hojas son anchas y gruesas. Tienen mucho zumo y son viscosas; tienen espinas las mismas hojas. La fruta, que en estos árboles se hace se llama tuna. Son de buen comer; es fruta preciada, y las buenas de ellas son como camuesas. Las hojas de este árbol cómenlas crudas y cocidas.

A algunos árboles de éstos llaman coznochnopalli, porque las tunas que en ellos se hacen son amarillas por de dentro.

Otros de estos árboles se llaman tlatocnochnopalli. Las tunas que en ellos se hacen son por de fuera coloradillas y por de dentro rosadas. Son de muy buen comer.

Otros árboles de éstos hay que se llaman cuicuilnochnopalli. Tienen en las hojas unas vetas coloradas.

Las tunas en que se hacen de éstos —anochnopalli— se llaman anochtli. Son coloradas por de fuera y por de dentro son moradas. Son grandes y tienen grueso el hollejo.

Llaman también tlazolnochnopalli.

Hay otros árboles de éstos que se llaman tzooalnochnopalli. La fruta que en ellos se hace se llama tzooalnochtli. Son coloradas de fuera, y de dentro son gruesas y largas.

Llámanse por otro nombre estos tunales tlapalnochnopalli.

Hay otros árboles de éstos que se llaman tzaponochnopalli. Tienen las hojas redondas y pardillas y verdes. Son medianos. No ahijan. Son bajuelas. La fruta de estos árboles tzaponochtli son redondas como zapotes.

Hay otros árboles de éstos que se llaman tlanexnopalli. El fruto de ellos tlanexnochtli son estas tunas moradas oscuras. Son redondas como zapotes.

Hay otros árboles de éstos que se llaman camaxtle, y el fruto de ellos también se llaman camaxtle. Son tunas blancas que tienen el hollejo grueso y acedo, pero el meollo es dulce.

Hay otros árboles de éstos que se llaman xoconochnopalli. Son muy espinosas, y tiene las espinas agudas y largas. Las tunas de estos árboles se llaman xoconochtli; quiere decir «tunas agras». Son blancas. Tienen los hollejos acedos y gruesos, que hacen dentera. Cómense crudas y también cocidas. El meollo tiénenle pequeño y dulce.

Hay otros árboles de éstos, silvestres, que se llaman tenopalli, que se crían en los riscos y en las peñas y en las sabanas. El fruto que en ellos se hacen se llama zacanochtli. Tienen los hollejos agros. Son pequeñas estas tunillas. Cómense cocidas y crudas.

Hay otros árboles de éstos que se llaman accanochnopalli. Son también silvestres y tienen muchas espinas, y grandes. El fruto de ellos se llaman accanochtli. Son de muchas colores, unas blancas, otras coloradas. Son muy dulces. Son redondillas. Tienen los granillos menudos.

Hay otros árboles de éstos que se llaman tecolonochnopalli. Tienen las hojas largas y angostas. Las tunas que en estos árboles se hacen se llaman tecolonochtli. Tienen gruesos los hollejos.

Párrafo nono: de las raíces comestibles

Las raíces del árbol que se llaman cuauhcamotli son comestibles como ya está dicho.

Hay otras raíces buenas de comer que se hacen como nabos debajo de la tierra, a las cuales llaman camotli. Estas son vatatas de esta tierra. Cómense cocidas, crudas y asadas.

Hay otras raíces que se comen crudas, a las cuales llaman jícama. Son blancas y dulces, y matan mucho la sed.

Hay otras raíces que también se comen, que se llaman címatl. Cómense cocidas, y si se comen crudas, hacen daño. Son de suyo blancas; cuando se cuecen, hácense amarillas.

Hay otras raíces que se comen crudas y cocidas, a las cuales llaman tolcímatl. Son redondillas y blancas; después de cocidas son amarillas.

Hay otra raíz que también se come, que se llama cacapxon. Es casi como jícama.

Hay otras raíces que también se comen, que se llaman cacómitl. Cómense cocidas. Tienen cáscaras y hojas casi como de cebullas. El meollo es blanco y comestible, y tiene sabor como de castaña.

También el meollo de las raíces de las espadañas suelen comer cocidas y crudas. Las raíces de las espadañas que comen llámanlas acaxílotl.

Hay otras raíces que llaman atzatzamolli, que también las comen. Hácese en el agua dulce y son como fruto de unas hierbas que se crían en el agua que tienen las hojas anchas como platos. Llámanse atlacuezona, que hacen unas rosas blancas.

Hay otra raíz que se llama zacateztli. Es redonda, pequeña, como grano de maíz. Cómese cocida, y es sabrosa.

Hay otra raíz que se llama quequejqui o quequéxquic. Hácese en tierra caliente. Cómenla cocida.

Hay otra raíz de una hierba que se llama xaltómatl. Es comestible cruda, cocida y asada; es agridulce.

Hay otra raíz de una hierba que se llama uitzocuitlapilli, la cual se llama como la misma hierba. Es comestible asada. Es quemosa.

Capítulo VII. En que se trata de todas las hierbas
Párrafo primero: de ciertas hierbas que emborrachan

Hay una hierba que se llama coátl xoxouhqui, y crían una semilla que se llama ololiuhqui o coátl xoxouhqui. Esta semilla emborracha y aloquece. Danla por bebedizos para hacer daño a los que quieren mal, y los que la comen paréscenles que ven visiones y cosas espantables. Danla a comer con la comida o a beber con la bebida los hechiceros y los que aborrecen a algunos para hacerles mal. Esta hierba es medicinal y su semilla para la gota, muliéndola y poniéndola en el lugar donde está la gota.

Hay otra hierba como turmas de tierra que se llama péyotl. Es blanca. Hácese hacia la parte del norte. Los que la comen o beben ven visiones espantosas o de risas. Dura este emborrachamiento dos o tres días, y después se quita. Es común manjar de los chichimecas, que los mantienen y da ánimo para pelear y no tener miedo, ni sed, ni hambre; y dicen que los guarda de todo peligro.

Hay otra hierba que se llama tlápatl. Es como mata. Cría unas cabezuelas sin espinas, como limones. Tienen la cáscara verde; tienen las hojas anchuelas, las flores blancas; tiene la semilla negra y hedionda. Y quita la gana del comer a los que las comen, y emborrachan y enloquecen perpetuamente. Esta semilla es buena contra la gota, untando con ella donde está el dolor. El olor también de ella es dañoso como la misma semilla. Y aquí dicen un adagio contra los soberbios y presuntuosos. Dicen que comen esta hierba y otra hierba que se llama míxitl; quiere decir que están locos como si comiesen estas hierbas.

Hay otras hierbas de éstas que se llaman tzitzintlápatl. Dícense así porque tienen las cabinuelas espinosas. Tienen las mismas operaciones de la de arriba dicha.

Hay otra hierba que se llama míxitl. Es pequeñuela y es parrada; es verde y tiene semilla. Es buena contra la gota, poniéndola molida donde está el dolor. Ni es comestible ni bebible. Provoca a vómito; aprieta la garganta y la lengua; provoca a sed; hiende la lengua. Y si se come o bebe, no dan mal sabor ni mal gusto, pero luego quita todas las fuerzas del cuerpo. Y si tiene los ojos abiertos el que la come, no los puede más cerrar, y si los tiene cerrados, no los puede más abrir. Y si está enhiesto, no se puede más doblar, ni bajar, y pierde la habla. El vino es contra esta hierba.

Hay unos honguillos en esta tierra que se llaman teonanácatl. Críanse debajo del heno en los campos o páramos. Son redondos, y tiene el pie altillo y delgado y redondo. Comidos son de mal sabor; daña la garganta y emborracha. Son medicinales contra las calenturas y la gota. Hanse de comer dos o tres, no más. Los que los comen ven visiones y sienten vascas del corazón, y ven visiones a las veces espantables y a las veces de risa. A los que comen muchos de ellos provocan a lujuria, y aunque sean pocos. Y a los mozos locos y traviesos dícenles que han comido nanácatl.

Hay otra hierba ponzoñosa que se llama tochtetepo. Tiene las hojas menudas como las del árbol del Perú. Tiene las raíces blancas. Si alguno la come o bebe, luego muere, porque le hace pedazos las tripas. Y si esta hierba la echan en el pulque o en agua, aunque la saquen luego, deja allá la ponzoña y muere el que la bebe. Así se dice de los hechiceros que hechizan con esta hierba.

Hay otra hierba que se llama atlepatli. Críase en las orillas del agua y cerca de las ciénagas. Es mortal. El que la come o bebe de los animales, luego muere. Hace ampollas como fuego, si la ponen sobre la carne. Es contra la lepra que se llama xíotl.

Hay una hierba que se llama aquiztli. Tiene las ramas largas y delgadas. Es como mata. Y tiene esta propiedad, que si alguno la mea o escupe, luego se lo hincha la cara o todo el cuerpo, y si toca al cuerpo, luego hace empollas. Es contra las viruelas; bebido el zumo de ella, échalas fuera.

Hay otra hierba que se llama tenxoxoli. Tiene las hojas como espadañas delgadillas. La raíz de esta hierba provoca a vómito, y también hace salir sangre.

Hay otra hierba que se llama quimichpatli. Es como mata. Es mortal. Esta hierba mata a los ratones, mezclada con alguna comida que ellos comen. Puesta esta hierba en las llagas podridas, come toda la podredumbre de ellas y descubre la carne viva.

Párrafo segundo: de las getas

Las getas hace genus campos en los montes. Son buenas de comer. Cuécense para comerse, y si están crudas o mal cocidas provocan a vómito, a cámaras y matan. Para remedio de esta corrupción que causan las getas es bueno el ungüento amarillo que se llama axin, echado por tristel.

Hay unas de estas getas que llaman tzontecomananácatl. Son grandes y redondas.

Otras hay que se llaman xelhuacnanácatl. Nacen muchas juntas en un pie, unas altas y otras bajas.

Hay otras getas que se llaman chimalnanácatl. Son anchas y redondas, a manera de platos. Todas estas getas son comestibles, y han de ser muy cocidas para comerse.

Hay otras getas que se llaman menanácatl. Son blancas y redondas. No son recias de cocer; presto se cuecen. Y también se asan en comales, y son muy sabrosas.

Otras se llaman zacananácatl. Estas son altas de pies y tienen el pie delgado. Son redondas y llanas. Cuécense de presto y son buenas de comer. Hácense en los páramos cuando comienzan las aguas.

Hay otras getas que se llaman cuauhnanácatl, porque se nacen en los árboles. Son buenas de comer asadas y cocidas.

Hay una raíz que se llama címatl. La hierba de esta raíz llámase cuauecoc, y también se llama címatl. Esta hierba hace unas habas que son como los frijoles grandes y son frijoles silvestres. Esta hierba echa las ramas largas y parradas sobre la tierra. La raíz de esta hierba, si se come cruda o mal cocida, provoca a vómito y a cámaras y mata. Contra este daño es el ungüento amarillo que se llama axi, echado por tristel. Para comer estas raíces es menester cocerlas dos días, que hierva siempre.

Hay una hierba que se llama amolli. Tiene las hojas como espadañas chicas y tiene el tallo blanco. La raíz de esta hierba es como jabón para lavar la ropa. Y con las que son delgadas lavan la cabeza. Y también son como morga para emborrachar los peces. Y si alguno bebe de esta raíz, o muere o recibe mucho daño. Y si alguno ha bebido alguno sanguijuela y la tiene en el cuerpo, bebiendo el agua de esta raíz, la mata.

Hay una raíz que se llama tecpatli o tecpaólotl. Es pegajosa como liga. Es de la manera de la raíz del jabón. Es medicinal para las quebraduras de huesos. Y también usan de ella, como de liga, para tomar aves. Untan con ella pajas largas y pónenlas donde comen o beben las aves, y con esto las toman. También llaman a esta liga tlazali, porque es muy pegajosa.

Hay otra hierba que se llama yiamoli. En ellas se hacen unas manzanitas negras y son muy amargas. Son medicina de la caspa de la cabeza.

Párrafo tercero: de las hierbas comestibles cocidas

Una de las hierbas que se comen cocidas se llama uauhquílitl, que son bledos. Es muy verde. Tiene las ramas delgadillas y altillas. Tiene las hojas anchuelas. Los tallos de esta hierba se llaman uauhtli. La semilla de esta hierba se llama uauhtli. Esta hierba cuécese para comer, sabe a cenizos. Esprímese el agua en que se cuece para comerse, y sal. Hácese tamales de esta hierba, los cuales se llaman quiltamalli. Hácense tortillas, el maíz molido y hojas de esta hierba;

llámanlas quillaxcalli. Esta es una hierba muy común y es como cenizos de Castilla. Cómenla mucho.

Otra hierba que se come cocida se llama quiltonilli. Tiene las hojas anchuelas cuando es pequeño. Esta hierba es comestible. Cuando ya es grande llámase petzícatl o pitzícatl. Cuécese con salitre. Exprímese del agua para comerla. Esta hierba cría una semilla negra que se llama petzícatl.

Hay otra hierba que se come también cocida, que se llama itzmiquꟼlitl. Es parrada. Tiene las ramillas grusezuelas y las hojas redondas y llanas.

Las flores de las calabazas llaman ayoxochquꟼlitl. Cómenlas también cocidas. Son muy amarillas. Son espinosas. Múndalas para cocer, quitando el hollejuelo de encima para cocerlas.

Los grumos o las extremidades de las ramas de las calabazas cómense también cocidas.

Hay otra hierba que se llama axoxoco. Tiene las hojas largas y anchas. Cómense cocidas y son sabrosa y agras.

Hay otra hierba que se llama mizquiquꟼlitl. Cómese también cocida. Es altilla y es muy verde. Tiene las hojas arpadas. Es sabrosa de comer cocida.

Hay otra que se llama acuitlacpalli. Es parrada y larga. Hácese a la orilla del agua. Son buenas de comer cocidas.

Hay otra hierba que se llama tziuinquꟼlitl o tziuenquꟼlitl. Hácese a la orilla del agua. Tiene las hojas arpadas y azules. Es buena de comer cocida.

Hay otra hierba que se llama tacanalquꟼlitl. La raíz de esta hierba se llama tacanalli. Hácese en los montes. Es de color de zeniza. Cómese cocida y asada.

Hay otra hierba que se llama mamaxtle o mamaxtlaquꟼlitl. Es semejante a la hierba que se llama acuitlacpalli. Hácese a la orilla del agua. Cómese cocida y es sabrosa.

Hay otra hierba que se llama tzitzicacquꟼlitl. Es como ortigas, y cómese cocida.

Hay otra manera de hierba que se llama ueicuauhquꟼlitl o teuuauhquꟼlitl. Son bledos silvestres y cómense cocidos, y son amargos ante de cocerse y después son sabrosas.

Hay otra hierba etenquꟼlitl. Es la hierba de los frijoles que se derrama cuando los cogen. Cómense cocidas.

Hay otra hierba que se llama tlalayoquílitl, que son calabazas silvestres. Cómense cocidas.

Xaltomaquílitl cómese también cocida.

Párrafo cuarto: de las hierbas que se comen crudas
De las hierbas que se comen crudas hay una que se llama tzitziquílitl. Es muy tierna. Hace flores y semillas. Es verde oscura y es muy bien de comer.

Hay otra hierba que se llama eloquílitl. Es muy verde y tierna. Engendra flores. Es muy sabrosa.

Hay otra que se flama cuauheloquílitl. Es silvestre; especialmente nace entre los tunales. Es muy tierna y buena de comer.

Hay otra que se llama mozoquílitl. Es muy verde y muy tierna, y es bellosa. Es muy sabrosa.

Hay otra hierba que se llama tzayanalquílitl, que se hace en el agua. Tiene las ramas huecas y arpadas, y es de buen comer.

Hay otra hierba que se llama achochoquílitl, verde clara. Hácese cerca del agua. Es buena de comer. Dicen de esta hierba que si los muchachos o muchachas la comen, hácense impotentes para engendrar, pero después de grandes todos la comen seguramente. También esta hierba se llama auexocaquílitl.

Hay otra hierba que se llama tentzonquílitl. Es muy verde y tiene unas cañitas huecas como aquella hierba que se llama axalli, y críase cerca del agua. Cuando se masca soena entre los dientes cuando se comen.

Hay otra hierba que se llama iztaquílitl. Es bajuela y acopadilla. Tiene sabor de sal. Cómese cocida y cruda.

Hay otra hierba que se llama tepicquílitl. Tiene las hojas larguillas y puntiagudas. Si comen mucha da cámaras.

Hay otra hierba que se llama ezoquílitl. Son las hojas y ramas de los frijoles. Son un poco ásperas y vellosas. Cómense crudas. Provocan a regoldar.

Hay otra hierba que se llama uitzquílitl. Son cardos de la tierra. Tienen espinas y las hojas de abajo son cenicientes y las de arriba son verdes. Son buenas de comer. Cuando se masca soena entre los dientes. Tiene dentro hilachas como los cardos de Castilla. Hácese a la orilla del agua y también es hierba hortense.

Hay unos cardos silvestres que son como los de arriba dichos, salvo que se crían en las montañas. Llaman cuauitzquílitl. Y dicen «yo como al que me come», porque son espinosos y pican al que los come.

Hay otra manera de hierba comestible que se llama chichicaquílitl. Críase cerca del agua y en tierra dulce y labrada. Es muy tierna. Tiene las raíces blancas, y es algo amarga.

Hay otra hierba que llaman tonalchichicaquílitl. Hácese en tierra seca y en los páramos y en las montañas. Es verde cenizienta. Es muy amarga. Es contra el calor interior. Es buena para la digestión y purifica los intestinos, especialmente cuando se come en ayunas.

Hay otra hierba que se llama coyocuexi. Es semejante al uitzquílitl que arriba se dijo. No es espinosa. Tallece y florece. No la usan comer los muchachos ni muchachas. Es amarga y empece a la garganta, porque hace la voz ronca, especial a los muchachos y muchachas, y por eso no la usan comer.

Hay otra hierba que se llama popóyauh. Es como mata. Es pintada de negro y verde. Cómese cruda y cocida. Amásanla con maíz y hacen tortillas de ella.

Hay otra que se llama mexixi. Es quemosa. Tiene pequeñitas hojas. Cómese cruda y cocida y mezclado con maíz y hecha tortillas o tamales. Y si se come mucha de ella cría empollas y hace damasiado calor. Los tamales con esta hierba hechos llámanlos mexixquiltamalli, y a las tortillas llaman mexixquillaxcalli. La semilla de esta hierba es amarilla y de hechura de lentejas. Cómenla mucho las tortolillas. Hacen atul o mazamorra de esta hierba a los que tienen cámaras de materia y sangre. Esta semilla tiene la propiedad de purificar los intestinos.

Hay otra hierba que se llama xoxocoyoli, y son las acederas de esta tierra. Son acedas, y cómense cocidas y crudas.

Hay otra hierba que se llama xoxocoyolpapatla. Tiene los pies altos y delgados, y las hojas redondas y anchas, y las hojas que están en la punta del pie son sabrosas de comer cocidas.

Hay otra hierba que se llama xoxocoyolcuecuépoc. Tiene los pies gordos y redondos. Tiene las hojas raras. Florece. Son sabrosas como los xitomates. Nace esta hierba cuando comienza a llover.

Hay otras de estas hierbas que se llama xoxocololuiuila. Es parrada. Tienen las hojas chicas y redondas. Es sabrosa.

Hay otra hierba de ésta que se llama miccaxoxocoyoli. Es de la manera de la que arriba se dijo xoxocoyolpapátlac, pero tiene grueso el pie y velloso, y las hojas anchas. Son muy acedas y hacen dentera.

Hay otra de estas hierbas que se llama cuauhxoxocoyoli. Es como la de arriba. Es suave de comer, y son mayores que las de arriba.

Hay otra hierba que llaman cuanacaquílitl; quiere decir «hierba que comen las gallinas de Castilla». Estas son las cerrajas de Castilla. Dicen que no las había en esta tierra antes que viniesen los españoles y ahora hay tantas que toda la tierra está llena de ellas, y como la semilla tiene alas y vuela hase multiplicado por todas partes.

Hay cebollas pequeñitas en esta tierra que se llama xonácatl. Tienen el comer de las cebolletas de España. Éstas plántanlas y son hortenses.

Hay otras cebolletas silvestres que se hacen por esos campos, y queman mucho.

Hay otras cebollitas silvestres que se llaman maxten. Tallecen y florecen. Son desabridas. La raíz o la cabeza de éstas cómenla cocida. Nacen muchas juntas y de aquí sale un adagio, que dicen a los que engendran muchos hijos: son maxtenpilua.

Hay otra hierba que se llama papaloquílitl. Es olorosa y sabrosa. Tiene las hojas redondas. Hácese en tierras calientes.

Hay otra hierba que se llama ayauhtona. Hácese por los campos y por los montes. Es semejante a la de arriba dicha. Es silvestre y acopadilla y baja. Florece y las flores de ella son olorosas.

Hay otra hierba comestible y es la hierba de las batatas.

También las hojas de las jícamas se comen.

Hay otra hierba que se llama tolcimaquílitl, y es comestible. Las flores de esta hierba son muy hermosas y son muy delicadas. La raíz de esta hierba es comestible. Arriba se trató de ella.

La raíz de las espadañas también son comestibles.

La raíz de la hierba que nace en el agua, que tiene las hojas sobre el agua tan anchas como platos, que se llama atlacuezoma, tiene una raíz negra áspera que se llama atzatzamoli; lo interior de esta raíz es comestible, cocida.

Hay una raíz que se llama zacateztli. Es redonda y blanca. Cómese cocida y es sabrosa.

Una frutilla que se llama xaltómatl o xaltotómatl, que es fruta que se hace en una hierba que se llama xaltomaxíhuitl. Esta frutilla alguna de ella es blanca y otra negra. Es muy zumosa y muy dulce y redonda. La raíz de esta hierba es comestible cruda y asada y cocida.

Hay una hierba que se llama coyototómatl o coyotómatl. Nace en ella una frutilla que es como los tomates chiquitos que se llama miltómatl. Tiene la cobertura amarilla. Son dulces. Traban un poco de la garganta. Son comestibles. La raíz de esta hierba si se bebe, no mucha sino templadamente, es medicinal: limpia los intestinos. Las mujeres que dan a mamar la beben. Purifícaseles la leche con ella.

Hay una hierba que se llama atlitlíliatl, que cría unas frutillas negrecillas y dulces que declinan a agridulce. Las hojas de esta hierba son buenas para los temaccales, para dobar el agua con que se bañan los enfermos.

Hay una hierba que se llama tlalxílotl. Es comestible. Hay una hierba que se llama tlalayotli. La hierba de ésta es comestible.

Párrafo quinto: de las hierbas medicinales

32. Hay una hierba medicinal que se llama zozoyátic. De ésta usan los médicos en principio de su cura. Hácese como cabeza de ajos debajo de la tierra. Cuando comienzan a curar a algún enfermo muelen esta hierba juntamente con su raíz y su semilla. Echan un poquito en las narices del enfermo; y si echan en cantidad, luego saca sangre de las narices. Hácese en el lugar que se llama Motlauhxauhcan, que es a la orilla de las montañas de Cuauhnáuac.

33. Hay otra hierba medicinal que se llama pipitzáoac. Es así como heno crecido. La raíz de esta hierba se muele y se da a beber al que tiene calor interior demasiado, y con ella se purga gomitando, y también hace cámaras; con esto se aplaca el calor interior. Y también hace purgar por la urina materia, así a los hombres como a las mujeres. Después de haber purgado, comerá el enfermo y beberá yolatolli, que se hace de maíz molido. Hácese esta hierba en las montañas de Chalco.

34. Hay otra hierba medicinal que se llama iztaccuáuitl; otro nombre uauauhtzin. La raíz de esta hierba es como la raíz que se llama címatl. Es tan gruesa como ella y muy blanca. Es algo dulce y es fofa. Es contra el calor. El agua de esta raíz beben los que se han purgado; ésta es su bebida después de la purga.

Y purifica la urina y sana el miembro genital, así a los hombres como a las mujeres. Si alguna apostema hay en él, échalo fuera, y esta misma raíz si a alguno le han herido en la cabeza y se le ponen en la cabeza, verde o mujada, molido, sánale. También esta raíz aprovecha a los que tienen mal ojos, que tienen los párpados hinchados y bermejos de calor, untándoles livianamente sanan. Las hojas de esta hierba son algo bermejas o moradas, y las ramas son delgadas y arpadas, y no son medicinales. Críase esta hierba por los montes.

35. Hay otra hierba medicinal que se llama coanenepilli. Tiene la raíz blanca y tiesa, y es algo dulce, y de color moreno lo superficial y el meollo es blanco. Una de estas raíces se toma molida en cuatro veces. Es para pulgar. Desecha los malos humores por la boca y por la cámara. Bébese para purgar. También templa el demasiado calor. Tiene las hojas de color verdes claras y redondillas; no aprovechan de nada. Y si por ventura las cámaras son muchas, para estancallas hase de tomar un poco de caldo de ave, unas poleadas que se llama yolatolli. Esta hierba se hacía en la provincia de Tetzcuco, en los páramos y campos, y es rara en las montañas.

36. Hay otra hierba que se llama ilacatziuhqui. Tiene la raíz a manera de un cordel torcido. Esta hierba es quemosa y dulce. Tiene los exterior negro y lo interior blanco. Una raíz de éstas molida se da en cuatro veces para purgar, y remueve los humores y hace echar por la boca y por bajo todos los malos humores. No se ha de tomar mucha sino templadamente. Templa el calor demasiado. Tiene las hojas pequeñas y redondas; no son de provecho. Y si hace demasiado flujo, tomará el enfermo un poco de caldo de ave o las puchas que llaman yollatolli. Hácese esta hierba en la provincia de Tezcuco en los páramos y en los montes; raramente se halla.

37. Hay unos magueyes que se llaman teómetl, que tienen una lista de amarillo por la orilla de la penca y lo demás verde. Es medicinal. Cuecen la penca debajo del rescoldo, y después de cocida esprímenla el zumo y revuelven con ella hasta diez pepitas de calabaza molidas y el zumo de miltomates. Todo revuelto dando a beber al que ha recaído de alguna enfermedad. Halo de beber sobre comida y no ha de beber otra cosa. Con esto sana. Hácense estos magueyes en toda parte, en los montes y también sobre los tapancos. El que bebe esto ha de tomar un baño sobre ello.

38. Hay un arbusto o mata que se llama chapolxíhuitl. No tiene ramas, y las hojas nacen en el mismo tronco. Tiene el palo verde, este palo con las hojas se muele. Y si a alguno le quedó un pedazo de flecha en el cuerpo, o tropezando se le quedó algún pedazo de estilla en el pie, o alguna espina, hueso, puniéndole allí lo saca. Y también sana las llagas o cortaduras que se han apostemado. En toda parte se hace este arbusto, en los llanos y en los montes.

39. Hay otra hierba medicinal que se llama totoncaxíhuitl. Tiene las hojas redondas y muy verdes. No es parrada sino altilla. Con las hojas y raíz molida se sanan las apostemas, como diviesos y encordios, puniendo los polvos mezclados con agua encima de la apostema. Con esto algunas apostemas se abren y otras se resuelven. Hácese esta hierba en los montes.

40. Hay otra raíz medicinal que se llama hueipatli. Son estas raíces redondas como turmas de tierra. Están trabadas unas con otras. Tienen las hojas redondas y puntiagudas; no son de provecho. Estas raíces, molidas y bebidas con agua, aprovechan a los que tienen estragada la digestión, y los niños que tienen cámaras, bebiendo un poco de ella con agua, sanan. Hácese por los campos y páramos.

41. Hay otra hierba medicinal que se llama ixyayáoal. Es algo quemosa. Tiene las hojas redondillas y verdes. La raíz tiene negrestina. Quita el demasiado calor bebida con agua y purifica la urina. Con las hojas de esta hierba, molidas, puesta sobre la cabeza a los niños, quétaseles la sarna de ella, y también se quitan las cámaras y el calor demasiado. Muélese la raíz con la hoja de la hierba eeloquíltic, y es bueno para los que tienen restriñida la cámara, y luego hace cámara. Hácese en riscos y peñas.

42. Hay otra hierba medicinal que se llama eeloquíltic. Tiene las ramas altas y delgadas. Las hojas molidas y bebidas ayudan a la digestión, y refrescan, y provocan la urina. Hácense en las montañas.

43. Hay otra hierba medicinal que se llama tozancuitlaxcolli. Tiene las hojas coloradillas y redondas y arpadas, y las ramas bermejas. Algunas de estas hojas están la mitad coloradas y la otra mitad verdes. La raíz de esta hierba por de dentro es blanca y por de fuera bermeja. Tiene muchas raíces, y son redondillas y asidas unas con otras, como enhiladas. Esta raíz molida con chile toéstase, y después cuécese con agua. Esta medicina, de esta manera hecha, sana las cámaras de sangre después de bebida, abaja aquel humor y hace más cámaras

de las que hacía; y después, antes de un poco, aplaca. Y después de esto ha de beber agua mezclada y con chientzótzol; y de ahí a un poco podrá comer. Las hojas de esta hierba no aprovechan de nada. Hácese esta hierba en las peñas y en los riscos y en las montañas.

44. Hay otra hierba medicinal que se llama coztómatl. Es muy amarga. La raíz de esta hierba es blanca y redondilla. La corteza tiénela como amarilla, lo demás blanco. Las hojas tiene como la hierba que se llama miltómatl. Cría una frutilla amarilla y dulce y buena de comer. La raíz de esta hierba ayuda a la digestión y también templa el calor demasiado. Hácese esta hierba en los llanos, y en cuestas, y en montañas y en páramos.

45. Hay otra hierba medicinal que se llama zacacili. Párrase a raíz del suelo unas ramas largas. Las hojas tiene anchuelas y delgadillas. Hácense en esta hierba unas flores blancas; no son de provecho. La raíz de esta hierba es algo dulce. Es contra las cámaras de sangre, bebida y molida con un poco de chiantzótzol, y bebida. Bébese sobre la comida. Y también es buena para las quebraduras de huesos, puesta de encima con alguna cosa que pegue, como tzacutli o xochiocótzotl. También es provechosa para las apostemas, como son encordios y otras semejantes; puniéndola encima hace madurar la apostema. También es buena para sacar estilla, espina o hueso, o pedazo de flecha del cuerpo. Hácese esta hierba en las montañas de Xochimilco y en todas las montañas.

46. Hay otra hierba medicinal que se llama iztacpalancapatli. Es mata muy verde. Tiene las hojas muy delgadas y las flores tiene la mitad blancas, la mitad coloradas; las hojas y las flores no son de provecho. Tiene muchas raíces largas y gruesas, y blancas, y recias, como de árbol. Esta raíz no se bebe sino molida. Se echan los polvos en la llaga podrida o hecha parche, cuando ya va sanando, para que cierre. Hácese por las cuestas y altos.

47. Hay otra hierba medicinal que se llama cototzauhquixíuitl. Las ramas y hojas de esta hierba son angostas y delgadas como las hojas del auéuetl. La raíz de esta hierba es algo quemosa y dulce. Es purgativa. Hace correr las reumas. Bébenla los que tienen seco el pecho y la garganta para quitar aquella sequedad. Hanla de beber molida y poca, y así hace echar las flemas cuajadas y materias. Las ramas de esta hierba no son para nada. Hácese en los altos.

48. Hay otra hierba que se llama cocoxíhuitl o cococpatli o uitzocuitlapilxíuitl. No tiene más de una vara y tres o cuatro ramillas en ella. Tiene la verdura algo

amarilla en las ramas y en las hojas; las ramas ni las hojas no valen nada. La raíz es como rábano. Es provechosa para los que están restreñidos de la cámara. No se bebe, sino dase por tristel. Es quemosa, casi como chilli. Hase de tomar templadamente, no mucha. Hácese esta hierba en todos los montes.

49. Hay otra hierba medicinal que se llama chichiéntic. Es mata. Tiene las hojas y las ramas algo coloradillas. Tiene la raíz como rábano delgado. Es algo dulce. A los que les purgan con la hierba que arriba se dijo, dánsele a beber y no bebe otra agua. Es fría. Hácese en todos los montes.

50. Hay otra, hierba medicinal que se llama cocoxíhuitl. Es mata. Tiene las ramas delgadillas y las hojas larguillas y romas. Tiene las flores como de chíen. Tiene muchas raíces espesas y algo amarillas por encima. Aprovecha a los que tienen demasiado calor de dentro, y suda mucho. No se bebe, sino dase por tristel. Las ramas no son de provecho. Aprovecha también a los tosigosos. Purifica la garganta y también el pecho; y en todos los montes se, hace.

51. Hay otra hierba que se llama xaltómatl. Es mata, y lleva unas uvitas que son buenas de comer. Tiene la raíz como rábano. Es algo dulce. La raíz de ella cocida con agua, aquella agua beberá el que fue purgado por enfermedad de la urina. En toda parte se hace esta hierba.

52. Hay otra hierba que se llama ixnexton. Párrase sobre la tierra. Tiene las hojas verdes y redondillas, puntiagudas; no aprovechan nada las hojas. La raíz es algo amarga; molida esta raíz con unos granos de maíz dase a las paridas a beber, y después tornan los baños. Hácese en todas partes.

53. Hay otra hierba medicinal que se llama tacanalxíhuitl. Tiene las ramas muy verdes y vellosas. Las hojas son largas y angostas; no son para nada provechosas. Las raíces de esta hierba son blancas y redondas. Están ensartadas unas con otras. Son dulces como jícama. Muélese con un poco de maíz, y bébela el que siente demasiado calor. La hierba se come cocida. Hácese por los maizales y por las montañas.

54. Hay otra hierba medicinal que se llama xoxocoyóltic. Tiene una rama larga y otras ramillas que salen de ella. Tiene las hojas a manera del corazón, arpadillas y coloradillas; no son para nada provechosas. Tiene una raíz sola y redonda como piedra. La raíz en la sobrehaz es bermeja y de dentro blanca, y es amarga. Es medicinal para los que tienen dañado el miembro, echando con jeringa dentro, y también para los que están restreñidos de la cámara, tomándola por tristel.

Hase de mezclar con un poco de pulque blanco o sin mezcla, y gomitará con ella y también echará fuera la materia que está dentro en el miembro. Habiéndola tomado de esta manera, tomará el enfermo un poco de caldo de ave o puchas que llaman yolatolli; de tornado esto, comerá, pero no ha de beber agua fría. Hácese esta hierba en los riscos y peñas.

55. Hay otra hierba medicinal que se, llama tlacoxíhuitl. Es mata, y tiene todas las ramas verdes como las mismas hojas. Las flores tiene amarillas. Las ramas tiénelas esquinadas. Tiene las raíces delgadas y espesas. La hierba no es para nada. Las raíces de esta hierba muélese mojadas, y los que sienten demasiado calor interior y tienen la cara incendida bébenla, y también le rocían la cara y los ojos con ella. Hase de echar en agua clara para beber y para rociar con ella, y hácese el agua como morada, y hácese sudar al que la bebe. Hácese en las montañas.

56. Hay otra hierba que se llama acocoxíhuitl. Es mata, las hojas angostas y larguillas, las ramas artillas; las hojas y las ramas no tienen virtud ninguna. La raíz es algo quemosa y tiene olor como de hierba. Molida, dase por tristel; también a beber una poca, revuelta con agua. Al que tiene apostema en el miembro o dentro, o echa materia por la urina, y que se va secando todo el cuerpo, con ésta purga toda la enfermedad. No ha de ser muy espesa el tristel ni lo que se ha de beber, ni ha de ser caliente, ni ha de comer cosa caliente. Templa el calor interior esta medicina. Esta hierba se hace en las montañas.

57. Hay otra hierba medicinal que se llama iceleua. Es arbusto. Tiene las hojas redondillas, muy verdes. Tienen unas flores moradas; no son de provecho. La raíz de esta hierba es negra y grande, como raíz de árbol. Córtanla para aprovecharse de ella, y hecha estillas, cuécense juntamente pepitas de calabaza y granos de maíz. Cuélase el agua después de cocida y hácese como puchas. Dase a beber a los que recayen, o si alguna mujer después de la enfermedad tuvo su marido aceso a ella, y por eso arrecaye. Bébela dos o tres veces; con esto sana. También se bebe cruda, molida y revuelta con agua cuando alguno comienza a estar enfermo; y con esto echa por la boca cólera y flema. Y también la beben los que tienen demasiado calor y angostias en el corazón; con esto se aplaca. Después de bebida, toman un poco de caldo de ave. Es rara esta hierba, y hácese en las montañas.

58. Hay otra hierba medicinal que se llama chilpanton. Es altilla y tiene las hojas largas y anchuelas. Tiene unas flores coloradas. Las hojas y ramas no aprovechan de nada. Las raíces de esta hierba son negras por de fuera y blancas por de dentro. Son espesas y largas. Son amargas. Tostada en un comal y molida aprovecha al que le sale sangre por las narices, echándola por las narices deshecha en agua. Y al que tiene tos dénsele a beber con agua, y echa por la boca flemas. Ablanda el pecho. Hácese esta hierba en todas las montañas.

59. Hay otra hierba que se llama chichilquíltic. Es bermeja la sobrehac. Tiene las ramas largas y ralas. Las hojas son angostas de abajo y anchuelas y puntiagudas hacia arriba, y tiene las ramas. Tiene las conjunturas como cañas. La hierba no es de provecho. La raíz es provechosa bebida para las que tienen destemplado calor dentro en el cuerpo y frieldad de fuera, o sienten frieldad en los nervios. Con esta hierba bebida sale el calor de fuera. Cuando se bebiere no se han de comer tortillas calientes ni cosa agra. En todas partes se hacen, en los llanos y en las cuestas.

60. Hay otra hierba medicinal que se llama tlatlalayotli. Párrase por la tierra así como las calabazas monteses. Las hojas de éstas son comestibles. Tiene la raíz como el tolcímatl. Es entre dulce y amargo. Molida y revuelta con resina, que se llama ocotzotl, sanan las apostemas que se untan con ella. Y también se beben los polvos de ella para lo mismo. Hácese en los llanos y en los altos.

61. Hay otra hierba medicinal que se llama tepeamalácotl. Es como la hierba que se hace con el agua que se llama amamalácotl. Tiene las hojas redondillas y llanas. Tiene las ramas delgadas y largas y huecas, y la hoja en la punta de la rama. Desde la raíz hasta la hoja de arriba no tienen nada. La raíz es como unas pelotillas redondas, y es quemosa. Es provechosa para la tos y para la digestión. Cómense cuatro de estas pelotillas una vez, y a los niños cada una. Hácese en los riscos y peñas.

62. Hay otra hierba medicinal que se llama iztaquíltic. Tiene las ramas coloradas y las hojas verdes, un poco cenicientas; las hojas ni las ramas no son de provecho. Tiene la raíz larga. Es provechosa para los que tienen sarna, molida y bebida. No la beben sino una vez, y también se embarran con ella el cuerpo y así sana la sarna. Hácese por las cuestas y por los montes.

63. Hay otra hierba medicinal que se llama tlalmízquitl. Es mata. Tiene las hojas como el árbol que se llama mízquitl; no son de provecho las hojas ni las

ramas. La raíz de esta hierba es amarilla como la raíz del címatl. No tiene más que una raíz. Es larga. Es sabrosa. Muélese, y bébese molida en ayunas. Es provechosa para los que tienen cámaras, y para los que tienen calor demasiado interior, con ella se templa. Y comerá cosas frías después de haberla bebido. Hácese esta hierba en los llanos y en los montes.

64. Hay otra hierba medicinal que se llama pozauizpatli. Tiene las hojas anchas. La hechura es como de higuera, aunque pequeñas. Son muy verdes y arpadillas y puntiagudas. Están parradas por el suelo. Son amargas las hojas. Tiene la raíz como el rábano, por de fuera amarillo, por dentro blanca. Muélese la raíz con las hojas. Es provechosa para los que están hinchados o que les salen llagas por el cuerpo. Pónenla molida en los lugares de las llagas, hinchazones, y así sanan. Hácense en las montañas.

65. Hay otra hierba medicinal que se llama uauauhtzin o iztaccuáuitl. Ya se dijo arriba que es contra el calor demasiado, y también es medicinal para la hinchazón o pudrimiento del miembro, y para esto hase de muler juntamente con las hojas y flores de la hierba que se llama matlalli, y revuélvese con agua caliente. También esta hierba molida y bebida es contra el tabardete, cuando comienza a parecer con unas pintas como de cardenillo, y bebiendo esta hierba luego sale fuera; es menester sangrar al enfermo. También es provechosa para el que tiene cámaras continuas, bebida la raíz con agua caliente y mezclada con un poco de chíen. En toda parte se hace en las montañas.

66. Hay otra hierba medicinal que se llama tlacoxíhuitl. Es altilla y tiene las ramas y las hojas ralas, delgadas y larguillas, muy verdes. Sus flores son blancas, pero ni las ramas ni las flores no aprovechan para nada. Las raíces tiénelas espesas y blancas. Cuécese con agua poca de esta raíz. El que tiene cámaras bebe esta agua y después de haberla bebido sorbe unas puchas que llaman yolatolli. También es medicinal contra las apostemas e hinchazones; ábrenlas o resuélvenlas. En toda parte se hace esta hierba, en lo llanos y en los montes.

67. Hay otra hierba medicinal que se llama tlalchipili. Es altilla como dos palmos. Las hojas, verdes, anchuelas y puntiagudas, con muchas venas, no son de provecho. La raíz de esta hierba es verde oscura por encima, y de dentro cárdena. Es amarga. Molida y mezclada con resina ocótzotl, untada sobre las apostemas, sánalas. Hácese en los llanos y en las montañas.

68. Hay otra hierba medicinal que se llama acaxilótic. Es mata. Tiene hojas muchas juntas por sus tercios, en algunos dos, en otros tres, en otros cinco. Las ramas tiene delgadas y las hojas largas y anchuelas; las ramas ni las hojas no son de provecho. Las raíces de esta hierba son largas y blancas y pequeñas y estáticas. Molida y deshecha en agua aprovechan a los que han recaído de algún enfermedad, que acezan y tienen demasiado calor. Echan por la boca con ella cólera y flema y materia. Después de haberlo echado toma unas, sorbe unas puchas que se llaman yolatolli. Hácese en las montañas.

69. Hay otra hierba medicinal que se llama chichilquíltic. Tiene la raíz como cepa. Las ramas tiene larguillas, las hojas redondillas y arpadas y coloradillas; no son de provecho. La raíz es algo dulce; por de fuera es negra y por de dentro blanca. Molida con unos granos de maíz aprovecha a los que tienen gran calor interior, y purifica la urina y provoca a urinar. Después de tomada ha de comer cosas frescas. Hácese en las montañas.

70. Hay otra hierba medicinal que se llama uauauhtzin. Es altilla y tiene las hojas angostas y larguillas, y las ramas coloradillas; hoele mal. Tiene las hojas algo cenicientas y vellosas. La raíz tiénela espesa. En los exterior es amarilla y lo interior blanca. Molida la raíz con la rama aprovecha a los adormecimientos y entomecimientos de los pies. Bebida con agua también aprovecha al mal de los pechos. En los llanos y en cuestas se hace esta hierba.

71. Hay otra hierba medicinal que se llama iztaquíltic, por otro nombre tepeacocoxóchitl. Es mata. Tiene las ramas largas. Tiene las hojas menudas como las del cedro. Es muy verde y lisa. La raíz de esta hierba no aprovecha nada. La rama es algo quemosa. Aprovecha para los que están restreñidos de la urina. Hanla de beber molida y mezclada con agua, y no ha de beber otra agua sino ésta. También aprovecha a los que echan sangre por la boca. Purga los malos humores por la boca. Y a los que tienen gota coral, si le dan a beber a los principios, sanan. Y también aprovecha a los que escupen materia, y para éstos que escupen materia hase de mezclar con la hierba arriba dicha, que se llama uauauhtzin, y hácelos purgar los humores por abajo. Hácese en las montañas y riscos.

72. Hay otra hierba medicinal que se llama cuauheloquíltic, y por otro nombre se llama cuauheloxóchitl, y por otro nombre zexóchitl. Es mata. Las ramas de ella tiene sus tercios. Tiene las hojas anchuelas y puntiagudas y largas y

grosezuelas. La flor de esta hierba es azul claro. Las hojas y ramas no son de provecho. La raíz es medicinal. Es quemosa en la garganta. Molida y bebida con agua aprovecha a los que tienen calor demasiado interior, y no ha de beber otra agua sino aquélla. También se bebe en sanidad y aprovecha a la urina. En toda parte se hacen, pero son raras.

73. Hay otra hierba medicinal que se llama huiuitzquíltic. Es como los cardos de Castilla que se comen, pero son chicas, las hojas como un palmo. Y tallece y florece, y las flores son amarillas. La hierba no es de provecho. La raíz hoele a urinas, y por de fuera es negra y por de dentro es blanca. Cuécese con agua, y aprovecha aquel agua bebida a los que han recaído de algún enfermedad. Hase de beber en ayunas dos veces. Templa todo el cuerpo. Y el que la bebe no ha de comer cosa de chilli. Hácese en los montes y en los riscos.

74. Hay otra hierba medicinal que se llama memeya. que quiere decir «mana leche». Tiene una rama sola, y las hojas largas y anchuelas y puntiagudas, y flor blanca; las ramas ni hojas no tienen provecho. La raíz de esta hierba es como color castaño por de fuera, por de dentro es blanca. No tiene, nungún sabor sino como agua. Hase de tomar molida con unos granos de maíz y mezclada con agua tibia. Una de estas raíces o cebollas se reparte en tres o cuatro veces para beber. Aprovecha así bebida para los que tienen mal de barriga y le rugen las tripas y tiene la barriga hinchada; con esto sana. Hace echar por la boca cólera y flema y materia. Hase de tomar en ayunas, y después de tomada ha de beber el enfermo unas puchas que llaman yolatolli, y después ha de comer, pero no cosa con chile. También provoca la cámara y echa fuera las lombrices. Hácese en todas las montañas y cuestas.

75. Hay otra hierba medicinal que, se llama tetzmític. Es semejante a la mata que se llama tétzmetl; también se llama cuauholli. Tiene las hojas muy verdes y correosas y redondillas. También mana leche. Y tiene las ramas coloradas. Mana leche de las hojas y de los grumos cuando se corta. Esta leche echada en los ojos templa el calor de ellos y quita la bermejura de ellos, y acláalos y purifícalos. Las raíces de esta hierba son dulces y espesas y larguillas, y por de fuera tienen color castaño y por de dentro blanco. Lo interior de esta raíz molida provoca la urina y purifícala, y también templa el calor demasiado. Hácese en las montañas y en las ciénagas.

76. Hay otra hierba medicinal que se llama tzatzayanalquíltic. Las ramitas de esta hierba salen muchas sobre la tierra. Tiene las hojas como la hierba que se llama tzayanalquílitl. Tiene las hojas pequeñas y arpadillas, muy verdes. No tallece. De la hierba no hay provecho. La raíz de esta hierba es una y parece como cuentas que están ensartadas. De fuera son de color castaño claro, de dentro son blancas. Bébese molida y mezclada con agua. Aprovecha a las mujeres que crían cuando se les aceda la leche. Bebida muchas veces purifica la leche. Y también le dan a beber al niño que tiene cámaras; con ella se les quita también. Se maja, y el zumo que sacan de ella purifica la urina a los niños. Las que dan leche no han de comer ahuacates, porque hacen cámaras a los niños que crían. Hácense en las montañas y en las peñas.

77. Hay otra hierba medicinal que se llama ichcayo. Tiene las hojas larguillas y muchas, y levántanse debajo de tierra. Son larguillas como un dedo. Son de la pustura del maguee. Son algo cenicientas y vellosas. No tallecen. Son medicinales estas hojas molidas para los que tienen bubas; pónense encima de las llagas. Los que tienen bubas no comen pescado ni carne. Hácese esta hierba en las montañas.

78. Hay otra hierba medicinal que se llama tlályetl. Las hojas salen luego desde la tierra y son muy verdes, y echa una flor amarilla, y anchuelas y arpadillas. Tiene las raíces delgadas y espesas. Las hojas y raíces de esta hierba son quemosas. Y molida todo junto, raíces e hierbas, son provechosas para las almorranas. Hecha, polvos, échase encima de las almorranas y sanan. Hanse de echar los polvos muchas veces. Hácese en todas partes, en los campos y en los montes.

79. Hay otra hierba medicinal que se, llama mexíhuitl. Tiene muchas ramillas en un pie. Tiene las hojas coloradillas y también las ramas. Produce flores. Son coloradillas. Tiene las hojas anchuelas y arpadillas. Es quemosa al gusto. Muelen la raíz y las hojas en polvo. Aprovechan contra los encordios y contra los aradores. Mezclan el polvo de ella con un poco de resina de pino, y ponen encima plumas y pegadas. Hácese esta hierba entre los magueyes y también en los montes.

90. Hay otra hierba medicinal que se llama huitzocuitlapilxíhuitl. Es arbusto. Las ramas tiene algo coloradillas, y no tiene más de una rama derecha y de ella salen otras pequeñas. Van ahusadas hacia arriba. Tiene las hojas anchuelas y

arpadillas y muy verdes y puntiagudas. Produce unas flores amarillas. Las hojas y ramas no son provechosas. La raíz es provechosa. Es negra por de fuera y amarilla por de dentro, y es quemosa. Molida y mezclada con agua tibia dase por tristel y purga la materia cuajada y la sangre cuajada del miembro viril o seminil. Y también aprovecha al dolor de la vedija y al resfriamiento de la cámara. Hase de tomar en ayunas, y no comer hasta haber purgado. Hácese en toda parte, en los llanos y en las cuestas.

91. Hay otra hierba medicinal que se llama iztacpatli. Es parrada sobre la hierba. Tiene las hojas como las del cedro ahuéuetl, menudas. Son verdes claras. Tiene unas florecillas encarnadas entre las hojas. Tiene la raíz blanca. Son gruesas y amargas al gusto, y muchas. Son provechosas estas raíces molidas. Aprovechan para las podredumbres o apostemas que están intercutanias, puesta por encima untada. Ha de beber del agua de la raíz que se llama iztaccuáhuitl. En toda parte se hace esta hierba, en los llanos y en las cuestas.

92. Hay un arbusto que se llama cuauhtlacalhoactli. Tiene las hojas verdes y anchuelas y ralas y arpadas, redondillas. Tiene las flores leonadas. Las raíces de este arbusto son medicinales. Son gruesas y blancas y muy amargas. Son correosas. Estas raíces hechas estillas y echadas en agua, en que están algún tiempo para que el agua tome sustancia de la raíz, dase a beber esta agua a los que tienen sarna de la tierra que se llama nanáuatl. Hase de beber en ayunas. También se bebe molida con el agua. También purifica la urina. También los polvos de esta raíz se echan sobre la sarna dicha nanáuatl. También es provechosa a los que tienen mal del pecho y tienen mala digestión. También es provechosa para los que tornan a recaer de algún enfermedad. También purifica la leche de las mujeres que crían. Esta raíz para el agua en que se echa muy azul. Hácese en los montes y en los llanos y en los campos.

93. Hay otro arbusto que se llama haauaton o tlalcapuli. Es mata espesa. Las ramas tiene coloradillas oscuras, y lo interior muy colorado como las hojas del albaricoque. Lleva unos almendrucos. Cuando maduran estos almendrucos son algo colorados por de fuera. Las ramas ni las hojas ni el fruto no son de provecho. La raíz es coloradilla y larga como un codo, como una vara de medir. Es estítica, y enhierta la lengua. La corteza de esta raíz es provechosa, y el corazón de ella. Cocida esta corteza de la raíz con agua bébenla los que tienen cámaras de podre y sanan con ella. Hácese en los montes y en los llanos y en las cuestas.

94. Hay otra hierba medicinal que se llama ololiuhqui o xixicamátic. Tiene las hojas como de miltomate. Tiénelas ralas. Las flores son amarillas. No son de provecho ellas ni las hojas ni las ramas. Tiene la raíz redonda y grande, como nabo. Esta raíz molida es provechosa para los que tienen hinchazón de la barriga y le rugen las tripas. Hase de beber en ayunas, y purga con ella y quita el calor demasiado. Después de bebida come el enfermo y toma unas puchas que llaman yolatolli. Esta raíz es algo dulce, y en una hay para beber tres veces. Hácese en los montes y en los llanos.

95. Hay otra hierba medicinal que se llama iztáuhyatl. Es como ajenjos de Castilla. También es amarga. La hoja o hierba como ajenjos de Castilla. Molida o majada esta hierba muchas cosas aprovecha. Bebida, molida con agua, hace echar la cólera y flema. También es buena bebida para los que están ahítos. También echa fuera el calor demasiado interior, y también purifica la urina, y también aprovecha al que tiene ardor de la cabeza. También es provechosa molida juntamente con los meollos de las ramas de la hierba que se llama cuauhyayáoal para los que tienen agustias del corazón, por razón de algún humor que le oprima. Bébela cocida con agua y sana. Hácese por todas partes en los campos.

96. Hay otra hierba medicinal que se llama cuauhyayáual. Tiene las ramillas larguillas y verdes hacia las extremidades, las hojas delgadas, redondillas y un poco vellosas y arpadillas. La hierba se muele seca y se mezcla con incienso. Es bueno para zahumerio. La raíz no es provechosa. En todas las montañas se hace.

97. Hay otra hierba medicinal que se llama mamaxtla. Es de comer cruda y cocida la hierba. La raíz es medicinal para los trompezones de los pies. Hácese en las ciénagas.

98. Hay otra hierba que se llama xaltómatl. La raíz de esta hierba molida con la raíz de arriba es buena para los que urinan mal. También se mezclan con ellas algunos granos de maíz. Bébese en ayunas o después de comer, y que no se beba otra agua sino ésta. Y así purifica la urina y la adelgaza. En toda parte se hace, en los labrados y en las sabanas.

99. Hay otra hierba medicinal que se llama cuapopultzin. Tiene las ramillas largas y delgadas y horcajadas. En las horcadas nacen las hojas, y tiene las ramillas verdes y las horcadas amarillas, y las flores también amarillas. Tiene

las raíces espesas y delgadas, y amargan. Esta raíz es provechosa para el que siente calor demasiado interior, cocida con agua. Hase de beber el agua; ha de comer después, y no ha de beber otra agua. Y con esto purga y templa el calor. Hácese en las montañas.

100. Hay otra hierba medicinal que se llama tlalámatl. Tiene las hojas muy verdes, y de tres en tres en cada pezón. Tiene las flores amarillas y arpadas; no son de provecho. La raíz es blanca de fuera y de dentro es bermeja, y larga. Es buena para curar las quemaduras, puniéndola encima molida, y también para las podredumbres es buena puniéndola encima. En toda parte se hace.

101. Hay otra hierba medicinal que se llama xoxotlatzin. Es parrada sobre la tierra. Es muy verde y un poco hoele mal. Tiene flores entre las ramas y hojas. Esta hierba molida es buena para las apostemas que proceden de calor. Molida y puesta sobre ellas, ábrelas. También se envuelve con un poco de tequíxquitl para después que sea abierta la apostema con el tequíxquitl, revuelta, untando unas mechas, métenlas en la abertura y sana.

103. Hay otra hierba medicinal que se llama tonalxíhuitl. Tiene las hojas cenicientas. Nace parrada junto a la tierra. Tiene las hojas tiernas, quebradizas, y tiénelas angostillas. Hace unas flores blancas; en el medio son amarillas. Molidas las hojas y ramas son buenas contra la sarna. Pónese sobre la sarna, molida. La raíz de esta hierba no es de provecho. Y esta hierba empece a la lengua si se come. Esta hierba siempre se hace entre las aguas y en todo lugar, en los llanos y en los altos.

104. Hay otra hierba medicinal que se llama tlacoxóchitl. Levántase altilla. En lo alto produce ramas. Es delgadilla. Produce unas flores blancas y pequeñuelas, tirantes a morado. Las ramas no son de provecho. La raíz de esta hierba es negrestina por de fuera. Es gruesa como nabo, y lo interior es blanco y algo dulce. Esta raíz, molida con las ramas de la hierba que se llama chilpanto, es buena para quien le sale sangre de las narices, para estañarla, puniéndola molida dentro en las narices. También es provechosa para los que tienen gran calor interior. Hase de beber en ayunas mezclada con agua. También purifica la urina cuando se espesa. Hácese en las montañas en toda parte.

105. Hay otra hierba medicinal que se llama ocopiactli o tlilpotonqui. Sus hojas salen de la tierra sin ramas. Son tan largas como un palmo. Son arpadas. Echa tallo, y las flores son verdes y acopadas o redondas. Tiene las raíces espe-

sas y delgadas y largas. Molida la hoja con la raíz son provechosas contra las hinchazones que proceden del calor. Pónese molida sobre ellas. Y también se bebe un poco mezclada con agua en ayunas; y si la bebe después de comer, ha de ser después de hecha la digestión. Puesta sobre las hinchazones, a las veces las abre, a las veces las resuelve. Hase de poner muchas veces, mezclada y majada con la raíz de la hierba que se llama xalacocotli. Mezclada con pulque blanco, bébese contra las hinchazones arriba dichas. Esta hierba xalacocotli es hueca como caña de Castilla, pero tiene muchas ramas y comienza desde la raíz. Tiene muchas ramillas como horcadas, divididas. Son arpadillas y verdes, y las flores que echa son amarillas. Las ramas no son de provecho. La raíz aprovecha como arriba se dijo. Hácese en todas las montañas.

106. Hay un árbol medicinal que se llama topozan. Tiene las hojas anchas y redondas y puntiagudas; son verdes y algo blanquecinas y vellosas. Tiene algo de mal olor. Es contra el calor demasiado de la cabeza, si quiera en los niños o en los grandes. Tiene las raíces gruesas y largas. Hoelen algo mal. Estas raíces, hendidas y molidas y mezcladas con las raíces de la mata que se dice tepexiloxochitlácotl, es buena para estañar la sangre que sale de las narices, molida, echada dentro de las narices. Hácese en los montes y en las barrancas. La hierba de que hicimos arriba mención, que se llama xiloxochitlácotl es mata. Tiene las ramas macizas y delgadas, y redondas como los pimpollos del membrillo. No tiene muy espesas las hojas sino ralas. Son muy verdes y arpadas, y tiene las flores coloradas, pocas. Son hechas de la manera del xiloxóchitl y tiene sus cabellos como las del xiloxóchitl. No son de provecho; solamente la raíz es provechosa, como arriba se dijo. Hácese en todo tiempo y en las montañas.

107. Hay un árbol medicinal que se llama quetzalhuéxotl, que es «salce delicado». Las hojas y renuevo de este árbol, molida con tortillas secas o tostadas y con chíen, mezclados con agua tibia, aprovechan a los que tienen cámaras de sangre. Halo de beber en ayunas o después un rato de haber comido. Con esto se restañan las cámaras de sangre. Son mejores para esto los meollos de las ramas descortezadas, y con las hojas de este mismo árbol molidas y puestas sobre la cabeza. Son buenas contra el demasiado calor de cabeza y contra las postillas de la cabeza. También se bebe con agua tibia contra el demasiado calor interior. Este árbol en todas partes se hace.

108. Hay una hierba medicinal que se llama tlayapaloni xíhuitl. Echa ramas y hojas como el xoxocoyolli. Son coloradillas las ramas de esta hierba y redondas, y las hojas verdes. Están las hojas en las puntas de las ramas; son arpadillas; están divididas en cinco hojuelas. Y echa esta hierba un tallo y florece. La flor tira a leonado; no es provechosa para nada. La raíz de esta hierba tiene la corteza gruesa y por de fuera es morada y de dentro colorada. Tiene muchas raíces. Hendida y cocida en agua, y bien hervida de manera que se gaste la mitad del agua, el que tiene cámaras continuas, bebiéndola sana. También aprovecha para el que recaye de alguna enfermedad, bebida ante o después de comida. Y la mujer que tornó a recayer por haber tenido parte con un hombre, o el hombre que tornó a recayer por tener parte con mujer, hanlo de beber en ayunas. Y los niños que tienen cámaras, molida esta raíz con cinco almendras de cacao, deshecho todo en agua y bebido, quita las cámaras.

109. Hay una hierba medicinal que se llama hueipatli. Tiene las ramas larguillas y espesas y verdes. Las hojas tiene redondillas de abajo y puntiagudas y arpadas o almenadas. Son un poco vellosas las flores. Las flores son como campanillas moradas, blanquecicas, y son muchas; no son de provecho. Tienen las raíces recias como de árbol y gruesas. Son dos o tres, y son blancas de fuera y de dentro. Tiene la corteza delgada, todo es meollo. La raíz es entre dulce y amargo, y requema un poco. Molida con unos granos de cacao y pepitas de calabaza es buena para los que escupen sangre. Hase de beber en ayunas, revuelta con agua. Y la beben después de comer. Ha de ser después de hecha la digestión. Hase de beber cuatro o cinco veces; y con esto se cierra la sangre. El enfermo cuando la bebe no ha de comer carne ni pescado. También se bebe el agua hervida con esta raíz y hace la misma operación, y hácele echar la enfermedad por bajo. Hácese esta raíz dondequiera, y es rara.

110. Hay otra raíz medicinal que se llama ololiuhqui o hueiitzontecon. Párranse sobre la tierra sus ramas y hojas. Tiene las hojas verde oscuras; son de tres en tres. Las flores están revueltas con las hojas. Tiene las flores moradas y blanquecinas; no son de provecho. La raíz tiénela redonda; de fuera es negra, de dentro blanca. Tiene sabor dulce, como de hierba. La corteza es delgada. Molida es buena para dolor de la barriga y rugimiento de las tripas, y para el que tiene desmayos de corazón, y que le laten las sienes y venas. Hase de beber revuelta con agua en ayunas. Y con esto purga y echa cólera y flema

por la boca. Con esto se le quitan los latidos del cuerpo. El agua con que se ha de beber ha de ser tibia para purgar por la urina. A los que tienen calenturas tercinas o cuartanas dársele han a beber en tomándole la calentura, y con esto se le quita o se le aplaca. En todo lugar se hace, en cuesta, en llanos, pero es rara. En otra parte se puso este nombre ololiuhqui, pero, son diferentes hierbas.

111. Hay otra hierba medicinal que se hace en el agua y llámase aitztoli. Es toda verde, y nacen muchas juntas. Tiene las hojas duras; son como hojas de cañas, y son agudas, de manera que cortan apuñándolas con la mano. Las hojas de las flores son angostillas, y están de tres en tres, de cuatro en cuatro. Son de comer estas flores y quitan la hambre. De estas flores hacen tortillas y cuécenlas para comer. Tiene la raíz redonda, y por de fuera negra y de dentro blanca. Hase de quitar la corteza a la raíz para mulerse. Es provechosa para el que no puede urinar. Hase de beber en ayunas cuando quisiere. Con esto urina, y también echa las arenas y la espesura que impedía la urina. En todas las partes se hace en la orilla del agua dulce.

112. Hay otra hierba medicinal que se llama coaxoxouhqui o oxoxouhcapatli. Esta es una hierba como la yedra que sube por los árboles y por las paredes. Tiene las ramas verdes y las hojas redondillas y puntiagudas. Echa flores y son blanquitas. Hacen semilla, y esta semilla es redonda, y en cada flor no se hace más que uno. Las hojas y semilla, molido todo junto y mezclada con agua y tinta, lavado el cuerpo con ello, es contra la gota. Y también se pone en el mismo lugar donde está la gota mezclada con un poco de resina. Y cuando la gota ha cundido por todo el cuerpo y da grandes dolores y se va secando todo el cuerpo, y si se lava con ella o la pone por todo el cuerpo mezclada con resina y emplumada, con esto amansan los dolores. Y también bebida en ayunas la semilla molida y mezclada con agua amansa el dolor. Dicen que cuando uno tiene enfermedad, que los médicos no entienden ni saben dar remedio para ella, si bebe esta semilla molida y mezclada con agua, emborráchase con ella el enfermo, y luego da señal dónde está la enfermedad. También dicen que es provechosa para las llagas podridas que no les hallan medicina. Molida esta semilla con las hojas y puesta en polvo, o mojada, sana las llagas viejas e incurables. Hácese esta hierba en tierra caliente.

113. Hay otra hierba medicinal que se llama acocoxíhuitl. Tiene las ramas verdes y delgadas. Es altilla y tallece. Las flores de esta hierba son verdes por

encima y tienen un colorado interior, no aprovechan de nada. Tiene la raíz gruesa como raíz de árbol y es larga, y echa de sí otras raíces. Por encima es negrestina y de dentro es amarilla. Tiene la corteza delgada, y requema. Molida y bebida con agua es provechosa para los que recayeron de algún enfermedad. Y esta raíz hase de beber cuando ya quiere entrar en el baño del enfermo, para que no sienta el calor del baño, y también después que sale del baño ha de beber otro poco. Y también la beben los sanos para la digestión y para aplacar el calor interior. Y hase de beber en ayunas, y también después de comer se puede beber. Hácese en todas las montañas.

114. Hay un arbusto que se llama tepetómatl. Tiene las ramas espesas y verdes, y tiene las hojas ralas y anchuelas y arpadas por las orillas, y hace unas flores amarillas. Van juntas. Las hojas no son de provecho. Hace unas huxillas que no son de comer. Tiene las raíces delgadas y recias. Tocando en la lengua con ella, hiértala. Estas raíces molidas con algunas de las hojas es provechosa para los que se les ha cerrado la urina y la cámara, y también es provechosa para los que tienen cerrada la esperma, de manera que no puede urinar, ni hacer cámara, ni comer. Deshecha en un poco de agua tibia, bebida en ayunas o después de comer cuando ya es hecha la digestión, luego echa por debajo los malos humores y sana.

115. Hay otra hierba medicinal que se llama tlatlacótic. Es larga y alta. Tiene muchas ramas macizas. Tiene las ramas verdes y nodosas por sus tercios; en los nodos tiene las hojas. Las hojas son anchuelas y verdes, y puntiagudas y larguillas; no son de provecho. Las raíces tiene espesas y muchas y delgadas. Por encima son negras, de dentro son algo amarillas. Tienen la corteza delgada y son sabrosas. Esta raíz molida se bebe después que alguno se ha purgado. Hase de moler y mezclar con agua, y puédela beber ante de comer y después de comer, después de haber comido las puchas que se llaman yolatolli. Hácese en todas partes, los llanos y en los montes.

116. Hay otra hierba medicinal que se llama texoxocoyoli. Tiene las ramas larguillas, y también los pezones de las hojas. Tiene las hojas anchuelas y ametaladas de verde y morado. Solamente hace una flor y es como morada. Tiene un sabor como de hierba o heno, y amarga un poco. Esta hierba molida es provechosa para las hinchazones, puniéndola molida sobre la hinchazón. La raíz de esta hierba es una y es redonda. Por de fuera es negra y por de dentro es ama-

rilla. Tiene unas raíces pequeñuelas y delgadas y espesas en que está revuelta. Tiene un sabor áspero y que se ase a la lengua. Esta raíz molida es buena para las mujeres que tornaron en recayer por haber tenido su marido aceso a ellas ante que estuviesen bien sanas, y también para el hombre que tornó a recayer por tener aceso a su mujer ante de estar bien sano. Molida hase de revolver con un poco de algodón. Hase de poner dentro en el miembro feminil o en el viril, luego por allí purga lo que hacía daño al cuerpo. Lo mismo es para los que se estragaron, teniendo aceso a la mujer. Esta raíz molida y mezclada con la raíz de la hierba que se llama chilpanton es provechosa para los que tienen hinchazón de la barriga, por razón de alguno apostema interior. Hase de beber en ayunas con agua, Y con esto purga por abajo la apostema que hacía daño. De esta hierba chilpanton arriba se dijo. Esta hierba texoxocoyoli en las montañas y también en los páramos se hace.

117. Hay otra hierba medicinal que se llama tlatlancuaye. Es larguilla y no tiene más que una rama, como árbol. Arriba tiene algunos gajos, y tiene muchas hojas y anchas y rayadas; de la parte de abajo son anchas y la parte arriba son agudas y hosadas. Tienen flores entre las hojas, leonadas, larguillas y redondillas. Hacen semilla blanca semejante a los bledos. Moliendo las flores juntamente con las hojas son de buen sabor. Estas hojas y flores molidas y herbidas con agua, bebida ante de comer, esta agua es provechosa para los que tienen cámaras de sangre; con esto se restañen. Es también contra flujo del vientre y contra el vómito, bebida como arriba se dijo. También es bueno contra el dolor de ijada, bebida como está dicho. También es buena contra la perlesía, bebida y lavándose con ella el enfermo. Para este enfermedad no se ha de moler, sino cocerse entera la rama con la flor. lavar con el agua todo el cuerpo. Y también es provechosa para los que tienen cámaras de materia. Tiene esta hierba raíz sola y gruesa, con algunas raíces pequeñas que salen de ella, pero no es provechosa para nada. También es provechosa esta hierba para los que tienen hinchada la barriga. Bebiéndola el agua cocida con ella, como arriba se dijo, sana, deshecha el humor dañoso y purifica lo interior. Es también buena esta hierba contra unas frialdades que metidas en el cuerpo dan dolores en todo el cuerpo y gran angustia en el corazón. Hácese esta hierba en la montañas, en tierras templadas. Es rara.

118. Hay una flor medicinal que se llama tonacaxóchitl. Es olorosa. Párrase por la tierra y encarámase por los árboles y por las peñas. Tiene las hojas verdes, larguillas y anchuelas. Tiene las flores entre las hojas. Son estas flores amarillas, tirantes a colorado. Largas como un dedo, son huecas y algo vellosas. Tienen suave olor. Moélense estas flores juntamente con la hierba que se llama tlachichinoa xíhuitl. Bebida, mezclada con agua, es contra el calor interior; también aclara la urina. Esta flor suélenla todos beber, enfermos y sanos, hecha con cacao. Esta hierba y flor se hace en tierra templada, entre las peñas y entre los árboles.

119. Hay otra hierba medicinal que se llama tlachichinoa xíhuitl. Es pequeñuela y tiene las ramas verdes y delgadas. Tiene las hojas de tres en tres, delgadillas y puntiagudas. Molida es buena contra el calor de la boca y el estómaco. Hase de beber con agua. Es también provechosa contra las llagas podridas y contra la sarna, puesta molida sobre ella. La raíz de esta hierba no es de provecho. Hácese en los riscos y en las peñas.

120. Hay otra hierba medicinal que se llama tlacoxóchitl. Es altilla. Tiene las hojas divididas de dos en dos, de tres en tres. Son verdes. Son anchuelas y arpadas. Son algo vellosas. Tiene las flores naranjadas, redondillas y huecas; no son de provecho para nada. Tiene esta hierba las raíces grosezuelas, por encina negrestinas, de dentro, blancas. Tiene la corteza delgada. Sabe entre amargo y dulce. Es buena contra el calor demasiado y desmayo del corazón. Hase de beber molida y mezclada con agua y con algunos granos de maíz, hasta quince, y también con algunos granos de cacao, hasta quince o dieciséis, todo molido junto; y bebida con agua muchas veces en ayunas y después de comer, mitígase este calor. Hácese en todas partes, en las montañas y en los páramos.

121. Hay un árbol medicinal que se llama quetzalmízquitl. Es árbol pequeño. Tiene muchas ramas. Tiene las hojas como las del cedro. Son muy verdes y largas, como un palmo. Lleva unas flores amarillas, y cáyense. No hace semilla tampoco, como el salce. Las hojas de este árbol son provechosas molidas con la raíz de la hierba que se llama xaltómatl y con la otra que se llama coztómatl, molidas todas juntas. Bébense con agua y son provechosas para el que tornó a recayer de alguna enfermedad por haber caído, o por haber tomado alguna cosa pesada, o por haber ejercitado el acto carnal, ahora sea mujer ahora sea hombre. Hase de beber tres o cuatro veces. Y si habiéndola bebido entrase en

el baño, no sentirá el calor del baño. Y después, al salir, beberla ha otra vez el enfermo. La raíz de este árbol no es provechosa. La calidad de estas dos hierbas con quien se junta ya se dijo arriba. Este árbol se hace en las tierras calientes.

123. Hay otro árbol medicinal que se llama yohoalxóchitl. Es grande como una higuera. Las hojas tiene muy verdes, largas y anchas y puntiagudas. Tienen mal sabor y mal olor. Las hojas de este árbol y sus grumos molidos son provechosos contra la hinchazón que se llama íztac totonqui. Puniéndola encima, sana; algunas veces se resuelve y otras veces se madura y sale la materia. También contra la sarna y ampollas, puesta encima molida. Tiene las flores blancas. Solamente de noche se abren estas flores y dan gran fragancia, y de día no. Raro es este árbol o mata. Hácese en los montes y en los páramos, y en el pueblo que se llama Ecatépec.

124. Hay otra mata que se llama cozcacuauhxíhuitl. Es bajuela. Esta mata tiene muchas ramas, y son verdes por de fuera. Tiene las hojas anchuelas y larguillas y puntiagudas. Hácese en ella ubitas, redonditas y verdes, y de dentro de ellas se hacen unos granos que son semilla. Moélense secas las hojas y revueltas con las hojas de la hierba que se llama cuauhyayáual. Es remedio para los huesos quebrados por caída y para los niervos lisiados. Después de haberlos concertado, pónenselos encima de la quebradura, y revueltos con resina por vía de bilma. También se revuelven estos polvos con tinta de la tierra, pegado con su pluma, cuando el enfermo no tiene calentura. La raíz de esta mata no es de provecho. Hácese en los términos de Chicunauhtla y en las tierras calientes; y sembrándola, nace.

125. Hay otra hierba medicinal que se llama tzopelicxíhuitl. Es altilla. Tiene las hojas anchuelas y puntiagudas, y leonadas hacia las puntas y verdes hacia los pezones. Tiene las flores larguillas y rollizas, y de color morado; no son de provecho. Tiene las raíces redondas y leonadas por de fuera. Están asidas las unas con las otras como ensartadas. Por de dentro son blancas y dulces. Molidas son provechosas para los que tienen mal de la urina. Halo de beber con agua clara cuando come, y antes que coma aquélla será su bebida; y con esto se sana la urina. La comida que ha de comer sea templada y no muy caliente, o beberá atule. Hácese en todas partes, en los montes y en los llanos.

126. Hay otra hierba medicinal que se llama tlatlapáltic. Tiene las ramas altas y derechas y las hojas espesas, anchuelas y largas. Nacen de dos en dos, pareadas en la rama. Las flores nacen junto con las hojas. Son las flores verdes, redondillas y rollizas. Tienen semilla dentro; no son provechosas. Las raíces de esta hierba son espesas y delgadas; por de fuera son algo coloradillas y también de dentro. Estas raíces molidas son provechosas para los que tienen demasiado calor interior. Hala de beber mezclada con agua clara. Aquello será su bebida después de comer, o antes, y cuando come; con esto echará podre por la urina. También se bebe esta agua cuando algún enfermo entra en el baño; y también es bueno para los sanos cuando entran en el baño. También se puede beber molida con el cacao. Hace que el cacao, con ella bebido, sea provechoso. Hácese dentro en las montañas, entre los árboles.

127. El maguey de esta tierra, especialmente que llaman tlacámetl, es muy medicinal por razón de la miel que de él sacan, la cual, hecha pulque, se mezcla con muchas medicinas para tomarlas por la boca como atrás se dijo. También este pulque es bueno, en especial para los que han recaído de alguna enfermedad, bebiéndolo mezclado con una baina de agí y con pepitas de calabaza, todo molido, mezclado, bebiéndolo dos o tres veces, y después tomar el baño. Así sana. También la penca del maguey nuevo asada en el rescoldo, el zumo de este maguee o el agua del que se coció, herbida con sal, echado en la llaga del que se descalabró o del herido, de cualquiera herida sana. También la penca del maguee seca y molida, mezclada con resina de pino y puesta con su pluma en el lugar del dolor, ahora sea gota ahora otra cosa, sana. También el pulque se mezcla con la medicina que se llama chichicpatli, y herbido con ella es provechosa para el que tiene dolor de pechos o de la barriga o de las espaldas, o tiene algún enfermedad con que se va secando, bebiéndola en ayunas una o dos veces, o más, sana. Esta medicina, que se llama chichicpatli, es corteza de un árbol que se llama chichiccuáhuitl. Solamente la corteza de este árbol es provechosa. Hácese este árbol en las montañas de Chalco. También estas pencas de maguee son buenas para fregar con ellas las espaldas, para que no se sientan los azotes.

128. Hay una hierba medicinal que se llama cihuapatli. Es mata. Tiene muchos virgultos, tan altos como un estado. Tiene las hojas algo cenicientas, anchuelas y puntiagudas. Tiene muchas ramas. Tiene las flores amarillas y otras

blancas. Hace semilla como la semilla de los bledos. Las hojas de esta mata son provechosas cocidas con agua, bien herbidas. La mujer preñada, que ya está para parir, bebe esta agua para parir bien sin pena, luego le sale sangre y es señal que ya quiere nacer la criatura. Bebe otra poca; con esto nace luego la criatura. Y las raíces de esta mata son delgadas y largas y muchas. En la sobrehac son negras y de dentro son amarillas. Tiene un olor desabrido. Esta raíz molida y cocida con agua tibia es provechosa al que tiene cámaras de sangre. Puédela beber en ayunas y también después de comer. El que la bebiere ha de comer cosas templadas. Esta hierba hácese en todas partes, en los campos, en las montañas, entre las casas.

129. El árbol que se llama tuna, que tiene las hojas grandes y gruesas y verdes y espinosas, este árbol echa flores en las mismas hojas, unas de ellas son blancas, otras bermejas, otras amarillas, otras encarnadas. Hácese en este árbol fruta que se llaman tunas. Son muy buenas de comer. Nacen en las mismas hojas. Las hojas de este árbol, descortezadas y molidas, danlas a beber con agua a la mujer que no puede parir, o que se ladeó la criatura. Con esto pare bien; a la mujer que se le ladea la criatura de dentro padece dos o tres días gran pena ante que para. Esto acontece por la mayor parte a las mujeres que no se abstienen del varón ante de parir. Este árbol en todas partes se hace.

130. La semilla de la chíe molida con un poco de la cola del animal que se llama tlacuatzin, tanta cantidad como medio dedo menic, mezclado todo con agua, bebiéndola la mujer que no puede parir, luego pare. Este brebage es mejor para parir que no los de arriba, y esto no lo saben muchos. La raíz de esta hierba, verde y cruda, con la raíz del salce que se llama quetzaluéxotl, todo molido, hácese con ello atul. Y es provechoso para los que escupen sangre y que tienen continua tos, que les sale del pecho y escupen sangre. También con esto sana la tos vieja, o de muchos días. También es bueno para los que tienen cámaras de materia, bebiéndola dos o tres veces. La semilla de esta hierba, cruda, moélense, y sacándola el zumo y bebiéndole en ayunas, limpia el pecho. Y bebiendo con esto zumo mezclado atul ante de comer, hace lo mismo. Este zumo de esta chíen es como el olio de linaza de Castilla, con que los pintores dan lustre.

131. Hay otra hierba medicinal que se llama aacxoyátic. Es delgadilla y verde. No tiene no más que una rama, tan alta como un palmo. Tiene las flores blancas,

las hojas como las de la hierba que se llama iztaquílitl; no son de provecho. La raíz de esta hierba es una y redondilla, tan larga como un palmo. De la parte de fuera es blanca. Es un poco quemosa. La sobrehac o la corteza de esta raíz es provechosa, el meollo no. Molida es provechosa contra el tabardete, bebida con agua. Bebido, luego gomita la cólera o flema, y así se templa el corazón y el cuerpo. Esta hierba se hace en los llanos, en las cuestas y en toda parte. Sécase de invierno la hierba; el verano la misma raíz torna a brotar.

132. Hay otra hierba medicinal que se llama maticéuac. Esta hierba tiene muchas ramas en el pie y delgadillas. Las hojas son cenicientas y algo vellosas. También las ramas tienen algún vello. De esta rama usan para sacar lumbre los chichimecas. Tiene las flores blancas y en roeda. Son olorosas, y llámanse tlacoxóchitl. Las ramas de esta hierba no son de provecho. Las raíces son muchas y delgadas. Por encima son negras y por de dentro blancas. Son amargas. Majadas, cuécense con agua. Bebida esta agua aprovecha para los que se les va la sangre de las narices, que no la pueden restañar. Y hase de poner en las narices molida y mojada. Hácese en todas partes esta hierba, en los llanos, en los montes.

133. Hay otra hierba medicinal que se llama iztacpatli o tezonpatli. Nace como una barilla verde y algo recia. Tiene las hojas así como los bledos, y son arpadillas y anchuelas y muy verdes. Hácese en ella una frutilla redonda que no es de comer. Es como calabaza silvestre. Tiene las flores; no son de provecho. Tiene las raíces larguillas, algunas de ellas redondillas. Tiene la corteza grosezuela. Por encima son negrestinas y de dentro blancas y amargas. La corteza de la raíz no es buena. El meollo molido aprovecha a los que tienen calor intrínseco e hinchazones. Con esto se quita la hinchazón y el calor. En todas partes se hace, en los llanos y en los montes, aunque es rara. Hácese mucha en el pueblo de Tequixquíyac.

134. Hay otra hierba medicinal que se llama oquichpatli. Nace parrada sobre la tierra, como la hierba de la golondrina. Tiene las hojas muy verdes y redondillas, como lentejas, algo puntiagudas. Las flores y las hojas van entrepuestas unas con otras, como plumas blanquillas. Llévalas el viento a las flores. No son de provecho las flores ni las hojas. La raíz es una y redondilla, tan larga como un palmo. Por encima es un poco amarilla, por de dentro blanca. Y es quemosa esta raíz. Está como enrelata. Esta raíz molida es muy provechosa para el hom-

bre o mujer que, porque no acabó de expeler la simiente humana, o por miedo o por otra ocasión que se ofreció, y queda estragado. Y por esta causa se va secando y le da una tos continua, y se va parando negro el cuerpo y secándose. Aunque haya un año o dos o tres que está así, tomándola por tristel, espele un humor muy hediondo; por espacio de dos o tres días acaba de salir el humor corruto, y por el miembro echa la urina blanca como agua de cal y muy hedionda. Lo mismo hace la mujer. Esto mismo es medicina para cuando alguno en soeños acabó de espeler el humor sementino. La cantidad de esta raíz ha de ser como medio dedo, molida para una vez. Hállase esta hierba en los campos de Tullantzinco.

135. Hay una mata medicinal que se llama tlamacacqui ipapa. Tiene las ramas muy espesas, tan altas como un estado. Son como verdascas de membrillo, de una parte cenicientas y de otra verdes. Van derechas las verdascas ramas. Tiene las flores amarillas y ásperas. No tiene hojas la flor. No son de provecho las ramas ni las flores ni las hojas. Las raíces tiene delgadas y muchas, y largas como un palmo, y espesas como un hacecillo. Son estas raíces quemosas en la garganta. Por encima son algo coloradillas y de dentro bermejas. La corteza de la raíz es delgada. El meollo tiene muchas hebras como de nequén, correosas y delgadas. Esta raíz molida y bebida con agua en ayunas es provechosa para la enfermedad que se dijo arriba, cuando por alguna ocasión se corta el humor seminal. Bebida como está dicho, purga por abajo el mal humor que estaba opilado. Hase de beber una vez y muy de mañana, y no ha de comer hasta el mediodía. Y lo que comiere sea templado, con chile. Hácese en todas partes, en las montañas y en las cuestas.

136. Hay otra hierba medicinal que se llama cicimátic. Nace parrada. Tiene muchas hojas y muy verdes y anchuelas y de tres en tres. Es de la manera de los frijoles. No hace flores. La hierba no es provechosa para nada. La raíz de esta hierba es desabrida, y es gruesa como tronco, casi como una cabeza de persona, y larga como un codo. Tiene la corteza gruesa. Por encima es negra y por de dentro tiene unas pintas coloradas espesas. Molida es buena para el que tiene mal de los ojos, que se cubren de carne, que llaman ixnacapachiui. Envuelta con un patio, esprímenla sobre los ojos y luego se quita aquella carne que cubría al ojo. Hácese en todas las montañas.

137. Hay otra hierba medicinal que se llama tzonpoton. Tiene muchas ramillas, y verdes y derechas. Las hojas tiénelas anchuelas y larguillas. La flor blanca es casi como pluma. Las flores ni las ramas no son de provecho. Tiene la raíz amarga y redonda y dividida hacia lo bajo. Es larga como un dedo. Por encima es blanca y de dentro amarilla clara. Esta raíz majada y cocida con agua bien cocida, bebida aquel agua, es buena para el que tiene cámaras como agua, que no se puede restriñir, y gómitos. Bebiéndola en poca cantidad restaña las cámaras, quita el gómito. Y si es niño o niña pequeños, beben hasta dos tragos. Con esto sanan. Hácese en las montañas y en los riscos.

138. Hay otra hierba medicinal que se llama cuitlapatli. Tiene las ramas larguillas y agujereadas por de dentro. De cada pie nacen dos o tres ramillas verdes. Las hojas tiene muchas, como las acelgas de Castilla; las flores blancas. No son de provecho sus ramas ni sus flores. La raíz de esta hierba es gruesa como rábanos. Por de fuera son blancas y de dentro amarillas claras. Tiene las cortezas gruesas como las de los rábanos, y también lo de dentro. Seca esta raíz y molida es provechosa para los que tienen landrecillas en la garganta, y también para los que tienen lamparones. Estos polvos hanse de rebulver con resina, y puesto en los lugares de la enfermedad, cúbrenlo con plumas. También es buena esta raíz para las mujeres que se les pudriece el miembro viril. También es buena contra la enfermedad que se llama xochiciuiztli. Esta raíz no se bebe. Hácese en los montes.

139. Hay otra hierba medicinal que se llama oquichpatli, que tiene las ramas como las ramas de calabaza. También se llama por otro nombre ayoxochquíltic. Tiéndese por la tierra, y también se encarama por los árboles. Las ramas y las hojas son verdes y algo vellosas, y por el envés lisas. Tiene las hojas divididas en tres partes. Tiene grandes flores y amarillas; son como las flores de la calabaza. Son de hechura de una campanilla. Cuando se les cayen las flores hace una frutilla como perejones. Esta fruta es cuarteada como melones. No son de provecho las ramas ni las hojas ni la fruta. Tiene las raíces redondillas que remargan. En una sola raíz basta para medicinar a muchos. Es buena para los que tienen el miembro, estragado. La corteza de esta raíz es delgada. Por encima son negrestinas, por de dentro blancas. Las ramas, como se van parrando, van echando raíces. Esta raíz molida y revuelta con ulli úntase un zacate que se llama xomalli y metido por el caño, y con esto sale una materia por el caño o sale la urina, y

así sana. Esta misma raíz mezclada con el ulli y con la raíz de la hierba que se llama xoxocoyóltic es provechosa para las mujeres que no pueden retener la simiente del varón por haberse torcido el caño de la madre. Si le ponen presto esta medicina, sana con ella, pero si tarda muchos días, no sanarán. Y también es provechosa a los que se secan de algún enfermedad, echándola por tristel de mañana, en ayunas, revuelta con agua caliente. Y habiéndole echado el tristel, comienza luego a sudar un sudor muy caliente, y luego esta medicina entra por todo el cuerpo, por la cabeza, por el estómago, y luego espele los malos humores, flema y cólera de todas maneras, por la boca y por bajo. Después de haber purgado, ha de tomar un poco de atulli. Su bebida será agua cocida con la raíz que se llama chichipatli. Ha de ser raída sobre el agua con que se ha de cocer, y no mucha. Y con esto se acaba de templar el calor. Hácese esta hierba en todos los montes y cuestas. Hácese especialmente en tierra caliente, en un pueblo Xochicuauhyocan.

140. Hay otra hierba medicinal que se llama chichicpatli. Tiene esta hierba unas varillas largas y una sola raíz. A las veces tiene muchas varillas, a las veces una. Tiene mucha rama. Las hojas tiénelas verdes y lisas, anchuelas y larguillas. Son como las hojas de durazno. Tiene las ramas nodosas, y en los nodos nacen las hojas de dos en dos, una de una parte y otra de otra; de esta manera van ordenadas hasta el cabo. Estas hojas cuando se cortan sale de ellas leche. Las ramas son fofas por de dentro. Tiene las flores blancas. Cada rama no tiene más que una flor. Son larguillas, de hechura de campanilla. Ni las hojas ni las flores son de ningún provecho. Tiene una sola raíz y remarga un poco. Estas hierbas nacen pareadas, macho y hembra. La raíz del macho entra profunda como una braza y gruesa, y si es antigua, tiene la corteza gruesa, y si no, tiénela delgada. Y algunas no son tan largas pero son gruesas, y no tiene la corteza gruesa esta raíz. Esta raíz, quitada la corteza y molido el meollo, bebido con agua, es provechosa a los que sienten gran calor interior. Y también es buena para el que se le estragó el estómago con el cacao, que dicen ellos omacoxoni. Y para esto propósito hase de moler juntamente con una vaina de chile, y bebiéndola, sana. La hierba de éstas que se dice hembra tiene dos raíces y largas, como se dijo. Es buena para la enfermedad arriba dicha, de la misma manera que la raíz del macho. La corteza de la raíz del macho y de la hembra, seca y hecha polvos y mezclada con tinta, y puestas sobre las llagas podridas, sanan, y puesta sobre

las hinchazones, madúralas y reviéntelas. En todas las montañas se hace esta hierba, pero es rara.

141. Hay una resina en esta tierra que es ni más ni menos que incienso. El árbol de donde mana se llama tepecopalcuáuitl. Hácese cuando no llueve, y cuando llueve el agua la deshace. Es provechosa para las cámaras continuas de humor como agua. Hase de moler tanto como una uña para un día, y han de rebulverla con agua tibia, de manera que se encorpore. Hase de beber en ayunas. Y si se bebe después de comer, hase de beber mezclada con un poco de tinta. También es provechosa para quien tiene cámaras de sangre o escupe sangre, pero entonces no se ha de mezclar con tinta. También es buena esta resina para las hinchazones de apostemas. Puesta encima, ablándalas y ábrelas. Estos árboles se hacen en tierras calientes, como hacia Cuauhnáuac y Temetztla.

142. Hay una hierba que se llama cocopi, muy semejante al maíz. Los granos de esta hierba toéstanse de manera que se vuelven en carbón, y también algunos granos de trigo de la misma manera tostados, todo molido y hecho puchas, rociado con un poco de chilmole, es provechoso para los que tienen cámaras de sangre. Hase de beber tres veces en un día, una vez a la mañana, otra vez al mediodía, otra vez a la tarde. Esta hierba se hace en los maizales. Nadie la siembra. Algunas de ellas nacen antes que siembren y otras después de haber sembrado. Es entre el maíz como el vallico entre el trigo.

Síguese de las piedras medicinales

143. Hay una piedra medicinal que se llama quiauhteocuítlatl. Es una piedra no muy dura, pero pesada. Es negra o ametalada de negro y blanco. Ni es sabrosa, ni es amarga ni dulce, sino como pura agua. Es provechosa para aquellos que los espantó algún rayo y quedan como desatinados y mudos. Bebiendo las rayeduras de esta piedra con agua clara y fría tornan en sí. Es también provechosa para los que tienen calor interior bebido como está dicho. También hace lo mismo si se mezcla juntamente con las rayeduras de la piedra que se llama cuauhtomóltetl. También aprovecha de la manera arriba dicha contra el mal de corazón que derrueca y hace hacer bascas. Halo de beber una vez o dos veces. Esta piedra se hace hacia Xalapan e itztépec y Tlatlauhquitépec. Y los naturales de aquellas partes dicen que cuando comienza a tronar y llover en

las montañas o montes cayen de las nubes estas piedras, y métese debajo de tierra, pequeña. Y cada año va creciendo y hácese grande, unas redondas, otras largas como turmas de carnero, y mayores y menores. Y búscanlas los naturales de aquella tierra, y donde ven nacido un zacate solo, conocen que allí está la piedra, y caban y sácanla. También la beben los que están sanos como arriba se dijo, y templa el cuerpo del calor.

144. Hay otra piedra medicinal que se llama xiuhtomóltetl. Es como chalchíuitl, verde y blanca mezclado. Es hermosa. Las raiduras de esta piedra, bebidas como arriba se dijo, aprovecha para las enfermedades arriba dichas. Traen esta piedra de hacia Xoconochco. No se hace por acá. Hacen de ella cuentas para poner en las moñecas.

145. Hay otra piedra medicinal que se llama éztetl, la cual es provechosa para restañar la sangre de las narices, tomándola en la mano o puniéndola al cuello, de tal manera que toque en la carne. Esta piedra tiene muchas colores; tiene muchas pintas coloradas, otras blancas, y otras verdes, y otras verdes claras, otras amarillas, otras negras, otras cristalinas revueltas con todas las demás. Antes que se pula no se parecen estas diferencias de color, y después de pulida entonces se le parece muy claramente. Hácense estas piedras en esta tierra, en muchas partes.

146. Hay otra piedra medicinal que se llama atlchipin. Es provechosa contra el calor interior demasiado, y también purifica la urina, raída o molida y bebida el agua en que ya ha estado una hora, poco más o menos. Esta piedra no es muy recia. Es zeburuco. Tiene muchas puntas. Tiene muchas diferencias de hechura. Es piedra tosca. Es fría. Es buena de moler o de raspar. Cuando se toma esta medicina no han de comer cosas calientes. Críase esta piedra en las peñas y cada año crece. Hácense como zeburucos apegadas a las otras peñas, y bien se distingue que es nacida sobre la otra piedra. Hácese en muchas partes de esta tierra, especialmente hacia Malinalco.

147. Hállanse en esta tierra huesos de gigantes por los montes y debajo de tierra. Son muy grandes y gruesos. Molido este hueso, o un poco de él, es bueno contra las cámaras de sangre y contra las cámaras de podre, a las cuales otra medicina no aprovecha. Hase de beber con cacao hecho como comunmente se hace.

148. La carne del tigre dicen que es medicinal para los que han sido casados y están biudus, para que no se acuerden de mujer, ni les fatiguen las tentaciones carnales. Hanla de comer asada o cocida. También es provechosa comida de esta manera para los que pierden el seso. Y también es buena para los que tienen calenturas con frío. Hala de comer cuando comienza la calentura y ha de beber un poco de caldo. También comen esta carne los señores para ser fuertes o animosos. También para los que son locos es bueno un pedazo del cuero y de los huesos, y también del estiércol, todo quemado y molido y mezclado con resina ocótzotl, y sahumándose con ello sanan.

149. Hay unos gusanos como los de España que tienen muchos pies. Su cuero como concha, y yendo andando, sintiendo algo, luego se enroscan y están quedos. Usan para medicina de estos gusanos en esta tierra, molidos, secos y mezclados con resina. Puestos sobre el lugar donde duele la gota, quitan el dolor. También son buenos para los que se comen los dientes o las moelas o les duelen. Molidos como está dicho y mezclados con tinta y puestos en la quejada donde está el diente que se come o duele, quítase el dolor. Estos gusanos en todas partes los hay.

150. Usan en esta tierra de los baños para muchas cosas. Y para que aproveche a los enfermos hase de calentar muy bien el baño que ellos llaman temaccalli. Y hase de calentar con buena leña, que no haga humo. Aprovecha primeramente a los convalecientes de algunas enfermedades para que más presto acaben de sanar. También aprovechan a las preñadas que están cerca de parto, porque allí las parteras las hacen ciertos beneficios para que mejor paran. También aprovechan para las recién paridas, para que sanen y para purificar la leche. Todos los enfermos reciben beneficios de estos baños, especialmente los que tienen niervos encogidos y también los que se purgan, después de purgados. También para los que cayen de su pie o de alto, o fueron apeleados o mal tratados y se les encogieron los niervos, aprovéchales el baño. También aprovecha a los sarnosos y bubosos; ahí los lavan y después de lavados, las ponen medicinas conformes a aquellas enfermedades. Para éstos es menester que esté muy caliente el baño.

Esta relación arriba puesta de las hierbas medicinales y de las otras cosas medicinales arriba contenidas dieron los médicos del Tlaltelulco Santiago, viejos y muy experimentados en las cosas de la medicina, y que todos ellos curan públicamente. Los nombres de los cuales y del escribano que lo escribió se siguen; y porque no saben escribir, rogaron al escribano que pusiese sus nombres: Gaspar Matías, vecino de la Concepción; Pedro de Santiago, vecino de Santa Inés; Francisco Simón, vecino de Santo Toribio; Miguel Damián, vecino de Santo Toribio; Felipe Hernández, vecino de Santa Ana; Pedro de Raquena, vecino de la Concepción; Miguel García, vecino de Santo Toribio; Miguel Motolinia, vecino de Santa Inés.

Párrafo sexto: de las hierbas olorosas
Hay una hierba que se llama axoxocópac o axocopaconi. Hácese en las montañas. Es muy olorosa y tiene intenso olor.
Hay otra hierba olorosa que se llama cuauhxíuhtic. Es muy tierna. Echada con el agua toma el su olor el agua, y bebida dan mucho sabor y contento.

Hay otra hierba olorosa que se llama mecaxóchitl. Hácese en tierras calientes. Es como hilos torcidos. Tiene el olor intenso. También es medicinal esta hierba.

Hay otra hierba olorosa que se llama ayauhtona. Es verde clara. Tiene las hojas anchuelas y redondillas. Tiene muchas ramas y en todas hace flores. También es de comer.

Hay otra hierba olorosa que se llama tlalpoyomatli. Esta hierba tiene las hojas cenicientas, blandas y vellosas. Hácense en ella flores. Por su olor, hacen de ella perfumes para meterlos en los canutos del humo. Difunde su olor lejos.

Hay otra hierba olorosa que se llama yiauhtli. Es muy verde. Tiene muchas ramas y crecen todas juntas hacia arriba. Siempre hoele. Es también medicinal para los que tienen cámaras. Aprovecha molida y bebida con el cacao. Hase de tostar, y después molida y mezclada con el cacao. Aprovecha también para los que escupen sangre y para los que tienen calenturas.

Otra hierba olorosa que se llama uitzixóchitl.
Hay otra hierba olorosa que se llama ocoxóchitl. Tiene las ramas verdes, parradas, delgadas. Hácense en ella unas uvillas muy menudas. Hácese en los montes. Dondequiera que está, está oliendo.

Hay otra hierba olorosa que se llama iztáuhyatl. Son los ajenjos de esta tierra. Es muy amarga y olorosa como los ajenjos de Castilla.

Hay otra hierba que se llama itztoncuáuitl. Tiene suave olor.

Hay otra hierba olorosa que se llama epázotl. Es altilla y delgada. La semilla y toda la hierba es de comer. Hacen con ella puchas, y es sana.

Hay otra hierba que se llama acpanxíhuitl. Es altilla y delgada, y hace semilla, y es amarga. Aprovecha para ablandar la cara, lavándose la cara con ella.

Hay otra hierba olorosa que se llama tlalquequétzal. Tiene las hojas arpadas a manera de penacho. Es medicinal para la tos y también el ahíto.

Hay otra hierba de mal olor que se llama itzcuinpantli. Es muy amarga. Hay otra hierba también de mal olor que se llama itztoncuáuitl. Bébese con agua y es provechosa para la digestión.

Párrafo séptimo: de las hierbas que ni son comestibles ni medicinales ni ponzoñosas

Hay una manera de heno muy blando. Es bueno para mezclar con el barro para hacer edificios, y también hinchen con ella albardas o jalmas.

Hay otro heno más áspero, un poco que éste ya dicho, que se llama zacanoualli. Mézclase con el barro para hacer los adobes, y también hinchen con él las xalmas.

Hay otro heno muy áspero y espinoso que se hace en la tierra salitrosa que se llama tequixquizácatl, que quiere decir «heno de salitre». No es bueno más que para quemar.

Hay otro heno que es alto y delgado, y es bueno para techar o cubrir las casas. Llámase zacamamactli o teozácatl, porque con él techaban los cuyes.

Hay otra manera de heno que se llama uauhzácatl. Es altillo y delgado, y hace mucha semilla. Es bueno para cubrir los almástigos de chile o bledos, etc.

Hay otra manera de heno que se llama xiuhtecuzácatl. Es altillo y bermejo.

Hay otra manera de heno que se llama zacateztli. Y es la hierba que comunmente pacen las bestias, y se hace por todos esos campos. Y es señal de tierra estéril donde ello nace.

Hay otra manera de heno que se llama elozácatl. Es muy verde y tiene porretas como el trigo, y es blando. Cómenlo los conejos y otros animales.

Hay otra manera de heno que se llama ocozácatl. Es altillo y delgado. Usan de ello para techar las casas.

A la hierba que comen los caballos en esta ciudad de México llaman caltolli. Hácese en el agua. Es triangulada. En algunas partes de Castilla se llama carrizo.

Hay unas juncias que se llaman itztolli. Son trianguladas. Hacen flores. Y las flores y las raíces son medicinales, como arriba se dijo.

A las espadañas llaman tolpatlactli. Son ni más ni menos que las de España. A las raíces de éstas llámanlas acaxílotl. Cómenlas cocidas y crudas, como arriba se dijo.

A las juncias llaman tolmimilli. Son ni más ni menos que las de España. A lo blanco que tienen debajo del agua llaman actapilli o oztopili.

Hay unas juncias medianas de que hacen petates, y llámanlas petlatoli.

Hay unas juncias de éstas, de que se hacen petates, que son trianguladas y son recias. Llámanlas nacacetoli.

Hay otras juncias de éstas que se llaman tolyaman o atoli. No son recias. También hacen de ellas petates.

Hay otra manera de juncias que llaman tolnacochtli. Son cortas y delgadas, y son correosas y recias. Hacen de ellas petates.

Hay juncos como los de España, ni más ni menos, y llámanlos xomali.

Hay unas yerbazuelas que son comestibles, que nacen en el agua. Son como junquillos, y llámanlos atetetzon.

Hay unas cañuelas que se hacen en el agua que se llaman acacapacquílitl.

Hay unas yerbacuelas en el agua que tienen la hoja como tomín, anchuela, extendida sobre el agua. Llámanla amamalácotl o amalácotl.

Hay unas cañas altas y delgadas y hojosas. Las hojas de éstas son vellosas y ásperas, y cortan.

Hay unas hierbas en el agua que se llaman achili. Son largas y correosas. Son algo coloradas y nodosas.

Hay también cañas que se hacen a la orilla del agua. Son como las de Castilla, pero ni tan largas ni tan gruesas.

A los helechos llaman ocopétlatl.

Hay una hierba campestre que se llama cuammamaxtla.

Hay una hierba silvestre que se llama tetzmoli. Tiene las hojas lisas, muy verdes y correosas.

Hay también otra hierba ilustre que llaman cuauhichpoli.

Hay doradilla en esta tierra, y llámanla, tequequétzal.

Hay una hierba silvestre que se llama teiyauhtli. Nace entre las piedras.

Estas hierbas y flores que de aquí adelante se siguen son de poca importancia, y solamente se pretende poner y saber los nombres de ellas en lengua indiana, y así muchas de ellas se dejarán de romanzar: acocoxíuitl, tlályetl, tonalxíuitl, xoxotla.

Hay una hierba campestre que se llama tzonpachquílitl.

Hay una hierba campestre que llaman tetzitzili. Encarámase por los árboles y párrase sobre la tierra. Tiene unas agallitas muy espinosas.

Hay una hierba en las montañas que llaman nopalocoxóchitl.

Hay unas lecherinas que llaman memeyalxíhuitl.

Hay una hierba que se llama tzacutli, y la raíz de ella es pegajosa, y hacen de ella engrudo.

Párrafo octavo: de las flores de las hierbas silvestres

Hay unas flores silvestres muy olorosas que se llaman omixochitl. Son de dos maneras, unas blancas, otras coloradas.

Hay otras flores, también son silvestres, que llaman tlalizquixochitl. Son muy olorosas y hácense en unas hierbas. Son parradas por el suelo. Son blancas y muy olorosas.

Hay otra flores, también son silvestres. Hácense en tierras calientes. Son muy olorosas. La hierba en que se hace encarámase por los árboles. Cuando está en su hierba es verde, cuando se seca es negra. Es preciosa y medicinal.

Hay unas flores, también agrestes, que se llaman cozauhqui yiexochitl. Son amarillas y olorosas. Úsanlas mucho los principales.

Esta flor que se llama tonalxochitl, llámase también yoalxochitl, que quiere decir «flor de noche». Esto es porque de día no huele ninguna cosa, y poniéndose el Sol y toda la noche tiene una fragancia muy suave.

Esta flor que se llama cacaloxochitl es de dos maneras. Una de ellas que se hace en árboles y en tierras calientes tiene muy suave olor. Pero esta que se llama tlalcacaloxochitl, de que aquí se trata, nácese por el campo y no tiene olor ninguno, aunque tiene la apariencia como la de arriba que nace en árboles, pero no tiene olor ninguno.

Esta tótec ixuxochitl es la misma arriba puesta, que no tiene olor ninguno.

Esta flor que se llama texoxoli no tiene olor ninguno, y es hermosa, y nacen muchas juntas. Y tienen un adagio que dice de los que andan muy bien ataviados y son gente baja; dicen de ellos «un texoxoli», que quiere decir que trae atavíos más y mejores que merece.

Esta flor de esta hierba que se llama tolcímatl es muy hermosa y no tiene olor ninguno.

Esta hierba que se llama caxtlatlapan echa en un mismo pie flores de diversas colores, unas blancas, y otras amarillas, y otras coloradas, y otras ametaladas, etc. No tiene olor ninguno.

Esta flor es como cabellos blancos, y por eso se llama cuactalxochitl, que quiere decir «flor como cabeza cana».

Esta flor es la misma que arriba se llama caxtlatlapa, que echa flores de muchas colores y ametaladas en un mismo pie.

Estas flores que se llaman cempoalxochitl son amarillas y de buen olor y hermosas. Hay muchas de ellas, que ellas se nacen y otras que las sembran en los huertos. Son de dos maneras: unas que llaman hembras cempoalxochitl y son grandes y hermosas; otras hay que llaman macho cempoalxochitl; no son tan hermosas ni tan grandes.

Hay otras de este género que se llaman macuilxochitl. Son pequeñuelas, aunque muy amarillas y muy olorosas.

Estas florecillas que se llaman cozatli son pequeñas y son silvestres. Son del género de las arriba dichas, amarillas y olorosas.

Esta flor que se llama tecacayactli es colorada y del género de las arriba dichas.

Párrafo nono: de las florestas y árboles que en ellas se crían

Las florestas son muy amenas, frescas, y de muchos árboles e hierbas. Tienen hierbas y árboles de diversas flores. Tienen aguas manantiales o de río con que se riega. Es lugar de tierra fértil. Es lugar apacible y muy deleitoso. Están plantados en florestas árboles de muy olorosa y preciosas flores. Están plantados en floresta árboles en que se hacen las flores que se llaman yolloxóchitl; y también el árbol que se llama yolloxochicuáuitl. Son estas flores olorosas y hermosas, y su hechura es como corazón. Antiguamente solamente los señores las usaban, especialmente las que se llaman tlacayolloxóchitl, porque hay otras de menos precio que llaman itzcuinyolloxóchitl, que ni son hermosas ni huelen, y usan de ellas la gente baja.

Esta flor llamada yolloxuchicuáuitl hácese en árboles grandes como nogales. Llámase también el árbol yolloxochitl. Son estas flores preciosas y de muy suave olor. Tienen la hechura de corazón. Por de dentro son muy blancas. Son estas flores de dos maneras. Unas que se llaman tlacayolloxochitl; son grandes, muy hermosas; úsanlas los señores y gente de arte. Hay otras que se llaman itzcuinyolloxochitl; son medianas y de poco olor; usan de ellas la gente baja. Es muy medicinal. Y también la beben con el cacao, que le da muy buen sabor. Le hace más provechoso.

Hay también en las florestas otros árboles de flores que se llaman eloxochicuáuitl, en los cuales nacen unas flores grandes. Son de la hechura de mazorcas de maíz. Cuando están en la caña son muy olorosas, y también se beben con el cacao. Y si echan mucha, emborracha. Hase de echar poca. También echada en el agua la hace sabrosa.

También hay en las florestas otros que se llaman cuauheloxóchitl. Son pequeños los árboles, y las flores son como las de arriba dichas, pero de menos olor y hermosura.

Hay también otros árboles en as florestas que se llaman cacauaxochitl en que se hacen unas flores que se llaman también cacaoaxóchitl. Son pequeñas y a manera de jasmines. Tienen muy suave olor y mue intenso.

Hay otros árboles en las florestas que se llaman izquixochicuáuitl, en los cuales hacen unas flores que se llaman izquixóchitl. Son blancas, muy olorosas, y muy hermosas y muy preciadas.

Hay otras flores que se llaman tlapalizquixochitl. Y llámanse así no porque sean del todo coloradas, sino porque son manchadas y rayadas de colorado.

Hay unos árboles en las florestas que se llaman cuetlaxxochitl, que cuando, quiebran las ramas de estos árboles mana de ellas leche o un humor blanco como leche. Estos árboles crían unas flores que se llaman cuetlaxxochitl. Las hojas de las cuales son como hojas de cerezo, pero muy coloradas y blandas. Tiene colorado muy fino, pero no tienen ningún olor. Son hermosa; por eso son preciadas.

Hay unas flores que también son propias de las florestas que se llaman teunacactli, que quiere decir «orejas preciosas o divinas». Y es porque son muy olorosas y hermosas y provechosas, que son especie aromática que se usan mucho para beber con el cacao.

Ansimismo en las florestas se hacen unos árboles que se llaman uitzteculxochitl, que hacen unas flores que tienen el mismo nombre del árbol. Unas son blancas, otras moradas, otras coloradas. Ningún olor tienen. Son preciosas por su buen parecer.

Hay también unos árboles que se plantan en las florestas que se llaman tzompancuáuitl. Es árbol mediano. Tiene ramas acopadas. Tiene la copa redonda y de buen parecer. Tiene unas flores que se llaman equimixochitl. Son muy coloradas y de buen parecer. No tienen olor ninguno.

Las hojas del árbol arriba dicho se llaman equímitl.

También hay unos árboles en las florestas que se llaman mapilxochitl, en que se hacen unas flores que son a manera de mano con sus dedos, que quiere decir «flores dedos». Tiene las hojas gruesas y muy espesas.

También el árbol arriba dicho se llama macpalxochitl, porque sus flores son como la palma de la mano con sus dedos. Toma nombre de la palma y de los dedos.

Párrafo décimo: de los arbustos, que ni son bien árboles ni bien hierbas, y de sus flores
Hay un arbusto que se llaman teucuauhxóchitl. Tiene unas flores Coloradas que duran dos o tres días sin marchitarse. Ningún olor tienen, y son muy hermosas. Hácese esta hierba encima de los otros árboles, en las ramas y horcadas de los otros árboles.

Hay otra hierba que también se hace en las ramas y horcadas de los otros árboles, y llaman cuauhxochitl.

También hay otra hierba que se llama tecólotl iyatlia. También se hace en las ramas de los otros árboles.

Hay unos árboles que en parte parecen a las palmas, porque tienen unas hojas como las palmas, pero no tienen ramas como palmas. Producen unas flores blancas y son de la facción de los racimos y flores de las palmas, y hacen un fruto que parecen dátiles, y son muy dulces y son buenos de comer.

Hay madruños como los de España, pero la fruta que hacen es muy menuda.

Hay un arbusto que se llama cacaloxochitl. Tiene las hojas anchuelas y larguillas y vellosas. Tiene las ramas derechas y fofas. Y las hojas y ramas cuando se cortan manan leche, y esta leche es pegajosa como miel. Las flores de este árbol son hermosas. Llámanse también cacaloxochitl. Son ametaladas de colorado, amarillo y blanco. Son de suave olor y confortan el corazón con su olor. Por estas comarcas de México se hacen estas flores, pero son mejores las que vienen de tierra caliente. Algunas de estas flores son negras. Eran reservadas estas flores antiguamente para los señores. De las que vienen de tierra caliente unas se llaman necuxochitl; son cortas. Otras se llaman uitzitziltentli; éstas son muy preciadas. Otras se llaman miccaxochitl, y otras se llaman tlaoacaxochitl; éstas son largas y anchas y de poco olor. Otras se llaman cocóyac, y otras xocóyac; éstas no son preciadas; por ahí se hacen y usan de ellas la gente baja.

Hay unas flores que se llaman xiloxochitl. Son coloradas y a manera de borlas deshiladas. Hácense en una hierba que se llama xiloxochitl. No son olorosas, pero son hermosas.

Hay unas flores que se llaman tecomaxochitl. Son amarillas, y son hinchadas como begigas que están hinchadas. Son olorosas y hermosas, y bébenlas con cacáoatl. Y si echan mucho de ellas, causan gran sed. También la hierba en que se hacen se llama tecomaxochitl. Encarámase esta hierba por los árboles y por las paredes.

También esta flor se llama chichioalxochitl, porque es a manera de teta de mujer.

La flor que se llama tonacaxochitl es colorada y morada. Hácese de una hierba que se encarama y se parra por el campo. No tiene olor, sino tiene buen parecer.

Párrafo undécimo: de las flores compuestas por arte de oficiales que hacen flores

Párrafo duodécimo: de los árboles pequeños que tiran más a árboles que a hierbas

Capítulo VIII. De las piedras preciosas
Párrafo primero: de todas las piedras preciosas en general, cómo se buscan, cómo se hallan
Las piedras preciosas no se hallan así como están ahora en poder de los que las tienen o que las venden. No se halla así hermosas y pulidas y resplandecientes,

mas antes se crían en unas piedras toscas, que no tienen ninguna apariencia ni hermosura, que están por esos campos, o en los pueblos las trayen de acá para allá. Y otras tales piedras muchas veces tienen dentro de sí piedras preciosas, no grandes sino pequeñitas. Algunas las tienen en el medio, otras en las orillas o en los costados. Hay personas que conocen dónde se crían las piedras preciosas, y es que cualquier piedra preciosa, dondequiera que está, y está echando de sí vapor o exhalación como un humo delicado. Y esto humo se parece cuando quiere el Sol salir o a la salida del Sol. Y a los que las buscan y conocen esto, pónense en lugar conveniente cuando quiere salir el Sol y miran hacia a donde sale el Sol, y donde ven salir un humito delicado luego conocen que allí hay piedra preciosa, o que ha nacido allí, o que ha sido escondida allí. Y van luego aquel lugar, y si hallan alguna piedra de donde salía aquel humito, entiende que dentro de ella está alguna piedra preciosa, y quiébranla para buscarla. Y si no hay piedra donde sale aquel humito, caban en la tierra y hallan alguna caja de piedra donde están algunas piedras preciosas escondidas, o por ventura está en la misma tierra perdida o escondida. También hay otra señal donde se crían piedras preciosas, especialmente las que se llaman chalchihuites. En el lugar donde se crían, hierba que esta allí nacida está siempre verde. Y es porque estas piedras siempre echan de sí una exhalación fresca y húmeda, y donde esto está, caban y hallan las piedras en que se crían estos chalchihuites.

Las turquesas hállanse en minas. Hay minas donde las caban y sacan, unas mejores que otras, unas que son claras y otras que son finas, unas que son trasparentes y otras que no lo son. También hay minas donde se halla un ámbar fino y el cristal o veril, y también las piedras de navajas, y también jaspe, y también las piedras donde se hacen los espejos; también unas negras que son como azabache, y también las piedras de sangre. Todas éstas se hacen en los montes y las caban como minas. Y de estas piedras de jaspes muy preciosas hay gran cantidad en los términos del pueblo que se llama Santiago de Tecalco. De ellas hacen aras y otras piedras muy preciosas. Hállanse a la orilla de la mar otras preciosas, y perlas, y conchas blancas y coloradas, y otras piedras que se llaman uitzitzíltetl, que se hallan a la orilla de los ríos en la provincia de Totonacapan. Cuando los que conocen las piedras hallan alguna piedra preciosa dentro en ella, primeramente la quiebran y sacan la piedra preciosa de donde están, y luego la desbastan, y después la raspan, y después la lapiden para que resplandezcan, y después la esmeran sobre una caña maciza.

Párrafo segundo: de la esmeralda y otras piedras preciosas de su especie
Las esmeraldas se llaman quetzalitztli. Haylas en esta tierra muy buenas. Son preciosas, de mucho valor. Llámanse así porque quetzalli quiere decir «pluma verde», e itztli quiere decir «piedra de navaja», la cual es muy pulida y sin mancha ninguna. Y estas dos cosas tiene la buena esmeralda, que es muy verde, no tiene mancha ninguna y muy pulida y trasparente; es resplandeciente.

Hay otro género de piedras que se llaman quetzalchalchíuitl. Dícese así porque es muy verde y tiene manera de chachíuitl. Las buenas de éstas no tienen mancha ninguna, y son trasparentes y muy verdes; las que no son tales tienen razas y manchas y rayas mezclados. Lábranse estas piedras unas redondas y agujereadas, otras largas y rollizas y agujereadas, otras trianguladas, otras cortadas al sesgo, otras cuadradas.

Hay otras piedras que se llaman chalchihuites. Son verdes, y no trasparentes, mezcladas de blanco. Úsanlas mucho los principales, trayéndolas en las muñecas, atadas en hilo. Y aquello es señal de que es persona noble el que la trayen; a los macehuales no era lícito traella.

Hay otras piedras que se llama xíuitl; éstas son turquesas bajas. Estas turquesas son hendidas y manchadas; no son recias. Algunas de ellas son cuadradas y otras de otras figuras. Labran con ellas de mosaico, haciendo cruzes o imágenes, y otras piezas.

Párrafo tercero: de las turquesas finas y otras piedras preciosas
Teuxíuitl quire decir «turquesa de los dioses», la cual a ninguno era lícito tenerla o usarla, sino que había de estar o ofrecida o aplicada a los dioses. Es turquesa fina y sin ninguna mácula y muy lucia. Son raras estas piedras y preciosas. Tráenlas de lejos, algunas de éstas, y redondas; y llámanse xiuhtomoli; son como una abellana cortada por medio. Otras hay anchuelas y llanas. Algunas de ellas son ahoyadas, como carcomidas.

Hay otro género de piedras que se llama tlapalteuxíuitl, que quiere decir «turquesa fina colorada». Y creo que son rubíes de esta tierra. Son raras y preciosas.

Hay también perlas en esta tierra y llámanse epyollotli, que quiere decir «corazón de concha», porque se cría en la concha de la ostia o ostra. Las perlas son bien conocidas de todos.

El cristal de esta tierra se llama teuílotl. Es piedra que se halla en minas en las montañas. También entre éstas se crían las amatistas, que son piedras moradas, claras.

El ámbar de esta tierra se llama apozonalli. Dícese de esta manera porque el ámbar de esta tierra, o estas piedras así llamadas, son semejantes a las campanillas o empollas del agua cuando, las da el Sol en saliendo, que parece que son amarillas claras, como oro. Estas piedras hállanse en mineros en las montañas. Hay tres maneras de estas piedras. La una manera de ellas se llama ámbar amarillo. Estas parecen que tienen dentro de sí una centella de fuego. Son muy hermosas. La segunda manera se llama quetzalapozonalli. Dícese de esta manera porque son amarillas con una mezcla de verde claro. La tercera se llama iztacapozonalli. Dícese así porque son amarillas blanquecinas. No son trasparentes, ni son preciosas.

Hay una piedra en esta tierra que se llama quetzalitzepyollotli, que parece que tiene muchas colores, y varíanse conforme de donde le da la claridad. Es preciosa por razón de la variedad de sus colores con la luz.

Hay otra piedra en esta tierra que se llama tlilayótic. Es de género de los chalchihuites. Tiene mezcla de negro y verde.

Párrafo cuarto: del jaspe y otras piedras de su especie
Allende de las piedras arriba dichas, hay también piedras jaspes de muchas maneras y de muchas colores. Una de ellas se llama iztacchalchíuitl. Es muy blanca, como cáscara de huevo. Es alabastro. Algunas de estas piedras entre lo blanco tiénelos unas vetas verdes, y por eso se llama iztacchalchíuitl. Algunas tienen unas vetas verdes o de azul claro. Tiene también otras colores entrepuestas con lo blanco, como vetas pequeñas. Todas estas piedras tienen virtud contra las enfermedades.

Hay otra piedra que se llama mixtecátetl; también se llama texoxoctli; también se llama «piedra como tigre manchada». Es piedra de poco valor, pero también tiene virtud contra algún enfermedad. Tomándola en la mano y teniéndola un rato se siente su virtud.

Hay otras piedras en esta tierra, negras, que se, llama ítztetl. De éstas sacan las navajas. Y a las navajas sacadas de ellas se llama itztli. Con éstas rapan las cabezas y cortan cosas que no sean muy duras. Hay muchas, y grandes piezas. Cuando están en piedra son muy negras. Son muy lisas y resplandecientes. Cuando se labran y se hacen navajas son trasparentes y muy lisas, sin otra mezcla de color ninguna. Algunas de ellas son rojas, otras blanquecinas. Estas piedras creo que son esmeraldas negras por la virtud que de ellas he experimentado. Molidas como harina y echadas en llagas o heridas recientes, las sanan muy en breve y no las dejan criar materia. Molidas como se dijo, mezcladas con carne de membrillo o con cualquiera otra conserva, muy amasadas de manera que la conserva tome la arena o harina, en cantidad comida tanto como una píldora, o dos o tres, son muy provechosas contra las reumas y dan gran sonoridad a la voz; mitigan cualquiera calor interior. Esto sé por experiencia de muchos días.

Hubo antiguamente en esta tierra, y aún todavía las hay según se hallan pedazos de ellas en diversos edificios antiguos, unas piedras verdes claras que llaman toltecaitztli. Son preciosas, y pienso mas virtuosas que las de arriba.

Hay otras piedras de este género que se llama matlalitztli. Son azules oscuras, y otras claras, otras muy azules. Son preciosas. Lábranse como las de las navajas. Son raras, y pienso de más virtud que las arriba dichas.

Hay en esta tierra unas piedras que son del género de las arriba dichas, las cuales se llaman xiuhmatlalitztli, y según la relación de la letra es zafiro. Dice que es piedra muy preciosa, más que todas las piedras, y dice que es como la gota de agua que sale de la leña verde cuando se quema, la cual gota es clarísima y algo azul muy claro. Esta piedra, siendo labrada como las navajas, resplandece de noche. Es esta piedra preciosísima. Hállase en las mismas minas donde se sacan las piedras de las navajas, pero parecen raramente, y guárdanlas mucho. Son de gran virtud, más que la esmeralda. Yo tengo experiencia de la virtud y hermosura de esta piedra.

Hay unas piedras negras que se llaman téutetl. Tienen apariencia de azabache. Son raras, y tienen un negro muy fino sin mezcla de ningún otro color, el cual negro y su fineza y su pureza no se halla en ningún otra piedra. No carece de mucha virtud, aunque yo no tengo experiencia de ella.

Hay también unas piedras que se llaman éztetl, que quiere decir «piedra de sangre». Es piedra parda y sembrada de muchas gutitas de colorado, como de sangre, y otras vertecitas entre las coloradas. Esta piedra tiene virtud de restañar la sangre que sale de las narices. Yo tengo experiencia de la virtud de esta piedra, porque tengo una tan grande como un puño, o poco menos, tosca como la quebraron de la roca, lo cual en este año de 1576, en esta pestilencia ha dado la vida a muchos que se les salía la sangre y la vida por las narices. Y tomándola en la mano, y teniéndola algún rato apoñada, cesaba de salir la sangre y sanaban de esta enfermedad de que han muerto y mueren muchos en toda esta Nueva España. De esto hay muchos testigos en este pueblo del Tlaltelulco de Santiago.

Párrafo quinto: de las piedras de que se hacen los espejos, y otras piedras bajas
Hay en esta tierra piedras de que se hacen espejos. Hay venas de estas piedras y minas de donde se sacan. Unas de estas piedras son blancas y de ellas se hacen buenos espejos. Llámanse estos espejos «palancianos espejos de señoras y señores». Tienen muy bien metal. Hacen la cara muy al propio. Cuando están en piedra parecen pedazos de metal. Cuando los labran y pulen son muy hermosos, muy lisos, sin raza ninguna; son preciosos. Hay otras piedras de este metal que son negras. Cuando las labran y pulen hácense unos espejos de ellas que representan la cara muy al revés de lo que es. Hacen la cara grande y disforme, las cejas gruesas y largas, los labios gruesos y disformes, las narices grandes y gruesas; ninguna cosa se representa al propio. Labran estos espejos de muchas figuras: unos redondos, otros triangulados, otros de otras figuras. Véndense en los tiánquez, unos grandes, otros medianos, otros pequeños.

Hay en esta tierra pedernales muy buenos y de muchas maneras en su facción, y de muchas colores, como en la letra se explica muy por menudo. Aprovechábanse de ellos antiguamente para hacer casquitos de saetas y cuchillos para abrir los pechos a los que sacrificaban; ahora ya no aprovechan de otra cosa sino para los arcabuces y para sacar fuego con eslabón. De ellos todavía los usan para casquillos de las saetas.

Hay una manera de pedernales verdes que se llaman xoxouhquitécpatl. Tiran a chalchihuites. Los lapidarios llámanlos tecélic, porque son blandos de labrar. Tienen unas pintas de azul claro.

A las piedras labradas y curiosas que traen atadas a las muñecas, ora sean de cristal o de otras piedras preciosas, llámanlas chopílotl, el cual vocablo se puede aplicar a cualquiera piedra curiosamente labrada o hermosa, que lo llaman chopilótic.

Hay unas pedrezuelas blancas, muy blancas, que tienen algunas vetas o razas de otras colores. Llámanlas tepuchtli.

Hay en esta tierra piedra mármor, y llámanle aitztli. Es la manera del mármor de España.

Hay unas piedras preciosas que se llaman uitzitzíltetl, que quiere decir «piedra que parece al cinzón». Esta es piedra pequeñuela y blanca, pero la luz hácela parecer de diversos colores, como también hace parecer de diversos colores a la pluma del cinzón. Parece de diversos colores esta piedra según la diversidad de la luz que le da. Está esto explicado bien en la letra. Tiene hechura como de hurmiga. Hállase esta piedra a las orillas de la mar, entre la arena, y también se halla en un río que corre por la tierra de Totocacapan. Venla de noche porque resplandece a la manera de luciérnaga o como una candelita pequeña que está ardiendo, y de lejos no parece sino luciérnaga. Y conocen ser la piedra dicha en que está queda aquella luz y no se mueve. Es rara y preciosa. No la usan sino lo señores. Es trasparente o a lo menos de la color de una perla muy fina.

Hay en esta tierra muchas maneras de conchas de que usan estos naturales por cosa preciosa. Llámanlas atzcalli. Son de diversas maneras y de diversos colores. Son de pescados mariscos que en ellas se crían. Hay unas coloradas, otras blancas, otras amarillas, otras de diversos colores; a éstas llaman quetzalatzcalli o chalchiuhatzcalli. Esta diversidad de colores tiénenlas por de dentro, que parecen unos esmaltes muy ricos, y el aspecto de la luz los varía en diversas formas. Algunos llaman a estas conchas uitzitzilatzcalli. Otras de estas conchas son bermejas por de fuera, como bermellón. De todas éstas usan para adornarse en los areítos y tiénenlas en mucho. Llámanse todas estas conchas tapachtli.

Este vocablo atzcalli se toma por todos los mariscos o sus conchas, como son tecuciztli, que son caracoles grandes mariscos; también los que llaman chipolli, y otros que llaman cilli, que son caracolitos pequeñitos preciosos; también las abaneras que llaman tapachtli, y otros caracoles que llaman tecuciztli.

Los caracoles mariscos son blancos. Unos son grandes, otros son pequeños; todos ellos son enroscados. Son preciosos y táñense como corneta o trompeta.

Los caracoles unos son colorados finos, otros colorados blanquecinos, otros morados.

De las abaneras o conchas mariscas unas son amarillas claras, otras más amarillas.

Las conchas de ostras o ostias, donde se hace las perlas, por de fuera son toscas y de ninguna apariencia, y de color pardillo, como hueso podrido, pero de dentro son lisas, vedriadas, y muy lindas, como esmaltadas de todas colores: de color colorada y amarilla y acul, color de carmesí, y verde claro, y morado, y de todas otras colores; y parece el arco del cielo de diversas colores.

El caracolito que se llama cili es muy liso y muy blanco.

El caracolito que se llama culcili es leonado y de diversas colores, pintado a manera de codorniz.

Otros caracoles que se llaman chipoli son grandecillos. Son muy blancos y de muy bien parecer.

Capítulo IX. De los metales

Hay en esta tierra oro que se cría en minas. Hay señales donde hay minas de oro, porque la madre se parece sobre la tierra, y es esta señal que ello se cría debajo de tierra. Especialmente se parece esta señal cuando llueve. En la letra está bien declarado esta señal. Quien quisiere saberla o entenderla pregunte por los vocablos en la misma lengua indiana, como están aquí en esta letra. Hay también plata y cobre y plomo. Críase en diversas partes, o en barrancas o en riscos. Ante que viniesen los españoles a esta tierra nadie se curaba de la plata ni del plomo. Buscaban solamente el oro en los arroyos, porque de donde corre el agua sacábanlo con jícaras, lavando la arena, y así hallaban granos de oro: unos tan grandes como granos de maíz, otros menos, otros como arena.

Después de haber tratado en los capítulos y libros pasados de las hierbas medicinales, y de las piedras que tienen mucha virtud para la sustentación de nuestra salud, y también del oro que tiene propiedades muy favorables a nuestra salud, parecióme que sería poner aquí las propiedades de las gomas que en esta tierra hay, de que los naturales usan mucho para su salud, y yo tengo mucha experiencia de la virtud de ellas.

La goma que se llama copal blanco y otra goma que se llama chapopotli que es como pez de Castilla, y otra goma que se llama ulli, que es negra y nervosa y muy liviana, estas tres gomas derretidas, juntamente hechas como brea, aplicadas a las piernas y al cuerpo, hacen gran bien a todos los miembros interiores exteriores. Es de saber, el copal y el chapopotli bien se puede derretir en una olla, puestas sobre las brasas, habiéndolo desmenuzado todo junto primero, tanto de uno como de otro. Pero el ulli hase derretir por sí, poniéndolo de un asador y encendiéndolo a la llama del fuego. Comenzando a arder, comienza a gotear un licor negro como tinta, el cual ha de gotear en una escudilla, y así queda hecho licor líquido. Y pueden así derretir la cantidad que quisieren, aunque no sea tanta como lo demás, aunque cuanto más fuere de esto, tanto será mejor la brea. Después de derretido este ulli por sí, hase de juntar con lo otro que está derretido, y no es menester que hierva, sino revolviéndolo que se mezcle todo, por tres o cuatro días o más, revolvello, puesto al Sol por intervalo para que se mezcle bien, para que esta brea o ungüento aproveche para muchos días. Y se puede aplicar al cuerpo todas las veces que quisieren. Corten unas calzas de cuero de venado labrado que llegue desde los pies hasta los ingles, y no se han de coser. Puesto este ungüento por la parte interior de ellas, todo tendido, déjenlo embeber por dos o tres días en el cuero; y después tornen a poner más hasta que ya el cuero no lo embeba, sino que quede por encima sobrado. Sobre este ungüento, así tendido, pongan dos lienzos cortados al tamaño de la cabeza de cuero, y si no quedare bien pegado con el cuero, cósase por las orillas. Y puestas unas correas cosidas a las mismas calzas del mismo cuero, la una se ponga a la garganta de la pierna para que se ate con aquella calza, y otra por bajo de la rodilla, y otra por encima de la rodilla, y otra por medio del muslo, y otra por encima a la extremidad del muslo. Atadas de esta manera a las piernas, puédenlas traer o tener de noche o de día los días que quisieren, y queriéndolas quitar, puédenlas guardar para ponerlas cuando quisieren, y turarán por muchos días. Aprovecha esto para cualquiera mala disposición que se ofreciere. Quien quisiere hacer un jubón de la misma manera para vestírsele a raíz de la camisa o de la túnica, sentirá también gran provecho para cualquiera mala disposición. Y si no quisiere hacer jubón, haga una faja de anchura de un palmo, o poco más, del mismo cuero con los lienzos dichos, tan larga que dé una vuelta justa al cuerpo igual, trazando con el jubón.

He también hallado por experiencia que molida la piedra de navajas de que arriba hicimos mención, diciendo que es esmeralda negra, y con una clara de huevo mezclada la arena, y hecho todo lodo, poniéndola sobre unas estopas y atado con un patio sobre la gota, la quita; y todas las veces que volviere, poniéndola, la quita. Y este emplastro aprovecha para muchos días y aun años, teniéndole guardado, aunque no se renueve más.

Quien se hallare restreñido de la cámara, póngase una cala de enjundia de puerco y luego sentirá provecho; y si esta injundia fuere de puerco muerto en la menguante de diciembre o de enero, y serenada por treinta o cuarenta días, es muy mejor. Quien quisiere poner el ungüento arriba dicho en los pies, compre unas cuatro servillas de badana iguales, y derrame el ungüento por todo el envés de unas de ellas, y métalas en las otras dos, de manera que venga envés con envés, para que de fuera y de dentro quede todo limpio. Y puestas en los pies, traerlas ha cuando quisiere, o de día o de noche. Y sentirá gran provecho a todo el cuerpo. Y duran de esta manera hechas por muchos días sin que se renueve el ungüento. Esta es medicina para los pobres.

Capítulo X. De otras cosas provechosas que se crían en la tierra, como esmeril, margaxita

El esmeril hácese en las provincias de Anáhuac y Tototépec. Son unas pedrezuelas pequeñuelas, unas coloradas, otras azules, otras pardas. Traídas acá a estas partes, cómpranlas los lapidarios y muélenlas, y la arena que de ellas sale es el esmeril con que labren y pulen las piedras preciosas.

Temetztlalli. La escoria que sale de los metales cuando se pulen o se labran, y también la vena o piedra de donde se sacan estos metales.

Temetztlalli. Una manera de margaxita que sale del metal cuando se lava, después de molido.

Apetztli. Una manera de margaxita negra que se hace en muchas partes, que se usan en lugar de salvados para enjugar las escrituras.

Tezcatlalli. Es el arena que sale de los espejos cuando se pulen o se labran, que es como margaxita.

Tecpaxalli. Esta manera de esmeril de pedernales molidos son unos pedernales o piedras recias que se hacen hacia Uastépec, en los arroyos. Traídas por acá, muélenlas, y con aquéllas desbastan las piedras preciosas, para después purificarlas con el otro esmeril arriba dichas.

Capítulo XI. De las colores, de todas maneras de colores
Párrafo primero: trata de la grana y de otras colores finas
A la color con que se tiñe la grana, que llaman nocheztli, que quiere decir «sangre de tunas», porque en cierto género de tunas se crían unos gusanos que llaman cuchinillas, apegadas a las hojas, y aquellos gusanos tienen unos sangre muy colorada. Esta es la grana fina. Esta grana es muy conocida en esta tierra y fuera de ella, y grandes tratos de ella llega hasta la China y hasta Turquía. Casi por todo el mundo es preciada y tenida en mucho.

A la grana que ya está purificada y hecha en panecitos llaman tlacuáuac tlapalli, que quiere decir «grana recia o fina». Véndenla en los tiánquez hecha panecillos para que la compre los tintoreros del tochómitl y los pintores.

Hay otra manera de grana baja o mezclada que llaman tlapalnextli, que quiere decir «grana cenicienta», y es porque la mezclan o con greda o con harina. También hay una grana falsa que también se cría en las hojas de la tuna que la llaman tlapalnextli o ixquimiliuhqui, que dañan a las cuchinillas de la buena grana y secan las bojas de las tunas donde se ponen. Y también ésta la cogen para envolverla con la buena grana para venderla, lo cual es gran engaño.

Al color amarillo fino llámanle xuchipalli, que quiere decir «tintura de flores amarillas». Este color amarillo tráenla y críase en tierras calientes.

A la color azul fina llaman matlalli, que quiere decir «azul». Este color se hace de flores azules. Color es muy preciada y muy aplacible de ver. Llámase también cardenillo en la lengua española.

Hay un color que es amarillo claro, al cual llaman zacatlaxcalli, que quiere decir «pan de hierba», porque se amasa de unas hierbas amarillas que son muy delgadas. Véndese en los tiánquez. Son como turtillas amarillas, amasadas y delgadas. Usan de estas turtillas para teñir de amarillo o para hacer color amarilla para pintar.

Hay una color colorada blanquecina que se llama áchiotl o achiótetl. No tiene composición ni derivación este nombre. Hácese en tierras calientes. Es flor que se moele. Véndese en los tiánquez. Es medicinal para la sarna, poniéndolo encima de la sarna. Es de color de bermellón. Mézclanlo con ungüento amarillo que se llama axi, para poner sobre la sarna.

Párrafo segundo: de otro colorado, no tan fino como la grana, y de otras colores no finas

Hay en esta tierra un árbol grande de muchas ramas y grueso tronco que se llama uitzcuáuitl. Tiene la madera colorada. De este madero, hendiéndolo, hácenlo estillas y májanlo y remójanlo en agua. Tiñe el agua; hácela colorada. Y este colorado no es muy fino; es como negrestino; pero revolviéndola con piedra lumbre y con otros materiales colorados, hácese muy colorado. Y con este color tiñen los cueros colorados de venado. Y para hacerle que sea tinta negra, mézclanle aceche o tlalíyac y con otros materiales negros que revuelven con el agua. Hácese muy negra y tiñen con ella los cueros de venado que son negros.

Hay en esta tierra un fruto de un árbol que se cría en tierras calientes, el cual fruto no es de comer, llámase este fruto nacaccólotl. Úsase este fruto para con él y con aquella tierra que se llama tlalíyac o aceche, y con cáscaras de granadas, y con goma que llaman mizquicopalli, se hace muy buena tinta para escribir. Hay en esta tierra una mata, o arbusto a manera de mata, que se hacen en las tierras calientes, que se llama tézoatl. Las hojas de esta mata o arbusto cuécense juntamente con piedra lumbre y con tlalíyac, y hácese una color colorado muy fino con que tiñen el tochómitl colorado. Hase de hervir mucho, etc.

Hay una hierba en las tierras calientes que se llama xiuhquílitl. Majan esta hierba y esprímenla el zumo, y échanlo en unos vasos. Allí se seca o se cuaja. Con este color añir se tiñe lo azul oscuro y resplandeciente. Es color preciada.

Hay color azul claro, de color del cielo, lo cual llaman texotli y xoxóuic. Es color muy usada en las ropas que se visten, como son las mantas de los hombres y huipiles de las mujeres. Hácese de las mismas flores que se hace el matlalli o color fino.

Hay una piedra amarilla que molida se hace color amarillo de que usan los pintores. Llámanla tecozáuitl.

Hacen estos naturales tinta del humo de las teas y es tinta bien fina. Llámanla tlilli ócotl. Tienen para hacerlo unos vasos que llaman tlilcomalli en que se hacen, que son a manera de alquitaras. Vale para muchas tintas para escribir y para medicinas, que la mezclan con muchas cosas que sirven para medicinas.

Hay aceche que se llama tlalíyac, que aprovecha para muchas cosas, especialmente para cosa de tiñir y hacer tinta. Hácese en muchas partes, como es en Tepéxic, etc.

Párrafo tercero: de ciertos materiales de que se hacen colores
La piedra lumbre, cosa bien conocida, llámase tlaxócotl; quiere decir «tierra aceda o agra». Hay mucha con esta tierra. Véndense en los tiánquez. Hay mucho trato de ella, porque los tintoreros la usan mucho.

Una piedra de que usan los pintores, que es algo parda que tira a negro, es un color de que usan los que hacen tecomates de barro. Es como margaxita negra y molida. Pintan con ella los tecomates. Después de cocido parece muy negro y resplandeciente.

Hay en esta tierra bermellón. Úsanla mucho como en España. Llámanlo tláuitl.

Hay greda. Úsanla mucho las mujeres para hilar. Véndense en los tíanquez. Llámase tízatl.

Hay piedras en esta tierra de que se hace el barniz. Llámanlas tetízatl. Son piedras que se hacen en los arroyos, hacia Tulan. Usan mucho de estas piedras para embarnizar las gícaras.

Hay también otras de éstas que se llaman chimaltízatl. Hácense hacia Uastépec. Sácanlas como de pedrora para labrar. Estas piedras cuécenlas primero. Son como yeso de Castilla. Véndense en los tiánquez.

De las colores compuestas
El color amarilla mezclando, que se llama zacatlaxcalli, con color azul clara, que se llama texotli, y con tzacutli, hácese un color verde oscuro, que se llama yiapalli, que es verde oscuro.

Mezclando grana colorada, que se llama tlapalli, con alumbre que viene de Metztitlan, y un poco de tzacutli, hácese un color morado que se llama camopalli, con que hacen las sombras los pintores.

Mezclando color azul claro, que se llama texotli, con amarillo, que se llama zacatlaxcalli, echando más parte del amarillo que no de él, hace un color verde claro fino que se llama quíltic.

Para hacer una tinta negra con que se tiñen el tochómitl, toman la tinta el brasil y mezclan con ello la tierra que se llama tlalíyac, e hierven ambas cosas hasta que se hace bien espeso, y hácese tinta muy negra. A esta tinta llámanle uitztecoláyotl; al brasil llaman uitzcuáuitl.

Para hacer color leonada toman una piedra que traen de Tláluic, que se llama tecoxtli y muélenla y mézclanla con tzacutli. Hácese color leonado. A este color llaman cuappachtli.

Aquí se dice lo que significa este nombre tlapalli. Este nombre tlapalli, que quiere decir «color», y comprende todas las colores de cualquier suerte que sean: negro, blanco, colorado, azul, amarillo, verde, etc.

Capítulo XII. De las diversidades de las aguas y de diversas calidades de la disposición de la tierra
Párrafo primero: del agua de la mar y de los ríos

En este primero párrafo se trata de la agua de la mar y de la mar, al cual llaman téuatl, y no quiere decir «Dios del agua» ni «diosa del agua», sino quiere decir «agua maravillosa en profundidad y en grandeza». Llámase también ilhuicáatl, que quiere decir «agua que se juntó con el cielo», porque los antiguos habitadores de esta tierra pensaban que el cielo se junta con el agua en la mar, como si fuese una casa, que el agua son las paredes y el cielo está sobre ellas. Y por esto llaman a la mar ilhuicáatl, como si dijesen «agua que se junta con el cielo». Empero, ahora después de venida la fe, ya saben que el cielo no se junta con el agua ni con la tierra, y por eso llaman a la mar uéyatl, que quiere decir «agua grande y temerosa y fiera», llena de espumas y de olas y de montes de agua, y agua amarga, salada o mala para beber, donde se crían muchos animales que están en contino movimiento.

A los ríos grandes llaman atóyatl; quiere decir «agua que va corriendo un gran prisa», como si dijese agua apresolada en correr. Los antiguos de esta tierra decían que los ríos todos salían de un lugar que se llama Tlalocan, que es como paraíso terrenal, el cual lugar es de un Dios que se llama Chalchiuitlicue. Y también decían que los montes están fundados sobre el cual, que están llenos de agua y por de fuera son de tierra, como si fuesen vasos grandes de agua o como casas llenas de agua, y que cuando fuere menester se romperán los montes y saldrá el agua que dentro está y anegará la tierra. Y de aquí acostumbraron a llamar a los pueblos donde vive la gente altépetl, que quiere decir «monte de agua» o «monte lleno de agua». Y también decían que los ríos salían de los montes y aquel Dios Chalchiuitlicue los enviaba. Pero sabida la verdad de lo que es ahora, es que por la voluntad de Dios la mar entra por la tierra por sus venas y caños, y anda por debajo de la tierra y de los montes, y por donde halla camino para salir fuera, allí mana, o por las raíces de los montes o por los llanos de la tierra, y después muchos arroyos se juntan juntos y hacen los grandes ríos que se llaman atóyatl. Y aunque el agua de la mar es salada o amarga, el cual de los ríos dulce, pierde el amargor o sal, colándose por la tierra o por las piedras y por la arena y se hace dulce y buena de beber. De manera que los ríos grandes salen de la mar por secretas venas debajo de la tierra, y saliendo se hacen fuentes y ríos.

Párrafo segundo: de diversos nombres de ríos y fuentes
Hay un río que se llama Chicunáuatl. Es el de Tulocan, y otros ríos semejantes a él, y es porque tienen nueve fuentes, o pocas más o menos, de donde nacen. Hay otro río en la tierra caliente hacia Couixco que se llama Amacózatl. Críanse en él caimanes y otros pescados grandes, casi como tiburones.

Hay otro río hacia la provincia de los cuextecas que se llama Quetzálatl, que quiere decir «agua como pluma verde rica». Llámanla así porque es muy clara y muy buena, y donde está profunda parece verde.

Hay otro río que está camino de Cuauhtimallan, donde hay muchos caimanes, y llámanle Tecuánatl, que quiere decir «agua en que hay bestias fieras que comen hombres», porque se crían en él aquellos animales fieros.

Al río de Tula llámanle Tullánatl, que quiere decir «el río de Tula», porque pasa por medio del pueblo. Es el agua como negrestina. Es pedroso y cenojo, que tienen muchas piedras y cieno resbaladizo. Corre con ímpetu, y muchas veces lleva el río abajo a los que pasan por él.

Hay un río que se llama Néxatl, que quiere decir «lejía» o «agua pasada por ceniza». De esta calidad está un río entre Uexotzinco y Acapetlaoacán, que desciende de la sierra que ahuma, que es el Volcán, que comienza desde lo alto del Volcán. Es agua que se derrite de la nieve y pasa por la ceniza que echa el Volcán, y súmese bien cerca de la nieve. Torna a salir abajo por entre

Uexotzinco y Acapetlaoacán. Yo vi el origen y el lugar donde se sume, que es junto a la nieve, y el lugar donde torna a salir.

Hay un no que se llama Totólatl, que quiere decir «río donde beben las gallinas silvestres». Hay ríos que llaman «agua prodigiosa o maravillosa», porque mana y corre algún tiempo, y otro tiempo deja de manar y correr. Y yo vi dos arroyos, uno entre Uexotzinco y San Salvador, y otro entre Uexotzinco y Calpan, que manan y corren en el tiempo que llueve, y cesan de correr y manar en el tiempo que no llueve, y que está entre Calpan y Uexotzinco. Llaman Pipináoatl.

Hay algunos arroyos en esta tierra que corren y tienen fuente donde manan, y a las veces corren y a las veces dejan de correr. Dice que cuando pasa por ella deja de correr o se seca, porque dicen que ha vergüenza de los que pasan. Y por esto la llaman pináoatl o pipinaoa atl, que quiere decir «agua vergüenzosa». Y de esta manera son los dos arroyos que arriba dije, que están cabe Uexotxinco.

Las fuentes que manan de la tierra llana llámanlas ameyalli; quiere decir «agua que mana». El agua de estas fuentes es dulce, y bébese, y mantiene por la mayor parte; y algunas de estas fuentes son salobres y de mal sabor y de mal olor, y algunas que hacen daño al cuerpo bebiéndolas, y causan enfermedad.

Los arroyos que llevan poca agua se llaman apitzactli, que quiere decir «agua que corre poco».

A las fuentes que manan de su profundo levantando la arena, que parece que la misma arena mana, llámanlas xálatl, que quiere decir «agua de arena». Tienen ésta por muy bien agua.

Al brazo de mar o de río llámanle ámaitl, que quiere decir «brazo de agua».

A las lagunas o estanques donde se crían espadañas o joncias, que no corren por ninguna parte, llámanlas amanalli, que quiere decir «agua que está queda». También llaman amanalli a las lagunas que se junta de agua llovediza.

Acuecuéxatl es una fuente que está cerca de Coyoacán que han probado en tiempos pasados de traerla a México para sustento de la ciudad, y reventó tanta agua que anegó a la ciudad y a todos los pueblos que están en estos llanos. Otra vez, siendo visorrey don Gastón de Peralda, se provó de traerla a México y se hizo harto gasto, y nunca pudieron traerla. Dejáronla, y viniendo a governar el visorrey don Martín Enríquez, proveyó de agua a la ciudad de México con gran abundancia de la fuente de Santa Fe, como ahora lo vemos muy proveída en este año de 1576.

A la fuente que solía venir a México con que se proveía la ciudad de agua ab antiquo la llaman Chapultepec, que quiere decir «monte como cigarra» o «como langosta», porque ella nace al pie de un montecillo que parece langosta. El agua de esta fuente es mala y no suficiente para el proveimiento de toda la ciudad. Por eso hizo bien don Martín Enríquez, visorrey, en procurar de traer la otra que arriba dije.

A los pozos que son cavados debajo de tierra, y manan y sacan de ellos agua, y no son muy profundos, llaman atlacomolli, porque son cavados debajo de tierra. Sacan de ellos agua para beber y para lo demás.

A los pozos profundos que manan y sacan de ellos agua llaman ayoluactli, y a los que no son profundos no los llaman sino atlacomolli. A los manantiales profundos de las fuentes que corren llámanlos axoxouilli, que quiere decir «agua azul», porque por ser el agua muy pura y profunda parece que es azul.

Párrafo tercero: de diversas calidades de tierra

A la tierra fértil para sembrar, y donde se hace mucho lo que se siembra en ella, llaman atoctli, que quiere decir «tierra que el agua la ha traído». Y llámanla tlalcoztli y también xalatoctli. Es tierra blanda, suelta, hueca, suave. Es tierra donde se hace mucho maíz o trigo, en que de pocas sementeras se hace mucho fruto.

A otra manera de tierra fértil donde se hace muy bien el maíz y el trigo la llaman cuauhtlalli, que quiere decir «tierra que está estercolada con maderos podridos». También se llama tepetlalli, y también se llama cuecháoac y cóztic, que quiere decir «tierra suelta, y amarilla, y hueca».

Otra tierra también fértil se llama tlalcoztli, que quiere decir «tierra amarilla», el cual color de tierra significa fertilidad.

A otra manera de tierra fértil la llaman xalatoctli, porque es tierra arenosa que la agua le trae de los altos. Es tierra suave de labrar.

Hay otra manera de tierra fértil que se llama tlazotlali, que es tierra donde las hierbas se vuelven en estiércol y sirven de estiércol, enterrándolas en ella.

A las tierras que se venden y compran, y pasan de unos a otros, llaman tlalcoalli, que quiere decir «tierra comprada». Y estas tierras por la mayor parte son fértiles.

A las tierras cuyos dueños son muertos y las dejaron desamparados las llaman miccatlalli, que quiere decir «tierra de difuntos».

A la tierra arenisca, escasa, y que da poco fruto la llaman xalalli, que quiere decir tierra arenosa y estéril.

Hay una tierra pegajosa, buena para hacer barro de paredes y suelos para los tlapancos. Y también es fértil. Hácese bien el maíz y el trigo.

Hay otra manera de tierra fértil que se llama callalli; quiere decir «tierra donde ha estado edificada alguna casa». Y después que se caba y siembra es fértil.

A la tierra echada a mano y allanada con propósito de hacer allí algo, estante aquella llanora hecha a mano, llámanla tlalmantli; quiere decir «tierra echada».

La tierra que la allanan y la asientan o tupen a mano llámanla tlaluitectli, que quiere decir «tierra asentada a golpes».

A la tierra estercolada la llaman tlalauíac, que quiere decir «tierra suave», porque la han adobado con el estiércol.

A las tierras donde se pudren los magueyes y se han vuelto estiércol dícenla metlalli, «tierra estercolada con magueyes».

A la tierra de riego la llaman atlalli, que quiere decir «de agua o «tierra que se puede regar».

A la ladera o repecho, o falda de algún monte o collado, llaman tepetlali, que quiere decir «tierra de cuesta». A la tierra pedregosa o cascajosa, que es hueca y buena, llámanla tetlalli, que quiere decir «tierra pedregosa», no naturalmente, sino por haberlo labrado piedras o cantos.

En los repechos de las cuestas hay unas tierras pedregosas o cascajosas, y ásperas y secas, y llámanlas tetlalli, que quiere decir «tierra pedregosa o cascajosa». Hácese bien el maíz, y llámanle tecintli.

Hay unas tierras que tienen mucho en sí la humedad del agua, y por esto son fértiles, y llámanlas techiáuitl, que quiere decir «tierra temperosa».

Hay una tierra pegajosa que es buena para hacer barro o adobes. Llámanla tlaltzauctli, que quiere decir «tierra pegajosa», como tzauctli. Es la misma que arriba se llama tezóquitl.

La tierra donde se hace espadañas y juncos, y que es tierra hueca y húmeda, casi a manera de ciénaga que andando sobre ella parece que se sume la misma tierra, llámanla tlalcocomoctli. Es tierra buena para sembrar, y fértil.

Hay una manera de tierras que son húmedas de su natural, por ser bajas. Y aunque no llueve, tienen témpero y humedad. En estas tierras se hace bien el maíz cuando no llueve mucho, cuando llueve mucho, piérdese en ella el maíz.

A la tierra estéril, donde ninguna cosa se hace bien, llámanla tlalzolli, que quiere decir «tierra de codornices» o «de color de codornices».

Párrafo cuarto: de las maneras de ruin tierra, no fructífera
La tierra salitrosa se llama tequixquitlalli, que quiere decir «tierra donde se hace salitre». Es tierra estéril por razón del salitre que es de mala condición.

La tierra donde se hace sal también es infructífera.

A la tierra que no bebe el agua, sino que está siempre sobre ella, llámanla nantlalli. Es estéril.

A una tierra blanquecina, estéril, en que no se hace cosa alguna, llaman tlaliztalli, que quiere decir «tierra blanquecina», sin provecho.

A otra tierra blanca llaman tenextlalli; quiere decir «tierra de cal» o «tierra como cal». Es tierra sin provecho.

A una manera de tierra llaman tlaltenextli, que quiere decir «tierra de cal», no porque es blanca, ni tiene que ver con cal, mas ella cocida y molida, y envuelta con la cal, hácela muy fuerte y auméntala. Es tierra negra, como de adobes.

Hay una tierra bien conocida que se llama tezontlalli, que es y se usa para mezclar con la cal y hácela muy fuerte. Véndese mucho aquí en México para los edificios.

Hay una tierra que se llama axixtlalli, que no es para nada: el lugar donde urinan, y es como tequíxquitl.

A los muradales donde echan la ceniza, que en cada barrio donde echan la ceniza hacen un montón de ella, llámanla nextlalilli, que quiere decir «tierra ceniza». No es buena para nada.

Tecpatlalli, que quiere decir «moradar de pedezuelos de pedernales y otras piedras», donde los lapidarios echan el estiércol de su oficio.

A la tierra con que hacen los tlapancos, y también la tierra que ha caído de los tlapancos de las casas derrocadas, llámanla tlapantlalli, que quiere decir «de terrados».

A la tierra seca donde no se da nada, por ser ella naturalmente seca, aunque no se hacen hierbas como zacate, pero otra cosa no se hace, llámanla teuhtlalli, que quiere decir «tierra seca» o «tierra polvo».

Al polvo que se levanta de la tierra llaman teuhtli.

Hay una tierra que se llama atízatl, que es blanca o blanquecina, que tiene greda mezclada. Por tiempo se vuelve en greda.

Hacen de ella adobes. No es buena para otra cosa.

A toda la comarca de México llaman mexicatlalli, que quiere decir «la tierra de México».

A las provincias donde habitan los totonaques llaman totonacatlalli. Es tierra caliente y fértil, de muchas frutas, etc.

A las provincias donde están los tarascos llámanlas michuacatlalli.

A la provincia donde moran los mixtecas llámanla mixtecatlalli, que quiere decir «donde habitan los mixtecas». Son pinoles y chontales y nonohuales. Son grandes chorcheros.

Aquellas provincias que están a la parte del sur, cerca de la mar, en esta Nueva España, llámanlas anauacatlalli. Son tierras ricas, y de oro y de plumas, etc.

A las provincias donde moran los chichimecas llámanlas chichimecatlalli. Es tierra muy pobre, muy estéril, y muy falta de todos los mantenimientos.

Párrafo quinto: de diversas maneras de tierra para hacer tinajas, ollas, cántaros, etc.

Hay barro en esta tierra para hacer loza y basija. Es muy bueno y muy pegajoso. Amásanlo con aquellos pelos de los tallos de las espadañas. Llámase tezóquitl y contlalli. De este mismo barro se hacen los comales. También se hace de este mismo barro toda manera de escudillas y platos.

Hay una tierra de que hacen sal, que se llama iztatlalli. Conócenla los que hacen sal.

Hay una manera de tierra amarilla con que enjavelgan las paredes por bien parecer.

Hay una tierra que es como almagre; es colorada. Llámanla tlalchichilli. Embarnizan con ella las escudillas y platos y jarros, porque los da un lustre muy bueno colorado. También se llama caxtláuitl, porque embarnizan con ella a las escudillas y salseras.

Los términos para hacer barro, que se llama zóquitl, son que primeramente lo mojan, después lo hacen lodo ralo, y después se endurece, etc.

Hay un cieno en los caminos de las canoas que se llama azóquitl, con que hacen muchas cosas. Con ello trasponen el maíz y con ello también hacen tlapancos, y son buenos tlapancos.

Hay una tierra que se llama palli, «teñir de negro». Hay minas de este barro o tierra. Es precioso. Con esto también tiñen los cabellos las mujeres para hacerlos muy negros.

Hay una tierra muy pegajosa; es negra. Mezclan con la cal para edificar.

Párrafo sexto: de las alturas, bajuras, llanos y cuestas de la tierra, y de los nombres de los principales montes de esta tierra

Aquí se ponen todas las calidades de los cerros o cuestas altas, o monte, donde hay vocablos que propiamente significan todas las maneras que hay de montes. Aquí se ponen los nombres propios de algunos montes señalados.

Hay un monte muy alto que humea, que está cerca de la provincia de Chalco, que se llama Popocatépetl, que quiere decir «monte que humea». Es monte monstruoso de ver. Yo estuve encima de él.

Hay otra sierra junta a ésta, que es la Sierra Nevada, y llámase Iztactépetl, que quiere decir «sierra blanca» o Iztaccíoatl, que quiere decir «mujer blanca». Es mostruoso de ver lo alto de ella, donde solía haber mucha idolatría, y yo la vi y estuve sobre ella.

Hay un gran monte que se llama Poyauhtécatl. Está cerca de Auillizapan y de Camachalco. Ha pocos años que comenzó a arder la cumbre de él. Y yo le vi muchos años que tenía la cumbre cubierta de nieve, y después vi cuando comenzó a arder. Y las llamas se parecían de noche y de día de más de veinte leguas. Y ahora, como el fuego ya ha gastado mucha parte de lo interior del monte, ya no se parece el fuego, aunque siempre arde.

Hay otro gran monte cerca de Tlaxcala, al cual llaman Matlalcueye, que quiere decir «mujer que tiene las naoas azules».

Hay otro, monte cerca del Coloacán e itzapalapan. Aunque no es muy alto, es muy afamado, cual se llama Uixachtécatl.

Otro monte cerca de Cuitláoac que se llama Yaoaliuhqui. Todos estos montes tienen cosas notables.

Nota

Habiendo tratado de las fuentes, aguas y montes, parecióme lugar oportuno para tratar de las idolatrías principales antiguas que se hacían y aún hacen en las aguas y en los montes. Una idolatría muy solemne se hacía en esta laguna de México, en el lugar que se llama Ayauhcaltitlan, donde dicen que están dos estatuas de piedra grandes. Y cuando se mengua la laguna quedan en seco, y parécense las ofrendas de copal y de muchas vasijas quebradas que allí están ofrecidas también. Allí también ofrecían corazones de niños y otras cosas. En el medio de la laguna, donde llaman Xiuhchimalco, dicen que está un remolino donde se sume el agua de la laguna. Allí también se hacían sacrificios cada año. Echaban un niño de tres o cuatro años en una canoita nueva, y llevábala el remolino, y tragábala a ella y al niño. Este remolino dicen que tiene un respiradero hacia Tula, donde llaman Apacco Santiago, donde está un ponzanco profundo; y cuando crece la laguna, crece él, y cuando mengua la laguna, mengua él. Y allí dicen que muchas veces han hallado la canoita donde el niño había sido echado.

Hay otra agua donde también solían sacrificar, que es en la provincia de Talocan, cabe el pueblo de Calimanyan. Es un monte alto que tiene encima dos fuentes que por ninguna parte corren, y el agua es clarísima y ninguna cosa se cría en ella porque es frigidísima. Una de estas fuentes es profundísima. Parece gran cantidad de ofrendas en ella. Y poco ha que, yendo allí ciertos religiosos a ver aquellas fuentes, hallaron que había una ofrenda allí reciente, ofrecida de papel y copal y petates pequeñitos, que había muy poco que se había ofrecido; estaba dentro del agua. Esto fue el año de 1570, o cerca de por allí. Y el uno de los que la vieron fue el padre fray Diego de Mendoza, el cual era al presente guardian de México, y me contó lo que allí había visto.

Hay otra agua o fuente muy clara y muy linda en Xochimilco, que ahora se llama Santa Cruz, en la cual estaba un ídolo de piedra debajo del agua donde ofrecían copal. Y yo vi el ídolo y copal, y saqué de allí al ídolo y entré debajo del agua para sacarle, y puse allí una cruz de piedra, que hasta ahora está allí en la misma fuente.

Hay otra muchas fuentes y aguas donde ofrecen, aun en el día de hoy, que convendría requerirlas para ver lo que allí se ofrece.

Cerca de los montes hay tres o cuatro lugares donde se solían hacer muy solemnes sacrificios, y que venían a ellos de muy lejas tierras. El uno de éstos es aquí en México, donde está un montecillo que se llama Tepeácac, y los españoles llaman Tepeaquilla, y ahora se llama Nuestra Señora de Guadalupe. En este lugar tenían un templo dedicado a la madre de los dioses que la llamaban Tonantzin, que quiere decir «nuestra madre». Allí hacían muchos sacrificios a honra de esta diosa, y venían a ellos de más de veinte leguas de todas estas comarcas de México, y traían muchas ofrendas. Venían hombres y mujeres, y mozos y mozas, a estas fiestas. Era grande concurso de gente en estos días, y todos decían «bamos a la fiesta de Tonantzin», y ahora, que está allí edificada la iglesia de Nuestra Señora de Guadalupe, también la llaman Tonantzin, tomada ocasión de los predicadores que a Nuestra Señora, la madre de Dios, llaman Tonantzin. De dónde haya nacido esta fundación de esta Tonantzin, no se sabe de cierto, pero esto sabemos cierto, que el vocablo significa, de su primera imposición, a aquella Tonantzin antigua, y es cosa que se debría remediar, porque el propio nombre de la madre de Dios, Santa María, no es Tonantzin, sino Dios inantzin. Parece ésta invención satánica para paliar la idolatría debajo equivocación de este nombre Tonantzin. Y vienen ahora a visitar a esta Tonantzin de muy lejos, tan lejos como de antes; la cual devoción también es sospechosa, porque en todas partes hay muchas iglesias de Nuestra Señora y no van a ellas, y vienen de lejas tierras a esta Tonantzin, como antiguamente.

El segundo lugar donde había antiguamente muchos sacrificios, a los cuales venían de lejas tierras, es cabe la sierra de Tlaxcala, donde había un templo que se llamaba Toci, donde concurrían gran multitud de gente a la celebridad de esta fiesta Toci, que quiere decir «nuestra abuela», y por otro nombre se llamaba Tzapotlatenan, que quiere decir «la diosa de los temaccales y de las medicinas». Y después acá edificaron allí una iglesia de Santa Ana, donde ahora hay monasterio y religiosos de nuestro padre San Francisco, y los naturales llámanla Toci, y concurren a esta fiesta de más de cuarenta leguas gente a la fiesta de Toci. Y llaman así a Santa Ana, tomado ocasión de los predicadores que dicen que porque Santa Ana es abuela de Jesucristo es también nuestra abuela de todos los cristianos, y así la han llamado y llaman en el púlpito: Toci, que quiere decir «nuestra abuela». Y todas las gentes que vienen como antiguamente a la fiesta de Toci, vienen so color de Santa Ana, pero como el vocablo es equívoco y tienen respecto a lo antiguo, más se cree que vienen por lo antiguo que no por lo moderno. Y así también en este lugar parece estar la idolatría paliada, porque venir tanta gente y de tan lejos tierra sin haber hecho Santa Ana allí milagros ningunos, más parece que es el Toci antiguo, que no Santa Ana. Y en este año de 1576 la pestilencia que hay de allí comenzó, y dicen que no hay gente ninguna allí. Parece misterio de haber comenzado el castigo donde comenzó el delito de la paliación de la idolatría debajo del nombre de Santa Ana.

El tercero lugar donde había antiguamente muchos sacrificios, a los cuales venían de lejas tierras, es a la raíz del Volcán, en un pueblo de Calpa, que se llama Tianquizmanalco San Juan. Hacían en este lugar gran fiesta a honra del Dios que llamaban Telpuchtli, que es Tezcatlipuca. Y como a los predicadores oyeron decir que San Juan Evangelista fue virgen, y el tal en su lengua se llama telpuchtli, tomaron ocasión de hacer aquella fiesta como la solían hacer antiguamente paliada debajo del nombre de San Juan Telpuchtli, como suena por de fuera, pero a honra del Telpuchtli antiguo, que es Tezcatlipuca, porque San Juan allí ningunos milagros ha hecho, ni hay por qué acudir más allí que a ninguna parte donde tiene iglesia.

Párrafo séptimo: de las diferencias de piedras

Item nota

Vienen a esta fiesta el día de hoy gran cantidad de gente y de muy lejas tierras, y traen muchas ofrendas. Y cuanto a esto, es semejante a lo antiguo, aunque no se hacen los sacrificios y crueldades que antiguamente se hacían. Y haber hecho esta paliación en estos lugares ya dichos, estoy bien certificado de mi opinión, que no lo hacen por amor de los ídolos sino por amor de la abaricia y del fausto, porque las ofrendas que solían ofrecer no se pierdan, ni la gloria del fausto que recibían en que fuesen visitados estos lugares de gentes extrañas y muchas, y de lejas tierras.

Y la devoción que esta gente tomó antiguamente de venir a visitar estos lugares, es que como estos montes señalados en producir de sí nubes que llueven por ciertas partes continuamente, las gentes que residen en aquellas tierras donde riegan estas nubes que se forman en estas tierras, advertiendo que aquel beneficio de la pluvia les viene de aquellos montes, tuviéronse por obligados de ir a visitar aquellos lugares y hacer gracias a aquella divinidad que allí residía, que enviaba el agua, y llevar sus ofrendas en agradecimiento del beneficio que de allí recibían. Y así los moradores de aquellas tierras que eran regadas con las nubes de aquellos montes, persuadidos o amonestados del demonio o de sus sátrapas, tomaron por costumbre y devoción de venir a visitar aquellos montes cada año en la fiesta que allí estaba dedicada, en México, en la fiesta de Cioacóatl, que también la llaman Tonantzin, en Tlaxcala, en la fiesta de Toci, en Tianquizmanalco, en la fiesta de Tezcatlipuca. Y porque esta costumbre no la perdiesen los pueblos que gozaban de ella, persuadieron a aquellas provincias que viniesen, como solían, porque ya tenían Tonantzin y a Tocitzin y al Telpuchtli, que esteriormente suena o les ha hecho sonar a Santa María y a Santa Ana y a San Juan Evangelista o Bautista, y en lo interior de la gente popular que allí viene está claro que no es sino lo antiguo, y a la secuela de lo antiguo vienen. Y no es mi parecer que les impidan la venida ni la ofrenda, pero es mi parecer que los desengañen del engaño de que padecen, dándolos a entender en aquellos días que allí vienen las falsidad antigua, y que no es aquello conforme a lo antiguo. Y esto debrían de hacer predicadores bien entendidos en la lengua y costumbres antiguas que ellos tenían, y también en la escritura divina.

Bien creo que hay otros muchos lugares en estas Indias donde paliadamente se hace reverencia y ofrenda a los ídolos con disimulación de las fiestas que la Iglesia celebra a Dios y a sus santos, lo cual sería bien imbestigase para que la pobre gente fuese desengañada del engaño que ahora padece.

Párrafo octavo: de las diversidades y calidades de los caminos
En esta letra se ponen las calidades de los caminos por lenguaje propio, para que se sepan los vocablos propios para hablar en esta materia.
Caminos anchos, hechos como calzadas, con todas sus calidades.
Después de haber pasado montes y valles y ciénagas y varrancas y caminos de diversas maneras, parecióme lugar oportuno éste para tratar de los caminos por donde la Iglesia ha venido hasta llegar a esta última masión donde ahora peregrina sembrando la doctrina evangélica. A todos es noto que la iglesia mili-

tante comenzó en el reino de Palestina, y de allí caminó por diversas partes del mundo hacia el oriente y hacia el occidente, y hacia el norte y hacia el mediodía. Sábese que hacia la parte del norte hay aún muchas provincias, hay aún muchas tierras ocultas, donde el Evangelio aún no se ha predicado. Y hacia estas partes del mediodía, donde se pensaba que ningunas gentes habitaban, aún ahora, en estos tiempos, se han descubierto muchas tierras y reinos muy poblados, donde ahora se predica el Evangelio. Partióse la Iglesia de Palestina, y ya en Palestina viven y reinan y señorean infieles. De allí fue a Asia, en la cual ya no hay sino turcos y moros. Fue también a África, donde ya no hay cristianos. Fue a Alemania, donde ya no hay sino herejes. Fue a Eoropa, donde en la mayor parte de ella no se obedece la Iglesia. Donde ahora tiene su silla más quietamente es Italia y España, de donde pasando el mar océano ha venido a estas partes de la India Occidental, donde había diversidades de gentes y de lenguas, de las cuales ya muchas se han acabado, y las que restan van en camino de acabarse. Lo más poblado y más bien parado de todas estas Indias Occidentales ha sido y es esta Nueva España, y lo que más ahora prevalece y tiene lustre es México y su comarca, donde la iglesia católica está aposentada y pacífica. Pero en lo que toca a la fe católica, tierra estéril y muy trabajosa de cultivar, donde la fe católica tiene muy flacas raíces, y con muchos trabajos se hace muy poco fruto, y con poca ocasión se seca lo plantado y cultivado. Paréceme que poco tiempo podrá perseverar la fe católica en estas partes, lo uno es porque la gente se va acabando con gran prisa, no tanto por los malos tratamientos que se les hacen como por las pestilencias que Dios les envía. Después que esta tierra se descubrió, ha habido tras pestilencias muy universales y grandes, allende de otras no tan grandes ni universales. La primera fue el año de 1520, que cuando echaron de México por guerra a los españoles y ellos se recogieron a Tlaxcala, hubo una pestilencia de viruelas donde murió casi infinita gente. Después de ésta y de haber ganado los españoles esta Nueva España, y teniéndola ya pacífica, y que la predicación del Evangelio se ejercitaba con mucha prosperidad el año de 1545, hubo una pestilencia grandísima y universal, donde en toda esta Nueva España murió la mayor parte de la gente que en ella vivía. Y yo me hallé en el tiempo de esta pestilencia en esta ciudad de México, en la parte del Tlaltelulco, y enterró más de diez mil cuerpos, y al cabo de la pestilencia diome a mí la enfermedad, y estuve muy al cabo. Después de esto procediéndola las cosas de la fe pacíficamente por espacio de treinta años, pocos más o menos, se tornó a reformar la gente. Ahora este año de 1576, en el mes de agosto, comenzó una pestilencia universal y grande, la cual ha ya tres meses que corre, y ha muerto mucha gente, y muere y va muriendo cada día más. No sé qué tanto durará, ni qué tanto mal hará Y yo estoy ahora en esta ciudad de México, en la parte del Tlaltelulco, y veo que desde el tiempo que comenzó hasta hoy, que son ocho de noviembre, siempre ha ido creciendo el número de los difuntos, desde diez, veinte, de treinta a cuarenta, de cincuenta a sesenta y a ochenta, y de aquí adelante no sé lo que será.

En esta pestilencia, como también en la otra arriba dicha, muchos murieron de hambre y de no tener quién los curase, ni los diese lo necesario. Aconteció y acontece en muchas casas cayer todos de las casas enfermos sin haber quién los pudiese dar un jarro de agua. Y para administrar los sacramentos en muchas partes ni había quien los llevase a la iglesia, ni quien dijese que estaban enfermos. Y conocido esto, andan los religiosos de casa en casa, confesándolos y consolándolos. Cuando comenzó esta pestilencia de ugaño, el señor visorrey don Martín Enríquez puso mucho calor en que fuesen favorecidos los indios, así de comida como de los sacramentos, y por su persuasión muchos españoles anduvieron muchos días por las casas de los indios dándolos comida, y sangradores sangrándolos, y médicos curándolos; y clérigos y religiosos, así de San Francisco como de Santo Domingo, como agustinos, como teatinos, andaban por sus casas para confesarlos y consolarlos. Y esto duró por obra de dos meses, y luego cesó todo, porque unos se cansaron, otros enfermaron, otros se ocupan en sus haciendas. Ahora ya faltan muchos de los sacerdotes dichos que ayudaban; ya no ayudan. En este pueblo del Tlaltelulco solos los religiosos de San Francisco andan por sus casas confesándolos y consolándolos, y dándolos pan de Castilla que coman, comprando de las propias limosnas, y todo se va ya acabando que el pan vale muy caro y no se puede haber, y los religiosos van enfermando y cansando, por lo cual hay grande tribulación y africión. Pero con todo, esto el señor visorrey y el señor arzobispo no cesan de hacer lo que pueden.

Párrafo nono: de las diferencias y calidades de los edificios
En esta letra se pone las maneras de casas que se usan entre esta gente, con todas sus calidades, por vocablos propios para poder hablar en esta materia. Plega a Nuestro Señor de remediar esta tan gran plaga, porque a durar mucho todo se acaba. Nuestro padre comisario general fray Rodrigo de Sequera en grande manera ha trabajado, así con sus frailes como con el señor visorrey, y con los españoles, para que los indios sean ayudados en los espiritual y temporal, el cual ha estado y está en esta ciudad, y no se cansa de trabajar en este negocio.

Pues volviendo a mi propósito de la peregrinación de la Iglesia, en estos años se han descubierto por estas partes de Laspecería, donde ya están poblados los españoles y se predica el Evangelio, y se trae mucho oro y loza muy rica, y muchas especies. Cerca de allí está el gran reino de la China, y ya han comenzado a entrar en él los padres augustinos. En este año de 1576 tuvimos nuevas ciertas de cómo dos de ellos entraron en el reino de la China, y no llegaron a ver al emperador de la China. De muchas jornadas los hicieron volver, porque por cierta ocasión de guerra que se ofreció los llevaron con mucha honra desde las islas donde están poblados con los españoles hasta cierta ciudad de la China. Y de allí dicen que por consejo del demonio, a quien consultó el emperador de la China o sus sátrapas, los volvieron a enviar para que se volviesen a la isla de donde habían partido. Y volviéronlos con deshonra y con muchos trabajos en que se bieron en la vuelta. He oído que está escrita la relación que estos padres augustinos trajeron; ella parecerá en breve tiempo acá y en España. Paréceme que ya Nuestro Señor Dios abre camino para que la fe católica entre en los reinos de la China, donde hay gente habilísima, de gran pulicía y de gran saber. Como la Iglesia entre en aquellos reinos y se plante en ellos, la fe católica, creo, durará por muchos años en aquella masión, porque por las islas y por esta Nueva España y el Perón...

Casas reales donde habitaban los señores. Eran casas del pueblo donde se hacía audiencia y concurrían los señores y jueces a determinar las causas públicas.

... no ha hecho más de pasar de camino, y aun hacer camino para poder conversar con aquellas gentes de las partes de la China.

Párrafo décimo: de las cuevas y cimas, y de sus diferencias

Capítulo XIII. De todos los mantenimientos
Párrafo primero: del maíz

En esta letra se trata de las maneras que hay de maíz, y porque esto es cosa clara, parecióme de poner en este lugar que en la diversidad de los mantenimientos, que casi ningunos son semejantes a los nuestros, parece que esta gente nunca ha sido descubierta hasta estos tiempos, porque de los mantenimientos que nosotros usamos y se usan en las partes de donde venimos, ningunos hallamos acá, ni aun de los animales mansos que usamos los que venimos de España y de toda la Eoropa, tampoco los hallamos acá, donde parece que ni ellos vinieron de hacia de aquellas partes, ni hombres de aquellas partes habían venido a descubrir esta tierra. Porque si ellos hubieran venido de hacia allá, hubieran venido a descubrirlos en otros tiempos de él, halláramos acá trigo o cevada o centeno o gallinas de las de allí, o caballos o bueyes o asnos o obejas o cabras o algunos otros de los animales mansos de que usamos, donde parece que en estos tiempos solamente han sido descubiertas estas tierras, y no antes.

Cerca de la predicación del Evangelio en estas partes, ha habido mucha duda si han sido predicados ante de ahora o no. Y yo siempre he tenido opinión que nunca les fue predicado el Evangelio, porque nunca jamás he hallado cosa que aluda a la fe católica, sino todo tan contrario y todo tan idolátrico, que no puedo creer que se les ha sido predicado el Evangelio en ningún tiempo. El año de setenta, o por allí cerca, me certificaron dos religiosos dignos de fe que vieron en Guajaca, que dista de esta ciudad sesenta leguas hacia el oriente, que vieron unas pinturas muy antiguas, pintadas en pellejos de venados, en las cuales se contentan muchas cosas que aludían a la predicación del Evangelio. Entre otras era una de éstas, que estaban tres mujeres vestidas como indias y tocados los cabellos como indias, estaban sentadas como se sientan las mujeres indias, y las dos estaban a la par, y la tercera estaba delante de las dos, en el medio, y tenía una cruz de palo, según significaba la pintura, atada en el nodo de los cabellos, y delante de ellas, estaba en el suelo un hombre desnudo y tendido pies y manos sobre una cruz, y atadas las manos y los pies a la cruz con unos cordeles. Esto me parece que alude a Nuestra Señora y sus dos hermanas y a Nuestro Redentor crucificado, lo cual debieron tener por predicación antiguamente.

Otra cosa hay que también me inclina a creer que ha habido predicación del Evangelio en estas partes, y es que tenían confesión auricular en estas partes de México, donde los penitentes contaban sus pecados al sátrapa en gran secreto, y recibían penitencia de ellos, y les exhortaba el sátrapa a la emienda con gran diligencia. Y esta confesión hacíanla una vez en la vida, ya cerca de la vejez o en la vejez; y tenían que del penitente tornaba a recayer en los pecados, no tenía remedio, porque a nadie se le perdonaban los pecados sino una vez en la vida. Está esto escrito muy a la larga en el Segundo Libro, que trata de las fiestas de los dioses. También he oído decir que en Chanpotón o Campeche hallaron los religiosos que fueron allí a convertir primeramente muchas cosas que aluden a la fe católica y al Evangelio. Y si en estas dos partes dichas hubo predicación del Evangelio, sin duda que la hubo también en estas partes de México y sus comarcas, y aun esta Nueva España, pero yo estoy admirado cómo no hemos hallado más rastro de lo que tengo dicho en estas partes de México.

Y aunque esto digo, paréceme que pudo ser muy bien que fueron predicados por algún tiempo, pero que muertos los predicadores que vinieron a predicarlos, perdieron del todo la fe que les fue predicada, y se vulvieron a sus idolatrías que de antes tenían. Y esto conjeturo por la dificultad grande que he hallado en la plantación de la fe en esta gente, porque yo ha más de cuarenta años que predico por estas partes de México, y en lo que más he insistido, y otros muchos conmigo, es ponerlos en la creencia de la santa fe católica, por muchos medios y tentando diversas oportunidades para esto, así por pinturas como por predicaciones, como por representaciones, como por colocaciones, probando con los adultos y con los pequeños. Y en esto aún he insistido más en estos cinco años pasados, dándolos las cosas necesarias de creer con gran brevedad y con claridad de palabras. Y ahora en este tiempo de esta pestilencia, haciendo experiencia de la fe que tienen los que se vienen a confesar, antes de la confesión cual o cual responde como conviene, de manera que pudemos tener bien entendido que con haberlos predicado más de cincuenta años, si ahora se quedasen ellos a sus solas, que la nación española no estuviese de por medio, tengo entendido que a menos de cincuenta años no habría rastro de la predicación que se les ha hecho. Así que digo, concluyendo, que es posible que fueron predicados y que perdieron del todo la fe que les fue predicada, y se vulvieron a las idolatrías antiguas.

Y ahora paréceme que Dios Nuestro Señor, habiendo visto por experiencia la dureza de esta gente, y lo poco que en ellos aprovechan los grandes trabajos, y con ellos se tienen y aun tenido, ha querido dar la nación española para que sea como una fuente de que mana la doctrina fe católica, para que, aunque ellos desfallezcan, siempre tengan presentes ministros nuevos y de nación española para tornarlos a los principios de la fe.

Hay otra cosa, la cual ha parecido en parte por experiencia y en parte por profecía, y es el acabamiento de esta nación. Y lo que parece por experiencia es que desde las Canarias hasta acá, todas las naciones naturales, y aquí en esta tierra vemos por experiencia, que así va verificándose. Y también esto ha parecido por profecía de un santo varón dominico. Cuando los españoles llegaron a esta tierra estaba llena de gente innumerable, y cuando por vía de guerra echaron de esta ciudad de México los indios a los españoles y se fueron a Tlaxcala, diolos una gran pestilencia de viruelas que murieron indios sin cuenta, y después en la guerra y en los trabajos con que fueron afligidos después de la guerra murieron gran cantidad de gente en las minas, y haciéndolos esclavos, llevándolos cautivos fuera de su tierra, y fatigándolos con grandes trabajos en edificios y en minas. Y después que estas vejaciones se remediaron con haber reclamado los religiosos al emperador Carlos V, en año de 1545 vino una gran pestilencia en que murieron en esta Nueva España más de la mitad de gente, donde toda la tierra quedó muy menguada de gente, muy grandes pueblos quedaron despoblados, los cuales nunca se tornaron a poblar. Treinta años después de esta pestilencia socedió la pestilencia que ahora actualmente reina, donde ha muerto gran cantidad de gente y se han despoblados muchos pueblos, y el negocio va muy adelante. Si tres o cuatro meses dura como ahora va, no quedará nadie. Y la profecía de que atrás hice mención dice que ante de sesenta años después que fueron conquistados no ha de quedar hombre de ellos.

Párrafo segundo: de cómo se siembra y cultiva el maíz

Y aunque esta profecía yo no la doy crédito, pero las cosas que suceden y han sucedido parece que van enderezadas a hacerla verdadera. No es de creer, empero, que esta gente se acabe tan en breve tiempo como la profecía dice, porque si así fuese la tierra quedaría yerma, porque hay pocos españoles en ella, y aun ellos se vendrían a acabar, y la tierra se hincharía de bestias fieras y de árboles silvestres, de manera que no se podría habitar. Lo que más se me asienta en este negocio es que con brevedad esta pestilencia presente cesará y que todavía quedará mucha gente hasta que los españoles se vayan más multiplicando y poblando, de manera que faltando la una generación quede poblada esta tierra de la otra generación, que es la española. Y aun tengo para mí que siempre habrá cantidad de indios en estas tierras.

Párrafo tercero: de los frijoles

Párrafo cuarto: de la chían

Párrafo quinto: de los cenizos que comen estos naturales

Párrafo sexto: de las calabazas que comen estos naturales

Libro XII. Trata de cómo los españoles conquistaron a la ciudad de México

Al lector

Aunque muchos han escrito en romance la conquista de esta Nueva España, según la relación de los que la conquistaron, quísela yo escribir en lengua mexicana, no tanto por sacar algunas verdades de la relación de los mismos indios que se hallaron en la conquista, cuanto por poner el lenguaje de las cosas de la guerra, y de las armas que en ella usan los naturales, para que de allí se puedan sacar vocablos y maneras de decir propias para hablar en lengua mexicana. Cerca de esta materia allégase también a esto que los que fueron conquistados supieron y dieron relación de muchas cosas que pasaron entre ellos durante la guerra, las cuales ignoraron los que los conquistaron, por las cuales razones me parece que no ha sido trabajo superfluo el haber escrito esta hestoria, la cual se escribió en tiempo que eran vivos los que se hallaron en la misma conquista, y ellos dieron esta relación, personas principales y de buen juicio, y que se tiene por cierto que dijeron toda verdad.

Libro XII. De la conquista de la Nueva España, que es la ciudad de México

Capítulo I. De las señales y pronósticos que aparecieron antes que los españoles viniesen a esta tierra ni hubiese noticia de ellos

Diez años antes que viniesen los españoles de esta tierra pareció en el cielo una cosa maravillosa y espantosa, y es que pareció una llama de fuego muy grande y muy resplandeciento. Parecía que estaba tendida en mismo cielo; era ancha de la parte de abajo, y de la parte de arriba, aguda, como cuando fuego arde. Parecía que la punta de ella llegaba hasta medio del cielo. Levantábase por la parte del oriente luego después de la medianoche, y salía con tanto resplandor que parecía día. Llegaba hasta la mañana; entonces se perdía de vista. Cuando salía Sol estaba la llama en lugar que está Sol a mediodía. Esto duró por espacio de un año cada noche. Comenzó en las doce casas; y cuando parecía a la medianoche toda la gente gritaba y se espantaba; todos sospechaban que era señal de algún gran mal.

La segunda señal que aconteció fue que capitel de un cu de Uitzilopuchtli, que se llamaba Tlacatecca, se encendió milagrosamente y se quemó. Parecía que las llamas del fuego salían de dentro de los maderos de las columnas, y muy de presto se hizo ceniza. Cuando ardía comenzaron los sátrapas a dar voces, diciendo: «¡Oh, mexicanos! Venid presto a apagar fuego con cántaros de agua». Y venida agua, echábanla sobre fuego y no se apagaba, sino más antes se encendía, y así se hizo todo brasa.

La tercera señal o pronóstico fue: cayó un rayo sobre cu de Xiuhtecutli, Dios del fuego, cual estaba techado con paja; llamábase Tzunmulco. Espantáronse de esto porque no llovía sino agua menuda, que no suele caer rayos cuando así llueve, ni hubo tronido, sino que no saben cómo se encendió.

La cuarta señal o pronóstico fue que de día, haciendo Sol, cayó una cometa. Parecían tres estrellas juntas que corrían a la par muy encendidas y llevaban muy largas colas. Partieron de hacia occidente y corrían hacia oriente; iban echando centellas de sí. Desque la gente las vio comenzaron a dar gran grita; sonó grandísimo ruido en toda la comarca.

La quinta señal o pronóstico fue que se levantó la mar de México con grandes olas. Parecía que hervía sin hacer aire ninguno, la cual nunca se suele levantar sin gran viento. Llegaron las olas muy lejos y entraron entre las casas; sacudían en los cimientos de las casas; algunas casas cayeron. Fue grande espanto de todos por ver que sin aire se había de tal manera embrabecido agua.

La sesta señal o pronóstico es que se oía en aire de noche una voz de mujer que decía: «¡Oh, hijos míos, ya nos perdemos!». Algunas veces decía: «¡Oh, hijos míos! ¿Dónde os llevaré?».

La séptima señal o pronóstico es que los cacadores de las aves del agua cacaron una ave parda del tamaño de una grulla, y luego la fueron a mostrar a Moctezuma, que estaba en una sala que llamaban Tlillancalmécac; era después de mediodía. Tenía esta ave en medio de la cabeza un espejo redondo donde se parecía cielo y las estrellas y especialmente los Mastelejos que andan cerca de las Cabrillas. Como vio esto Moctezuma espantóse, y la segunda vez que miró en espejo que tenía ave, de ahí a un poco vio muchedumbre de gente junta que venían todos armados encima de caballos. Y luego Moctezuma mandó llamar a los agoreros y adivinos y preguntólos: «¿No sabéis qué es esto que he visto? Que viene mucha gente junta». Y antes que respondiesen los adivinos desapareció ave, y no respondieron nada.

La octava señal o pronóstico es que aparecieron muchas veces mostruos en cuerpos mostruosos. Llevábanlos a Moctezuma, y en viéndolos él en su aposento que se llamaba Tlillancalmécac, luego desaparecían.

Capítulo II. De los primeros navíos que aportaron a esta tierra, que según dicen fue Juan de Grijalva

La primera vez que parecieron navíos en la costa de esta Nueva España los capitanes de Moctezuma, que se llamaban calpisques, que estaban cerca de la costa, luego fueron a ver qué era aquello que venía, que nunca habían visto navíos. Uno de los cuales fue calpisque de Cuextécatl que se llamaba Pínotl; llevó consigo otros calpisques: uno que se llamaba Yaotzin que residía en el pueblo de Mictlancuauhtla, y otro que se llamaba Teocinyócatl que residía en pueblo de Teocinyocan, y otro que se llamaba Cuitlalpítoc —éste no era calpixqui, sino criado de uno de estos calpisques y principalejo—, y otro principalejo que se llamaba Téntlil. Estos cinco fueron a ver qué cosa era aquello, y llevaban algunas cosas para venderlos, so color de ver qué cosa era aquélla. Y lleváronlos algunas mantas ricas que solo Moctezuma las usaba; ningún otro tenía licencia de usarlas. Entraron en unas canoas y fueron a los navíos. Dijeron entre sí: «Estamos aquí en guarda de esta costa; conviene que sepamos de cierto qué es esto para que llevemos la nueva cierta a Moctezuma». Entraron luego en las canoas y comenzaron a remar hacia los navíos, y como llegaron junto a los navíos y vieron a los españoles, besaron todos las pruas de las canoas en señal de adoración. Pensaron que era Dios Quetzalcóatl que volvía, al cual estaban y están esperando, según parece en la historia de este Dios. Luego los españoles los hablaron. Dijeron: «¿Quién sois vosotros? ¿Dónde venís? ¿De dónde sois?». Respondiéronlos los que iban en las canoas: «Hemos venido de México». Dijéronles los españoles: «Si es verdad que sois mexicanos, decidnos ¿cómo se llama señor de México?». Ellos les respondieron: «Señores nuestros, llámase Moctezuma señor de México». Y luego les presentaron todo lo que llevaban. De aquellas mantas ricas que llevaban, unas se llamaban xiuhtlalpilli, otras tecomayo, otras xacoalcuauhyo, otras ecacozcayo, otras tolecyo o amalacayo, otras tezcapucyo. Todas estas maneras de mantas las presentaron al que iba por principal en aquellos navíos, que según dicen era Grijalva, y los españoles dieron a los indios cuentas de vidrio, unas verdes y otras amarillas, y los indios, como las vieron, maravilláronse mucho y hubiéronlas en mucho. Y despidiéronse de los indios, diciendo: «Ya nos volvemos a Castilla, y presto volveremos e iremos a México».

Los indios se volvieron a tierra; y luego se partieron para México donde llegaron en un día y en una noche a dar la nueva a Moctezuma de lo que habían visto, y trajéronle las cuentas que les habían dado los españoles. Y dijéronle de esta manera: «Señor nuestro, dignos somos de muerte. Oye lo que hemos visto y lo que hemos hecho. Tú nos posiste en guarda a la orilla de la mar. Hemos visto unos dioses dentro en la mar y fuimos a recibirlos, y dímosles vuestras mantas ricas, y veis aquí lo que nos dieron, estas cuentas. Y dijéronnos: "si es verdad que sois mexicanos, veis aquí estas cuentas; daldas a Moctezuma para que nos conozca"». Y dijéronle todo lo que había pasado cuando estuvieron con ellos en la mar en los navíos. Respondióles Moctezuma y díjoles: «Venís cansados y fatigados. Íos a descansar. Yo he recibido esto en secreto, y os mando que a nadie digáis nada de lo que ha pasado».

Capítulo III. De lo que Moctezuma proveyó después que oyó la relación de los que vieron los primeros navíos

Como hubo oído Moctezuma las nuevas de los que vinieron de la mar, mandó luego llamar al más principal de ellos, que se llamaba Cuetlaxtéatl, y los demás que habían venido con la mensajería. Y mandólos que pusiesen guardas y atalayas en todas las estancias de la ribera de la mar: la una se llama Nauhtlan Toztlan, otra Mictlan Cuauhtla, para que mirasen cuando volviesen aquellos navíos, para que luego diesen relación. Con esto se partieron los calpisques o capitanes, y mandaron luego poner atalayas en las dichas estancias. Y Moctezuma juntó luego sus principales: uno que se llamaba Cioacóatl, otro Tlilpotonqui, otro Tlacochcálcatl, otro Cuappiatzin, otro Ticociaoácatl, otro Quetzalactatzin, otro Uitznaoatlailótlac, otro Hecatempatiltzin. A todos éstos comunicó las nuevas que habían llegado, y mostrólos las cuentas de vidrio que habían traído los mensajeros, y díjolos: «Paréceme que son piedras preciosas. Guárdense mucho en la recámara; no se pierda ninguna; y si alguna perdiere, pagarla han los que tienen cargo de guardar la recámara».

De ésta ahí a un año, en año de trece conejos, vieron en la mar navíos los que estaban en las atalayas, y luego vinieron dar mandado a Moctezuma con gran prisa. Como oyó la nueva Moctezuma, despachó luego gente para recibimiento de Quetzalcóatl, porque pensó que era él que venía, porque cada día le estaban esperando, y como tenía relación que Quetzalcóatl había ido por la mar hacia oriente y los navíos venían de hacia oriente, por esto pensaron que era él. Envió cinco principales a que le recibiesen y le presentasen una gran presente que le envió.

De los que fueron: el más principal de ellos que se llamaba Yoalliichan; el segundo Tepuztécatl; el tercero Tizaoa, y el cuarto Ueuetécatl; y el quinto Uueicamecatleca.

Capítulo IV. De lo que proveyó Moctezuma cuando supo la segunda vez que los españoles habían vuelto. Este fue don Hernando Cortés

A los sobredichos habló Moctezuma y los dijo: «Mirad que me han dicho que ha llegado nuestro señor Quetzalcóatl. Id y recibilde, y oíd lo que os dijere con mucha diligencia. Mirad que no se os olvide nada de lo que os dijere. Veis aquí estas joyas que le presentéis de mi parte, que son todos los atavíos sacerdotales que a él le convienen». Primeramente una máscara de mosaico de turquesas; tenía esta máscara labrada de las mismas piedras una culebra doblada y retorcida, cuya dublez era el pico de la nariz, y lo retorcido iba hasta la frente; era como lomo de la nariz; luego se dividía la cola de la cabeza, y la cabeza con parte del cuerpo iba por sobre el un ojo de manera que hacía ceja, y la cola con parte del cuerpo iba sobre el otro ojo y hacía otra ceja. Estaba esta máscara engerida en una corona alta y grande, llena de plumas ricas, largas y muy hermosas, de manera que poniéndose la corona sobre la cabeza se ponía la máscara en la cara. Llevaba por joel una medalla de oro redonda y ancha; estaba asida con nueve sartales de piedras preciosas, que echadas al cuello cubrían los hombros y todo el pecho. Llevaban también una rodela grande bordada de piedras preciosas con unas bandas de oro que llegaban de arriba abajo por toda ella, y otras bandas de perlas atravesadas sobre las de oro de arriba abajo por toda ella, y en los espacios que hacían estas bandas, los cuales eran como mallas de red, iban puestos unos sapitos de oro. Tenía esta rodela unos rapacejos en lo bajo. Iba asido en la rodela una bandera que salía desde la manija de la rodela, hecha de plumas ricas. Llevaba también una medalla grande hecha de obra de mosaico que la llevaba atada y cedida sobre los lomos. Llevaban también unos sartales de piedras preciosas con unos cascabeles de oro entrepuestos a las piedras para atar a la garganta de los pies. Llevaban también un cetro, como cetro de obispo, todo labrado de obra de mosaico de turquesas, y la vuelta de arriba era una cabeza de una culebra revuelta o enroscada. También llevaban unas cotaras como los grandes señores se las suelen poner.

Llevaron también los ornamentos o atavíos con que se ataviaba Tezcatlipuca, que era una cabellera hecha de pluma rica que colgaba por la parte de tras hasta cerca de la cintura; estaba sembrada toda de estrellas de oro. Llevaban también unas orejeras de oro que llevaban colgados unos cascabelitos de oro y sartales de caracolitos marinos blancos y hermosos; de estos sartales colgaba un cuero que era como peto, y llevábale ceñido de manera que cubría todo el pecho hasta la cintura; llevaba este peto muchos caracolitos sembrados y colgados por todo él. Llevaban también un cosete de tela blanca pintado; la orilla de abajo de este cosete iba bordada con plumas blancas: tres listas por todo rededor. Llevaban una manta rica; la tela de ella era un azul claro, y toda labrada encima de muchos labores de un azul muy fino; llamábase esta manta tzitzilli; esta manta se ponía por la cintura, atada por las esquinas al cuerpo. Sobre esta manta iba una medalla de mosaico, atada al cuerpo sobre los lomos. También llevaban unos sartales de cascabeles de oro para atar a las gargantas de los pies, y también unas cotaras blancas, como los señores las solían traer.

Llevaron también los atavíos y ornamentos del Dios que llamaban Tlalocantecutli, que era una máscara con su plumaje, como la que se dijo arriba, con una bandera, como la que arriba se dijo. También unas orejeras de chalchíuitl anchas que tenían dentro unas culebritas de chalchihuites, y también un cosete pintado de labores verdes, y unos sartales o collar de piedras preciosas, con una medalla de piedras preciosas. Y también llevaban una medalla con que se ceñía los lomos, como la que arriba se dijo, con una manta rica con que se ceñía, como se dijo arriba, y cascabeles de oro para poner a los pies, y su báculo como el de arriba.

Otros ornamentos también que llevaban eran del mismo Quetzalcóatl. Una mitra de cuero de tigre, y colgaba de la mitra sobre las espaldas una capilla grande hecha de plumas de cuervo; llevaba la mitra un chalchíuitl grande, y redondo en la punta. Y también unas orejeras redondas de mosaico de turquesas con un garabato de oro que salía de la orejera. Llevaban también un collar de oro, del cual colgaba una medalla de oro que llaman hecacózcatl, y una manta rica con que se ceñía, y unos cascabeles de oro para los pies, y una rodela que tenía en medio una plancha de oro redonda, la cual rodela estaba bordada con plumas ricas; en lo bajo de la rodela salía una banda de plumas ricas en la forma que se dijo arriba. Llevaban un báculo labrado de mosaico de turquesas, y en la vuelta de arriba puestas unas piedras ricas o perlas enminentes en lo alto de arriba. También llevaban unas cotaras como los señores las solían traer. Todas estas cosas llevaban los mensajeros y las presentaron, según dicen, a don Hernando Cortés. Otras muchas cosas le presentaron que no se escriben, como fue una mitra de oro hecha a manera de caracol marisco con unos rapacejos de plumas ricas que colgaban hacia las espaldas, y otra mitra llana también de oro, y otras joyas de oro que no se escriben.

Todas estas cosas metieron en sus petacas, y tomada la licencia de Moctezuma, díjoles: «Id con prisa y no os detengáis, y adorad en mi nombre al Dios que viene, y decilde: "Acá nos ha enviado vuestro siervo Moctezuma;

estas cosas que aquí traemos os envía, pues habéis venido a vuestra casa que es México"». Tomaron luego camino los mensajeros y llegaron a la orilla de la mar, y allí entraron en canoas, y llegaron a un lugar que se llama Xicalanco. De allí tornaron otra vez a entrar en otras canoas con todo su hato, y llegaron a los navíos. Luego los preguntaron de los navíos: «¿Quiénes sois vosotros? ¿De dónde habéis venido?». Dijeron los de la canoa: «Venimos de México». Y dijeron los de la nao: «¿Por ventura no sois de México, sino que decís con falsedad que sois de México y nos engañáis?». Y sobre esto tomaron y dieron, y desque se satisficieron los unos a los otros, juntaron la canoa con navío y echáronlos una escalera con que subieron al navío donde estaba don Hernando Cortés.

Capítulo V. De lo que pasó cuando los mensajeros de Moctezuma entraron en el navío del capitán don Hernando Cortés
Comenzaron a subir al navío por la escalera, y llevaban el presente que Moctezuma los mandó llevar. Como estuvieron delante de don Hernando Cortés, besaron todos la tierra en su presencia, y habláronle de esta manera: «Sepa Dios a quien venimos a adorar en persona de su siervo Moctezuma, el cual le rige y gobierna la su ciudad de México, y dice: "Ha llegado con trabajo Dios"». Y luego sacaron los ornamentos que llevaban y se los pusieron al capitán don Hernando Cortés, atavidndole con ellos. Pusiéronle primeramente la corona y máscara que arriba se dijo, y todo lo demás. Echáronle al cuello los collares de piedras que llevaban con los joeles de oro; pusiéronle en el brazo izquierdo la rodela de que se dijo arriba, y todas las otras cosas se las pusieron delante ordenadas, como suelen poner sus presentes.

El capitán les dijo: «¿Hay otra cosa más que esto?». Dijéronle: «Señor nuestro, no hemos traído más cosas de éstas que aquí están». El capitán mandólos luego atar, y mandó soltar tiros de artillería. Y los mensajeros, que estaban atados de pies y manos, como oyeron los truenos de las lombardas, cayeron en suelo como muertos. Y los españoles levantáronlos del suelo y diéronles a beber vino con que los esforzaron y tornaron en sí. Después de esto, el capitán don Hernando Cortés les dijo por su interprete: «Oíd lo que os digo. Hanme dicho que los mexicanos son valientes hombres, que son grandes peleadores y grandes luchadores; son muy diestros en las armas. Dícenme que un solo mexicano es bastante para vencer a diez y a veinte de sus enemigos. Quiero probaros si esto es verdad, si sois tan fuertes como me han dicho». Luego les mandó dar espadas y rodelas para que peleasen con otros tantos españoles, para ver quién vencería a los otros. Y los mexicanos dijeron luego al capitán don Hernando Cortés: «Oyanos vuestra merced nuestra escusa, porque no podemos hacer lo que nos mandáis, y es porque Moctezuma, nuestro señor, no nos envió a otra cosa sino a saludaros y daros este presente. No podemos hacer otra cosa ni podemos hacer lo que nos mandáis, y si lo hiciéremos, enojarse ha mucho nuestro señor Moctezuma, y mandarnos ha matar». Y capitán respondióles: «Hase de hacer en todo caso lo que os digo. Tengo de ver qué hombre sois, que allá en nuestra tierra hemos oído que sois valientes hombres. Aparejaos; con esas armas y disponeos para que mañana luego de mañana nos veamos en el campo».

Capítulo VI. De cómo los mensajeros de Moctezuma volvieron a México con la relación de lo que habían visto
Hecho lo que está dicho, luego se despidieron del capitán, y se bajaron a sus canoas, y comenzaron luego a irse hacia tierra, remando con gran prisa y diciendo los unos a los otros: «¡Ea, valientes hombres, esforzaos a remar antes que nos acontezca algo!». Llegaron muy presto al pueblo de Xicalanco remando. Allí comieron y descansaron bien poco, y luego entraron otra vez en las canoas, y con gran prisa remando llegaron al pueblo que se llama Tecpantlayácac, y de allí comenzaron a caminar por tierra, corriendo con gran prisa, y llegaron al pueblo que se llama Cuetlaxtla. Allí comieron y descansaron poco, y los del pueblo les rogaban que descansasen siquiera un día. Ellos les respondieron que no podían, porque iban con gran prisa a hacer saber a Moctezuma lo que habían visto, cosas muy nuevas y nunca vistas ni oídas, las cuales a ninguno otro podían decir. Y caminando con gran prisa de noche y de día, llegaron a México de noche.

En tiempo que estos mensajeros fueron y volvieron, Moctezuma no podía comer ni dormir, ni hacía de buena gana ninguna cosa, sino estaba muy triste y suspiraba espesas veces. Estaba con gran congoja; ninguna cosa de pasatiempo le daba placer, ninguna cosa le daba contento, y decía: «¿Qué será de nosotros? ¿Quién ha de sufrir estos trabajos? Ninguno otro sino yo, pues que soy señor y rey, que tengo cargo de todos». Estaba su corazón parecía que se levaban en agua de chilli, y así tenía gran tormento y decía: «¡Oh, señor! ¿A dónde iré? ¿Cómo escaparé?».

Llegando los mensajeros a donde estaba la guarda de Moctezuma, dijéronlos: «Aunque duerma nuestro señor Moctezuma, despertalde y decilde que somos venido de la ribera de la mar, donde nos enbió». Luego los de la guarda le dijeron aquello, y él respondió: «No quiero oír aquí las nuevas que traen. Allá quiero ir a la sala, allá me hablarán; váyanse allá». Y luego mandó que untasen con greda todo cuerpo a ciertos cautivos para sacrificarlos. Los mensajeros fuéronse a la sala y también Moctezuma, se fue allá. Y allí delante los mensajeros mataron los cautivos y rociaron a los mensajeros con la sangre de los cautivos. Hicieron esta ceremonia porque habían visto grandes cosas, y habían visto a los dioses y hablado con ellos.

Capítulo VII. De la relación que dieron a Moctezuma los mensajeros que volvieron de los navíos
Hecho lo que arriba es dicho, dieron la relación a Moctezuma de todo lo que habían visto y oído, y dieron la relación de la comida que comían y de las armas que usaban, y de todo lo que les aconteció con los españoles. Oída Moctezuma la relación que le dieron sus embajadores, espantóse mucho y comenzó a temer. Maravillóse de la comida de los españoles y de oír negocio del artillería, especialmente de los truenos que quiebran las orejas y del hedor de la pólvora, que parece cosa infernal, y del fuego que echan por la boca, y del golpe de la pelota que desmenuza un árbol de golpe, y de la relación que le dieron de las armas muy fuertes que usaban, así ofensivas como defensivas, como son cosoletes, cotas, celadas, etc., espadas, ballestas, arcabuces, lanzas, etc. También de la relación de los caballos y de la grandeza de ellos, y cómo subían en ellos los españoles armados, que no se les parecían más de las cara, y de cómo tenían las caras blancas y los ojos garzos, y los cabellos rosos y las barbas largas, y de cómo venían algunos negros entre ellos que tenían los cabellos crespos y prietos. También le dieron relación de lo que comían los españoles, y de los perros que traían, y de la manera que eran, y de la ferocidad que mostraban, y de la color que tenían. Oída esta relación, Moctezuma espantóse y comenzó a temer y a desmayarse y a sentir angustia.

Capítulo VIII. De cómo Moctezuma envió sus encantadores y maléficus para que empeciesen a los españoles
Después de lo arriba dicho, luego Moctezuma juntó algunos adivinos y algunos principalejos, y los envió al puerto donde estaban los españoles para que procurasen que no les faltase comida y todo lo que demandasen, y para que mirasen diligentemente para que le diesen la relación de todo lo que pasaba; y envió con ellos algunos cautivos para que sacrificasen delante del Dios que venía, si viesen que convenía, y si demandasen sangre para beber. Fueron aquellos embajadores y llegaron a donde estaban los españoles, y ofreciéronles tortillas rociadas con sangre humana. Como vieron los españoles aquella comida, tuvieron grande asco de ella; comenzaron a escupir y abominarla, porque hedía el pan con la sangre. Esto se hizo por mandado de Moctezuma, y él lo mandó hacer porque tenía que aquéllos eran dioses que venían del cielo, y los negros pensaron que eran dioses negros. Todos ellos comieron el pan blanco que llevaban sin sangre, y los huevos y aves, y la fruta que los presentaron, y recivieron también comida para los caballos.

Envió Moctezuma a aquellos adivinos, agoreros y nigrománticos, para que mirasen si podrían hacer contra ellos algún encantamiento o hechicería para con que enfermasen o muriesen o se volviesen. Y éstos hicieron todas sus diligencias como Moctezuma les había mandado contra los españoles; pero ninguna cosa les aprovechó ni tuvo efecto, y así se volvieron a dar las nuevas a Moctezuma de lo que había pasado; dijéronle que aquella gente que habían visto era muy fuerte, y que ellos no eran nadie para contra ellos.

Luego Moctezuma, envió otros mensajeros y embajadores principales y calpisques para que fuesen adonde estaban los españoles, y mandólos, so pena de muerte, que con gran diligencia procurasen todo lo que les fuesen necesario a los españoles, así para en la mar como para en la tierra. Fueron estos mensajeros con gran prisa, e hicieron todo lo que Moctezuma les mandó; por todo el camino procuraban de proveer a los españoles de todo lo necesario, y servíanlos con gran diligencia.

Capítulo IX. Del llanto que hizo Moctezuma y todos los mexicanos desque supieron que los españoles eran tan esforzados

Oídas las cosas arriba dichas por Moctezuma, concibió en sí un sentimiento que venían grandes males sobre él y sobre su reino, y comenzó a temer grandemente, no solamente él, pero todos aquellos que supieron estas nuevas ya dichas. Todos lloraban y se angustiaban y andaban tristes y cabizbajos; hacían corrillos y hablaban con espanto de las nuevas que habían venido. Las madres, llorando, tomaban en brazos a sus hijos, y trayéndoles la mano sobre la cabeza, decían: «¡Oh, hijo mío, en mal tiempo has nacido! ¡Qué grandes cosas has de ver! ¡En grandes trabajos te has de hallar!». Fue dicho a Moctezuma cómo los españoles traían una india mexicana que se llamaba Marina, vecina del pueblo de Tetícpac, que es a la orilla de la mar del norte, y que traían ésta por intérprete, que decía en la lengua mexicana todo lo que el capitán don Hernado Cortés la mandaba.

Luego Moctezuma comenzó a enviar mensajeros y principales a donde estaban los españoles para que mirasen lo que se hacía y procurasen lo que era menester al servicio de los españoles. Cada día iban unos y volvían otros; no paraban mensajeros que iban y venían. Y los españoles no cesaban de preguntar por Moctezuma, queriendo saber qué persona era, si era viejo o si era mozo o si era de media edad o si tenía canas. Respondían los indios mexicanos a los españoles: «Hombre es de media edad; no es viejo ni es gordo; es delgado y enjuto». Cuando oía Moctezuma la relación de los mensajeros, cómo los españoles preguntaban mucho por él y que deseaban mucho de verle, angustiábase en gran manera. Pensó de huir o de esconderse para que no le viesen los españoles ni le hallasen. Pensaba de esconderse en alguna cueva, o de salirse de este mundo e irse al infierno o al paraíso terrenal o cualquiera otra parte secreta. Y esto trataba con sus amigos, aquellos de quien se confiaba, y ellos le decían: «Hay quien sepa el camino para ir al infierno y también al paraíso terrenal, y a la casa del Sol, y a la cueva que se llama Cincalco, que está cabe Atlacuioayan, detrás de Chapultepec, donde hay fama que hay grandes secretos. En unos de estos lugares se podrá vuestra majestad remediar. Escoja vuestra majestad el lugar que quisiere, que allá le llevaremos, y allí se consolará sin recibir ningún daño». Moctezuma se inclinó a irse a la cueva de Cincalco, y así se publicó por toda la tierra, pero no hubo efecto este negocio. Ninguna cosa de lo que dijeron los nigrománticos se pudo verificar, y así Moctezuma procuró de esforzarse y de esperar a todo lo que viniese, y de ponerse a todo peligro.

Capítulo X. De cómo los españoles comenzaron a entrar la tierra adentro, y de cómo Moctezuma dejó la casa real y se fue a su casa propia
Moctezuma, teniendo ya por averiguado, así por las cosas que había oído de los españoles como por los pronósticos que habían pasado y pofecías antiguas y modernas que tenían que los españoles habían de reinar en esta tierra, salióse de las casas reales y fuese a las casas que él tenía ante que fuese rey o emperador.

Desque los españoles partieron de la ribera de la mar para entrar la tierra dentro, tomaron un indio principal, que llamaban tlacochcálcatl, para que los mostrase el camino, al cual indio habían tomado de allí de aquella provincia los primeros navíos que vinieron a descubrir esta tierra, el cual indio el capitán don Hernando Cortés trajo consigo y sabía ya de la lengua española algo. Este juntamente con Marina eran intérpretes de don Hernando Cortés; a éste tomaron por guía de su camino para venir a México. En llegando a la provincia de Tecóac, que es tierra de Tlaxcala, allí estaban poblados los otomíes y gente de guerra que guardaba la frontera o términos de los tlaxcaltecas. Estos salieron de guerra contra los españoles; los españoles comenzaron a pelear con ellos, y los de caballo alancearon mucho, y los arcabuceros y ballesteros mataron también muchos, de manera que desbarataron a todo aquello ejército que venía, y huyeron los que quedaron. Los españoles tomaron el pueblo y robaron lo que hallaron, y así destruyeron aquellos pueblos. Como los de Tlaxcala oyeron lo que había acontecido a sus soldados y otomíes, espantáronse; comenzaron a temer. Luego se juntaron a consejo y confirieron todos sobre el negocio para ver si saldrían de guerra contra los españoles o si se daría de paz. Dijeron: «Sabemos que los otomíes son muy valientes y pelean reciamente y todos son destruidos. Ninguna resistencia hubo en ellos; en un cerrar y abrir de ojo los destruyeron. ¿Qué podemos hacer nosotros? Será bien que los recibamos de paz y los tomemos por amigos. Esto es mejor que no perder toda nuestra gente». Y así acordaron los señores de Tlaxcala de recibirlos de paz y tomarlos por amigos.

Salieron luego los señores y principales con gran multitud de tamemes cargados de comida de todas maneras. Llegando a ellos, asaludaron de paz a don Hernando Cortés, y él los preguntó, diciendo: «¿De dónde sois vosotros, y de dónde venís?». Ellos dijeron: «Somos de la ciudad de Tlaxcala y venimos a recibiros porque nos holgamos de vuestra venida. Habéis llegado a nuestra tierra; seáis muy bien venidos. Es vuestra casa y vuestra tierra donde estáis, que se llama Cuauhtexcalla».

La ciudad que ahora se llama Tlaxcala ante que viniesen los españoles se llamaba Texcalla.

Capítulo XI. De cómo los españoles llegaron a Tlaxcala, que entonces se llamaba Texcalla

Los señores y principales de Tlaxcala metieron en sociedad a los españoles, recibiéndoles de paz. Leváronles luego derechos a las casas reales; allí los aposentaron y los hicieron muy bien tratamiento, administrándoles todas las cosas necesarias con gran diligencia. Y también les dieron a sus hijas doncellas muchas, y ellos las recibieron y usaron de ellas como de sus mujeres. Luego el capitán comenzó a preguntar por México, diciendo: «¿Dónde está México? ¿Está lejos de aquí?». Dijéronle: «No está lejos; está andadura de tres días. Es una ciudad muy populosa, y los naturales de ella son valientes y grandes conquistadores; en todas partes hacen conquistas».

Los tlaxcaltecas y chololtecas no eran amigos; tenían entre si discordia. Y como los querían mal, dijeron mal de ellos a los españoles para que los maltratasen. Dijéronlos que eran sus enemigos y amigos de los mexicanos, y valientes como ellos. Los españoles, oídas estas nuevas de Chololan, propusieron de tratarlos mal, como lo hicieron. Partieron de Tlaxcala todos ellos y con muchos cempoaltecas y tlaxcaltecas que los acompañaron, todos con sus armas de guerra. Llegando todos a Chololla, los chocaltecas no hicieron cuenta de nada, ni los recibieron de guerra ni de paz; estuviéronse quedos en sus casas. De esto tomaron mala opinión de ellos los españoles y conjeturaron alguna traición. Comenzaron luego a llamar a voces a los principales y señores, y toda la otra gente para que viniesen adonde estaban los españoles. Y ellos todos se juntaron en el patio del cu de Quezatcóatl. Estando allí juntos los españoles, afrontados de la poca cuenta que habían hecho de ellos, entraron a caballo; habiendo tomado todas las entradas del patio, comenzaron a lancearlos y mataron todos cuantos pudieron. Y los amigos indios de creer es que mataron muchos más.

Los chololtecas ni llevaron armas ofensivas ni defensivas, sino fuéronse dasarmados, pensando que no se haría lo que se hizo; de esta manera murieron mala suerte.

Todas estas cosas que acontecieron, luego que acontecieron los mensajeros de Moctezuma se las venían a decir. Todo el camino andaba lleno de mensajeros de acá por allá, y de allá por acá, y toda la gente acá en México y donde venían los españoles, en todas las comarcas, andaba la gente muy alborotada y desasosegada. Parecía que la tierra se movía; todos andaban espantados y atónitos. Y como vieron hecho en Cholula aquel estrago, los españoles, con todos los indios sus amigos, venían gran multitud en escuadrones con gran ruido y con gran polvoreda, y de lejos resplandecían las armas y causaban gran miedo en los que miraban. Ansimismo ponían gran miedo los lebreles que traían consigo, que eran grandes; traían las bocas abiertas, las lenguas sacadas, e iban carleando. Así ponían gran temor en todos los que los veían.

Capítulo XII. De cómo Moctezuma envió a uno muy principal suyo con otros muchos principales que fueron a recibir a los españoles e hicieron un gran presente al capitán en medio de la Sierra Nevada del Volcán

Cuando supo Moctezuma que los españoles habían partido de Cholula y que iban camino de México, despachó luego a un principal suyo, el más principal de su corte, que se llamaba Tzioacpupuca, y con él muchos otros principales y otra mucha gente para que fuesen a recibir a los españoles, y diolos un presente de oro que llevasen. Partiéronse de México y topáronse con los españoles entre las dos sierras, que es la Sierra Nevada y el Volcán; allí los recibieron y presentaron el presente de oro que llevaban. Y según que a los indios les pareció por las señales esteriores que vieron en los españoles, holgáronse y regocijáronse mucho con el oro, mostrando que lo tenían en mucho. Y como vieron el principal Tzioacpupuca, preguntaron a los que con ellos venían, tlaxcaltecas y cempoaltecas, secretamente, si era aquél Moctezuma. Y dijéronle que no, que no era él, que era un principal suyo que se llama Tzioacpupuca. Y después preguntaron al mismo principal si era él Moctezuma, y dijo que si, que era él Moctezuma.

Y dijéronle: «Vete de ahí, que mientes, que no eres Moctezuma. ¿Piensas de engañarnos? ¿Piensas que somos algunos necios? No nos podrás engañar, ni Moctezuma se nos podrá esconder por mucho que haga; aunque sea ave y aunque se meta debajo de tierra no se nos podrá esconder. De verle habemos y de oír habemos lo que nos dirá». Y luego con afrenta enviaron aquel principal y a todos los que con él habían ido, y ellos se volvieron a México y contaron a Moctezuma lo que habían pasado con los españoles.

Capítulo XIII. De cómo Moctezuma envió otros hechiceros contra los españoles, y de lo que les aconteció en el camino
Como supo Moctezuma que ya venían los españoles camino de México, envió-los al encuentro muchos sátrapas de los ídolos, agoreros y encantadores y nigrománticos, para que con sus encantamientos y hechicerías los empeciesen y malefeciasen. Y no pudieron hacer nada, ni sus encantamientos los pudieron empecer, ni aun llegaron a ellos, porque antes que llegasen a ellos toparon con un borracho en el camino y no pasaron adelante. Parecióles que era un indio de los de Chalco; parecíales que estaba borracho. Traía ceñido a los pechos ocho cabestros o sogas hechas de heno, como de esparto, y venía de hacia donde estaban los españoles. Y llegando cerca de ellos, comenzó con gran enojo a reñirlos, y díjoles: «¿Para qué porfiáis vosotros otra vez de venir acá? ¿Qué es lo que queréis? ¿Qué piensa Moctezuma de hacer? ¿Ahora acuerda a despertar? ¿Ahora comienza a temer? Ya ha errado; ya no tiene remedio porque ha hecho muchas muertes injustas; ha destruido muchos; ha hecho muchos agravios y engaños y burlas».

Como vieron este hombre, los encantadores temieron mucho y prostáronse delante de él; comenzaron a rogarle e hicieron un montón de tierra, como altar, y echaron heno verde encima para que se sentase. Y él, como hombre enojado, ni quiso sentarse ni mirarles ni hacer lo que le rogaban; por demás hicieron el altar o asiento; mas antes se enojó más bravamente y más reciamente; los reñía con grandes voces y gran denuedo; les dijo: «Por demás habéis venido. Nunca más haré cuenta de México. Para siempre os dejo. No tendré más cargo de vosotros, ni os ampararé. Apartaos de mí. Lo que queréis no se puede hacer. Volveos y mirad hacia México».

Y ellos volviéronse a mirar hacia México, y vieron que todos los cúes ardían, y los calpules y calmecates, y todas las casas de México. Pareciólos que había gran guerra dentro en la ciudad de México. Como vieron aquello, los encantadores desmayaron grandemente y no pudieron hablar palabra; hízoseles un nodo en la garganta. Esto aconteció en la cuesta que suben hacia Tlalmanalco.

Hecho esto, desapareció aquel que les hablaba, y volviendo en sí dijeron: «Esto que hemos visto convenía que lo viera Moctezuma y no nosotros. Este que nos ha hablado no es persona humana; es el Dios Tezcatlipuca». Estos mensajeros no curaron de ir más adelante, sino volvieron a dar relación a Moctezuma de lo que había pasado.

Venidos los mensajeros a la presencia de Moctezuma, oído lo que dijeron, entristecióse mucho. Estaba cabizbajo; no hablaba; estaba enmudecido, casi fuera de sí. A cabo de rato, díjolos: «Pues ¿qué hemos de hacer, varones nobles? Ya estamos para perdernos; ya tenemos tragada la muerte. No hemos de subirnos a alguna sierra ni hemos de huir. Mexicanos somos. Ponernos hemos a lo que viniere por la honra de nuestra generación mexicana. Pésame de los viejos y viejas, y de los niños y niñas que no tienen posibilidad ni discreción para valerse. ¿Dónde los escaparán sus padres? Pues ¿qué hemos de hacer? Nacidos somos; venga lo que viniere».

Capítulo XIV. De cómo Moctezuma mandó cerrar los caminos porque los españoles no llegasen a México

Habiendo oído Moctezuma todas estas cosa, y viendo que venían los españoles derechos a México, mandó cerrar los caminos por donde habían de venir; mandó plantar magueyes en los caminos, y mandó que los llevasen hacia Tetzcucu. Los españoles conocieron el cerramiento de los caminos y tornáronlos a abrir, y echaron por ahí los magueyes con que estaban cerrados. Durmieron en Amaquemecan, y otro día partieron de allí y llegaron a Cuitláoac. En el pueblo de Cuitláoac don Hernando Cortés envió a llamar todos los señores que están en Chinanpan: son Xochimilco, Mízquic y todos los pueblos de la Chinanpan. Allí los habló, diciéndolos la razón de su venida. Esta plática oyeron los de Tlalmanalco en Amaquemecan. Y recibieron de paz a don Hernando Cortés. Según dicen, allí los habló; y también todos se mostraron de paz estos pueblo de la Chinanpan. De allí se partieron para Iztapalapan, pueblo que dista de México dos leguas. Llegados allí, don Hernando Cortés hizo juntar a los principales que se llaman nauhtetecuhtin, que son los de Iztapalapan, Mexicatzinco, Coyoacán, Uitzilupuchco. Allí los habló de la manera que a los otros. Ellos se mostraron de paz, y hablaron como amigos.

Moctezuma en todo esto ninguna cosa de guerra proveyó, ni mandó que los hiciesen enojo ninguno, mas antes proveyó que fuesen proveídos de todo lo necesario hasta que llegasen a México.

Estando los españoles en Iztapalapan, ninguno de los mexicanos fue a verlos ni osaban salir de sus casas ni andar por los caminos. Todos estaban amedrentados de lo que habían oído que los españoles habían hecho por el camino todo. Estaban esperando la muerte, y de esto hablaban entre sí, diciendo: «¿Qué habemos de hacer? Vaya por donde fuere, ya es venido el tiempo en que hemos de ser destruidos. Esperemos aquí la muerte».

Capítulo XV. De cómo los españoles partieron de Iztapalapan para entrar en México

Partieron los españoles de Iztapalapan, todos aderezados a punto de guerra, y en su ordenanza, por escuadrones. Fueron algunos de a caballo, delante a descubrir si había alguna celada; llevaban también los lebreles delante. Iba en la retaguardia don Hernando Cortés con otros muchos españoles, todos armados y en su ordenanza. Tras ellos iba el bagaje y la artillería en sus carretones. Iban muchos indios de guerra con todas sus armas, muchos tlaxcaltecas y uexotzincas. De esta, manera ordenados entraron en México.

En todo, lo restante de este capítulo no se dice otra cosa, sino la orden que llevaban los españoles y los indios amigos cuando entraron en México.

Capítulo XVI. De cómo Moctezuma salió de paz a recibir a los españoles a donde llaman Xoluco, que es el acequia que está cabe las casas de Alvarado o un poco más acá, que llaman ellos Uitzillan

En llegando los españoles a aquel río que está cabe las casas de Alvarado, que se llama Xoluco, luego Moctezuma se aparejó para irlos a recibir con muchos señores y principales y nobles, para recibir de paz y con honra a don Hernando Cortés y a los otros capitanes. Tomaron muchas flores hermosas y olorosas, hechas en sartales y en guirnaldas y compuestas para las manos, y pusiéronlas en platos muy pintados y muy grandes, hechos de calabazas. Y también llevaron collares de oro y de piedras.

Llegando Moctezuma a los españoles al lugar que llaman Uitzillan, que es cabe el hospital de la Concepción, luego allí el mismo Moctezuma puso un collar de oro y de piedras al capitán don Hernando Cortés y dio flores y guirnaldas a todos los demás capitanes, habiendo dado el mismo Moctezuma este presente como ellos lo usaban hacer. Luego don Hernando Cortés preguntó al mismo Moctezuma, y Moctezuma respondió: «Yo soy Moctezuma». Y entonces humillóse delante del capitán, haciéndole gran reverencia, y enhiestóse luego de cara a cara, del capitán cerca de él, y comenzóle a hablar de esta manera: «¡Oh, señor nuestro! Seáis muy bien venido. Habéis llegado a vuestra tierra, a vuestro pueblo y a vuestra casa, México. Habéis venido a sentaros en vuestro, trono y vuestra silla, cual yo en vuestro nombre he poseído algunos días. Otros señores —ya son muertos— le tuvieron ante que yo. El uno que se llamaba Itzcóatl, y el otro Moctezuma el Viejo, y el otro Axayácatl, y el otro Tizócic, y el otro Auítzutl. Yo, el postrero de todos, he venido a tener cargo y regir este vuestro pueblo de México. Todos hemos traído a cuestas a vuestra república y a vuestros vasallos. Los difuntos ya no pueden ver ni saber lo que pasa ahora. Pluguiera a aquél por quien vivimos que alguno de ellos fuera vivo y en su presencia aconteciera lo que acontece, en la mía. Ellos están ausentes. Señor nuestro, ni estoy dormido ni soñando; con mis ojos veo vuestra cara y vuestra persona. Días ha que yo esperaba esto; días ha que mi corazón estaba mirando a aquellas partes donde habéis venido. Habéis salido de entre las nubes y de entre las nieblas, lugar a todos escondido. Esto es por cierto lo que nos dejaron dicho los reyes que pasaron, que habíades de volver a reinar en estos reinos y que habíades de asentaros en vuestro trono y a vuestra silla. Ahora veo que es verdad lo que nos dejaron dicho. Seáis muy bien venido. Trabajos habréis pasado, viniendo tan largos caminos. Descansad ahora; aquí está vuestra casa y vuestros palacios. Tomaldos y descansad en ellos con todos vuestros capitanes y compañeros que han venido con vos».

Acabó de decir Moctezuma su plática, y Marina declaróla a don Hernando Cortés. Como don Hernando Cortés hubo entendido lo que había dicho Moctezuma, dijo a Marina: «Decilde a Moctezuma que se consuele y huelgue y no haya temor, que yo le quiero mucho y todos los que conmigo vienen. De nadie recibirá daño. Hemos recibido gran contento en verle y conocerle, lo cual hemos deseado muchos días ha; ya se ha cumplido nuestro deseo. Hemos venido a su casa, México. Despacio nos hablaremos».

Luego don Hernando Cortés tomó por la mano a Moctezuma, y se fueron ambos juntos a la par para las casas reales. Los señores que se hallaron presentes con Moctezuma fueron los siguientes: el señor de Tetzcuco, que se llamaba Cacamatzin; el segundo, el señor de Tlacupa, se llamaba Tetlepanquetzatzin; el tercero, el que gobernaba en el Tlaltelulco, que se llamaba Itzcuauhtzin; el cuarto, el mayordomo de Moctezuma, que tenía puesto en el Tlaltelulco, que se llamaba Topentemoctzin. Estos fueron más principales, sin otros muchos menos principales mexicanos que allí se hallaron, el uno de los cuales se llamaba Atlixcatzin Tlacatécatl, el otro se llamaba Tepeoatzin Tlacochcálcatl, otro se llamaba Quetzalactatzin Ticociaoácatl, otro se llamaba Totomochtzin Hecatempatiltzin, otro se llamaba Cuappiatzin. Todos éstos cuando fue preso Moctezuma le desampararon y se escondieron.

Capítulo XVII. De cómo los españoles con Moctezuma llegaron a las casas reales, y de lo que allí pasó

Desque los españoles llegaron a las casas reales con Moctezuma, luego le detuvieron consigo. Nunca más le dejaron apartar de sí. Y también detuvieron consigo a Itzcuauhtzin, gobernador de Tlaltelulco. A estos dos detuvieron consigo y a los demás dejaron a ir. Y luego soltaron todos los tiros de pólvora que traían, y con el ruido y humo de los tiros todos los indios que allí estaban se pararon como atordidos y andaban como borrachos. Comenzaron a irse por diversas partes muy espantados; y así los presentes como los ausentes cobraron un espanto mortal.

Durmieron aquella noche; y otro día, luego muy de mañana, comenzóse a pregonar de parte del capitán y de parte de Moctezuma que se trajesen todas las cosas necesarias para los españoles y para los caballos. Y Moctezuma ponía mucha diligencia en que trajesen todas las cosas necesarias. Y los piles y achcauhtles y otros oficiales, a quien concernía esta provisión, no querían obedecer a Moctezuma ni llegarse a él, pero con todo esto proveían de todo lo necesario.

Desque se hubieron aposentado los españoles, y concertado todo su repuesto, y reposado, comenzaron a preguntar a Moctezuma por el tesoro real, para que dijese dónde estaba. Y él los llevó a una sala que se llamaba teucalco, donde tenían todos los plumajes ricos y otra joyas de pluma y de oro y de piedras preciosas, y luego los sacaron delante de ellos. Comenzaron los españoles a quitar el oro de los plumajes y de las rodelas, y de los otros atavíos del areíto que allí estaban, y por quitar el oro destruyeron todos los plumajes y joyas ricas. Y el oro fundiéronlo e hicieron barretas; y las piedras que le parecieron bien, tomáronlas, y las piedras bajas y plumajes, todo lo tomaron los indios de Tlaxcala. Y escudriñaron los españoles toda la casa real, y tomaron todo lo que les pareció bien.

Capítulo XVIII. De cómo los españoles entraron en las propias casas de Moctezuma, y de lo que allí pasó
Hecho lo arriba dicho, procuraron de saber de la recámara de Moctezuma, y él los llevó a su recámara, que se llamaba totocalco, que quiere decir «la casa de las aves». Iban los españoles muy regocijados por pensar que allí hallarían mucho oro; y llegando, luego sacaron toda la recámara del mismo Moctezuma, donde habían muchas joyas de oro y de plata y de piedras preciosas, y todo lo tomaron. Y los plumajes ricos quitáronlos todo el oro y las piedras, y pusieron las plumas en medio del patio para que las tomasen sus amigos. Y luego mandó el capitán don Hernando Cortés, por medio de Marina, que era su intdéprete, la cual era una india que sabía la lengua de Castilla y la de México que la tomaron en Yocatán: ésta comenzó a llamar a voces a los tecutles y piles mexicanos para que viniesen a dar a los españoles lo necesario para comer; y nadie osaba venir delante de ellos ni llegarse a ellos. Todos estaban atemorizados y espantados; enviábanlos lo necesario para comer, y los que lo llevaban iban temblando. En poniendo la comida, no paraban más allí; luego se iban casi huyendo.

Capítulo XIX. De cómo los españoles mandaron a los indios hacer la fiesta de Uitzilopuchtli. Esto fue en absencia del capitán, cuando fue al puerto por la venida de Pánfilo de Narváez
Habiéndose partido, el capitán don Hernando Cortés para el puerto a recibir a Pánfilo de Narváez, dejó en su lugar a don Pedro de Alvarado con los españo-

les que quedaron allí en México, el cual, en absencia del capitán, persuadió a Moctezuma para que mandase hacer la fiesta de Uitzilopuchtli, porque querían ver cómo hacían aquella solemnidad. Moctezuma mandó que se hiciese esta fiesta para dar contento a los españoles. Aparejáronse así los sátrapas como los principales para hacer la fiesta.

En toda esta letra que se sigue no se dice otra cosa sino la manera cómo hacían la estatua de Uitzilopuchtli, de masa, de diversas legumbres, y cómo la pintaban, y cómo la componían, y cómo después ofrecían delante de ella muchas cosas.

Y estando en ella haciendo un gran areíto, muy ricamente aderezados todos los principales en el patio grande del cu de Uitzilopuchtli, donde estaba la imagen hecha de masa de bledos, y muy ricamente ataviada con muchos ornamentos, los cuales están en la letra explicados, y otras ceremonias que se ponen en todo este capítulo.

Capítulo XX. De cómo los españoles hicieron gran matanza en los indios estando haciendo la fiesta de Uitzilopuchtli en el patio del mismo Uitzilopuchtli

Los españoles, al tiempo que les pareció convenible, salieron de donde estaban y tomaron todas las puertas del patio, porque no saliese nadie, y otros entraron con sus armas y comenzaron a matar a los que estaban en areíto. Y a los que tañían los cortaron las manos y las cabezas y daban de estocadas y de lanzadas a todos cuantos topaban, e hicieron una matanza muy grande; y los que acudían a las puertas huyendo, allí los mataban. Algunos saltaban por las paredes; algunos se metían en las capillas de los cúes, allí se echaban y se fingían muertos. Corría la sangre por patio como agua cuando llueve; y todo patio estaba sembrado de cabezas y brazos y tripas y cuerpos de hombres muertos. Y por todos los rincones buscaban los españoles a los que estaban vivos para matarlos.

Como salió la fama de este hecho por la ciudad, comenzaron a dar voz, diciendo: «¡Alarma, alarma!». Y luego a estas voces se juntó gran copia de gente, todos con sus armas, y comenzaron a pelear contra los españoles.

Capítulo XXI. De cómo comenzó la guerra entre los mexicanos y los españoles en México

Como comenzó la guerra entre los indios y los españoles, los españoles se fortalecieron en las casas reales, con mismo Moctezuma y también con Itzcuauhtzin, gobernador del Tlaltelulco. Los indios los cercaron y los combatían reciamente. Los españoles se defendían con los tiros de pólvora y ballestas y escopetas, y hacían gran daño en los indios. Y luego echaron grillos a Moctezuma.

Y también los indios comenzaron a enterrar los que habían sido muertos en patio por los españoles, por cuya muerte se hizo gran llanto en toda la ciudad, porque eran gente muy principal los que habían muerto. Enterráronlos en diversas partes, según sus ritos, mismo día y a la puesta del Sol.

Itzcuauhtzin, gobernador de Tlaltelulco, subióse sobre los tlapancos de casa real y comenzó a dar voces, diciendo: «¡Ah, mexicanos! ¡Ah, tlatilulcas! Mirad que señor Moctezuma, vuestro rey, os ruega que ceséis de pelear y dejéis las armas, porque estos hombres son muy fuertes, más que nosotros, y si no dejéis de darles guerra, recibirá gran daño todo pueblo, porque ya han atado con hierro a vuestro rey». Oídas estas voces por los mexicanos y tlatlilulcas, comenzaron entre sí a bravear y maldecir a Moctezuma, diciendo: «¿Qué dice el puto de Moctezuma, y tú, bellaco con él? No cesaremos de la guerra». Luego comenzaron a dar alaridos y a tirar saetas y dardos hacia donde estaba que hablaba, junto con Moctezuma. Y los españoles arrodeláronlas; así no recibieron daño.

Tenían gran rabia contra los españoles porque mataron a los principales y valientes hombres a traición; y por tanto tenían cercadas las casas reales, que a nadie dejaban entrar ni salir ni meter ningún bastimento, porque muriesen de hambre. Y si alguno metía secretamente comida a alguno de los de adentro, los de fuera, en sabiéndolo, le mataban. Supieron los de fuera que algunos mexicanos entraban allí y metian saetas secretamente, y luego pusieron gran diligencia en guardar que nadie entrase, ni por tierra ni por agua, y a los que hallaron culpados de haber metido algo, matáronlos. Y luego se levantó gran revuelta entre los mexicanos: unos acusaban a otros de haber entrado, y así mataban muchos, en especial los servidores o pajes de Moctezuma, que traían bezotes de cristal, que era particular librea o señal de las de la familia de Moctezuma, y también a los que traían mantas delgadas que llaman áyatl, que era librea de los pajes de Moctezuma. A todos los acusaban y decían que habían entrado a dar comida a su señor, y a decir lo que pasaba fuera, y a todos los mataban. Y de allí adelante hubo grande vigilancia que nadie entrase, y así todos los de la casa de Moctezuma se huyeron y escondieron porque no les matasen.

Dieron batería los mexicanos a los españoles siete días, y los trajeron cercados veintitrés días. Y este tiempo ensancharon y ahondaron las acequias, y atajaron los caminos con paredes, e hicieron grandes baluartes para que no pudiesen salir los españoles por ninguna parte.

Capítulo XXII. De cómo llegó la nueva de cómo el capitán don Hernando Cortés, habiendo vencido a Pánfilo de Nárvaez, volvía ya para México con otros muchos españoles que de nuevo habían venido

Estando las cosas como arriba se dijo, vino nueva cómo capitán don Hernando Cortés venía con muchos españoles y con muchos indios de Cempoalla y de Tlaxcala, todos armados y a punto de guerra, y con gran prisa. Y los mexicanos concertaron entre sí de esconderse todos y no los salir a recibir, ni de guerra ni de paz. Y los españoles con todos los demás amigos fuéronse derechos hacia las casas reales donde estaban los españoles. Y los mexicanos todos estaban mirando y escondidos que no los viesen los españoles. Y esto hacían por dar a entender que ellos no habían comenzado la guerra. Y como entró capitán con toda la otra gente en las casa reales, comenzaron a soltar todos los tiros en alegría de los que habían llegado y para atemorizar a los contrarios.

Y luego comenzaron los mexicanos a mostrarse y a dar alaridos y a pelear contra los españoles, echando saetas y dardos contra ellos. Y los españoles asimismo comenzaron a pelear, tirar saetas y tiros de pólbora. Fueron muertos muchos de los mexicanos. Tiraban los españoles todos sus tiros muy certeros, que nunca erreaban tiro que no matase con él. Y como vieron los mexicanos daño que recibían de parte de los españoles, comenzaron a culebrar para escaparse de los tiros, y andar de lado. Dieron combate cuatro días arreo a las casas donde estaban los españoles, y después de estos cuatro días, los capitanes mexicanos escogieron muchos soldados viejos y hombres valientes, y subiéronse sobre un cu, que estaba más cerca de las casas reales, y subieron allá dos vigas rollizas para desde allí echarlas sobre las casas reales y hundirlas para poder entrar. Visto esto, los españoles luego subieron al cu con mucha orden, y llevaban sus escopetas y ballestas. Comenzaron a subir muy despacio y tiraban con las ballestas y escopetas a los de arriba. En cada rencle iba delante un escopetero y luego un soldado con espada y rodela, y luego un alabardero; por esta orden iban subiendo al cu. Y los de arriba echaban los maderos por las gradas del cu abajo, pero ningún daño hicieron a los españoles. Y llegando a lo alto del cu comenzaron a herir y matar a los que estaban arriba, y muchos de ellos se despeñaban por cu abajo. Finalmente, todos murieron los que habían subido al cu. Tornáronse los españoles a su fuerte y barreáronse muy bien. Los mexicanos enterraron a los que allí murieron, porque toda era gente principal y de mucha cuenta en la guerra.

Capítulo XXIII. De cómo Moctezuma y el gobernador del Tlaltelulco fueron echados muertos fuera de la casa donde los españoles estaban fortalecidos

Después de lo arriba dicho, cuatro días andados después de la matanza que se hizo con cu, hallaron los mexicanos muertos a Moctezuma y al gobernador del Tlaltelulco, echados fuera de las casas reales cerca del muro donde estaba una piedra labrada como galápago, que llamaban Teoáyoc. Y después que conocieron los que los hallaron que eran ellos, dieron mandado y alzáronlos de allí, y llamáronlos a un oratorio que llamaban Copulco, e hiciéronlos allí las ceremonias que solían hacer a los difuntos de gran valor. Y después los quemaron como acostumbraban hacer a todos los señores, e hicieron todas las solemnidades que solían hacer en este caso. Al uno de ellos, que era Moctezuma, le enterraron en México, y al otro en Tlaltelulco. Algunos decían mal de Moctezuma, porque había sido muy cruel. Los de Tlaltelulco lloraban mucho a su gobernador, porque era muy bien quisto.

Después de algunos días que estaban cercados los españoles, y que cada día les daban guerra, un día salieron de su fuerte algunos de ellos y cogieron de los maizales mazorcas de maíz y cañas de maíz, y tornáronse a su fuerte.

Capítulo XXIV. De cómo los españoles y tlaxcaltecas salieron huyendo de México, de noche

Después que los españoles y los amigos que con ellos estaban se hallaron muy apretados, así de hambre como de guerra, una noche salieron todos de su fuerte, los españoles delante y los indios tlaxcaltecas detrás. Y llevaban unas puentes hechas, con que se pasaban las acequias. Cuando esto aconteció lluvía mansamente. Pasaron cuatro acequias, y antes que pasasen las demás, salió una mujer a tomar agua y violos cómo se iban, y dio voces, diciendo: «¡Ah, mexicanos, ya vuestros enemigos se van!». Esto dijo tres o cuatro veces. Luego, uno de los que velaban comenzó a dar voces desde el cu de Uitzilopuchtli, en manera que todos le oyeron. Dijo: «¡Ah, valientes hombres, ya han salido vuestros enemigos! Comenzad a pelear, que se van». Como oyeron todos esta voz, comenzaron a dar alaridos, y luego comenzaron arremeter así por tierra como por agua. Acudieron a un lugar que se llamaba Mictlantonco Macuilcuitlapilco; allí atajaron a los españoles, los mexicanos de una parte, los tlaltelulcanos de otra; allí comenzaron a pelear contra los españoles y los españoles contra ellos; así fueron muertos y heridos de ambas partes muchos. Y llegando los españoles a una acequia que se llamaba Tlaltecayocan, como no pudieron pasarla todos y los daban guerra por todas partes, los indios tlaxcaltecas cayeron en la acequia y muchos de los españoles y las mujeres con ellos; tantos cayeron que la acequia se hinchió y los que iban detrás pudieron pasar la acequia sobre los muertos. Llegaron a otra acequia, que se llama Petlacalco, y pasaron con harta dificultad; habiéndola pasado, allí se rehicieron todos y se recogieron y llegaron a otro lugar que se llama Puputla, ya cuando amanecía, y los mexicanos seguíanlos con gran grita. Los españoles con algunos tlaxcaltecas iban juntos por su camino adelante, y peleando los unos con los otros, siguiéronlos hasta cerca de Tlacupan, hasta un lugar que se llama Tiliuhcan, y allí mataron al señor de Tlacupa, que era hijo de Moctezuma. También aquí murió un principal que se llamaba Tlaltecatzin, y otro que se llamaba Tepanécati Tecuhtli. Todos iban guiando a los españoles y los enemigos los mataron. Llegaron los españoles a un lugar que llamaban Otonteocalco; allí se recogieron en el patio y se refocilaron porque los indios mexicanos ya se habían vuelto a coger el campo. Allí los llegaron a recibir de paz los otomíes del pueblo de Teucaluiacán y los dieron comida.

Capítulo XXV. De cómo los de Teucalhuiaca salieron de Paz y con bastimentos a los españoles cuando iban huyendo de México
Estando los españoles en este aposento arriba dicho, vinieron los otomíes de Teucaluiacán con su principal, que se llamaba Otoncóatl, y trajeron comida a los españoles, que estaban muy necesitados. Diéronlos muchas tortillas y gallinas asadas y cocidas y otras maneras de comida. Y hablaron al capitán don Hernando Cortés, saludándole de paz y rogándole que descansasen y comiesen. Y entonces el capitán los habló por la lengua de Marina, india, preguntándoles dónde eran. Ellos dijeron que eran del pueblo de Teucaluiacán. Luego informado el capitán de que tan lejos estaba su pueblo, díjoles: «Mañana iremos a dormir a vuestro pueblo». Ellos hicieron gracias, porque quería ir a su pueblo.

Habiendo llegado el capitán con los españoles y los amigos a este fuerte ya dicho, los mexicanos comenzaron a sacar la gente, así españoles como tlaxcaltecas y cempoaltecas que se habían ahogado en el acequia que se llamaba Tolteca Acaloco, y en la que se llamaba Petlacalco, y en la que se llamaba Mictlantonco.

Sacáronlos y despojáronlos y echáronlos desnudos por entre las espadañas y junzias para que allí los comiesen las aves y los perros.

A los españoles a otra parte los echaron por sí; conozían que eran barbados y tenían los cuerpos muy blancos; también los caballos que se habían ahogado. Y todas las cargas que llevaban, todo lo desbarataron y lo robaron; y todas las armas que hallaron las tornaron; los tiros de pólvora también los tomaron, y derramaron toda la pólvora que había. Tomaron muchas escopetas y muchas ballestas y muchas espadas y muchas alabardas y muchos capacetes y cosoletes y cotas y muchas adargas y langas y muchas rodelas; aquí también tomaron mucho oro en barretas, en vasijas, y oro en polvo, y muchas joyas de oro, y de piedras. Comenzaron luego a buscar por todas las acequias lo que había caído de los despojos, así de los vivos como, de los muertos. Los españoles que iban en la vanguardia solos se salvaron con los indios que iban con ellos, y los que iban en la retaguardia todos murieron, así indios como indias y los españoles; y todo el. fardaje se perdió.

Durmieron los españoles que se escaparon en un lugar que se llamaba Acueco, y de allí muy de mañana se partieron, y los mexicanos iban en su seguimiento dándoles grita desde lejos. Llegados a un lugar que se llamaba

Calacoayan, que está encima de de los cerros, destruyeron todo aquel pueblo; descendieron hacia los llanos que se llamaba Tizapan, y luego comenzaron a subir hacia el pueblo de Teucalhuiacán.

Capítulo XXVI. De cómo los españoles llegaron al pueblo de Teucalhuiacán y del buen recibimiento que allí los hicieron
Llegados los españoles al pueblo de Teucalhuiacán ante mediodía, fueron muy bien recibidos por los otomíes, cuyo era aquel pueblo, y diéronles luego mucha comida, la cual les tenían aparejada; regocijáronlos y recreáronlos mucho, así a ellos como a todos los que con ellos iban, y también a los caballos, dándolos cuanto había menester y ellos tenían. Los otomíes tlaxcaltecas que se escaparon de la guerra conociéronse con los de Teucaluiacán, porque eran todos parientes, y desde el pueblo de Teucaluiacán habían ido a poblar a Tlaxcala. Y luego todos ellos juntos se hablaron para saludar al capitán y a los españoles; luego todos juntos fueron a hablar al capitán y a los otros capitanes, diciéndoles que aquélla era su casa y su pueblo, y ellos eran sus vasallos. También se quejaron al capitán del mal tratamiento que les habían hecho Moctezuma y los mexicanos, cargándolos mucho tributo y muchos trabajos, y dijéronlos que si los dejaban que más mal tratamiento les habían de hacer porque eran crueles e inhumanos mexicanos.

Como Marina hubo dicho al capitán lo que los otomíes decían, díjoles el capitán: «No tengáis pena aunque me vaya, que yo volveré presto y haré que ésta sea cabecera y no sea sujeta, a México, y destruyeré a los mexicanos». Como oyeron estas palabras los otomíes de Teucaluiacán, consoláronse mucho y cobraron presunción y orgullo para revelarse de los mexicanos. Y los españoles durmieron aquella noche allí. Y otro día, ante que amaneciese, apareciéronse para partirse y tomaron el camino, de Tepotzotlan; llegaron a aquel lugar antes de mediodía. Como los de Teputzotlan los vieron que iban a su pueblo, comenzaron luego todos a huir; metiéronse en los montes y escondiéronse por las barrancas; no quedó nadie en el pueblo que recibiese a los españoles; ninguna cosa llevaron consigo; dejaron todas sus haciendas; solamente salvaron sus personas porque tuvieron gran miedo que las habían de matar. Y los españoles entráronse en las casas principales o palacios del señor; en aquel pueblo durmieron aquella noche todos juntos, y todos estaban con gran temor de que viniesen sobre ellos los enemigos. Otro día, en amaneciendo, almorzaron de lo que hallaron por las casas del pueblo. Después que hubieron almorzado, partiéronse, y por el camino donde iban, iban tras ellos los mexicanos dándoles grita, y si alguno se acercaba a los españoles, luego le mataban. Fueron derechos al pueblo de Citlaltépec, y como vieron los de Citlaltépec que iban allá los españoles, escondiéronse; ningún recibimiento les hicieron. Comieron de lo que hallaron por las casas, y durmieron allí aquella noche. Y de mañana almorzaron; habiendo almorzado, partiéronse, y llegaron al pueblo que se llama Xóloc. Los de aquel pueblo todos huyeron y nadie osó esperar. Todos se subieron al cerro que se llama Xóloc, y allí se escondieron, y todos tuvieron gran temor. Los españoles durmieron allí aquella noche, y otro día muy de mañana, como, hubieron almorzado, partiéronse los españoles. Iban por el camino, en dos rencles los de caballo y todos los de a pie, y los que llevaban cargas iban en medio de los de caballo. Y de camino quemaron todas las casas de los demonios que hallaron a mano, porque eran pajizas; y como las casas ardían espantábanse los que lo veían. Yendo por su camino adelante los españoles, iban tras ellos dándoles grita los maceoales de aquellos lugares, pero no osaban llegarse. Aquel día llegaron al pueblo que se llama Actaquemecan; éste es un monte alto poblado. Los españoles subieron al monte; aposentáronse en la falda del monte, en una población que se llama Zacamulco, que está en un collado; aposentáronse en un cu de los otomíes. También los habitadores de aquel pueblo se huyeron y dejaron el pueblo.

Capítulo XXVII. De cómo los mexicanos llegaron a donde estaban los españoles, siguiendo el alcance
Estando los españoles en este pueblo, llegaron gran número de mexicanos con propósito de acabarlos, y asentáronse cerca de una cuesta que se llama Tona, que quiere decir «nuestra madre». Enviaron luego espías los mexicanos para que espiasen a los españoles, para que viesen cuando comenzasen a caminar. Y como comenzaron los españoles a caminar, los espías dieron voces a los mexicanos, diciéndoles cómo ya los españoles se iban. Oído esto, luego mexicanos comenzaron a marchar tras ellos. Los españoles, como los vieron ir tras sí con gran prisa, entendieron querían pelear, y paráronse y pusiéronse en orden de guerra. Y los mexicanos, como eran muchos, tomaron en medio

a los españoles, comenzaron a combatirlos de todas partes, y los españoles mataron muchos mexicanos y tlaltelulcanos por cuanto se arrojaron mucho en los españoles, y así murieron muchos de ellos y fueron ahuyentados. Habiendo vencido los españoles esta batalla, prosiguieron su camino, y de allí adelante no siguieron los mexicanos.

Estuvieron los españoles desde que entraron en México hasta que salieron doscientos y treinta y cinco días; y estuvieron en paz y amistad con los indios ochenta y cinco días.

Cuando los españoles hubieron vencido la batalla arriba dicha, luego tomaron su camino para Tlaxcala, y entrando en el término de Tlaxcala, los mexicanos se volvieron. Buscaron entre los muertos las personas señaladas que habían sido muertos, e hiciéronles sus exequias y quemaron sus cuerpos, y tomaron las cenizas. Y volviéronse a México, diciendo que los españoles habían huido, que nunca más habían de volver. Como los españoles hubieron entrado en los términos de Tlaxcala según la relación de los españoles que allí se hallaron, los principales de Tlaxcala, así hombres como mujeres, salieron a recibirlos con mucha comida. Lleváronlos a su ciudad, llevando a cuestas los que no podían andar, y curando a los heridos. Y llegados a la ciudad de Tlaxcala les hicieron muy buen tratamiento, y se compadecieron y lloraron por el desastre que les había acontecido y por los muchos que quedaron muertos en México, así los españoles como los indios tlaxcaltecas. Curáronse los españoles, y esforzáronse en la ciudad de Tlaxcala por más de medio año. Y eran muy pocos para tornar a dar guerra a los mexicanos. En este medio tiempo llegó a Tlaxcala un Francisco Hernández, español, con trescientos soldados españoles y con muchos caballos y armas y tiros de artillería y munición. Con esto tomó ánimo el capitán don Hernando Cortés y los que con él estaban que habían escapado de la guerra, para tornarse a aparejar y volver a conquistar a México.

Capítulo XXVIII. De la primera fiesta que hicieron los mexicanos después que los españoles salieron de noche de esta ciudad
Cuando los españoles salieron de México y fueron a Tlaxcala era en el mes que se llama tecuilhuitontli, que comienza a dos de junio; y llegado el mes siguiente, que ellos llamaban ueitecuílhuitl, que comienza a 22 de junio, como ya estaban algo descansados de la guerra pasada, hicieron muy gran fiesta a

todos sus dioses y sacaron todas las estatuas de ellos, y ataviáronlas con sus ornamentos y con muchos quetzales de pluma rica, y pusiéronlas sus carátolas de torquesas hechas de mosaico. Esto hicieron agradeciendo, a sus dioses porque los habían librado de sus enemigos. Luego se sigue el otro mes suyo que se llama tlaxochimaco, que comienza a 12 de julio; tras éste se sigue el mes que llaman xócotl uetzi, que comienza primero día de agosto; tras éste se sigue el mes que llaman ochpaniztli, que es a 20 de agosto; tras éste se sigue el mes que llaman teutleco, que comienza a 10 de setiembre; tras éste se sigue el mes que llaman tepeílhuitl, que caye a 30 de setiembre; tras éste se sigue el mes que llaman quecholli, que comienza a 20 de octubre; luego se sigue el mes que llaman panquetzaliztli, que comienza a 9 de noviembre; luego se sigue el mes que llaman atemuztli, que comienza a 29 de noviembre; luego se sigue el mes que se llama títitl, que comienza a 19 de diciembre; tras éste se sigue el mes que llaman izcalli, que comienzaba a 8 de enero; y luego se sigue cinco días que ellos llamaban nemontemi, que quiere decir «días baldíos» o «aciagos», los cuales no contaban con el año. Y luego comenzaba otro año en el mes que llamaban cuáuitl eua, que comenzaba segundo día de febrero; luego se sigue el 2.º mes, que llaman tlacaxipeoaliztli, que comienza a 21 de febrero; luego se, sigue el 3.º mes, que se llama tozoztontli, que comienza a 15 días de marzo; luego se sigue el 4.º mes, que se llama ueitozoztli, que comienza a 3 días de abril —en este mes salieron los españoles huyendo de México en el año pasado—. En este año volvieron algunos de ellos. Vinieron por la vía de Cuautitlan, y llegaron hasta Tlacupa, y no estuvieron más de siete días. Y luego se volvieron, y dende a cuarenta días volvieron otra vez, y destruyeron algunos lugares. Mataron más de cuatrocientos hombres, que eran maceoales del Tlaltelulco. Y dende a cuarenta días se contaron dos años de su venida: volvieron todos en el mes que se llamaba tóxcatl.

Capítulo XXIX. De la pestilencia que vino sobre los indios de viruelas después que los españoles salieron de México
Ante que los españoles que estaban en Tlaxcala viniesen a conquistar a México, dio una pestilencia de viruelas en todos los indios en el mes que llamaban tepeíluitl, que es al fin de setiembre. De esta pestilencia murieron muy muchos indios. Tenían todo el cuerpo y toda la cara y todos los miembros tan llenos y

lastimados de viruelas que no se podían bullir ni menear de un lugar, ni volverse de un lado a otro, y si alguno los meneaba daban voces. Esta pestilencia mató gentes sin número. Muchos murieron de hambre, porque no había quien pudiese hacer comida. Los que escaparon de esta pestilencia quedaron con las caras ahoyadas, y algunos los ojos quebrados. Duró la fuerza de la pestilencia sesenta días, y después que fue aflojando en México, fue hacia Chalco.

Acabándose esta pestilencia en México, vinieron los españoles, que ya estaban en Tetzcuco, y bojaron la laguna y vinieron por Cuautitlan hasta Tlacupa, y allí se repartieron en capitanías y se posieron en diversas estancias. A don Pedro de Alvarado le cupo el camino que va de Tlacupa derecho al Tlaltelulco. El capitán don Hernando Cortés se puso en Coyoacán y guardaba el camino que va de Coyoacán a México. De hacia la parte del Tlaltelulco se comenzó primero la guerra en un lugar que se llama Nextlatilco, y llegaron peleando hasta el lugar que se llama Nonoalco, donde está ahora una iglesia que se llama San Miguel, y los españoles se retrajeron; no ganaron nada en esta escaramuza. También el capitan don Hernando Corté acometió por su parte a los mexicanos por el camino que se llama Acachinanco; y los mexicanos resistíanlos grandemente.

Capítulo XXX. De cómo los bergantines que hicieron los españoles en Tetzcuco vinieron sobre México. Estos bergantines se labraron en Tlaxcala, y los indios los trajeron en piezas a cuestas hasta la laguna donde se armaron

Estando los españoles en Tlaxcala, labraron doce bergantines, y ante que los armasen trajéronlos en piezas los indios hasta Tetzcuco, y allí los armaron, enclavaron y brearon; los cuales hechos. y puesta en ellos la artillería, entraron en ellos los españoles que para esto estaban asinados, y vinieron por la laguna hasta un desembarcadero que se llama Acachinanco, que es cerca de México, en aquel derecho de Santo Antonio, iglesia que está cerca de las casas de Alvarado. Y el capitán don Hernando Cortés luego se metió en los bergantines y comenzaron a sondar el agua para descubrir el alto que había por donde habían de andar los bergantines. Como hubieron descubierto los caminos por donde podían andar los bergantines, pusiéronse a gesto de guerra en los mismos bergantines con determinación de destruir a los mexicanos. Y luego puestos en orden, con su bandera delante y tocando su atambor y pífano, comenzaron a pelear contra los mexicanos. Y muchos de los mexicanos que tenían las casas dentro en el agua, como comenzó la guerra por el agua, comenzaron a huir con sus hijos y con sus mujeres; algunos llevaban a cuestas a sus hijos y otros en canoas. Todas sus haciendas dejaban en sus casas, y los indios que ayudaban a los españoles entraban en las casas que dejaban y robaban cuanto hallaban.

También los indios del Tlaltelulco andaban allí peleando con sus canoas. Como llegaron los españoles adonde estaba atajada una acequia con albarrada y pared, desbaratáronla con el artillería y pasaron dos bergantines. Comenzaron a pelear con los que estaban defendiendo la acequia. Los españoles que iban en los bergantines tornábanlos, la artillería hacia donde estaban más espesas las canoas, y hacían gran daño en los indios con la artillería y escopetas. Visto esto, los mexicanos comenzaron a apartarse y guardarse del artillería, yendo culebreando con las canoas; y también cuando vian algún tiro que soltaban, agazapábanse en las canoas; y comenzaron a retraerse hacia las casas, y así quedó desocupado el camino. Llegaron los españoles a un lugar que se llama Uitzillan, que es cerca de la iglesia de San Pablo. Allí estaba otro paredón hecho, y a las espaldas de él estaban muchas gentes de los mexicanos. Allí se detuvieron algo los bergantines entretanto que aderezaban la artillería para derrocar al paredón.

Capítulo XXXI. De cómo los de los bergantines, habiendo ojeado las canoas que los salieron por la laguna, llegaron a tierra junto a las casas

Después que los españoles aderezaron sus tiros, tiraron al paredón con ellos. Y de los primeros tiros arroináronle todo, y de los segundos tiros dieron con él en el suelo. Y los soldados indios que estaban detrás el paredón, luego echaron a huir, y los indios amigos luego cegaron la acequia para pasar adelante con piedras y adobes y tierra y maderos. Desque tuvieron llana la acequia, luego vinieron los de a caballo y entraron en la ciudad, y alancearon los que pudieron de los indios, y tornáronse a salir; y luego entraron otros de a caballo e hicieron lo mismo; y los indios acogíanse a las casas reales. También alancearon a algunos indios, entre los cuales fue alanceado un indio del Tlaltelulco; y asió de la lanza con que estaba atravesado, y otros sus compañeros asieron también de ella y quitáronsela al de a caballo y con ella le mataron y le derrocaron del caballo.

Y luego se juntaron los españoles y entraron dentro de un patio que se llamaba Cuauhquiyáoac, y llevaban consigo un tiro grueso y asentáronle. En este lugar estaba una águila de piedra grande y alta como un estado de hombre, y por eso llamaban aquel patio Cuauhquiyáuac. De la una parte del águila estaba un tigre, de piedra también, y de la otra un oso, también de piedra. Y los capitanes de los indios escondíanse detrás de ocho columnas de piedra que allí estaban, y mucha otra gente estaba encima de la casa que estaba armada sobre las columnas. Y los españoles tiraron con el tiro grueso que llevaban consigo a aquel edificio que estaba allí, y con el trueno y con el humo los que estaban abajo se espantaron y echaron a huir, y los de arriba se echaron de allí abajo, y todos huyeron. Llevaron el tiro mis adelante hacia el patio de Uitzilopuchtli, donde estaba una grande piedra redonda como muela de molino. Y sobre el cu de Uitzilopuchtli estaban unos sátrapas sentados, tañendo un teponactli y cantando; y aunque vian lo que pasaba, no cesaban de tañer y cantar. Y subieron dos españoles y matáronlos; echáronlos por las gradas abajo del cu. Como los españoles entraban por la ciudad, vinieron los indios diestros que andaban en las canoas y saltaron en tierra; comenzaron a llamar a otra gente para impedir a los españoles la entrada. Como vieron los españoles a los indios que venían sobre ellos con gran ímpetu y que los desbarataban, recogéronse y comenzaron a retraerse, y los indios peleaban reciamente. Los españoles se recogeron a su estancia, que llamaban Acachinanco, y dejaron el tiro en el patio de Uitzilopuchtli, y de allí lo tomaron los indios y le echaron en una agua profunda que llamaban Tetamazulco, que está cabe el monte que se llama Tepetzinco, donde están los baños.

Capítulo XXXII. De cómo los mexicanos se rindieron y comenzaron a salirse de la ciudad por miedo de los españoles

Después de las cosas arriba dichas, los indios mexicanos huyeron para Tlaltelulco, dejando a la ciudad de México en poder de los españoles; y los indios del Tlaltelulco acudieron a México a hacer guerra a los españoles. Y don Pedro de Alvarado, que estaba todos aquellos días peleando contra los del Tlaltelulco en aquella estancia que llaman Ilyácac, cabe Nonoalco, no hizo ninguna cosa, porque los del Tlaltelulco se defendieron muy bien por tierra y por el agua. Como vio Alvarado que no aprovechaba con ellos nada, desconfiado volvióse a Macupa, y dende a dos días los españoles vinieron con todos los bergantines junto a las casas del Tlaltelulco, y dos de los bergantines fueron hacia el barrio que se llama Nonoalco, y ojearon de por allí todas las canoas de guerra y saltaron en tierra. Comenzaron de entrar por entre las casas en concierto de guerra; todos los indios se apartaron; ningunos salió contra ellos. Como nadie osaba ir contra los españoles, un valiente hombre, vecino del Tlaltelulco, que se llamaba Tzilacatzin, salió contra los españoles y a pedradas mató algunos de ellos, porque tenía gran fuerza en el brazo. Y salieron otros tras él; hicieron retraer a los españoles; y volvieron al agua hacia donde tenían los bergantines. Y aquel Tzilacatzin tenía sus armas y sus divisas como otomí, y con su ferocidad espantaba no solamente los indios amigos de los españoles, pero también a los mismos españoles. Y los españoles ponían gran diligencia por matarle, pero él disfrazábase cada día porque no le reconociesen: a las veces iba la cabeza descubierta como otomí, y otras veces armábase con armas de algodón, y otras veces se ponía la cabellera de manera que no le viesen ni conociesen.

Otro día los españoles hicieron lo mismo. Vinieron en los bergantines con muchos amigos indios al mismo barrio de Nonoalco. Comenzaron a pelear con los del Tlaltelulco y trabóse reciamente la batalla, y pelearon todo el día hasta la noche, y murieron muchos indios de ambas partes. Y señaláronse allí entonces tres indios del Tlaltelulco muy valientes: el uno llamaban Tzoyectzin, y el otro llamaban Temoctzin, y el tercero Tzilacatzin, que se dijo ya. Como vieron los españoles que venía la noche y no ganaban nada, volviéronse a su estancia con los indios sus amigos.

Capítulo XXXIII. De cómo los chinanpanecas, que son Xochimilco, Cuitláoac, Iztapalapan, etc., vinieron en ayuda de los mexicanos
Estando las cosas en la disposición que arriba se dijo, vinieron a socorrer a los mexicanos y tlaltelulcanos, que todos estaban fortalecidos en el Tlaltelulco, los chinampanecas, que es Xochimilco, Cuitláoac, Mízquic, Iztapalapan, Mexicatzinco, etc. Y venidos, hablaron al señor de México, que se llamaba Cuauhtemoctzin, y a los otros principales que con él estaban.

Y los capitanes habláronle, diciendo: «Señor nuestro, venimos a socorreros en esta necesidad, y para esto somos enviados de nuestros mayores, para pagar la deuda que debemos; y para esto hemos traído, y están aquí presentes, los mejores soldados que entre nosotros hay, para que ayuden por agua y por tierra». Oído esto, el señor de México y los demás dijeron: «En merced tenemos lo que los señores hacen de enviaros para nuestra ayuda. Aparejaos para pelear». Y luego diéronlos armas para con que peleasen; y diéronlos mucho cacao, y luego los pusieron en el lugar donde habían de pelear. Y puestos en sus lugares, todos comenzaron a pelear. Y los de Xochimilco comenzaron a robar para las casas donde estaban solamente las mujeres y niños y viejas, y mataron algunas mujeres y niños y viejas, y otros metieron en las canoas para llevarlos como esclavos. Algunos soldados de los mexicanos vieron lo que pasaba y dieron aviso a los capitanes; y luego fueron contra ellos por agua y por tierra y comenzaron a matar en ellos y aprehenderlos. A todos los destruyeron y mataron. Y de las mujeres y niños y viejas que habían cautivado, y el robo, no llevaron nada.

Los españoles se recogieron a sus estancias después de la pelea. Y a los de Xochimilco y Cuitláoac y Mexicatzinco e iztapalapan, etc., que cautivaron, lleváronlos delante de Cuauhtemoctzin, que estaba en un lugar que se llamaba Yacaculco, donde está ahora una iglesia de Santa Ana, en el Tlaltelulco. Y dijeron a Cuauhtemoctzin y Mayehuatzin la traición que hacían los de Xochimilco y Cuitláoac. Y el Mayeoatzin, señor de Cuitláoac, reprendió a aquellos que habían hecho mala obra. Y Cuauhtemoctzin dijo al Mayeoatzin: «Hermano, haz tu oficio. Castiga ésos que han pecado». Luego el Mayeoatzin comenzó a matar en ellos, y el Cuauhtemoctzin le ayudó Mataron cada uno de ellos cuatro, y a todos los demás que habían cautivado los mexicanos mandáronlos matar en los cúes de los ídolos. Murieron en todos los cúes de los muchos cúes. Por esta causa los mexicanos tomaron gran enojo contra los de Xochimilco, y dijeron: «Estos de Xochimilco moran entre nosotros y espíannos y avisan a los de su pueblo de lo que nosotros hacemos. Mueran». Y como habiendo determinado de matarlos, todos comenzaron a sacarlos de sus casas: hombres y mujeres, viejos y viejas. Y a todos los mataron sin dejar nadie, por odio de aquellos que habían hecho la traición so color de ayudar.

Dende a dos o tres días, vinieron dos bergantines por hacia la parte de Tlaltelulco, que se llama Yauhtenco, y vinieron en ellos españoles solos, sin ningunos indios otros. Y como arribaron, luego saltaron en tierra; en tierra luego comenzaron a pelear, arrojar saetas y pelotas. Y los soldados de Tlaltelulco agazapábanse y escondíanse detrás de las paredes y de las casas. Y los capitanes estaban mirando cuándo sería tiempo; comenzaron a dar grita para comenzar la pelea.

Capítulo XXXIV. De cómo los indios mexicanos prendieron quince españoles

Decían los capitanes: «¡Ea, pues, mexicanos! ¡Ea, pues, mexicanos!». Luego comenzaron todos a tocar sus trompetas y a pelear con los españoles. Y llevaban de vencida a los españoles; y prendieron quince españoles. Y los españoles huyeron con los bergantines a lo alto de la laguna. Y a los presos quitaron las armas y despojáronlos, y lleváronlos a un cu que se llama Tlacuchcalco. Allí los sacaron los corazones delante del ídolo que se llamaba Macuiltótec. Y los otros españoles estaban mirando desde los bergantines cómo los mataban.

Otra vez vinieron dos bergantines al barrio que se llama Xocotitlan, y como llegaron a tierra, saltaron en tierra por el barrio adelante peleando. Y como vio aquel capitán indio, que se llamaba Tzilacatzin, que entraban peleando, acudió a ellos con otra gente que le siguió, y peleando los echaron de aquel barrio y los hicieron acoger a los bergantines. Otra vez vinieron dos bergantines al barrio que se llama Coyonacacco, y saltaron en tierra los españoles y comenzaron a pelear. Venía allí por capitán Rodrigo de Castañeda. Comenzaron a echar saetas. Y Castañeda mató a uno con una saeta, y saltaron con él ciertos soldados indios y dieron con él en el agua, y estuvieron a punto de matarle, sino que se escapó asido de un bergantín. Estaba otro bergantín de los españoles en el lugar que se flama Tetenanteputzco, cerca de aquella iglesia que se llama Santa Lucia; otro bergantín estaba en el barrio que se llama Totecco, que es cabe la iglesia de Concepción. Estos bergantines estaban en el agua, aguardando tiempo. Estaban todo el día allí, y a la noche se iban. Y dende a tres o cuatro días determinaron entre sí los españoles de darnos guerra por allí. Entraron por el camino que se llama Cuauecatitlan, que va derecho hacia donde venden la sal; iban tantos indios y españoles que no cabían por el camino, porque de una parte y de otra había agua, y echaron tierra y adobes y maderos para poder mejor pasar. Y como hubieron ensanchado el camino, luego comenzaron a entrar por el camino en orden de guerra, con su bandera delante y tocando el atambor y pífano. Y venían tras ellos todos los indios de Tlaxcala y de otros pueblos, que eran amigos. Entraron los españoles con mucha fantasía que no tenían en nada a los mexicanos, y los tlaxcaltecas y otros indios amigos iban cantando. Y También los mexicanos cantaban de la misma manera, según que solían hacer en las guerras. Y como llegaron a un barrio que se llama Tliloacán, que es ahora San Martín, los soldados tlaltelulcanos estaban escondidos y agazapados por temor del artillería, esperando la pelea y la grita de sus capitanes que mandasen pelear. Y como oyeron el mandato, luego arremetió a los españoles aquel capitán tlaltelulcano que se llamaba Tlapanécatl Ecatzin. Y comenzó a dar voces esforzando a los suyos, y aferró con un español y dio con él en tierra, y tomáronle los otros soldados que iban con este Tlapanécatl Ecatl.

Capítulo XXXV. De cómo los mexicanos prendieron otros españoles, más de cincuenta y tres, y muchos tlaxcaltecas, tetzcucanos, chalcas, xuchimilcas, y a todos los mataron delante los ídolos

Trabóse una batalla muy recia en este día, de manera que los mexicanos, como borrachos, se arrojaron contra los enemigos y cautivaron muchos de los tlaxcaltecas y chalcas y tetzcucanos, y mataron muchos de ellos. Y peleando, hicieron saltar a los españoles en las acequias, y a todos los indios sus amigos. Paróse con esto el camino todo lodoso, que no podían andar por él. Aquí prendieron muchos españoles y llevábanlos arrastrando. En este lugar tomaron a los españoles una bandera, donde está la iglesia de la Santísima Concepción. Y los españoles huyeron, y siguiéronlos hasta el barrio que llaman Coloacatonco; allí se recogieron. Y los indios volvieron a coger el campo y tomaron sus cautivos, y pusiéronlos en procesión todos maneatados. Pusieron delante a los españoles, y luego a los tlaxcaltecas, y luego a los demás indios cautivos, y lleváronlos al cu que llamaban Mumuzco. Allí los mataron uno a uno, sacando los corazones; primeramente mataron a los españoles, y después a todos los indios sus amigos. Habiéndolos muerto, pusieron las cabezas en unos palos delante los ídolos, todas espetadas por las sienes, las de los españoles más altas y las de los otros indios más bajas, y las de los caballos más bajas.

Murieron en esta batalla cincuenta y tres españoles y cuatro caballos. En todo esto no cesaba la guerra por el agua. Matábanse unos a otros por las canoas. Y había gran hambre entre los mexicanos y grande enfermedad, porque bebían del agua de la laguna y comían sabandijas, lagartijas y ratones, etc., porque no les entraban ningún bastimento, y poco a poco fueron acorralando a los mexicanos, cercándolos de todas partes.

Capítulo XXXVI. De la primera vez que los españoles entraron en el tiánquez del Tlaltilulco
Andando la guerra como arriba está dicho, un día entraron cuatro de caballo en el tiánquiz del Tlaltilulco y dieron una vuelta por todo alrededor. Iban alanceando a cuantos topaban, y mataron muchos soldados mexicanos. Después que dieron una vuelta, atravesaron por el medio del tiánquiz; luego salieron huyendo, y salieron tras ellos muchos soldados tirándolos. Esta entrada que hicieron fue súpita, que nadie pensó que osaran entrar. Y el mismo día pusieron fuego al cu mayor, que era de Uitzilopuchtli, y todo se quemó en obra de dos o tres horas.

Como vieron los mexicanos que se quemaba el cu, comenzaron a llorar amargamente porque tomaron mal agüero de ver quemar el cu. Y luego se trabó una batalla muy recia. Dieron esta batalla casi un día, y derrocaron los españoles unos paredones o albarradas con el artillería, de donde los daban guerra. Y después de derrocados, acogéronse a las casas de que estaba cercado del tiánquiz, y subieron los soldados mexicanos sobre los tlapancos de estas casas, y de allí tiraban saetas y piedras. Y los mexicanos agujerearon aquellas casas, e hicieron de ellas guaridas para valerse de los caballos. Otra vez entraron los españoles y los indios amigos en el tiánquiz, y comenzaron a robar y cautivar indios. Como vieron esto los soldados mexicanos, salieron tras ellos e hiciéronlos dejar la presa. Y aquí murió un capitán señalado de los mexicanos que se llamaba Axuquentzin. Y luego se retrajeron los españoles que peleaban de la parte de San Martín, aunque de las otras partes todavía peleaban los españoles y sus amigos. Una capitanía de soldados mexicanos hicieron una celada para tomar a los españoles y sus amigos descuidados, y dar sobre ellos a la pasada. Y algunos soldados de Tlaxcala que ayudaban a los españoles subieron sobre los tlapancos y vieron la celada, y dieron voces a los demás para que acudiesen a pelear con los que estaban celada. Como vieron los de la celada que los habían visto, huyeron. Y así pasaron aquel paso seguros para ir a su estancia. Habiendo peleado todo el día, volviéronse los españoles sin romper a sus enemigos aquel día, porque los habían quitado las puentes; de manera que no pudieron pasar a los enemigos.

Capítulo XXXVII. De cómo de noche abrían los caminos del agua que de día los cerraban los españoles
Los españoles y sus amigos cegaban de día las acequias para pasar a donde estaban los enemigos. Y todo lo que cegaban de día, los enemigos mexicanos lo tornaban de noche abrir y zanjar. En esto entendieron algunos días, y por esto se dilató la victoria por muchos días. Los españoles y los tlaxcaltecas combatían por tierra, unos por la parte que se dice Yacalco, y otros por la parte que se dice Tliloacán, y otros por la parte que se dice Atezcapan. Y de la parte del agua peleaban los de Xochimilco y los de Cuitláoac y los de Mízquic y los de Coyoacán y los de Iztapalapan. Y los tlaltelulcanos del barrio de Atliceuhyan y los del barrio de Ayácac resistían por el agua; no descansaban en la pelea. Eran tan espesas las saetas y los dardos que todo el aire parecia amarillo. Y los capitanes de los mexicanos, uno que se llamaba Xiuhcozcatzin, y otro se llamaba Cuacuauhtzin, y otro se llamaba Tecpanécatl, y otro se llamaba Tecpanécatl, y otro se llamaba Uizitzi, y otro se llamaba Itzcuintzin, éstos todos eran del barrio de Yacacolco. Todos éstos defendían las entradas porque no entrasen donde estaba recogida la gente, mujeres y niños, y peleando con gran perseverancia hicieron retraer a los ya dichos de la parte de otra acequia que se llama Amáxac.

Otra vez acometieron los españoles y llegaron a un lugar que se llama Ayácac, donde estaba una casa grande que se llamaba telpuchcalli. Posieron fuego a la casa. Y un bergantín de los españoles entró por el barrio que se llama Atliceuhyan con muchas canoas que les siguieron de los amigos. Y un capitán que se llamaba Coyoueuetzin, mexicano, que traía unas armas vestidas, la mitad de ellas era una águila y la otra mitad de un tigre, vino en una canoa de hacia la parte que se llama Tolmayecan, y seguíanle muchas canoas con gente armada. Luego comenzó a dar voces a los suyos que comenzasen a pelear, y luego comenzaron la pelea, y los españoles se retrajeron, y este capitán con los suyos los siguían. Y retrajéronse hacia un lugar que se llama Atliceuhía; también los bergantines se retrajeron hacia la laguna. De este alcance morieron muchos xochimilcanos.

Otra vez tornaron los españoles; encerráronse en un cu que se llama mumuztli. Y otra vez volvieron tras los españoles hasta donde estaba telpuchcalli, que llaman Atliceuhyan. Volvieron otra vez los españoles tras los indios con Coyoueuetzin en el acequia. Revolvió un capitán mexicano que se llamaba Itzpapalotzin, otomí; hizo retraer a los españoles a los bergantines. Entonces cesó la batalla, y los del pueblo de Cuitláoac, pensando que su señor, que se llamaba Mayeoatzin, quedaba muerto con los demás, enojáronse mucho contra los mexicanos entre los cuales estaba su señor. Dijeron: «¿Por qué habéis muerto a nuestro señor?». Y su señor, que estaba vivo, como supo que sus vasallos estaban enojados, habló al capitán Coyoueuetzin, y díjole: «Señor hermano, busca a una de sus soldados valientes que tenía recia voz». Y Coyoueuetzin llamó a un capitán que se llamaba Tlamayócatl, y el señor de Cuitláoac díjole: «Ve y di a mis vasallos que yo te envío para que les digas que estoy vivo, y que mire acá, y verme han». Como aquel capitán habló a los de Cuitláoac y les dijo lo que les había mandado el señor Mayehoatzin, ellos no quisieron creerle, mas dijeron que le habían muerto y que no era verdad lo que les decían. Y el otro respondió: «No es muerto como pensáis. Mirad y verléis adonde está vivo, que allí se puso para que le veáis». Y habló el señor de Cuitláoac, y dijo: «Mirad, que no me perdáis nada de mis atavíos y joyas y armas, que vivo estoy». Como dijo estas palabras el señor de Cuitláoac, luego los indios amigos de los españoles comenzaron a dar grita y a pelear contra los mexicanos, y metiéronlos hasta dentro del tiánquiz, adonde se vende el copal, y allí pelearon gran rato.

Otra vez entraron en consejo nuestros enemigos para acometernos y destruirnos, en especial los otomíes de Tlaxcala y otros capitanes muchos, y determinaron de, entrar por una calle que estaba junto donde es ahora San Martín. Y la calle iba derecho a una casa de un pilli tlaltelulcano, que se llamaba Tlacatzin. Y luego los salieron al encuentro los del Tlaltelulco, un capitán que se llamaba Tlappanécatl, que iba delante; pero los que iban con él arrojáronse sobre los enemigos con gran furia y tomáronles al capitán que llevaban preso, que se llamaba Tlappanécatl; pero escapó con una herida en una pierna. Y cesó la guerra por entonces.

Capítulo XXXVIII. Del trabuco que hicieron los españoles para conquistar a los del Tlaltelulco

Como los indios mexicanos todos estaban recogidos en un barrio que se llama Amáxac y no los podían entrar, ordenaron de hacer un trabuco, y armáronle encima de un cu que estaba en el tiánquiz, que llaman mumuztli. Y como soltaron la piedra, no llegó a donde estaba la gente; cayó mucho más atrás, junto a la orilla del tiánquiz. Y como salió el tiro en vacío, comenzaron los españoles a reñir entre sí. Como vieron que por vía del trabuco, no pudían hacer nada, determináronse acometer al fuerte adonde estaban los mexicanos, y pusiéronse todos en ordenanza. Ordenaron sus escuadrones, y comenzaron a ir contra el fuerte. Y los mexicanos, como los vieron ir, escondíanse por miedo del artillería. Y los españoles iban poco a poco llegándose al fuerte, muy bien ordenados y muy juntos. Y uno de los mexicanos del Tlaltelulco, que se llamaba Chalchiuhtepeoa, púsose en celada con otros soldados que llevaban consigo, con propósito de herir a los caballos. Y como llegaron los españoles adonde estaba la celada, hirieron a un caballo. Luego el español cayó en tierra, y los mexicanos le tomaron. Y luego salieron todos, porque salieron todos los mexicanos valientes que estaban en el fuerte, e hicieron gran daño en ellos, en los amigos de los españoles. Y así se retrajeron otra vez al tiánquiz, al lugar donde llaman Copalnamacoyan, adonde estaba un baluarte. Después de esto, todos los indios enemigos de los mexicanos, que tenían cercados a los mexicanos, concertaron de cegar una laguna que les hacía mucho embarazo para entrar al fuerte de los mexicanos. Llamábase esta laguna Tlaixcuipan, que estaba cerca donde está ahora la iglesia de Santa Lucía Y así otro día muy de mañana cargáronse de piedras y de tierra y de adobes y de madera de las casas que derrocaban, y robaron todas las casas que estaban por allí cerca. Visto los mexicanos lo que hacían los enemigos, sacaron escondidamente cuatro canoas con gente de guerra, cuatro capitanes con ellos, el uno que se llamaba Topantemoctzin, y el otro Tlacotzin, y el otro Temilotzin, y el cuarto que se llamaba Coyoueuetzin. Como estuvieron a punto, comenzaron a remar reciamente, y fueron contra los que cegaban la laguna dos canoas por la una parte y otras dos por la otra. Luego comenzaron a pelear y muchos murieron, unos en el agua, otros en tierra, otros echaban a huir y caían entre los maderos que habían puesto. Y de allí los sacaban arrastrando los mexicanos, llenos de lodo. Murieron muchos en este recuentro aquel día.

Y otro día luego los españoles acometieron el fuerte, que era donde llaman Amáxac, donde está la iglesia de la Concepción, y pelearon gran rato. Y finalmente llegaron a donde estaba el bagaje de los mexicanos. Y como llegaron a una casa grande que se llama telpuchcalli, adonde estaba mucha gente, subiéronse a las azoteas de aquella casa, y todos los que estaban en la casa dieron consigo en el agua, por huir. Y un capitán que se llamaba Uitziloatzin, con muchos soldados que estaban sobre los tlapancos comenzaron a resistir a los españoles, poniéndose por muro para que no pasasen adonde estaba el bagaje. Y los españoles arrojáronse contra ellos y comenzaron a matar en ellos y a destrozarlos. Y salieron otros soldados en favor de aquéllos, de manera que no pudieron los españoles pasar adonde querían, y retrajéronse.

Y otro día los españoles pegaron fuego aquella casa en la cual había muchas estatuas de los ídolos. Los españoles peleaban contra los mexicanos ya dentro del fuerte. Y a las mujeres y niños no los hacían mal, sino a los hombres que peleaban. Aquel día despartió la noche la pelea. Y otro día los españoles y todos los amigos comenzaron de caminar hacia donde estaban los mexicanos en su fuerte. Y los mexicanos quisieron hacer una celada para resistir a los españoles la entrada, y no pudieron. Viéronlos, y así los españoles comenzaron a pelear, casi un día duró la pelea. A la noche retrajáronse a sus estancias, y a la mañana determinaron de romper. Y cercáronlos de todas partes, de manera que por ninguna parte podían salir. Y estando en esta estrechura, murieron muchos indios y mujeres pisados y acozeados. Y estando en esta pelea, las mujeres también peleaban, cegando a los contrarios con agua de las acequias, arrojándosela con los remos.

Estando ya los mexicanos acosados de todas partes de los enemigos, acordaron de tomar pronóstico o agüero, si era ya acabada su ventura, o si los quedaba lugar de escapar de aquel gran peligro en que estaban. Y habló el señor de México que se llamaba Cuauhtemoctzin, y dijo a los principales que con él estaban, el uno de los cuales se llamaba Coyoueuetzin, y otro Temilotzin, y otro Topantemoctzin, y otro Auelitoctzin, y otro Mixcoatlailotlactzin, y otro Tlacotzin, y otro Petlauhtzin: «Hagamus experiencia a ver si podemos escapar de este peligro en que estamus. Venga uno de los más valientes que hay entre nosotros, y vístase las armas y divisas que eran de mi padre Auitzotzin». Luego llamaron a un mancebo, valiente hombre, que se llamaba Tlapaltécatl Opuchtzin, que era del barrio de Coatlan, donde es ahora la perrocha de Santa Catalina, en el Tlaltelulco. Aquél le habló el señor Cuauhtemoctzin y le dijo: «Veis aquí estas armas que se llaman quetzaltecúlotl, que eran armas de mi padre Auitzotzin. Vístetelas y pelea con ellas, y matarás a algunos. Yean estas armas nuestros enemigos; podrá ser que se espanten en verlas». Y como se las vistieron, pareció una cosa espantable, y mandaron a cuatro capitanes que fuesen delante de él, de cada parte dos, aquel que iba armado con las armas de Auitzotzin, en las cuales tenían gran agüero que saliendo luego los enemigos habían de huir. Diéronle también el arco y la saeta de Uitzilopuchili, que tenían También guardado por reliquias, y teníanse en aquel arco y saeta que cuando saliesen no podían ser vencidos. Aquella saeta tenía un casquillo de pedernal. Estando estos cinco puestos a punto, un principal mexicano, que se llamaba Cioacóati Macotzin, dio voces, diciendo a los cinco que estaban a punto: «¡Oh, mexicanos! ¡Oh, tlaltelulcanos! El fundamento y fortaleza de los mexicanos en Uitzilopuchtli es ésta, el cual arrojaba sobre los enemigos su saeta que se llamaba xiuhcóatl y mamaloactli. La misma saeta lleváis ahora vosotros, que es agüero de todos nosotros. Mirad que la enderezáis contra vuestros enemigos para que haga tiro y no se pierda en balde. Y si por ventura con ella matardes o cautivardes alguno, tenemos certidumbre y pronóstico que no nos perderemos de esta vez, sino que quiere nuestro Dios ayudarnos». Y dichas estas palabras, aquel que estaba armado, con los otros cuatro comenzaron a ir contra los enemigos. Y los enemigos, como los vieron, así los españoles como los indios, cayólos grande espanto; no los pareció cosa humana. Y aquel que iba armado con quetzaltectilotl subióse a una agotea. Y los enemigos paráronse a mirarle qué cosa era aquélla; y como conocieron que era hombre y no demonio, acometiéronle peleando e hiciéronle huir. El quetzaltecúlotl tornó tras ellos con los que con él iban, e hizolos huir. Y subió otra vez en el tlapanco donde los tlaxcaltecas tenían quetzales y cosa de oro robadas, y tornóselas. Y volvió a saltar del tlapanco abajo y no se hizo mal ninguno, ni le pudieron cautivar los enemigos, mas antes los que iban con él cautivaron tres de los enemigos. Y por entonces cesó la pelea. Volviéronse todos a sus ranchos, y el día siguiente tampoco pelearon.

Aquí se ponen los nombres de los capitanes y valientes hombres mexicanos y tlaltelulcanos que se hallaron en esta guerra: uno de ellos era tlacochcálcatl, que quiere decir «capitán general», que se llamaba Coyoueuetzin; otro Tzilacatecutli; otro Temilotzin; estos eran tlaltelulcanos. De los mexicanos, uno se llamaba Cioacóatl Tlacotzin, otro Uitznaoácatl, otro Motelchiuhtzin. Estos eran valientes hombres de México y del Tlaltelulco.

Capítulo XXXIX. De cómo los del Tlaltelulco, cuando estaban cercados, vieron venir fuego del cielo sobre sí, de color sangre
El día siguiente, cerca de medianoche, lluvia menudo y a deshora, vieron los mexicanos un fuego, así como torbellino, que echaba de sí brasas grandes y menores, y centellas muchas remolineando y respendando, estallando. Y anduvo alrededor del cercado o corral de los mexicanos, donde estaban todos cercados que se llama Coyonocacco. Y como hubo cercado el corral, tiró derecho hacia el medio de la laguna; allí desapareció Y los mexicanos no dieron grita, como suelen hacer en tales visiones; todos callaron por miedo de los enemigos.

Otro día después de esto no pelearon. Todos estuvieron en sus ranchos. Y don Hernando Cortés subióse encima de una azotea de una casa del barrio de Amaxac; esta casa era de un principal tlaltelulcano que se llamaba Actaoatzin. Desde aquel tlapanco estaba mirando hacia el cercado de los enemigos; allí, encima de aquel tlapanco, le tenían hecho un pabellón colorado desde donde estaba mirando; y muchos españoles estaban alrededor de él hablando los unos con los otros. Es muy verosímil que el capitán don Hernando Cortés había enviado muchos mensajeros al señor de México, Cuauhtemoctzin, para que se rendiesen ante que los matasen a todos, pues ya no tenían ningún remedio. Y en este punto en que estaba ahora el negocio de la guerra es cosa muy cierta que ya el señor de México, Cuauhtemoctzin, había dado la palabra a los mensajeros del capitán don Hernando Cortés que se quería rendir. Y a este propósito se puso en el pabellón, en el tlapanco, el capitán don Hernando Cortés, esperando a que viniese a su presencia el señor de México, Cuauhtemoctzin, con los demás principales, a ponerse en, sus manos. Y así, estando sobre el tlapanco, don Hernando Cortés en su pabellón, el señor de México, Cuauhtemoctzin, con todos los principales que con él estaban, viniéronse a donde estaba el marqué, en canoas. Cuauhtemoctzin iba en una canoa, e iban dos pajes con él, que llevaban sus armas; y uno solo iba remando en la canoa, que se llamaba Cenyáutl. Y cuando le llevaban a la presencia del capitán don Hernando Cortés comenzaron toda la gente mexicana que estaba en el corral diciendo: «Ya va nuestro señor rey a ponerse en las manos de los dioses españoles».

Autor
De las cosas arriba dichas parece claramente cuánto temporizó y disimuló el capitán don Hernando Cortés con estos mexicanos por no los destruir del todo, ni acabarlos de matar. Porque según lo arriba dicho, muchas veces pudieron acabarlos de destruir y no lo hizo, esperando siempre a que se rendiesen, para que no fuesen destruidos del todo.

Capítulo XL. De cómo los del Tlaltelulco se dieron a los españoles con los mexicanos, y su señor que con ellos estaba
Desque llegaron a tierra, el señor de México, Cuauhtemoctzin, con los que con él iban, saltaron en tierra cerca de la casa donde estaba el capitán. Y los españoles que estaban cerca del agua tomaron por las manos a Cuauhtemoctzin amigablemente, y lleváronle a donde estaba el capitán don Hernando Cortés encima de la azotea. Y como llegó a donde estaba el capitán, luego él le abrazó y mostró muchas señales de amor al dicho Cuauhtemoctzin, y todos los españoles le estaban mirando con gran alegría. Y luego soltaron todos los tiros por alegría de la conclusión de la guerra. Cuando esto aconteció, salieron dos canoas de mexicanos y entraron en la casa de un principal que se llamaba Coyoueuetzin, donde estaban indios tlaxcaltecas; y revolviéronse los unos con los otros, y murieron allí algunos; y los mexicanos huyeron y escondiéronse. Después de haber hecho esto, luego mandó el capitán don Hernando, Cortés a pregonar que todos los que estaban en el corral saliesen libremente y se fuesen a sus casas. Y como comenzaron a salir los mexicanos, se llevaban sus armas e iban agavillados; y dondequiera que topaban a algunos indios de los amigos de los españoles, matábanlos. Y de esto se enojaron mucho los españoles, y a vueltas de los que se iban algunos de los: mismos vecinos del Tlaltelulco dejaron sus casas y se fueron pensando que aún los matarían, así esperasen en sus casas. Unos se fueron hacia Tlacupa y otros hacia San Cristóbal. Y los que tenían casas en el agua, unos de ellos se fueron en canoas, otros salieron apeando

por el agua, otros nadando. Y llevan sus haciendas y sus hijos a cuestas; salían muchos de noche y otros de día.

Los españoles y sus amigos pusiéronse en todos los caminos y robaban a los que pasaban, tomándolos el oro que llevaban y escudriñándolos todos sus hatos y todas sus vestiduras. Y ninguna otra cosa tomaban sino el oro. Y las mujeres mozas hermosas y algunas de las mujeres, por escaparse, desfrazábanse poniendo lodo en la cara y vistiéndose de andrajos. También tomaban mancebos y hombres recios para esclavos; pusiéronlos nombres tlamacacque, y a muchos de ellos herraron en la cara.

Rendiéronse los mexicanos, y despartióse la guerra en la cuenta de los años que se dice «tres casas», y en la cuenta de los días, en el signo que se llama Ce Coatl. Al señor de México, Cuauhtemoctzin, el mismo día que se rindió le llevaron al lugar de Acachinanco con todos los principales adonde era el aposento de don Hernando Cortés. Y luego otro día vinieron muchos españoles al Tlaltelulco, todos ordenados a punto de guerra. Y todos atapaban las narices por el hedor de los muertos que estaban por enterrar, y traían consigo al señor de México, Cuauhtemoctzin, y a otro principal que se llama Coanactzin, y a otro que se llamaba Tetlepanquetzatzin, y los demás principales que guardaban el tesoro. Y fueron derechos al lugar donde estaba el corral donde se habían hecho fuertes los mexicanos, que se llamaba Atactzinco; y entraron en la casa del tlacuchcdlcatl, que se llamaba Coyoueuetzin; y luego subieron al azotea y sintiéronse y pusieron allí un pabellón al capitán don Hernando Cortés, y sentóse en su silla. La india que era intérprete, que se llamaba Marina, púsose cerca del capitán, y de la otra parte el señor de México, Cuauhtemouzin. Tenía cubierta una manta que se llama quetzalichpetztli, y estaba cabe el señor de Tetzcuco, que se llamaba Coanactzin, y tenía cubierta una manta de nequén, que se llama xoxochiteyo. Estaba también allí otro principal que se llamaba Tetlepanquetzatzin, señor de Tlacupa; tenía cubierta otra manta pobre y sucia. También estaba allí otro principal que se llamaba Mixcoatlailotlactzin, y otro se llamaba Auelitoctzin. A la postre de todos estaba otro principal que se llamaba Yupícatl Flupucatzin. De la otra parte estaban unos principales mexicanos, uno de los cuales se llamaba Tlacutzin, otro Petlauhtzin, otro Motelchiuhtzin, otro Mexícatl, otro Achcauhtli, otro Teutlanyacacqui, otro Coatzintlatlati, otro Tlazulyáutl.

Capítulo XLI. De la plática que hizo el capitán don Hernando Cortés a los señores de México, Tetzcucu y Tlacupa después de la victoria, procurando por el oro que se había perdido cuando salieron huyendo de México

Como estuvieron juntos los tres señores de México y Tetzcueo y Tlacupa con sus principales delante de don Hernando Cortes, mandó a Marina que les dijese dónde está el oro, que había dejado en México. Y luego los mexicanos le sacaron todas las joyas que tenían escondidas en una canoa llena, y todo lo pusieron delante del capitán y de los españoles que con él estaban. Y como lo vio, dijo: «¿No hay más oro que éste en México? Sacaldo todo, que es menester todo». Y luego un principal que llamaban Tlacutzin habló a Marina, respondiendo: «Di a nuestro señor y Dios que cuando llegó a las casas reales la primera vez vio todo lo que había, y todas las salas cerramos con adobes. No sabemos qué se hizo el oro que había. Tenemos que todo, lo llevaron ellos, y no tenemos más de esto ahora». Y el capitán respondió diciendo que: «Es verdad que todo lo tomamos, pero todo nos lo tomaron en aquel paso del acequia que se llama Tolteca Acaloco. Es menester que luego parezca». Y luego respondió un principal mexicano que se llamaba Cioacóad Tlacutzin, y dijo a Marina: «Dile al Dios capitán que nosotros los mexicanos no peleamos por el agua con canoas, ni sabemos esta manera de pelea, que solos los del Tlaltelulco, que peleaban por el agua, atajaron a nuestros señores los españoles. Y creemos que solos ellos lo tomaron». Y luego respondió Cuauhtemoctzin, y dijo al principal Cioacóatl: «¿Qué es lo que dices? Aunque es así, que los del Tlaltelulco lo tomaron, por ello fueron presos, y todo lo tornaron en el lugar de Texopan, se juntó todo, y esto es lo que está aquí, y no hay más». Dijo luego Marina: «El nuestro capitán dice que no está aquí todo». Y respondió el principal Cioacóatl: «Por ventura algún maceoal ha tomado algo. Buscarse ha y traerse ha a la presencia del capitán». Otra vez dijo Marina: «El señor capitán dice que busquéis doscientos tesuelos de oro tan grandes como así». Y señáleles con las manos el grandor de una patena de cáliz. Otra vez habló el principal Cioacóatl, y dijo: «Por ventura algunas de las mujeres lo llevaron escondido debajo de las nauas. Buscarse ha y traerse ha a la presencia del señor capitán». Luego allí habló otro principal que se llamaba Miscoadailótlac Auelitoctzin: «Dile al señor capitán que cuando vivía

Moctezuma, el estilo que se tenía en conquistar era éste, que iban los mexicanos y los tetzcucanos y los de Macupa y los de las chinampas; todos juntos iban sobre el pueblo o provincia que querían conquistar, y después que la habían conquistado, luego se volvían a sus casas y a sus pueblos. Y después ventan los señores de los pueblos que habían sido conquistados y traían su tributo de oro y de piedras preciosas y de plumajes ricos. Y todo lo daban a Moctezuma, todo el oro venía a su poder».

Libros a la carta

A la carta es un servicio especializado para
empresas,
librerías,
bibliotecas,
editoriales
y centros de enseñanza;
y permite confeccionar libros que, por su formato y concepción, sirven a los propósitos más específicos de estas instituciones.

Las empresas nos encargan ediciones personalizadas para marketing editorial o para regalos institucionales. Y los interesados solicitan, a título personal, ediciones antiguas, o no disponibles en el mercado; y las acompañan con notas y comentarios críticos.

Las ediciones tienen como apoyo un libro de estilo con todo tipo de referencias sobre los criterios de tratamiento tipográfico aplicados a nuestros libros que puede ser consultado en Linkgua-ediciones.com.

Linkgua edita por encargo diferentes versiones de una misma obra con distintos tratamientos ortotipográficos (actualizaciones de carácter divulgativo de un clásico, o versiones estrictamente fieles a la edición original de referencia).

Este servicio de ediciones a la carta le permitirá, si usted se dedica a la enseñanza, tener una forma de hacer pública su interpretación de un texto y, sobre una versión digitalizada «base», usted podrá introducir interpretaciones del texto fuente. Es un tópico que los profesores denuncien en clase los desmanes de una edición, o vayan comentando errores de interpretación de un texto y esta es una solución útil a esa necesidad del mundo académico.

Asimismo publicamos de manera sistemática, en un mismo catálogo, tesis doctorales y actas de congresos académicos, que son distribuidas a través de nuestra Web.

El servicio de «libros a la carta» funciona de dos formas.

1. Tenemos un fondo de libros digitalizados que usted puede personalizar en tiradas de al menos cinco ejemplares. Estas personalizaciones pueden ser de todo tipo: añadir notas de clase para uso de un grupo de estudiantes, introducir logos corporativos para uso con fines de marketing empresarial, etc. etc.

2. Buscamos libros descatalogados de otras editoriales y los reeditamos en tiradas cortas a petición de un cliente.

www.ingramcontent.com/pod-product-compliance
Lightning Source LLC
Chambersburg PA
CBHW020939180426
43194CB00039B/624